金融教材译丛

财务分析

以Excel为分析工具

（原书第8版）

蒂莫西·R.梅斯
(Timothy R.Mayes)

丹佛大都会州立学院

[美] 著

托德·M.肖申克
(Todd M.Shank)

南佛罗里达大学圣彼得斯堡分校

赵叶灵 李静 赵银德 康治兰 等译

Financial Analysis
with Microsoft® Excel® (8th Edition)

机械工业出版社
China Machine Press

图书在版编目（CIP）数据

财务分析：以Excel为分析工具（原书第8版）/（美）蒂莫西·R.梅斯（Timothy R. Mayes），（美）托德·M.肖申克（Todd M. Shank）著；赵叶灵等译. —北京：机械工业出版社，2019.6（2025.3重印）

（金融教材译丛）

书名原文：Financial Analysis with Microsoft® Excel®, 8th Edition

ISBN 978-7-111-62754-8

I.财… Ⅱ.①蒂… ②托… ③赵… Ⅲ.表处理软件 - 应用 - 会计分析 - 教材 Ⅳ.F231.2-39

中国版本图书馆CIP数据核字（2019）第095652号

北京市版权局著作权合同登记 图字：01-2019-1591号。

Timothy R. Mayes, Todd M. Shank. Financial Analysis with Microsoft® Excel®, 8th Edition.

本书的最大特点是将Excel作为学习工具而非简单的计算工具，运用Excel来创建基本财务报表，先引出问题，再用传统方法分析问题，最后用Excel进一步解决问题。这既可以让读者熟悉财务金融知识，又有助于读者感受这种强大的工具是如何有效解决现实中所遇到的财务问题的。

本书既可以作为财务和金融专业本科生或MBA一年级学生的财务管理或公司金融课程的教材，也可以作为金融和财务从业人员的自学教材。

出版发行：机械工业出版社（北京市西城区百万庄大街22号 邮政编码：100037）

责任编辑：孟宪勐 责任校对：李秋荣

印　　刷：北京机工印刷厂有限公司 版　　次：2025年3月第1版第9次印刷

开　　本：185mm×260mm 1/16 印　　张：23.5

书　　号：ISBN 978-7-111-62754-8 定　　价：79.00元

客服电话：（010）88361066 68326294

版权所有·侵权必究
封底无防伪标均为盗版

译者序

如果说大数据开启了企业经营的全新战略思维，成为引领企业开拓新商业模式的重要支持，那么 Excel 就是财务管理人员挖掘与分析财务数据，构建各种财务管理模型，在复杂多变的理财环境中实现迅速、准确的判断并做出合理决策的不二助手。事实上，基于 Excel 的财务分析具有灵活、简便的特性，可以满足个性化、多层次、多维度的财务分析需求，不仅能改善通用财务软件和管理信息系统财务分析功能薄弱的现状，而且能大大提高财务分析的效率。

由蒂莫西·R.梅斯（Timothy R. Mayes）和托德·M.肖申克（Todd M. Shank）完成的《财务分析：以 Excel 为分析工具（原书第 8 版）》不仅内容全面，适用于广大学生以及财务从业人员，而且秉承"自学式"的教学理念，每一章在内容安排上采用"引出问题，先以传统方法解答，再以 Excel 求解"的方式，从而通过为学生提供更多深入实验的机会来强化其对问题的把握，降低计算的复杂程度。

《财务分析：以 Excel 为分析工具（原书第 8 版）》按照财务管理基础教材的脉络来组织内容。对于大多数主题的讨论，该书在深度上绝不逊于传统教材，对许多主题的讨论甚至更有深度。全书共分 16 章，核心主题包括：Excel 2016 入门、基本财务报表、财务报表分析工具、现金预算、财务报表预测、基于时间序列法的销售预测、盈亏平衡与杠杆分析、货币的时间价值、普通股估价、债券估价、资本成本、资本预算、风险和资本预算、投资组合统计及分散投资、用 VBA 编写用户自定义函数、用表格和数据透视表分析独立数据集。此外，全书运用了大量的内置函数、图表和其他工具（如方案管理器和规划求解器），从而方便读者对书中模型相较传统方法进行更多探索。

《财务分析：以 Excel 为分析工具（原书第 8 版）》由赵叶灵、李静、赵银德、康治兰主译完成，李梅、苟建华、王翰霞、郑莹、缪晶怡、张华参与了部分初稿的翻译。在翻译过程中，我们力求以"知之、好之、乐之"的标准，外加百分百的"眼力、精力、能力"来完成这样一部畅销作品的翻译，希望努力译出佳作。但是，由于水平有限及时间关系，不当和疏漏之处在所难免，敬请广大读者批评指正。在译稿付梓之际，我们特别感谢机械工业出版社华章分社给予的合作机会，并深深感谢本书责任编辑为本书出版所做的辛勤工作。

自从 Apple Ⅰ 于 1979 年 6 月引进 VisiCalc® 软件以来，微型计算机就可以应用电子数据表了。1983 年 1 月，最初版本 Lotus 1-2-3® 的上市，使得商业用户确信 IBM 个人电脑的确是提高生产力的有效工具。如今，对于任何商学院的毕业生来说，如果不能掌握最基本的电子数据表技能，那么就会非常不利。这就如同早期许多人必须学会使用计算尺和财务计算器一样，如今的经理人必须能熟练使用电子数据表。国际竞争意味着公司必须尽可能实现高效运营。因此，经理人不要再指望可以随意调用大量擅长摆弄数字的员工了。

1985 年，微软公司首次将 Excel 引入 Apple Mac，并向世人说明电子数据表不仅功能强大、易于操作而且具备娱乐功能。1987 年，Excel 2.0 被应用到微软 Windows 1.0 中，从而使其得以进入个人电脑世界，并在个人电脑用户中引发了追捧热潮。随着 Windows 3.0 的问世，Excel 的销售实现了爆炸式增长，使其在今天的电子数据表市场上占据着领先地位。

截至本书写作之时，Excel 2016（也被称为 Excel 16）为最新版本。与推出全新的自定义功能区（Ribbon）功能界面的 Excel 2007 版本不同，Excel 2016 版本着重于对前一版本的完善，而非进行全面变革。虽然本版的许多变化重在完善，但也的确增加了诸如"获取与转换"这样富有价值的新功能（参见第 16 章）。作者在写作本书时力求做到内容最新，但仍然保持与之前版本的相通相融。当然，本书与之前的版本在界面方面仍然有一定的差异性。

相比于其他电脑，苹果电脑的界面总存在其差异性。不过，苹果电脑的配置几乎完全支持本书所讨论的 Excel 2016 的功能（本书最后决定增加有关的分析工具包加载件）。不过，未包含在其中的主要是"透视图"工具和"获取与转换"工具。在第 16 章中，我们需要使用这两个工具，而"获取与转换"工具在第 10 章中用于从美国国债网站获取收益曲线数据。苹果电脑用户可以用"获取外部数据"中的"从网络获取"工具来获取收益曲线数据。为此，本书作者专门为苹果电脑用户提供了 PDF 版的使用手册，用户可从本书的师生辅助网站下载它。

写作目的

本书旨在介绍财务分析中实用的 Excel 电子表格方法和工具，让学生能以他们熟知的方法了解财务分析的方方面面。对于初次接触财务知识的学生而言，本书对财务概念的全面介绍也能让他们大为受益。换言之，作为介绍公司财务的教材，本书借助的是 Excel 工具而非财务计算器。

对于之前没有接触过电子数据表的学生而言，他们会发现使用 Excel 非常直观方便。如果他们使用过其他 Windows 应用程序，那么这种感觉应当更为明显。针对这些学生，本书全面介绍了电子数据表的应用，包括从基本的屏幕导航技巧运用到创建十分复杂的财务模型。我们发现，即便是那些已经精通电子数据表的学生也能从本书中学到许多知识，而且效果远远超过他们的预期。

最后，笔者深感教材中为学生提供现成的电子数据表模板的做法需要彻底转变。对此，本书强调培养学生创建电子数据表的技能。我们确信，由学生自己创建电子数据表更能增进他们对财务分析的洞察力和深层理解。而且采用这种方式，学生就得直面许多原本可能被有意隐瞒的问题。事实上，学生对被要求进行独立思考而非"简单模仿"往往"心存感激"。这一点也着实让我大感惊异。有鉴于此，本书注重介绍创建电子数据表的技能（虽然教师会讲解所有模板），以此来鼓励学生主动思考，从而更好地理解他们所要处理的问题。

目标读者

本书适用于广大学生以及财务从业人员。本书主题涵盖了针对本科生或 MBA 一年级学生的财务管理课程中的基础性内容。因为重点介绍的是创建电子数据表的技能，所以本书也适合作为那些全面应用电子数据表的案例课程的参考用书。自 1995 年以来，笔者讲授的"财务建模"课程就一直以本书为教材，而且学生也一直认为本门课程是他们所学过的最为实用的课程之一。在笔者所教授过的学生中，许多人正是因为掌握了出色的电子数据表技能而找到了理想的工作。

笔者尽量使本书内容全面以便作为自学教材。当然，我也乐意通过电子邮件与大家交流，而且过去的确与许多读者通过这种方式进行了卓有成效的沟通。不过，这需要读者具备一定的财会和统计方面的基础知识。此外，学生可以通过本书自学 Excel 相关知识，从而减少教师用于讲授电子数据表基本原理所需的课堂时间。财务从业人员可以利用本书将其他电子数据表技能应用到 Excel 数据表中，同时也可以更新有关公司财务的知识。

读者注意事项

如前所述，本书旨在帮助学生学习财务知识，同时掌握电子数据表技能。单纯学习财务知识会让人望而生畏，但若能同时学习 Excel，想必会使财务知识的学习变得更为简便、有趣。此外，对于书中的例题，一定要通过改变数据和创建图表来加以实验。

当然，读者不难发现，如果不通过每章给出的例题加以练习，那么学习起来就会比较困难。因此，对于书中给出的例题，笔者建议既要阅读也要练习，即便耗费时间，也不可一读了事。此外，建议读者尽量避免对公式的死记硬背，转而应当把握公式的内在逻辑，以便将其应用于其他有所不同的情形。

当然，要记得保存做好的练习并及时备份。

本书结构

本书按照财务管理基础教材的脉络来组织内容。本书既可以单独使用，也可以作为其他教材的补充。不过，本书既不是"电子数据表格类书籍"，也不是万能之物。对于大多数主题的讨论，本书在深度上绝不逊于传统教材，对许多主题的讨论甚至更具深度。有鉴于此，我相信本书可以作为综合教材来使用。本书的组织架构如下：

- 第 1 章　Excel 2016 入门
- 第 2 章　基本财务报表
- 第 3 章　财务报表分析工具
- 第 4 章　现金预算
- 第 5 章　财务报表预测
- 第 6 章　基于时间序列法的销售预测
- 第 7 章　盈亏平衡与杠杆分析
- 第 8 章　货币的时间价值
- 第 9 章　普通股估价
- 第 10 章　债券估价
- 第 11 章　资本成本
- 第 12 章　资本预算
- 第 13 章　风险和资本预算
- 第 14 章　投资组合统计及分散投资
- 第 15 章　用 VBA 编写用户自定义函数
- 第 16 章　用表格和数据透视表分析独立数据集
- 附录　FameFncs.xlam 中用户自定义函数目录

本书运用了大量的内置函数、图表和其他工具（如方案管理器和规划求解器），这就要求读者对书中模型相较传统方法进行更多探索。读者利用书中所介绍的工具和方法会非常容易地对于"如果……将会发生……"之类的问题进行作答。

本书特点

本书的最大特点是将 Excel 用作学习工具而非简单的计算工具。学生通过本书可以掌握如何做事以及为什么要如此做事。一旦创建过工作表，学生就会明白该如何计算以及如此计算的假设条件。与传统的"模板"方法不同，学生通过这种方法可以更深层次地理解材料。

此外，本书也方便教师在课程中应用电子数据表。

与其他电子数据表方面的许多基础类书籍一样，本书采用了自学式方法。但与同类书籍不同的是，本书为读者提供了深入实验的机会。例如，情景分析虽然常常得到众人推荐，但很少有人对之进行深入探讨。本书利用 Excel 内置工具大大简化了复杂的计算过程，从而消除了烦琐计算的沉闷乏味。其他例子包括回归分析法、线性及非线性规划法以及蒙特卡罗模拟法。本书鼓励将统计和管理课中所学的工具切实运用于实践。

教学法特点

本书以介绍 Excel 基础知识为开篇，继而运用 Excel 来创建基本财务报表，这些报表为各层次财务管理课程所共有。之后，本书以此为"跳板"转入对更深层次内容的讨论，如业绩评估、预测、估值、资本预算以及现代投资组合理论。每一章都以之前各章所学方法为基础，这样一来，学生既可以熟悉 Excel 又可以熟悉财务知识。这种方法降低或消除了课堂讲授电子数据表用法的必要性，从而有助于教师把 Excel 融入财务管理课程中。此外，这种方法也有助于学生了解这种强大的"工具"是如何帮助从业者解决所遇到的财务问题的。

本书各章在内容上采用这样的安排：先引出问题，再用传统方法解决问题，最后用 Excel 来解决问题。在笔者看来，这种方法通过重复和实验强化了学生对问题的理解，同时降低了数量计算的复杂程度。此外，对于难以采用传统方法来激发兴趣的课程，这种方法往往很有效果（这种方法对于非财务专业学生学习财务管理课程特别有用）。一旦学生熟悉了 Excel，他们通常就会喜欢使用它并会在该主题上花费比预想要多的时间。另外，本书广泛使用大多由学生创建的图表，从而使材料更易掌握。

各章开头都列有学习目标，结尾部分又对各章所涉及的主要 Excel 函数进行了汇总。除此之外，各章都有课后作业，许多章还包括一些在线练习，目的是给学生介绍一些网上的信息资源。

补充材料

本书网站 www.cengagebrain.com 提供教师手册等资源（这些材料仅对网站的注册教师开放）。具体内容包括：

- 本书所有练习题的全部工作表及答案。只要参考 www.cengagebrain.com 上的材料，教师就可以轻松制作幻灯片或者通过课堂里的计算机投影仪进行现场展示，而不用从头创建电子数据表。
- 与各章概念直接相关的 Excel 数据表补充练习题。每个问题都要求学生创建工作表以解决常见的财务管理问题。通常，这些问题的答案要求采用图形格式。
- 针对教材、教师手册以及本书网站中问题的全套答案，同时附有所用方法的说明。
- 包含一些函数的 Excel 加载程序，这些函数简化了某些复杂计算，如两阶段普通股估值模型、回收期等。另外两个加载程序分别用于第 13 章的蒙特卡罗模拟分析和方差－协方差矩阵的现场创建。这些加载程序都可以从网站上获取。

排印规则

内置函数的名称字体为**黑体**。函数的输入变量有的是必选的，有的是可选的。必选变量字体设置为斜体加粗；可选变量字体设置为斜体。例如，第 8 章讲到的 **PV** 函数为：

$$\mathbf{PV}（\mathbf{\textit{RATE, NPER, PMT,}}\ \textit{FV, TYPE}）$$

在该函数中，**PV** 是函数的名称，**RATE**、**NPER** 和 **PMT** 是必选变量，而 *FV* 和 *TYPE* 则是可选变量。

在公式和正文中，公式变量（与函数输入变量完全不同）设置为斜体。例如，PV 现值计算公式为：

$$PV = \frac{FV_N}{(1+i)^N}$$

通过运用这些规则，作者希望能帮助读者区分不同情况下的相似术语。

较第 7 版的变化

虽然整体框架与第 7 版保持相近，但本书还是有很多变化。各章都有更新，但主要的变化包括：

第 1 章——针对 Excel 2016 进行了更新，包含了新的制图界面。该界面采用了图形元素按钮和格式设置面板。

第 6 章——作为全新增加的一章，介绍基于时间序列法的销售预测，包括对时间序列组成要素进行分解的方法以及处理趋势和季节变动的预测方法。

第 8 章——在分段年金部分增加了关于支付金额的讨论。此外，对现存的用户自定义函数进行了重新创建，从而使其与内置的价值函数更一致。

第 10 章——增加了利用内置 **PRICE** 函数计算任意日期债券凸度的一种方法。这一方法简单，仍然属于近似计算法。本章对 **FAME_CONVEXITY** 函数进行了更新，从而可以计算任意日期债券凸度的精确值。此外，本章采用"获取与转换"工具来查询美国国债网站以获取创建收益曲线所需的数据。

第 16 章——增加了关于"获取与转换"这一新工具的讨论。该工具在"数据"标签中。"获取与转换"工具功能强大，可用于查询数据库文件、Excel 工作表以及网站。从本质上讲，"获取与转换"工具属于内置的 ETL（提取、转换并上载）工具，较过去可以更方便地处理内外部数据。

此外，本书对第 3 章和第 4 章的顺序进行了对换，把对财务比率的讨论放在对财务报表的介绍之后。

在线练习说明

笔者尝试将在线练习融入合适的章节。但很多时候，大家仍然无法获得一些必要的数据或者难以通过互联网来获得这些数据（如现金预算）。因此，有些章节并没有设置在线练习。

设置在线练习的章节，专门介绍了获得数据的必要步骤，主要是通过 SEC 的 Edgar 系统或雅虎财经来获得。需要提醒的是，网站经常变化，这些操作说明和网址将来也可能会有变化。之所以选择 SEC 的 Edgar 系统或雅虎财经，是因为笔者认为这些网站发生重大变更或者彻底消失的可能性很低。在很多情况下，大家也可以通过其他网站来获得类似数据（如果通过给出的网站无法获得数据）。通过访问本书的师生辅助网站（www.cengagebrain.com），学生和教师可获得所有的 Excel 电子数据表。

致谢

所有书籍的创作都是一项协作工程，做出贡献的并不只是书中所列的作者。本书同样如此。我要感谢我的同事和学生，他们帮助我审核了本书的内容。如果书中仍有错误，那么纯属我个人的责任，因为他们或许已将错误通过邮件告知了我。

对于本书的出版，我应该感谢我在丹佛大都会州立学院的两位同事，Xiongqi Xiao 和 Su-Jane Chen，他们帮我审核了相关章节的内容。我也要感谢索诺马州立大学的 Douglas Jordan 的宝贵建议，尤其是关于将第 3 章和第 4 章的顺序进行对换的建议。当然，我要感谢许多默默无闻的审阅者，感谢他们为本书的出版付出的一切。我也要感谢 Debra Dalgleish 这位在微软 Excel 方面做出过杰出贡献的人物，他不仅撰写了多部有关数据透视表的著作，而且还开设了博客（blog.contextures.com）来解答关于数据透视表的一些技术性问题。

我还要感谢那些花大量时间和精力审核之前各版《财务分析：以 Excel 为分析工具》的同人。他们是：里士满大学的 Tom Arnold、维泰博大学的 Denise Bloom、瑞德学院的 David Suk、肯特州立大学的 Mark Holder、阿尔弗尼亚学院的 Scott Ballantyne、三州大学的 John Stephens、加州州立大学洛杉矶分校的 Yong Yi 以及弗吉尼亚理工大学的 Saiyid Islam。我要真诚感谢他们所付出的努力。此外，我还要特别感谢亚特兰大莫瑟尔大学的 Nancy Jay，感谢她一丝不苟地为本书前 3 版有关章节和课后作业问题所做的编辑工作。

在《财务分析：以 Excel 为分析工具》第 1 版和第 2 版的出版过程中，我的许多同事提供了宝贵的帮助。对于他们的帮助，我一直非常感激。他们是：Ezra Byler、Anthony Crawford、Charles Haley、David Hua、Stuart Michelson、Mohammad Robbani、Grey McClure 和 John Settle。另外，我在丹佛大都会州立学院教过的学生也为本书的出版做出了贡献。这里，我要特别感谢：Peter Ormsbee、Marjo Turkki、Kevin Hatch、Ron LeClere、Christine Schouten、Edson Holland、Mitch Cohen 和 Theresa Lewingdon。

最后，我要对圣智学习出版集团的高级策划编辑 Joe Sabatino、策划编辑 Julie Dierig 和高级文案编辑 Tara Slagle 表示感谢。没有他们的帮助、鼓励和支持，本书不可能出版。如果致谢中遗漏任何人，请允许我在此表达真挚的歉意。

无论你的评论和建议有多么微小，我都会一如既往地期待你能将它们发到我的邮箱 mayest@mscd.edu。

蒂莫西·R. 梅斯（Timothy R. Mayes）
2016 年 12 月

C 目 录
CONTENTS

第 1 章

Excel 2016 入门

通过本章学习，应能：

- 解释电子表格程序的基本目的
- 确定 Excel 界面的各个组成部分
- 操作 Excel 工作表（包括在工作表内进行数据录入、纠错和移动）
- 解释 Excel 内置函数和用户自定义函数的目的和用途
- 创建图形并掌握 Excel 文件的打印与保存

　　"电子表格"（spreadsheet）拥有众多对于进行各种定量分析非常有用的内容。从本质上讲，电子表格是由单元格矩阵组成的一种简单工具，可用于存储数字、文本或公式。电子表格的功能就在于当其他单元格内容发生改变时，它拥有重新计算的能力，而用户不必再以手工或通过计算器来完成这些计算。相反，如果电子表格创建得当，那么只要改变某一个数字（如销售预测数据），就会导致数千个地方自动发生改变。当今电子表格软件不仅增加了用户的自由选择，而且具有很高的效率，为人们开展财务分析提供了空前便利的机会。

　　就用途而言，如今的电子表格包含之前单一软件包并不具备的内置分析功能。仅仅在几年前，用户如想进行较为复杂的分析，就必须掌握各种专业软件包的使用方法。使用最新版的 Microsoft Excel 工具，用户不仅可以对财务报表进行日常维护，还可以进行多元回归分析，甚至可以对各种对冲策略进行蒙特卡罗（Monte Carlo）模拟。

　　电子表格的用途非常多，实在无法一一列举。不论从事何种专业，如市场营销、管理学、工程学、统计学或经济学，电子表格不仅可用于财务分析，还可以用来进行各种类型的定量分析。此外，电子表格对私人也非常有用。通过创建电子表格，人们可以很方便地监控投资组合、制订退休计划、比较各种购房抵押方法、创建并维护邮件列表等。事实上，电子表格的用途可谓不计其数，用得越方便、越顺手，其用途就会越广。电子表格可帮助你解决问题，可给你提供之前未曾料想到的解决方案。不过最为重要的是，一定要多试多练，这样才能了解电子表格程序，尤其是 Excel。

　　不过，话得说回来，电子表格绝非必需的唯一分析工具。例如，虽然 Excel 中的一些工具很适合于小型数据库（参见第 16 章），但它本身与数据库并不相关。当然，对于较大的任务而言，Excel 可以作为数据库的"前端"界面，而且很有效。此外，虽然 Excel 工具可以很好地解决许多统计方面的问题，但仍然不能完全替代专用的统计工具。Excel 工具似乎可以做一切事情，但它并非总是最合适的工具。尽管如此，我们完全可以讲 Excel 工具是大家必须学会使用的工具。

1.1　Microsoft Excel 的启动

在 Windows 系统下，双击 Excel 程序图标就可启动该程序。Excel 图标的具体位置与系统的构成相关。有时，Excel 图标可能就在桌面上或处在任务栏中。如若不然，就得先单击 Windows "开始" 按钮，然后点击 Excel 2016 磁贴，或是在开始菜单底部的搜索框中输入 Excel。对于带麦克风的 Windows 10 系统来说，当然还可以通过微软小娜（Cortana）来启动 Excel 2016。

为便于访问，也可以创建一个桌面或任务栏快捷方式。为此，只要右键点击 "所有应用"（All Apps）菜单中的 Excel 图标，然后选择创建快捷方式或直接拖动图标到桌面或任务栏。请记住，快捷方式并非程序本身，因此如果以后不再需要它，完全可以删除该快捷方式。

1.2　Excel 界面的组成

使用过新版本 Excel 的用户肯定会熟悉 Excel 2016 界面的大部分内容。请注意图 1-1 中所标出的 Excel 界面的各组成部分。这里，我们对其中的大多数分别进行分析。在阅读后面的各节内容时，请参阅图 1-1。

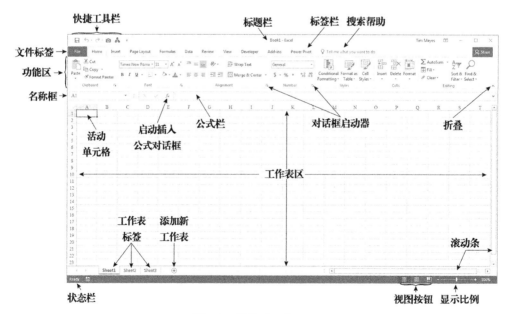

图 1-1　微软 Excel 2016

1.2.1　"文件" 标签与快捷工具栏

在 Excel 2016 中，"文件" 标签类似于绝大多数其他 Windows 程序中的文件菜单。用户可通过单击"文件"标签或者按"Alt+F"键来打开。如要打开、保存、打印或创建某个新文件，单击"文件"标签即可。

"文件"标签还拥有其他功能。"文件"标签打开在所谓的"后台视图"（Backstage View）中，而且占了整个视窗。与菜单相比，"后台视图"可显示更多信息。例如，如果单击左边的"打印"标签（Print tab），那么不仅可以了解全部打印设置，而且可以在同一页面上进行打印预览。通过"信息"标签（Info tab），用户可以设置文件的属性（作者、关键字等），检查可能显示私人资料的隐藏数据，加密电子表格等。

最后，可通过"文件"标签来设置程序选项。"文件"标签的底部附近设有选项链接，点击会弹出 Excel 选项的对话框，据此可以设置全部选项。用户不妨通过 Excel 选项按钮来了解那些自己可以控制的选项。虽然用户无法弄清楚所有的选择，但至少知道当需要改变某些东西（如用户名称、宏安全水平或是默认文件位置）时，该从何处入手。

此外，用户可以自定义功能区（Ribbon）。启用时，依次单击"文件"标签和"选项"按钮，然后选择对话框中的"自定义功能区"。此时，用户就可创建新的标签，将按钮从一个标签移动到另一个标签，也可以删除所有这些任务，甚至可以导出自定义设置以供他人使用。

快捷工具栏（QAT）位于"文件"标签的上方。在默认状态下，快捷工具栏设有用来保存当前文件以及进行撤销和重做的按钮。如果经常使用不在"开始"标签中的命令，可右击快捷工具栏并选择"定制快捷工具栏"（Customize Quick Access Toolbar…），从而可以很方便地根据需要将这些命令添加到快捷工具栏中。对话框内容不言自明。点击快捷工具栏右边的箭头，用户还可以添加或删除某些命令，如打印预览等。

1.2.2　"开始"标签

紧靠标题栏下方，Excel 在所谓的功能区给出了各种选项标签。选项工具栏取代了 2007 年之前版本的菜单。"开始"标签（见图 1-2）的选项包含最为常用的命令，如剪切、复制、粘贴等按钮，以及各种单元格格式按钮。将鼠标指针指向对应按钮，就可以了解每个按钮所能执行的功能。只要数秒钟，鼠标指针所指处就会出现一条信息，显示该按钮的功能。这类消息被称为工具提示，在 Excel 中经常使用，目的是帮助用户识别界面各个项目的功能。

图 1-2　Excel 2016 的"开始"标签

值得注意的是，功能区中的一些按钮带有向下的箭头，这是告诉用户：除了默认功能外，该按钮还存有一些选项。例如，如果单击"粘贴"按钮上的箭头，就会发现若干有关如何粘贴的选项（如"仅有公式"或"仅有数值"等）。点击"分割"按钮的上半部分，就可调用默认目的。

其他选项标签都是根据其功能来命名的，用户操作时应能很快学会该如何选择。表 1-1 给出了其他标签以及对应的操作说明。

表 1-1　Excel 2016 功能区中的其他标签

标签	作用
文件（File）	包括文件管理的功能（如打开、保存、关闭、打印等）和选项
插入（Insert）	包含用于插入数据透视表、图表、图片、图像、文本框、公式及其他对象的按钮
页面布局（Page Layout）	包含用于控制界面工作表外观以及有关打印的选项。借助页面功能，用户可以改变主题（预定义字体和颜色）、页边距、文字方向等
公式（Formulas）	借此可以插入公式、创建单元格或区域定义名、运用公式审核功能找错
数据（Data）	包含帮助从其他来源（如 Access 数据库、网站、文本文件等）获得数据的按钮，也可供启用方案管理器（Scenario Manager）、目标求解（Goal Seek）和分析工具包（Analysis Toolpak）
审阅（Review）	包含进行拼写检查、同义词库查找的指令，以及进行单元格内容和工作表保护的指令
视图（View）	包含控制界面上工作表视图、显示比例和各种对象可视性的指令（如网格线和公式栏）
开发工具（Developer）	包含允许访问 VBA 编辑器、插入控件（如下拉列表）并使用 XML 的工具。此标签在默认状态下被隐藏，可在 Excel 选项下启用
加载（Add-Ins）	利用该工具可创建自定义工具栏和菜单。新的加载项需要安装后才会显示
数据透视表（Power Pivot）	数据透视表在有些 Excel 版本中属于加载工具，可以处理规模远大于通常情况下 Excel 所能处理的数据文件

请注意，进行图表操作时可能会遇到其他标签。"设计""布局"和"格式"标签中就包含创建图表所需的全部工具（参见"创建图形"一节）。此外，可以通过加载程序创建更多的标签。

1.2.3　公式栏

如果经常用 Excel 来创建财务分析模型，就会发现公式栏是 Excel 最有用的功能之一。公式栏显示的是有关当前选定单元格的信息，当前选定单元格也称活动单元格。公式栏左侧部分显示的是当前选定单元格的名称或地址（见图 1-3 中的 H9）。公式栏右侧部分显示的是当前单元格的内容。如果该单元格包含公式，那么公式栏就显示该公式，当前单元格将显示公式的结果。如果输入的是文本或数字，那么所显示的就为文本或数字。

图 1-3　Excel 2016 的公式栏

点击公式栏中的"f_x"按钮可显示出"插入函数"对话框。该对话框可帮助用户查找并输入函数，而不必记住这些公式，其功能与"公式"选项中的"插入函数"按钮功能相同。更多信息可参见本章后面的内容。

点击位于公式栏右侧的箭头可扩大公式栏空间。当公式很长且占用多行时，该功能非常有用，此时只要在分行处按下 Alt+Enter 键就可以将公式分成多行。此外，拖动公式栏的下边沿就可更进一步扩大公式栏的空间。

1.2.4　工作表区域

工作表区域是电子表格完成实际工作的区域。工作表区域属于单元格矩阵（由 1 048 576 行、16 384 列组成），[1] 每一单元格都可以包含文本、数字或公式。这里的单元格用列字母和行数字表示。列字母（A、B、C…XFD）位于每列的顶部，行数字（1、2、3…1 048 576）位于每一行的左端。因此，位于工作表区域左上角的单元格被命名为 A1，紧靠其下的单元格就是 A2，A1 右边的单元格就是 B1，依此类推。习惯上，所有电子表格程序都采用这种命名方法。如果使用 Excel 有了经验，不难发现这样做很方便。

活动单元格是指可置入各种内容的单元格。活动单元格四周为黑框。请注意，活动单元格并非总是直接出现在界面上。不过，活动单元格的地址总出现在公式栏最左边的地方。活动单元格的右下角有一个自动填充柄（AutoFill handle）。

1.2.5　工作表标签

Excel 工作表将多个表格放在一起，这样用户就可将它们组合成被称为工作簿的文件。利用这一点，用户可将若干相关的工作表放在同一个文件中，从而便于查找。工作表标签位于靠近界面底部的地方。在工作簿内，用户可很方便地从一个工作表转到另一工作表。此外，用户可对现有任何工作表进行重命名、复制或删除，还可以插入一个新的表格，方法就是用鼠标右键单击工作表标签（见图 1-4），再根据弹出的菜单进行选择。用户还可以轻松地改变工作表标签顺序，方法就是用左键单击工作表标签并将其拖动到新的位置，或是按住 Ctrl 键进行拖动复制。如要插入一个新工作表，只要单击最后一个工作表右边的"插入工作表"按钮即可。

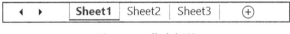

图 1-4　工作表标签

除了重命名外，在多个工作表中立刻完成上述其他操作都十分简单。只要按一下第一张工作表，然后按住"Ctrl"并单击其他表格（用户可以通过选择第一张然后按住"Shift"并单击最后一张工作表，来选中处于其间的一组工作表），接着右键单击所选中的一张工作表，再在弹出菜单中选择适当的选项。如果表格是分组的，那么对一个表格所做的操作相当于对所有表格的操作。例如，当用户需要将完全相同的资料输入多个工作表或对若干工作表执行相同的格式处理时，该操作功能就非常有用。在取消组合工作表时，只要点击未组合的任何工作表，或者右击工作表标签，再选择弹出菜单中的"取消组合"选项。Excel 2016 的另一个功能是允许用户通过右键单击工作表标签并从弹出菜单中的"工作表标签颜色"（Tab Color）选项来为每个标签选择颜色。

利用位于工作表标签左侧的"移动"按钮，用户可以滚动工作表标签列表。右键单击任何一个按钮，就会弹出菜单，这样用户就可快速跳转到工作簿中的任一工作表标签。该工具很有用，特别是当需要同时显示多个标签时。

1.2.6　状态栏

状态栏位于工作表标签的下方，包含有关当前 Excel 状态的信息及相关的消息。例如，多数时间里状态栏显示的是"就绪"，表示 Excel 正在等待输入。有时，Excel 可能会在状态中显示"计算"，表明工作表内容有变从而需要重新计算。用户也可以命令 Excel 通过状态栏来完成某些计算。如图 1-5 所示，Excel 显示的是工作表中所选中的单元格的平均值、个数及求和值。

就绪 🖳	平均值：67142.66667	计数：	求和：402856	⊞ ▣ ⬛ — ▬ + 100%

图 1-5 状态栏

右键单击状态栏的该区域，用户就可以用 Excel 来计算出数字的个数，或者求出任何选定单元格的最小值或最大值。如果需要快速完成那些并不一定出现在工作表中的计算，那么该功能就十分有用。

状态栏右侧包含一些用于改变工作表视图（正常视图、页面布局和分页预览）以及缩放级别的按钮。

1.3 工作表导航

在工作表区域内移动的主要方式有两种：箭头键和鼠标（或触摸板）。一般地，如果距离小，那么用箭头键就可很方便地改变活动单元格，否则，用鼠标更为方便。

大多数键盘有一个独立的小键盘，包含指向上、下、左、右的箭头键。如果恰巧没有，那么就可以使用数字键盘，当然用户需要先关闭数字锁定（Num Lock）功能。此外，可用 Tab 键转到右边的单元格。Page Up 和 Page Down 键也可起到对应的作用。

其实，使用鼠标更为方便。将鼠标指针指向工作表区域，它就呈粗十字架形。如要更改活动单元格，先将鼠标指针移动到目标单元格，然后点击鼠标左键。如要移动到目前没有显示在界面上的某个单元格，就单击滚动条，直到出现该单元格，然后点击即可。例如，如果活动单元格是 A1，用户希望将 A100 作为活动单元格，那么只需要单击位于界面右边的滚动条上的箭头按钮直到出现 A100 为止，然后将鼠标指针移到单元格 A100 再点击鼠标左键。每点击滚动条一次，工作表就向上或向下滚动 1 页。如果要向上滚动，就点击拇指的上方。如果希望向下滚动，就点击拇指的下方。拇指（或滑块）是一个小按钮，向上或向下移动滚动条就可显示出用户处于工作表中的位置。如果要移动更快一些，就可直接拖动拇指（或滑块）到所需的位置。

如果知道单元格名称以及所要移动的目标地址，可使用定位命令（虽然对大型工作表而言，记住单元格地址并不容易，但可以使用指定范围来处理）。运用定位命令可将活动单元格改变为任何指定的单元格。使用定位对话框时，需要先点击"开始"标签中的"查找和选择"按钮，然后通过按 F5 功能键或按 Ctrl+G 组合键来选择定位命令选项。如要移动到 A50 单元格，只要简单地按 F5，在信息提示框中输入 A50，再按回车确认。不难发现，此时界面上就会出现被选定的单元格 A50。此外，只要按下定位对话框中的特殊按钮选项，用户就可通过定位选项来找到某些特殊的单元格（如包含数据的最后一个单元格）。

1.3.1 选择一组单元格

很多时候用户需要一次性地选择多个单元格。例如，用户可能希望对一组单元格应用某种数字格式，或者想清除整组单元格。显然，如果每次只能操作一个单元格就很麻烦，特别是当要处理的单元格很多时。不过，Excel 容许用户同时选择一组单元格，并同时对这些单元格进行各种操作。选择一组连续单元格的最简单方法就是使用鼠标，方法就是将鼠标先指向该组单元格左上方的单元格，点击并拖动鼠标直至选中该组单元格。拖动鼠标时，请注意公式栏的左侧，Excel 会显示选定的行数和列数。此外，行和列标题会突出显示所选定的单元格。

此外，用户可用键盘来选择一组单元格。首先将活动单元格移动到所选区域的左上角，按住 Shift 键，并用箭头键突出显示所选定的整个区域。请注意，如果在按下箭头键时松开了 Shift 键，那么就无法完成选择。十分有用的键盘快捷方式就是 Shift+Ctrl+ 箭头（任何箭头键都起作用）的组合。这种方法可用来选定从活动单元格（但不包括活动单元格）到第一个空白单元格之间的所有单元格。例如，如果某列中有 100 个数字，需要应用相同格式，那么只要选择第一个单元格，然后按 Shift+Ctrl+ 向下箭头键就可选定。这种方法比使用鼠标更快且更准确。

很多时候，这种操作对于选择非连续的一组单元格（两个或两个以上不相邻的单元格）也很有帮助。此时，只要像平常那样选择第一个区域，然后在按住 Ctrl 键的同时再选择其他区域。

1.3.2　使用定义名

命名区域是指被赋予了名称的一个单元格或一组单元格。命名区域有很多不同的用途，但最为常见的用途也许就是在大型工作表中确定所要选择的区域。在命名一组单元格时，先要选定区域。例如，选定 A1∶C5，然后从"公式"标签中选择"定义名称"（Define Name）选项。在新名称对话框顶部的编辑框中输入一个名称，如 MyRange（请注意，区域名称不能包含空格或最特殊字符）。接着，单击"确定"按钮。图 1-6 描述了定义名称对话框的形式。请注意，位于对话框底部的编辑框显示了名称所指的地址。[2]

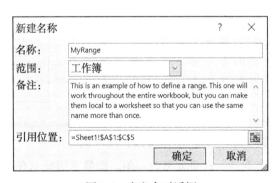

图 1-6　定义名对话框

此外，用户可以输入说明内容，以便提供更多关于名称范围及其控制的细节。所谓范围是指该名称不必是由工作表名称所限定的位置。例如，MyRange 被定义为具有工作簿范围。这样，用户用其名称（=MyRange）就可查阅位于整个工作簿中任何单元格的该区域。不过，如果这个范围被限制在 Sheet 1 上，那么当在 Sheet 2 中查阅时，用户就得用 Sheet1!MyRange 的名称。请注意，定义的名称必须在其范围内具有独一无二性。因此，用户只能将一个工作簿范围命名为 MyRange，但对于工作表级的范围，每个工作表可有一个 MyRange。

一旦范围被命名，用户就可以通过定位命令来进行选择（选择"查找和选择"后选择"转到"选项，或按下 F5）。定义名会出现在定位对话框的列表上。更为快速的方法是直接使用公式栏左侧的名称框，简单地从下拉列表中选择所希望选择命名的区域。

命名范围可用于公式中以替代单元格地址，也可用于图表 SERIES 函数。定义的名称不必提及单元格或单元格区域，但可用来定义某个常量或公式。例如，要创建一个 Pi 名称，就要在相应的对话框中输入"=3.14159"，而不是输入某个单元格或单元格区域的地址。在需要 Pi 值时，公式中就可使用该名称，虽然 Excel 已包含了 **PI** 函数。尽管非常有用，但用户并非必须使用定义的名称。

1.3.3 输入文本和数字

Excel 工作表中的每个单元格都可以被看作一个微型文字处理器。文本可以被直接输入单元格，然后采用各种方法进行格式处理。如果要输入文本字符串，那么先要选定出现文本的单元格，然后开始键入。整个过程就会非常方便。

Excel 能自动识别数字与文本之间的差异性，因此数字输入的步骤与文本输入相同。下面举例来说明如何将数字和文本输入工作表。

选择单元格 A1 并输入"微软公司销售额"。在单元格 A2 中输入"（百万美元）"。选择单元格 A3 并输入"2011 ～ 2016 年"。请注意，因为包含空格和字母，所以 Excel 将单元格 A3 中的输入内容视为文本。在 A4 ～ F4 单元格中输入相关年份。例如，在 A4 单元格中输入"2016"，在 B4 单元格中输入"2015"。接下来选择 A4:B4 并将鼠标指针移动到所选区域的右下角位置。此时，鼠标指针会呈十字形，表明可以使用自动填充功能。[3] 点击并拖动鼠标到右边，完成余下年份的输入。请注意，最新数据通常输入左侧单元格，最远数据则输入右侧单元格。这一惯例便于人们发现并集中关注那些通常被认为最重要的数据。

这里，我们为首个工作表设定了标题。现在，我们再将微软公司的销售额（单位：百万美元）输入到 2011 ～ 2016 年的单元格 A5 ～ F5 中。输入结果如图 1-7 所示。

	A	B	C	D	E	F
1	微软公司销售额					
2	（百万美元）					
3	2011 ～ 2016 年					
4	2016	2015	2014	2013	2012	2011
5	85320	93580	86833	77849	73723	69943

图 1-7 第一个工作表

1.3.4 格式和对齐选项

如图 1-7 所示的工作表显然缺乏吸引力。不难发现，图中的文本显示在单元格的左侧，而数字则显示在单元格的右侧。在默认情况下，这也是 Excel 中数字和文本的对齐方式。不过，用户可以简单地运用格式和对齐选项来改变这种情况。

这里，首先要界定清楚一些印刷排版方面的术语。"字体"是文字和数字的某种书写风格。例如，本书的文本主要采用的是宋体。不过，用户希望输入到工作表的文本显示为 Courier New（新信使）字体。此外，字体也可分为粗体（bold）、斜体（italics）或粗斜体（bold italics）。

所谓"字号"（type size）指的是字体的大小。通常，字号以"磅"数来表示大小。1 磅等于 1/72 英寸，所以 1 英寸等于 72 磅。12 磅大小的字体大于 10 磅大小的同一字体。

字体和字号合在一起通常被非正式地称为字形。因此，所谓"将字形更改为 12 磅新罗马"应被理解为某种字体（新罗马，粗体）且字号为 12 磅。

就文本输入而言，"格式"指用来显示文本的字体、字号、文本颜色及单元格对齐方式。

下面，看看如何将已经输入的文本字体改为 12 磅、粗体、新罗马。这里，先选定 A1：A3，然后单击"开始"标签中的字体列表以便选择显示的字体，再从列表中选择新罗马。

接下来，单击"加粗"按钮，然后在字号列表中选择 12 磅。注意，在翻阅字体和字号列表时，选定的文本显示与工作表上所显示的相同，这就是所谓的实时预览。该特征对许多功能有效，但对 Excel 2016 中的所有格式功能并非都有效。只有当用户点击"确定"后，这些改变才会生效。因此，用户可以滚动选项，直到文本完全符合要求。此外，用户可通过右键单击选定的单元格，并从菜单中选择"选择单元格"选项，就可以完成所有的更改。这里所做出的选择都可在"字形"标签中找到。

用户可以很方便地更改数字的字号大小。假设要将单元格区域 A4：F4 中年份的字号改变为 12 磅、斜体、新罗马。那么，先选择单元格区域 A4：F4，然后从"开始"标签中选择对应的属性，或右键单击并"选择单元格格式"选项。请注意，这一更改可随文本更改同时发生，或是现在按 Ctrl+Y 键来重复前一项操作。此外，用户可将"重复"按钮添加到"快速访问工具栏"中。为此，用户只需单击"快速访问工具栏"右边的箭头，并选择"更多命令"（More Commands）选项即可。现在，选定"重复"按钮，再点击对话框中的"添加"按钮。

至此，工作表开始变得整齐多了，但仍然不够完美。人们习惯上希望所看到的表格的标题位于表的上方而且居中，但这里的标题仍然位于左边。为此，可运用 Excel 的对齐选项来进行修改。Excel 提供了单元格内 7 种不同的水平对齐方式，包括可以使文本（或数字）在单元格内左对齐、右对齐或居中。此外，Excel 也可以使一组单元格的文本居中。

下面，先来改变年份的对齐形式。选定单元格区域 A4：F4，然后点击"开始"标签中对齐区的"居中"按钮。请注意，数字都在各自单元格中居中。

接下来，将表格标题在整个数字范围内居中。为此，先选中要将标题居中的整个区域。选中单元格区域 A1：F3，右键点击菜单并"选择单元格格式"。单击"对齐"标签，然后选择水平对齐列表中的"选定区域居中"。点击"确认"按钮，这样，标题就居中于 A ～ F 列中。

请注意，"开始"标签中另有一个按钮，可将选定的单元格"合并居中"（Merge and Center）。从表面上看，该按钮的功能与"选定区域居中"相同，但事实并非如此。除了居中文本外，它同时将所有选定的单元格合并成一个跨越多行多列的大单元格。在合并过程中，除了左上角单元格中的资料外，其他单元格中的资料将全部消失。此外，合并后的单元格会使资料的选择、整理或过滤变得困难。一般来说，最好不要使用"合并居中"按钮。需要时，可以选择同一按钮下的"取消单元格合并"选项。

1.3.5　格式化数字

除了改变字体和字号大小外，进行数字处理时，用户也可以加入逗号和货币符号，甚至还可以改变所显示的小数位数。此外，用户还可以根据数字是正还是负而显示不同形式。例如，用户对负值数字可加括号，并以红色显示，而不是直接用负号。用户可尝试设计自己的数字格式，但这里仍继续采用更为常见的预定格式。

2011 ～ 2016 年，作为大公司的微软公司的销售额从 2011 年的接近 700 亿美元增长到 930 多亿美元。对于这么大的数字，除非每第三位数前加逗号分隔，否则很难读。这里，我们对销售数字进行格式处理，目的是更便于阅读。

选定显示销售数字的单元格区域 A5：F5，点击右键并选择菜单上的"设置单元格格式"选项，然后单击"数字"标签。这时，就会出现数字格式对话框，其中载有格式类别清单。接下来，从类别列表中选择数字选项。此时，用户可选择显示出来的小数位数，可选择是否每隔三位数用逗号分开，还可选择负数的格式。这里，采用每隔三位数用逗号分开和两位小数的方式。这样，将小数位数改为 2，并在对话框上勾选"使用千位分隔符"。[4] 单击"确定"按钮，可发现现在显示的数字格式更具可读性了。点击功能区界面上的"逗号格式"按钮可完成同样的格式操作。（两者在对齐方面略有差异——采用逗号格式的数字不能居中。）

至此，我们对微软公司的销售额工作表的格式进行了若干更改。这样，我们得出如图 1-8 所示的工作表。这些操作目前显得烦琐，但随着对这些选择变得熟悉，使用起来很快也会变得方便。此外，考虑到这样做可以增强可读性，多花些时间来处理工作表的格式是非常值得的。

	A	B	C	D	E	F
1			微软公司销售额			
2			（百万美元）			
3			2011 ～ 2016 年			
4	*2016*	*2015*	*2014*	*2013*	*2012*	*2011*
5	85,320.00	93,580.00	86,833.00	77,849.00	73,723.00	69,943.00

图 1-8　原始工作表的格式更改

1.3.6　添加边框和底纹

文本格式并非 Excel 所提供的唯一可用的设计元素。用户还可以通过对单元格设置边框和底纹来增加工作表的花样。在工作表中，选定表示年份的单元格区域 A4：F4。右击选中的区域并选择"单元格格式"选项，接着从对话框中选择边框标签。这里共有 13 种线条形式可供选择，还可以改变线条的颜色。点击粗实线（右侧从上往下第五条），再分别点击样本视图顶部和底部的线条，确认后就可查看更改情况。

下一步，仍然选中单元格区域 A4：F4，看看如何添加底纹。同样，选择菜单中的"单元格格式"选项，但这次选择的是"填充"标签。该标签允许用户设置背景颜色和单元格形状。点击浅灰色，然后按"确定"按钮。现在，为使数字和文本更具可读性，将它们加粗。此时，工作表就修改为如图 1-9 所示。

	A	B	C	D	E	F
1			微软公司销售额			
2			（百万美元）			
3			2011 ～ 2016 年			
4	*2016*	*2015*	*2014*	*2013*	*2012*	*2011*
5	85,320.00	93,580.00	86,833.00	77,849.00	73,723.00	69,943.00

图 1-9　添加边框和底纹后的工作表

1.4　输入公式

至此所做的工作表操作与 Microsoft Word 中的表格操作同样简单。当用到公式时，电子表格的威力才真正显示出来。借助公式，用户就能将所输入的数据转换成有用的信息。

这里，示例中的工作表仅包含微软公司的销售额数据。然而，假如用户希望对微软公司在 2011 ～ 2016 年的盈利状况进行简单分析，那么此时还需要知道并研究该公司各年的净利润。这样，就必须对工作表进行某些修改，从而使其更为有用。

将表 1-2 中的数据添加到样本工作表的单元格区域 A6：F6 中，即将净利润放在销售数据的正下方并采用同一格式。现在，需要处理两个问题。一个问题是单元格 A1 中的工作表名称不再准确。因为增加了盈利能力分析，所以需要更改名称以反映这一改变。点击并选定单元格 A1（即使标题在单元格区域 A1:F1 内居中，Excel 仍将数据保留在 A1 中）。请注意，该文本显示在公式栏右边。编辑标题时，单击位于"销售额"这个词右边的公式栏，先去掉"销售额"，然后键入"盈利能力分析"并按回车键加以确认。

表 1-2　微软公司的净利润（2011 ～ 2016 年）

年份	净利润（百万美元）
2016	16 798.00
2015	12 193.00
2014	22 074.00
2013	21 863.00
2012	16 978.00
2011	23 150.00

另一个问题是工作表中的数据并没有得到明确。在理想情况下，用户希望数据资料列示在现有数据单元格的左侧。不过，此处数据的左边没有列表。这里，可用几种方法来解决这一问题。最简单的方法就是命令 Excel 在 A 列左侧新插入一列。为此，单击 A 列表头以完全选中 A 列。请注意，这时整个 A 列会突出显示（行处理情况也相同）。现在，点击"开始"标签中的"插入"按钮，再选定"插入工作表列"选项。这样，新的一列就被神奇地插入了，而所有的数据都向右移动了一列。在单元格 A5 中键入"销售额"；在单元格 A6 中键入"净利润"。

如果严格按照这些例子进行操作，那么单元格 A6 可能无法完全显示"净利润"一词，部分文本被截去以免数据盖住 B6 单元格。对此，用户只要简单地调整 A 列宽度就可以单击"开始"标签中的"格式"按钮，然后选择"列宽"（Column Width）选项。在编辑框中键入 20 并按下回车键确认。此时，A 列的宽度就足够容纳所要添加的或者以后要添加的文本。

现在，用户可以进行盈利能力分析了。虽然过去几年公司销售额大幅增长，但无法根据数据立即知道微软公司的盈利能力是否得到提高，即便该期间净利润实现了增长。针对这种情形，通常采用净利润占销售额的百分比指标（销售净利率）而不采用美元净利润。幸运的是，这里不必输入更多的数据。相反，用户可让 Excel 来完成这些百分比的计算，且用户所要做的只是输入公式。

Excel 中的公式是以单元格地址为基础的。如要将两个单元相加，只要命令 Excel 选取第一个单元格的内容，再加上第二个单元格的内容即可。输入了公式的单元格显示的是该公式的结果。这里的问题是要把净利润表示为占销售额的百分比。下面先计算 2016 年的结果。

在输入第一个公式之前，需要插入一个标识数据的标签。为此，在单元格 A7 中键入"销售净利率"。将活动单元格更改为 B7，同时使计算结果显示在 B7 单元格中。这里需要解决的问题是：选取单元格 B6 中的净利润数据，再除以单元格 B5 中的销售额数据。在 Excel 中，除法用正斜杠（/）表示，所以在单元格 B7 中键入的是" =B6/B5"。在 Excel 中，等号必须出现在所有公式之前，否则公式就会被视作文本从而不会计算出结果。按回车键确认后，Excel 就可计算出公式的结果。这里所得到的结果应该是 0.196 9。

在本例中，公式被直接输入单元格。这样做的原因是工作表小，所以很容易知道公式中需要使用哪些单元格。不过，很多时候，情况并非如此。如果工作表很复杂，那么更为简单的方法就是通过"指针模式"来输入公式。按照指针模式，先将鼠标指向计算所要包括的单元格，然后由 Excel 把这些单元格插入公式。选定单元格 C7，用指针模式来输入公式。首先，键入"="，从而使 Excel 处于编辑模式。现在，用鼠标点击单元格 C6 而不是键入 C6。不难发现，公式栏中 C6 出现在等号的右边。按斜杠键表示除法，然后按一下单元格 C5。此时，公式栏中就会显示公式"=C6/C5"。按下回车键，就可计算出公式的结果为 0.130 3。

下面，对单元格格式进行改变，以增强可读性。在这种情况下，采用带两位小数的百分比格式较为美观。先选定单元格区域 B7∶C7，右击并选择"设置单元格格式"选项，再点击"数字"标签。在分类列表中点击"百分比"，然后设置小数位数为 2 并按下回车键或单击"确定"按钮。此外，用户可使用功能区的"百分比样式"按钮。在设置两位小数时，只需要在同一组类中点击"增加小数位数"按钮即可。图 1-10 显示了此类格式及其他格式的图标。

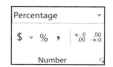

图 1-10　数字格式图标

1.4.1　复制与移动公式

至此，我们已计算了 2016 年和 2015 年的销售净利率，但仍有 4 个年份需要输入公式。如果要重复输入相同的公式，那么就会让人感到乏味。幸运的是，用户可以简单地复制公式，而且 Excel 可更新单元格地址并保持相应的关系。例如，假设已知 2014 年的公式为"=D6/D5"，当将单元格 C7 中的公式复制到单元格 D7 时，Excel 就会自动将公式"=C6/C5"更改为"=D6/D5"。

这其中的原因在于 Excel 是按相对方式来处理全部的单元格信息的。当在单元格 B7 中输入公式"=B6/B5"时，Excel 的解读是"将当前单元格之上一行单元格的内容除以当前单元格之上两行单元格的内容"。在复制公式时，Excel 将保持相同的相对单元格关系。这样，公式就可得到更新。如果向上或向下复制，Excel 就会改变行位置。

如要改变这种行为，那么可使用绝对引用方式（absolute reference）。不管从何处复制，绝对引用所指的单元格维持不变。在创建绝对引用时，可在列字母和行数字号之前键入美元符号。例如，$B$6 所指的单元格永远为单元格 B6。符号"$"用来告知 Excel 不会改变引用。此外，用户还可以创建混合引用（mixed reference）。混合引用选项中只有列或行中的一个保持不变，而不是两个都不变。例如，$B6 就是一种混合引用（行相对而列绝对）。如果向下复制，那么就变成 $B7；如果向右复制，那么仍然为 $B6。对于 B$6（列相对而行绝对）来说，向下复制时仍然为 B$6，而向右复制时则变为 C$6。在后面的章节中，我们将大量使用绝对引用和混合引用。请注意，用户按 F4 键可循环出现各种引用类型（Mac 的快捷键为 ⌘-T）。这里，只需简单地输入单元格的地址，然后反复按 F4 键，直到得到所需要的引用类型（例如，$B$6、B$6、$B6、B6）。

因此，用户只要简单地复制单元格 C7 而不必在其他单元格中重新输入公式。首先，选定单元格 C7，然后按功能区的"复制"按钮。接着，选定单元格区域 D7∶G7 并单击"粘贴"按钮。此时显示的工作表如图 1-11 所示。

从图 1-11 可看到，微软公司的销售净利率在 2011 ～ 2016 出现了反复，但比大多数其他公司仍然要高很多。

除了复制公式（保持相对单元格引用），也可以移动公式。将公式从一个单元格移动到其他单元格，而且不会对单元格引用产生影响。例如，可以将单元格 B7 中的公式（=B6/B5）移至单元格 B8。为此，选择单元格 B7，然后单击"剪切"按钮（剪刀图标）。接着，选择单元格 B8，再单击"粘贴"按钮。请注意，单元格 B8 中的结果与单元格 B7 完全一样，因为该公式是不可变的。现在，单击"快捷访问工具栏"中的"撤销"按钮，公式将可返回到单元格 B7。

	A	B	C	D	E	F	G
1				微软公司的盈利能力分析			
2				（百万美元）			
3				2011 ～ 2016 年			
4		*2016*	*2015*	*2014*	*2013*	*2012*	*2011*
5	销售额	85,320.00	93,580.00	86,833.00	77,849.00	73,723.00	69,943.00
6	净利润	16,798.00	12,193.00	22,074.00	21,863.00	16,978.00	23,150.00
7	销售净利率	19.69%	13.03%	25.42%	28.08%	23.03%	33.10%

图 1-11　微软公司的盈利能力分析

也可以用鼠标来移动公式（或任何其他东西）：选定包含所要移动的数据的单元格，将鼠标指针指到该单元格边缘，待其变为箭头，然后点击鼠标左键并拖动到新的单元格位置。现在把公式移回到单元格 B7。选定单元格 B8 并把它拖回到单元格 B7。此时显示的工作表也与图 1-11 中的表格相似。

1.4.2　数学运算

除了之前提及的除法运算外，其他四种主要数学运算为：加法、减法、乘法和幂。Excel 提供了所有这些运算，而且使用起来像除法那样方便。表 1-3 给出了这五种基本运算方法以及在单元格 B8 中输入所举例公式而得的计算结果。

表 1-3　数学运算

运算	符号键	公式	单元格 B8 中的结果
加法	+	=B5+B6	99 712
减法	−	=B5−B6	55 986
乘法	*	=B5*B7	21 863
除法	/	=B6/B7	77 849
幂	^	=15^2	225

1.4.3　括号及运算顺序

在大多数情况下，用户可直接利用 Excel 所提供的数学运算方法。不过，有时计算可能会比较复杂，如微软公司销售额和净利润增长率的计算。就增长率计算而言，通常需要计算的是年复合增长率（几何平均增长率）而不是算术平均增长率。几何平均增长率的常用计算公式为：

$$CAGR = {}^{(N-1)}\sqrt{\frac{Sales_N}{Sales_0}} - 1 = \left(\frac{Sales_N}{Sales_0}\right)^{\frac{1}{(N-1)}} - 1 \tag{1-1}$$

式中，N 表示数列的数字个数；$Sales_0$ 表示数列的第一个数字（2011 年的销售额）；$Sales_N$ 表示数列的最后一个数字（2016 年的销售额）。

其实，要将上述公式输入 Excel 可不像表面上那么简单。为此，需要正确掌握运算的优先顺序。换言之，Excel 并不一定从左至右来解释公式。相反，有些运算应先于其他运算。事实上，首先运算的往往是幂运算；接着运算的是乘法和除法，但其运算优先度相等，因此乘法和除法的运算按从左至右的顺序。最后是加法和减法运算，而且运算优先度相等。

我们可以通过使用括号来改变运算的顺序。括号中的内容总是先行运算。例如，下面这个计算公式该如何运算呢？

$$X=2+4/3$$

X 等于 2 或 3.33？按照代数计算，X 等于 3.33，因为除法应在加减法之前运算（Excel 中的运算就是这样）。如果要使答案等于 2，那么可用括号来重新定义公式：

$$X=(2+4)/3$$

这里的括号清楚地表明，加法应先运算，这样答案就为 2。因此，在遇到不确定情形时，不妨使用括号，从而可以避免产生歧义。

为了计算销售额的复合年增长率，先移动到单元格 A8 并输入"销售增长率"。接着，在单元格 B8 中输入式（1-1）"=（B5/G5）^（1/5）-1"。回车确认后，所显示的 5 年期销售增长率为 4.05%（每年可能需要重新格式化单元格以显示带有两位小数的百分比）。在计算净利润平均增长率时，在单元格 A9 中输入"净利润增长率"，然后将单元格 B8 中的公式复制到单元格 B9。那么，所得的净利润复合年增长率为 -6.21%，此时，单元格 B9 中的公式为"=（B6/G6）^（1/5）-1"。不难发现，复制过来后，该行所引用的内容被更新了。

1.5　使用 Excel 的内置函数

用户可以运用至今所讲述的方法来制作出更完美、令人印象更深的工作表。不过，为什么一开始就要构建所有的公式呢，特别是其中的一些公式十分复杂而且很容易出错？Excel 包含数百个内置函数，其中有 50 多个函数属于财务类函数。这些函数可直接利用，而我们所需要做的工作只是向单元格输入引用的内容。本书将介绍其中许多函数的用途。这里，先介绍如何运用内置函数来计算增长率。

为了计算复合年增长率，用户可以运用 Excel 的内置 **GEOMEAN** 函数。[5] 该函数的构成如下：

$$=GEOMEAN (NUMBER1, NUMBER2,\cdots)$$

GEOMEAN 函数用逗号将数量多达 255 个的单元格地址（或范围）隔开。与 Excel 的通常情况一样，用户也可以对一组单元格而非个别单元格进行上述函数的操作。请记住，这里所要计算的是销售收入的几何平均增长率（CAGR），而不是计算销售收入的几何平均数。由于 **GEOMEAN** 函数只是简单计算输入变量乘积的 N 次方根，所以需要重新定义输入变量（内置公式中所使用的是销售金额）。这里，我们在工作表中添加一行以反映销售额的百分比变化情况。

选中单元格 A10 并输入标记"销售额变化率（%）"，然后选中单元格 B10 并输入公式"=B5/C5-1"。这样，单元格 B10 中的结果就为 -0.088 3，表明从 2015～2016 年销售额减少了 8.83%。现在，将单元格 B10 中的公式复制到单元格区域 C10：F10 的各个单元格。不过，值得注意的是，这里并不是将公式复制到单元格 G10，不然会产生错误，因为单元格 H10 并不包含任何数据（尝试一下，就不难发现单元格 G10 中会显示"# DIV/0！"，即公式中的除数为零）。

　　现在，为了计算销售额的复合平均年增长率，需要在单元格 B11 中输入 **GEOMEAN** 函数 "=GEOMEAN（B10：F10）"。由于数据点位于一个连续区域内，故选定的是指定区域而非个别单元格。此外，这里设置了一个标签，以便将来返回该处时能知道该单元格所表示的内容。为此，选中单元格 A11 并输入 "销售增长率"。

　　那么，**GEOMEAN** 函数的计算结果有什么问题呢？这里出来的结果为报错（#NUM! error），而不是利用自定义公式计算所得的 4.05%。这里，既不是自定义公式有错，也不是使用 **GEOMEAN** 函数有误。事实上，这类错误很普遍，而且很容易被忽视。产生问题的根源在于，使用 **GEOMEAN** 函数时，我们无法完全弄明白背后的情况。请记住，**GEOMEAN** 函数只是对这些数字的乘积简单地开 N 次方。如果有一个数为负，那么乘积就为负，用户就无法计算负数的 N 次方根。此时应当计算的是价格相对变化的几何平均值（1 加上百分比变化）。

　　为了纠正这个错误，将单元格 B10 中的公式替换为 "=B5/C5"，并将其复制到其他单元格。这样，单元格 B11 中的公式为 "=GEOMEAN(B10：F10)−1"。计算结果为 4.05%，与之前计算的结果完全相同。为了避免这类错误，必须十分清楚内置公式的用途，不可盲目接受 Excel 计算的结果。套用计算机科学领域的一句古语，"无用输入，无用输出"。

　　此时，所完成的工作表如图 1-12 所示。

	A	B	C	D	E	F	G
1		微软公司盈利能力分析					
2		（百万美元）					
3		2011 ～ 2016 年					
4		*2016*	*2015*	*2014*	*2013*	*2012*	*2011*
5	销售额	85,320.00	93,580.00	86,833.00	77,849.00	73,723.00	69,943.00
6	净利润	16,798.00	12,193.00	22,074.00	21,863.00	16,978.00	23,150.00
7	销售净利率	19.69%	13.03%	25.42%	28.08%	23.03%	33.10%
8	销售增长率	4.05%					
9	净利润增长率	-6.21%					
10	销售额变化率（%）	0.9117	1.0777	1.1154	1.0560	1.0540	
11	销售增长率	4.05%					

图 1-12　微软公司增长率分析

1.5.1　使用插入函数对话框

　　鉴于 Excel 中有数以百计的内置函数，用户很难记住所要使用的函数名称或命令参数。为帮助解决这一问题，Excel 提供了插入函数对话框，用以指导用户选择和输入内置公式。

　　这里，我们用插入函数对话框来将 **GEOMEAN** 函数插入到单元格 B11 中。为此，先选中单元格 B11，然后点击 "开始" 标签中的 "清除" 按钮（或者按键盘上的删除键）以清除当前单元格中的公式。找出 "公式" 标签中的 "插入函数" 按钮，点击后会弹出第一个 "插入函数" 对话框。

　　在第一个对话框中点击 "或选择类别"（Or Select a category）菜单中的 "统计"（Statistical）选项。"选择函数"（Select a function）菜单包含所有内置的统计函数。向下滚动该目录并点击 **GEOMEAN**。对话框底部会给出函数的定义，点击确认键后就会显示如图 1-13 所示的下一个对话框。[6]

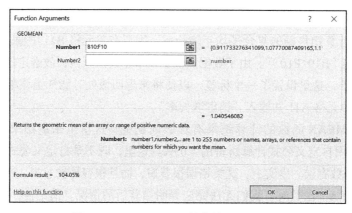

图 1-13　Excel 2016 函数参数设置对话框

"函数参数设置"对话框会显示被选函数每个输入元素的提示和定义。这里，单击并拖动鼠标以选中单元格区域 B10∶F10。此时，该单元格区域就会出现在"Number1"的编辑框内，点击"确认"，函数就被输入。注意，这里的结果是 104.05%，而不是所预期的 4.05%，所以要从函数的计算结果中减去 1。为此，点击公式栏，在 **GEOMEAN** 函数后面打上"–1"并按回车键，单元格 B11 中的公式就变成了"=GEOMEAN(B10∶F10)–1"。

"插入函数"对话框对于寻找新函数以及使用已熟悉的函数都很方便。此外，用户可通过"公式"标签中的"函数类别"按钮来寻找函数。从对应目录中选择函数会显示相同的"插入函数"对话框。不管怎样，这种方式可使 Excel 学习变得更为简单。

如果已知所需函数的名称，用户就可以跳过"插入函数"对话框。此时，只要输入"="和函数的名称，Excel 就会自动创建公式、自动完成菜单（Formula Auto Complete menu），列举出与所输入函数相匹配的函数。图 1-14 列举了在单元格中输入"=ge"后的结果。用户也可以通过输入"=mean"或该函数名的一部分来得到熟悉的函数列表。

发现所需要的函数名后，用户可以用箭头键选中，然后按 Tab 键并输入参数。输入函数参数后，就会弹出"工具提示"（Tool Tip），以提醒用户这些参数的次序。

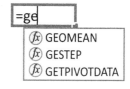

图 1-14　公式自动完成菜单

1.5.2　Excel 2016 下的 DOT 函数

在 Excel 2010 中，微软公司针对某些函数引入了新的命名方法。这些新函数的名称中带有所谓的"."。例如，函数 **STDEV.S** 计算的是样本的标准差，与之前 Excel 版本的 **STDEV** 函数完全相同。在这个例子中，采用新命名方法的目的在于更精确地反映函数的用途。在其他情况下，**DOT** 函数（Dot Functions）采用新的演算法来提高计算精度。

在任何情况下，之前的函数都能与之前各个版本的 Excel 兼容。对于采用 Excel 2016 下 **DOT** 函数所创建的文件，如果要在 Excel 2007 或之前版本的 Excel 中打开，那么就会出现名称报错（#NAME! error）的结果，原因在于这些旧版本的 Excel 不能识别新出现的 **DOT** 函数。

如果用户所创建的工作表是在旧版本 Excel 环境下使用的，那么在保存文件之前必须先运行兼容性检查程序（Compatibility Checker），以便了解是否存在兼容性方面的问题，如是否应用了新的 **DOT** 函数。在运行兼容性检查程序时，先点击"检查问题"（Check for Issues）按钮，再选择"检查兼容性"选项。此时，会弹出如图 1-15 所示的对话框，告知用户工作簿中的工作表 1 因使用了不相容函数而可能出现的问题。请注意，对话框会显示问题出现的次数以及出现在工作表中的位置。如果只有一个问题，点击"寻找链接"（Find Link）即可显示该单元格。如果存在多个问题，那么找到单元格的最方便办法就是点击"复制到新表"（Copy to New Sheet）按钮。这样所创建的新工作表会显示这些问题所对应的各个单元格，同时会显示一个超级链接，直接把用户链接到有关单元格。

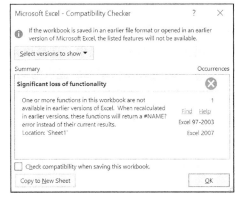

图 1-15　兼容性检查对话框

1.5.3　使用用户自定义函数

有时，用户需要计算某个复杂的公式，但 Excel 并没有可完成该项任务的内置函数。此时，要么直接将公式输入到单元格中（往往枯燥乏味），要么采用用户自定义函数。用户自定义函数（user-defined function）类似于内置函数，不同之处在于它不像内置函数由微软公司的 Excel 开发团队创建。用户自定义函数可从网上购买或下载，甚至可以自己创建。编写时要采用 Excel 的宏语言（参见第 15 章的 VBA 内容）。虽然该内容超出了本章范围，但仍然可在本书官方网站上找到包含若干函数的 Famefncs.xlam 文件。[7] 用户可下载该文件，直接保存在硬盘上某个容易记住的位置。本书有时可能用到这些函数，特别是最后那几章。

用户在使用自定义函数之前，必须先打开 Famefncs.xlam 文件。该文件是 Excel 的特殊加载件。打开加载件的方法类似于打开其他任何 Excel 文件，或者可设置成打开 Excel 时自动打开。为使该文件中的函数保持可用状态，先依次单击"文件"标签和" Excel 选项"，然后单击"加载项"，接着从"管理"列表中选择"Excel 加载项"并单击"转到"按钮。这样，就能打开如图 1-16 所示的加载项对话框。如果用户已激活了"开发工具"功能，那么也可以点击加载列表中的"加载项"按钮。

单击"浏览"按钮，进入保存文件的目录，再选中 Famefncs.xlam 文件。此时，该文件就会被添加到如图 1-16 所示的加载项对话框中。这样，所有的工作表都可使用该文件中的全部函数。要有效获取这些函数，必须确保将文件保存在如注释 7 中所描述的可信位置。

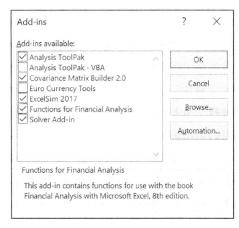

图 1-16　加载项对话框

用户自定义函数的使用与内置函数的使用几乎完全相同，唯一的区别在于包含这些函数的文件必须打开且能为 Excel 所知。此外，用户也可采用插入函数对话框（仅当安装有用户自定义函数时，方可选择用户自定义函数类别）。

为举例说明如何使用用户自定义函数，我们创建了一个根据美元计价的销售额而非根据

之前所采用的价格关系来计算复合年均增长率的函数。定义该函数为：[8]

$$\text{FAME\_CAGR}(\textit{SALES})$$

其中，**FAME_CAGR** 为函数的名称；***SALES*** 指包含销售额数据的单元格区域。该函数可自动进行前面所给出的式（1-1）中的计算。

现在，在原始工作表中，选择单元格 B12，然后调出插入函数对话框，选择"用户自定义类别"，就可显示出本书所提供的函数列表。在"选择函数"列表中，选择名称为 **FAME_CAGR** 的函数，然后单击"确认"按钮。在"销售额"编辑框中，输入表示包含微软公司销售额数据的单元格区域 B5：G5，单击"确认"按钮并查看该答案是否与之前的计算结果相同。单元格 B12 中的公式为"=FAME_CAGR（B5：G5）"。

后面各章将更多地用到加载件中的用户自定义函数。

1.6　创建图表

根据简单的盈利能力分析，微软公司的利润率在最近六个年度显然有些波动。很多时候，用户需要建立更为复杂的工作表，而且其中的主要变化趋势往往不易确定，对那些并非亲自处理数据的用户来说尤其如此。有时，用户可能需要进行一场演示，以说服投资者来对公司进行投资。此时，满表的数字事实上可能使你的观点模糊不清。面对这些数字表，人们（也包括学生）往往会迷惑不清。解决这类问题的办法就是用数据图表来说明观点。幸运的是，用 Excel 可以很方便地生成高质量的图表。

Excel 提供了三种创建图表的方法：独立的图表工作表、在工作表中嵌入图表以及被称为迷你图（sparkline）的单元格内微图表（in-cell chart）。下面依次介绍这三种方法。

1.6.1　在图表工作表中创建图表

如果用户关注的只是图表，那么最好在图表工作表中进行创建图表。在 Excel 中，用户可通过选择数据并插入某个新图表工作表来创建与工作表分开的图表。这里，先来创建关于微软公司销售额与净利润的图表。

首先，选定单元格区域 A4：G6 中的数据，然后右击当前工作表的标签。从显示的菜单中选择"插入"（Insert）选项。此时，呈现给用户的是供选择的各种类型的文件。因为这里要创建的是图表，所以在列表中选择"图表"（Chart），然后按回车键或单击"确认"按钮。

图表工作表打开时，会根据所给数据自动生成柱状图。该图表有默认的图表标题，但没有轴标题。因此，需要进行某些改进。请注意，此时 Excel 的功能区还有另外两个与具体制作图表有关的标签（"设计"和"版式"）。这些标签被称为上下文标签（contextual tab），因为它们只在编辑图表的前后过程中出现。如果需要其他样式的图表，用户可单击"设计"标签中的"更改图表类型"（Change Chart）按钮。

这里，先给图表添加标题。选择"图表"选项后，单击位于图表右上角的"图表元素"（Chart Elements）按钮。单击"图表标题"按钮并选择"居中标题"。在出现的文本框中输入"微软公司的销售额与净利润"，然后单击框外以锁定标题。

用户可按同样的方法来给坐标轴加上标题。选择"图表元素",通过点击"轴标题"按钮来插入"横轴标题"和"纵轴标题"。插入"横轴标题"时,双击"横轴文本"标签,再输入"年份";插入"纵轴标题"时,双击"纵轴文本"标签,再输入"百万美元"。这样,就可获得如图 1-17 所示的独立图表。下一节之后将讨论如何修改颠倒的 X 轴。

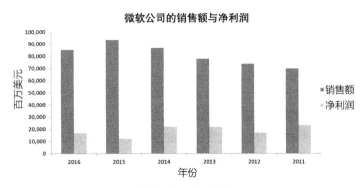

图 1-17　独立图表

1.6.2　创建嵌入式图表

假设用户希望创建一个可保存并显示在工作表中的图表。此类图表之所以被称为"嵌入式图表"(embedded chart),是因为它出现在工作表内。与独立图表工作表不同,嵌入式图表可以像工作表数据那样显示并打印在同　页上。如有必要,嵌入式图表还可以从工作表中分离出来进行打印。

在创建嵌入式图表时,首先切换到工作表。正如之前所做的那样,选择单元格区域 A4：G6,然后单击"插入"标签,在"图表"中单击"柱形图"按钮(Column button)并选择二维柱形图下所列出的第一种类型。这样,该图表就出现在工作表的中间。如果要调整图表大小,可单击并拖动位于其周边的任一选择框。如果要移动图表,单击图表中的空白处并拖到想要放的位置。如果在推动图表或调整图表大小时按住 Alt 按钮(Mac 的 ⌘ 键)不动,那么就会出现网格线对齐。这样,除了一些小小的格式差异之外,所生成的工作表就如图 1-18 所示。与之前方法相同,用户可输入图表标题与轴标题。

图 1-18　带有嵌入式图表的工作表

注意，用户可将嵌入式图表转换成独立图表表格，反之亦然。右击图表并在快捷菜单中选择"移动图表"选项。"设计"标签中也有"移动图表"按钮。此外，用户甚至可通过这种方法将图表移动到其他工作表中。

1.6.3 设置图表格式

现在已创建了一个关于销售额与净利润的基本图表，但可能仍然达不到预期。首先，人们通常希望图表右边给出的是最近的数据，左边给出的是最远的数据，但所建立的工作表中的数据排列刚好相反。这里，稍加注意就可知道公司的销售额和利润一直在下降。

在 Excel 中，图表的每一个元素都被当作一个独立"对象"，这就意味着各个元素都能与其他元素分离开来进行单独选择和编辑。此外，这些图表对象具有一定的智能特点，"知道"什么任务能在它们身上执行，并且在用鼠标右键单击时，还会显示出这些任务菜单。任何图表的主要对象包括各数据系列、绘图区、网格线、坐标轴、轴标题、图表标题以及添加到图表中的文本框。如要选择一个对象，只需用鼠标左键单击即可。一旦对象被选，其周围所显示的为小方块（选择框）。有时，要求从全部项目中进行选择（如全部日期或图例）。不过，经第二次点击（并非双击）后，选择范围会缩小。了解这些之后，就可开始编辑图表。

首先，将 X 轴转过来，这样所给出的数据就按通常所希望的那样排列。用鼠标右键单击 X 轴（或轴标签）就会弹出快捷菜单，选择"轴格式"选项，就可启动窗口右边的轴格式对话框。在"轴格式"选项下，选择轴日期类型，这样 Excel 就知道这里的日期为年份数字。同时，轴会反过来，使得内容的阅读方式变为所希望的从左到右。如果在标题中输入完整日期（如 6/30/2016），那么 Excel 就会识别出日期，从而创建出不需要进行翻转的日期轴。

为了使轴翻转，我们也可以选择轴格式对话框中的"逆序分类"（Categories in reverse order）。此时，X 轴已发生了翻转，但 Y 轴现在位于图表的右边。如果这种情况符合要求，那就需要单击同一对话框中的"最大类别"（At maximum category）选项。此时，Y 轴就会位于图表的左边了。当 X 轴标签为文本时，这种方法最为有用。如果标签为日期，那么前一种方法更为合适。

现在，假设需要改变图表标题，并要求提到该数据所涵盖到的年份。这里只需点击并选择图表标题，然后点击标题端处。此时，就可以立即开始输入，但此处希望将新文本放在第二行。按回车键就可开始下一行并输入"2011 ~ 2016"，然后按"退出"键或图表其他处。若要美化标题，那么用户需要调整字体。

下面，将图例移动到图表底部，这样看起来更为好些。用鼠标右键单击图例，并选择快捷菜单上的"设置格式图例"（Format Legend）选项。选择选项中的"底部"选项，关闭格式图例对话框，再返回图表。在进行修正时，可在绘图区单击选择并拖动该选择框直到绘图区大小合适。此时显示的工作表如图 1-19 所示。

1.6.4 更改图表类型

从已创建的柱形图到盒状图再到晶须图和瀑布图，Excel 提供了许多不同类型的图表。其中有些类型的图表非常复杂。虽然存在这种复杂性，但要改变图表类型往往非常简单。

图 1-19　图表格式完善后的工作表

假设用户希望图表中的数据以两条线而非柱形图来表示。为了完成这一变化，右击图表内任意处，选择菜单（或"设计"标签中的按钮）中的"更改图表类型"（Change Chart Type）选项。选择一种折线图表并单击"确认"按钮。此时，该图表就呈现为线形图。不仅如此，用户甚至可以更改具体数据系列的类型。例如，用户可能希望在同一图表中，销售额数据呈现为柱形图，而净利润则呈现为线形图。这里稍做一试。右击销售额数据系列，选择"更改图表类型"选项，再更改图表类型为集柱形（Clustered Column）。

有时，用户甚至需要生成一个 XY 散点图，其中的每个点代表一个（X，Y）坐标。对这里的数据而言，采用这种图表似乎更为合适，因为 X 轴的数据为年份。这种图表类型也不需要翻转 X 轴。柱形图和折线图最为适用于分类数据，散点图则最适用于数字类数据。不过，有一种情况例外，即以日期为 X 轴数据的情况。柱形图和折线图可以以日期为轴，这样就有很大的灵活性。图 1-20 描述的就是散点图。

图 1-20　销售额与净利润散点图

用户还可以更改图表中的其他格式，而且方法简单。Excel 内置有许多图表样式，用户可以点击图表边上的"图表样式"按钮来选择，也可以从"设计"标签的图表样式列表中选择某种图表样式。即便用户没有任何设计技能，但只要按照此类样式，那么所生成的图表不仅颜色美，而且显得整齐。

如果用户只是想改变销售额柱状图（或折线图）的颜色，那么只要右击其中一个数据点，然后选择"数据系列格式"（Format Data Series）选项，再选择"填充"中的"实心填充"。此时，用户可以选择适合数据系列的确切颜色，还可以更改标签的边框颜色，添加阴影以获得三维效果。

不过，在应用这些"视觉糖果"时，一定要小心。利用 Excel 2016 的图表功能，用户可轻松填充图表，取得某些效果，同时又不会影响读者对图表数据的理解。一般地，图表格式过于复杂会影响读者的理解（如网上那些所谓的信息图）。按照 Excel 图表及数据可视化专家的建议，用户必须使用正确的图表类型和格式并尽可能保持简单。[9]不管怎样，创建图表的目的是使数据更易于理解，而不是使之成为艺术品。

1.6.5 创建迷你图

迷你图是作为统计学家和数据视觉化专家的爱德华·塔夫特（Edward Tufte）所创造的一种"文字"图表。迷你图很小，其目的是便于在一行文本内或者紧靠着表中的数据进行呈现。当然，迷你图的主要用途是在很小的空间内反映某种趋势或变化情况。

这里，我们对前面的工作表加上迷你图，以此来反映公司销售额、净利润和销售净利率的变化趋势。为此，选定单元格 H5，点击"插入"标签并选择"迷你图组"（Sparklines group）选项中的"折线图"按钮（Line button）。在弹出的对话框中，选定单元格区域 B5:G5 作为数据范围，然后点击确认。

此时，单元格 H5 中会呈现出迷你图，表明公司的销售额一直在下降。正如前面介绍的那样，因为这里的数据按最近到最远的次序列出，所以需要翻转 X 轴。为此，点击迷你图上"设计"标签中的"坐标轴"按钮，接着选择"从右到左的绘图数据"（Plot Data Right-to-left）选项。不难发现，此时的迷你图反映了公司销售额在过去 6 年呈上升的趋势。

用户可以按同样的步骤画出净利润和销售净利率的迷你图。此外，用户也可以用自动填充工具（AutoFill handle）来复制单元格 H5 中的迷你图。接下来，用户还可以应用其他格式手段，如通过"设计"标签中的选项来给每个数据点加标记（见图 1-21）。

	A	B	C	D	E	F	G	H
1			微软公司盈利能力分析					
2			（百万美元）					
3			2011～2016 年					
4		*2016*	*2015*	*2014*	*2013*	*2012*	*2011*	趋势
5	销售额	85,320.00	93,580.00	86,833.00	77,849.00	73,723.00	69,943.00	
6	净利润	16,798.00	12,193.00	22,074.00	21,863.00	16,978.00	23,150.00	
7	销售净利率	19.69%	13.03%	25.42%	28.08%	23.03%	33.10%	
8	销售增长率	4.05%						
9	净利润增长率	−6.21%						
10	销售额变化率（%）	0.9117	1.0777	1.1154	1.0560	1.0540		
11	销售增长率	4.05%						

图 1-21　利用迷你图表进行盈利能力分析

1.7 打印

很多时候，用户通过在电脑屏幕上操作工作表就可完成要求的全部任务。不过，用户有时必须把电子材料打印下来。事实上，Excel 工作表的打印既简单又灵活。对于小型工作表，用户只需单击"文件"标签，然后点击"打印"标签中的"打印"按钮（Print button），就可按默认的打印设置立刻打印出相关工作表。值得注意的是，此时的打印预览也设置在"打印"标签中，而之前 Excel 版本的打印预览则设置在另外的标签中。

即使是打印那些任务较为复杂的工作表，用户也只要稍微增加一些操作即可。假设用户需要打印微软公司的盈利分析表以便在会议上分发。对此，首先决定的是全部打印还是部分打印。这里，假设用户希望打印整个工作表。当然，用户有时需要打印图表单页以供幻灯片投影，那样就不会打印整份工作表了。

如果用户希望将数字和图表分开打印，那么首先必须让 Excel 清楚所要打印的单元格范围。操作步骤是：选中单元格区域 A1:G11 并选择"页面布局"标签中的"打印区域"选项，然后点击"设置打印区"选项。不难发现，选定的打印区域现在为灰色虚线所围绕。在确定所要打印的图表之前，最好预览一下这一区域是否就是所要打印的内容。这样既可节省时间，又可节约纸张。先选择"文件"标签中的"打印预览"，然后再打印。此时，Excel 会在屏幕上呈现预览图，与真实打印稿相仿。如果预览图达不到要求，用户可改变一些选项。例如，如果打印预览图中出现了网格线，那么只要关闭页面标签即可，而不必检查网格线下的打印选项。

如果按照本章介绍的例子操作，那么不难发现工作表因太大而无法打印在一页纸上，具体情况取决于所使用的打印机型号和字体大小。如果我们希望把整个图表放到一页纸上，那么就需要重新设置，并做一些调整。这里通常有两个选择：一是改变纸张打印方向（横向打印格式）；二是使 Excel 缩小输出以适应张纸大小。其实，这两种方法都可行。下面，我们看一下如何通过缩小来将图表打印到一页纸上。

单击"打印"标签中的显示当前打印比例的按钮（可能为无缩放比例按钮），从列表中选择对应选项。此外，用户也可以点击"页面设置"链接（Page Setup link），再在弹出的"页面设置"对话框（Page Setup dialog box）中自定比例选项，接着在"适合纸张宽高"的两个编辑框中都输入"1"。当然，如果不希望打印出网格线来，那么就单击"工作表"标签，务必不要选中网格线（对话框中无复选标记）。按回车键返回打印预览。

至此，打印准备工作已经就绪，可以点击"打印"按钮。这时，Excel 会回到标准视图并弹出打印对话框。如果要打印已选的全部区域，要确保打印机任务准备就绪（如打印机已打开、纸张已放好等），然后点击"确认"按钮。这样出来的打印稿应当与屏幕上的页面几乎完全相同。

如要另纸打印图表，那么需要先单击图表进行选中。接着，直接选择"文件"标签中的"打印"选项就可打印图表了，而且立刻可以打印出来。当然，用户仍需要看一下"打印预览"，而且像之前操作工作表那样可以对图表应用"页面设置"选项。

如果希望把图表打印在与工作表相同的页面上，那么该如何操作呢？事实上，操作也很简单：选中需要打印的区域，包括图表。之后的操作与前面相同（重置打印区域）。这样，工作表与图表就可打印在同一页纸上了。较为简便的方法就是选中希望打印的区域，再选择"文件"标签中的"打印"选项。当然，要确保选中设置区的"打印选择"选项。

1.8　Excel 在其他应用软件中的使用

假设用户正在写一份关于微软公司过去 6 年盈利能力的报告，那么用户很有可能正在采用某个主要的文字处理程序。该文字处理程序可能具有表格功能，能创建并显示使用 Excel 所创建的数据表。不过，该程序仍然缺乏 Excel 的计算和图形处理能力。类似地，Excel 则缺乏该文字处理程序的文字处理能力。幸运的是，用户可以很方便地运用两者的优点并将这些优点结合在一起。

虽然有些文字处理程序可直接从磁盘读取 Excel 文件，但这通常并不是将电子表格导入文字处理程序的最简捷方法。其实，最简捷的方法就是使用某种复制和粘贴形式，像 Excel 内所采用的那样：从 Excel 复制数据，再放到剪贴板上；剪贴板上的内容可为任何其他应用程序所使用。这样，用户所要做的就是从 Excel 复制数据，然后切换到其他应用程序，再通过菜单来进行粘贴。

将 Excel 数据直接粘贴到文字处理程序中，这样可能就可以读取数据并创建表格。虽然用户可能只需要做这些而已，但很多时候可能需要在本地环境下编辑数据资料，以能更方便地使用。换言之，如能更为有效地利用 Excel 的内置功能与重新计算能力，那么效果就会更好。不过，这里要使用"选择性粘贴"（Paste Special）命令，而不是"粘贴"命令。

"选择性粘贴"命令使得存储在文字处理程序中的数据具有更高的自由度。例如，如果用户选择粘贴某个关于"微软 Excel 工作表对象"的数据，只要双击就可编辑文字处理程序中的数据。如果用户使用的是微软 Word 2016，那么就会进入 Excel 界面，从而就能像操作 Excel 那样来准确编辑数据。

另外，用户可将数据链接到工作表。这样，一旦 Excel 中的数据有所更改，就会自动反映到文字处理程序中。最后，用户可将不可编辑的数据图片粘贴到文档。与嵌入到工作表中相比，上述最后两种方法所需内存较少。

1.9　退出 Excel

在退出 Excel 时，可单击"文件"标签并选择关闭程序。不过，鉴于用户会将关闭文件与退出弄错，所以 Excel 2010 取消了这一选项。这样，若要关闭并退出，用户必须多次点击 Excel 窗口右上角的关闭按钮来关闭所有打开的工作簿。请注意，如果是在没有保存工作表的情况下退出 Excel，那么 Excel 会提醒并询问是否要保存该文件。

1.10　电子表格模型的创建准则

电子表格模型（特别是本书中的财务模型）是指用来解决具体问题的电子表格。要设计出恰当的电子表格模型，首先必须进行缜密的思考。好的电子表格模型应当功能实用、应用灵活、内容系统、操作方便且外表美观。虽然无法告知该使用何种字形，但以下准则对于设计出好的电子表格很有用。

（1）为模型中的变量（投入变量）创建专门区域，并使之与计算区域相分离。如果变量很多，那么可将该区域创建为独立的工作表格（通常为工作簿中的第一个工作表），以方便更改模型背后的假设。此外，要通过审查标签、工作表保护等功能来保护好那些包含了最终用户不可修改公式的单元格。

（2）除非是永远不变的常数，否则不要将数字直接输入公式。只要数字存在可变性，就将该数字置于变量区，或在可能的情况下加以计算。这样做有助于减少模型中的错误并使改变假设条件变得简单。不管怎样，改变单元格中的数字总比需要记住改变 5 个公式中的数字方便得多。

（3）所创建的模型应组织有序，格式合理。这样做不仅有助于减少差错，而且也便于他人阅读与理解。如果所创建的模型很乱，虽然仍能提供正确的答案，但往往难以让人理解。即使没有人会阅读你的电子表格，但你自己今后可能需要查阅，因此多花些精力来设计模型可以带给你回报，让你在将来节省时间。

（4）如果模型中的公式很长或者逻辑很复杂，那么一定要建立文档。在消除公式中的错误时，可在单元格中进行简单说明（在"审阅"标签中选择"新建标注"）或通过文本框来解释模型，从而可以省下很多时间和精力。用 VBA（参见第 14 章）来编写自定义函数可帮助用户简化模型，尤其当许多地方需要应用这些公式时。

（5）在完成模型创建之前，务必再仔细检查一下模型。虽然模型可对投入变量产生正确答案，但并非任何情况下都是这样。因此，需要通过多次改变投入变量来验证输出结果。验证时，一定要使用一些看起来不符合实际的数字，再来观察结果。这样，就可以找出公式中的一些逻辑错误。所编写的公式应能处理所交付的任何任务。在这方面，假设、数据验证和条件格式都很有用。

创建模型时，切记上述 5 条准则。这样，不仅创建工作会更有效率，而且所创建的模型可能更为正确。[10]

本章小结

本章主要介绍的是微软 Excel 2016 的基础知识，包括文本和数字的输入、公式的输入、格式设置、制图和打印等。此外，本章还就设计电子表格模型给出了一些重要建议。

本书前几章将就这些主题进行更为深入的讨论，并介绍财务分析的基本内容以及如何借助 Excel 来使财务分析变得更为简单有效。这样做的目的是帮助读者提高定性和定量分析能力，毕竟这些在当今财务领域中非常重要。虽然精通 Excel 操作需要投入大量时间、精力，需要强化练习，但为了你的前途，这一切投入都非常值得。本章介绍的函数列于表 1-4 中。

表 1-4　本章介绍的函数

用途	函数
计算几何平均数	**GEOMEAN**（*NUMBER1, NUMBER2,*…）
计算算术平均数	**AVERAGE**（*NUMBER1, NUMBER2,*…）
计算几何平均销售额	**FAME_CAGR**（*SALES*）

练习题

1. 假设你于 2011 年 8 月底买入美国快扣（Fastenal）公司（纳斯达克代码：FAST）的股票。5 年后，你决定评估这些股份以判断投资情况。下表给出了 8 月底 FAST 股票的市价：

FAST 股票价格		FAST 股票价格	
日期	价格（美元 / 股）	日期	价格（美元 / 股）
2011 年	33.47	2014 年	45.28
2012 年	43.09	2015 年	38.54
2013 年	43.99	2016 年	43.11

（1）将上表数据输入工作表并设置工作表格式。

（2）创建一个公式以计算每年的回报率。将结果设置成有两位小数的百分比格式。

（3）增加一列并用公式计算从 2011 年 8 月至之后各年份 8 月底的累计总收益。

（4）计算整个 5 年持有期的回报情况。复合平均年回报率如何？

（5）制作曲线图表以反映 2011 年 8 月～2016 年 8 月的股票价格。给图表添加标题并给坐标轴加上标签。现在，根据这些数据创建 XY 散点图。这两种图表间有什么区别？哪一种图表更适合这类数据？

（6）检验图表的各种格式。例如，设法将图表改为三维曲线图并给图表填充大理石背景。为什么用这种图表来显示这些数据？"增强"效果有助于理解这些数据吗？

2. 作为投资组合经理的研究助理，你需要分析投资组合所涉公司的盈利能力。利用下表数据分析电子艺术公司（Electronic Arts, Inc., 纳斯达克代码：EA）的财务情况。

财政年度	2016	2015	2014	2013	2012
总收入	4 396	4 515	3 575	3 797	4 143
净利润	1 156	875	8	98	76

（1）计算各年度的销售净利率。

（2）用 **GEOMEAN** 函数计算收入和净利润的年均复合增长率。与总收入增长情况相比，净利润增长速度是慢还是快？你对该公司投资的回报是否为正？

（3）用 **AVERAGE** 函数计算总收入的年均增长率。与上题结果相比，本题结果是否更为精确？为什么？

（4）创建关于总收入和净利润的柱形图。在图中，X 轴应包含年份并使 2016 年位于 X 轴的最右边。

3. 用美国克罗格公司（Kroger Inc., 纳斯达克代码：KR）的数据来分析上题中的问题。不过，这次要求用模板来创建工作表，将克罗格公司的数据代入电子艺术公司的表格中，如下所示。

财政年度	2016	2015	2014	2013	2012
总收入	109 830	108 465	98 375	96 619	90 269
净利润	2 039	1 728	1 519	1 497	602

（1）同期哪家公司的销售额增长得更快？哪家公司的盈利增长得更快？

（2）哪家公司在 2016 年获得更多利润？长远看，哪家公司盈利能力更强？销售净利率的波动会影响你对这些公司的投资选择吗？

4. 利用下面给出的高乐氏公司（Clorox Company, 纳斯达克代码：CLX）的数据回答后面的问题。

财政年度	2016	2015	2014	2013	2012
销售额	5 761	5 655	5 591	5 623	5 468
息税前利润	1 068	1 002	954	966	888
利息费用	82	95	99	119	123
净利润总额	648	606	562	574	543
来自全部经营业务的基本每股收益	4.97	4.39	4.26	4.30	4.09
资产总额	4 518	4 164	4 258	4 311	4 355
应付账款	490	431	440	413	412
负债总额	4 221	4 046	4 104	4 311	4 355
留存收益	2 163	1 923	1 739	1 561	1 350
经营活动产生的净现金	778	874	767	775	612
自由现金流	606	749	629	581	420

（1）计算高乐氏公司上述各指标各年度数据较前一年度数据的比率。例如，2016 年较 2015 年的销售额比为 5 761/5 655=1.018 7。

（2）根据（1）的计算结果，计算各年度的增长率。按照（1）中的例子，比率为 1.018 7，所以 2016 年的销售额增长率为 1.018 7-1=1.87%。

（3）运用（2）的计算结果，计算上述各指标的年均增长率（用 **AVERAGE** 函数）。这些平均数为算术平均数。

（4）运用（1）的计算结果，用 **GEOMEAN** 函数估算上述各指标的年均复合增长率。计算百分比时，须将 **GEOMEAN** 函数的结果减去 1。这些平均数为几何平均数。

（5）将（3）的计算结果与（4）的计算结果进行比较。算术平均增长率总是大于或等于几何平均增长率（CAGR）吗？

（6）比较下列指标的几何平均数和算术平均

数计算结果。销售额和留存收益的估计增长数，两者相比有什么差别？经营活动产生的净现金和自由现金流的估计额，两者相比有什么差别？提示：观察（2）中的结果（各指标的年增长率），就算术平均数和几何平均数可得出某些结论。

1）销售额

2）息税前利润

3）资产总额

4）经营活动产生的净现金

5）自由现金流

在线练习

针对所在公司分析问题 3 中的内容，也可访问 MSN Money 公司的网站（http://moneycentral.msn.com/investor/home.asp）来获取数据。为获取所在公司数据，可在股票栏输入股票代码。现在，选择菜单上的财务结果和利润表选项，就可显示年度利润表，然后将销售额和净利润数据复制到模板中。

注释

1. 这就是所谓的"大网格"。2007 年之前版本的 Excel 包含 256 列和 65 536 行，而它要大得多。

2. 实际上，该名称被定义为某个公式。就更先进的命名范围用途而言，这一点很重要。例如，如果需要添加数据，就可以用名称来定义常量或创建一个范围。

3. 可用自动填充功能来填补 Excel 所能识别的任何数据系列。例如，在单元格中键"1月"，拖动自动填充柄就可自动填充一系列的月份名称。用户也可以通过点击"高级"选项下"常用类别"中的"编辑列表"按钮来定义自己的数据系列。

4. 请注意，在美国，人们每三位数采用逗号来分隔，而其他许多国家则采用小数点。Excel 则根据 Windows 控制面板的使用区域和语言设置工具来进行选择。

5. 可用 **AVERAGE** 函数来计算算术平均数。不过，这样做会忽略复利问题，从而夸大真实的平均增长率。该函数被定义为" = **AVERAGE**（*NUMBER1*, *NUMBER2*,…）"。

6. 请注意，该对话框常常会妨碍工作。为此，用户可点击并拖动对话框标题栏，从而消除

对工作的影响。

7. 在 Excel 2007 及之后版本中，扩展名为 .xlsm 或 .xlam 的文件名包含宏。Excel 在允许宏运行之前，需要对这些文件进行专门的安全设置。点击"文件"标签，再按"选项"，并建立信任中心的受信任位置。虽然用户可能仍会收到警告信息，但只要用户有把握保证宏是安全的，那么就可容许宏的运行。

8. 该函数专门用于计算按美元计算的销售额复合平均增长率，并不是对 Excel 中 **GEOMEAN** 函数的复制。因此，不要相互替代。

9. 乔恩·佩尔蒂埃（Jon Peltier）是 Excel 制图专家，在 peitiertech.com 上开设有 PTS 博客。斯蒂芬·菲尔（Stephen Few）是数据可视化方面的专家兼作家，他在 www.perceptualedge.com/blog 上开设有维护视觉商业智能的博客。

10. 英格兰及威尔士特许会计师协会（ICAEW）IT 部出版的《创建最佳电子表格模型 20 招》一书值得一读。用户可访问 www.ion.icaew.com/itcounts/post/twenty-principles-for-good-spreadsheet-practice。

第2章

基本财务报表

通过本章学习，应能：

- 说明企业三大财务报表——利润表、资产负债表和现金流量表的用途及其格式
- 运用 Excel 表格处理软件与相关数据为任何公司编制利润表、资产负债表和现金流量表，并创建对应的百分比财务报表
- 通过链接各工作表使得某一工作表中的公式既能引用其他工作表中的数据，也能随这些数据的变化而自动更新
- 运用 Excel 表格处理软件的分级显示（Outline）工具来选择性地显示或隐藏财务报表的某些部分
- 运用数据有效性工具来避免数据输入错误

财务分析大多是从分析公司的基本财务报表开始的。因此，分析人员必须精通这些报表。公司的基本财务报表有三类，分别是利润表、资产负债表和现金流量表。

（1）利润表（income statement）汇总的是公司在一定期限里的经营成果，反映的是公司在该期限的全部收入和费用。此外，利润表会包含若干反映公司所赚会计利润的不同指标。一般地，利润表按不同期限编制，通常分月度利润表、季度利润表和年度利润表。

（2）资产负债表（balance sheet）报告的是公司在某个具体时点的资产、负债和所有者权益情况。资产是指公司所拥有的无形或有形的东西；负债是指公司所欠的债务；所有者权益则是指公司所拥有的资产与公司所欠的债务之间的差额。因为资产负债表针对的是某个时点的资产、负债和所有者权益，所以就像照片那样，资产负债表反映的只是该时点的真实情形，而非看到之时的实际情形。

（3）现金流量表（statement of cash flow）反映的是公司各现金流入来源以及现金流出的去处。给公司带来现金流入的业务被称为现金的来源，而引致公司现金流出的业务被称为现金的使用。

本章将以生产"猫王"纪念品的小公司——猫王产品国际（Elvis Products International，EPI）公司为例，来编制该公司的利润表、资产负债表和现金流量表。这些财务报表分别以各自工作表的形式编制在同一工作簿中，同时在各工作表之间创建必要的链接。这里，首先需要建立一个新的工作簿。

2.1 利润表

利润表内容较为简单。编制时，先列出公司的收入情况（也许会按收入来源或收入总额列出），然后列出公司的全部费用支出情况。利润表列出的结果表示公司的当期净利润，即从当期收入中支付全部费用后所剩下的会计利润。

用 Excel 编制利润表

图 2-1 给出了猫王产品国际（EPI）截至 2016 年 12 月 31 日年度的利润表。这里，我们先编制公司 2016 年度的利润表，然后据此编制公司 2015 年度的利润表。

	A	B	C
	猫王产品国际公司		
	利润表		
	截至 2016 年 12 月 31 日		
4		*2016*	*2015*
5	销售收入	3,850,000	3,432,000
6	销货成本	3,250,000	2,864,000
7	*毛利润*	*600,000*	*568,000*
8	销售及管理费用	330,300	240,000
9	固定费用	100,000	100,000
10	折旧费	20,000	18,900
11	*息税前利润*	*149,700*	*209,100*
12	利息	76,000	62,500
13	*税前利润*	*73,700*	*146,600*
14	税金	29,480	58,640
15	*净利润*	*44,220*	*87,960*
16			
17	说明：		
18	税率	40%	

图 2-1 猫王产品国际公司 2015 年度与 2016 年度的利润表

在编制利润表时，必须牢记以下两条基本原则。原则一要求，必须尽可能多地使用 Excel 来完成编制。只要涉及数值计算，就应使用 Excel 来完成。这样要求是为了避免出差错，同时也是为了提高编制效率。在设计工作表前，多思考一下如何减少必须输入的数据不仅有助于减少数据输入错误，也有助于提高工作效率。

原则二要求，我们所设计的工作表格式必须便于读者理解。很多时候，我们编制的工作表是供他人使用，或是供自己日后所需的。

因此，恰当地组织数据并充分运用各种色彩和字体不仅能使工作表使用方便，而且也便于修改。[1] 相反，如果工作表数据组织紊乱，格式难看，那么其不仅会浪费阅读者的时间，也会给人一种不可信的印象。

当同一工作簿包含许多个工作表时，通常的好办法是给每个工作表赋个文件名，而不要采用默认名。运用"开始"标签中的"格式"按钮或右击"工作表"标签，就可以对工作表进行更名。右击工作表"Sheet1"，选择"重命名"，然后输入"利润表"来替代现有文件名。

这一步很重要，因为今后当开始引用该工作表资料时，引用者不仅需要单元格资料，也需要工作表名称。不过，要注意的是，可随时对工作表进行更名，而且任何引用该工作表的公式会自动进行更新。[2]

这里，我们先来创建以单元格区域 A1：A3 为标题栏的利润表。记住，将来如有必要可随时在工作表中插入新的行或列。在单元格 A1 中，输入"猫王产品国际公司"；在单元格 A2 中，输入"利润表"，在单元格 A3 中，输入"截至 2016 年 12 月 31 日"。标题的第 1 行给出了公司名称，第 2 行给出了报表类别，第 3 行给出了报表所涵盖的期限。现在，选中单元格区域 A1：C3 并使之居中：选择"设置单元格格式"（Format Cells），选择"对齐"标签（Alignment tab），再选择"水平居中"。请注意，Excel 电子表格软件的"开始"标签提供一组叫作"合并与居中"（Merge and Center）的图标，可以进行类似的对齐设置。除了可对所选中的各列的标题进行居中之外，也可以将它们合并为一个单元格。不过，这可能会给以后进行新列插入、表格排序、格式更改、公式运用、透视表创建等操作带来麻烦。因此，一般不要使用"合并与居中"图标。

接下来怎么操作主要取决于偏好。这里，我们按行来编制利润表，分别输入标记和对应的数据，也可以先输入全部标记，再输入全部数据。这里，后一种方法似乎更好一些，因为这样可以集中关注这些数据。A 列输入标记，B 列输入对应数据。在输入数据之前，最好先输入表示财务年度截止日的标记。这里，我们在单元格 B4 中输入"2016"。

从单元格 A5 开始，分别输入图 2-1 中所给出的标记。输入完毕后，不难发现一些标记太长，超出了一个单元格的空间。为解决这一问题，需要改变 A 列的宽度。Excel 提供了多种处理办法。最耗时的办法是选择 A 列中的单元格，点击"开始"标签的"格式"按钮。接下来，选择"列宽"并在编辑框中输入 30。如果你正在采用 12 磅新罗马之外的字体，那么你可能需要试着输入不同的数值以便找到合适的列宽。当然，除了输入具体的列宽数值外，也可以让 Excel 来决定合适的列宽。选择 A 列，点击"格式"按钮，选择"自动调整列宽"（Autofit Column Width），这样 Excel 会自动使列宽能容下该列中最长的文本。

通常，可找到一种便捷的方法。将鼠标指针慢慢移向列标题栏，不难发现鼠标指针形状在经过各列的边界时会发生改变。当指针经过边界时，按下鼠标左键，拖动列宽直到能容下文本。在指针经过边界时，你也可以双击，Excel 就会根据数据情况自动调整到最适列宽。所有这些方法也可用于调整行高。

如果输入的是长的数据，常常以千美元或百万美元为单位，尽量避免采用完整的数据。对于 EPI 公司而言，我们将输入精确数据，并采用习惯上的数字表示方式。将鼠标移到单元格 B5，输入"3850000"。[3]

根据原则二，这里采用千分位分隔符分隔，而且没有小数位。因为每一单元格不论是否有数据都可采用某种数字格式，所以我们将预先设定好所要采用的单元格的数字格式。选定单元格区域 B5：C15，点击"开始"标签中的"千位分隔样式"按钮。点击"减少小数位数"按钮两次，这样所显示的数据就不存在小数位了。这时，如果在这些单元格中输入数据，就可自动得到所想要的数字格式。

选中单元格 B6，输入销货成本"3250000"，即公司销售给客户的产品的全部成本，包括存货减少和因产品损毁或过时而发生的账面减值。可以发现，正如所设定的那样，单元格 B6

中的数字带有千分位分隔符。

　　毛利润是公司支付销货成本后所剩下的金额。计算毛利润时，我们从销售收入中扣除销货成本。这里，同样通过 Excel 来完成计算，即在单元格 B7 中输入"=B5-B6"。在单元格 B8 中输入作为投入的销售及管理费用"330300"。在单元格 B9 中输入作为投入的当期固定费用（租金、工资等）"100000"。折旧费也是当期投入，故在单元格 B10 中输入"20000"。

　　息税前利润等于毛利润减去除利息和税金外所有费用而剩下的金额。这里，可采用不同的公式来完成计算，其中最为简单的方法是在单元格 B11 中输入"=B7-B8-B9-B10"。不过，最简单的并不一定是最佳的。运用"求和"函数，可以使上述公式有所简化。新的公式是"=B7-SUM(B8:B10)"。SUM 函数为 Excel 的内置函数，用于计算自变量的总和。"求和"函数的定义为：

$$\text{SUM}（\textit{NUMBER1}, \textit{NUMBER2},\cdots）$$

其中，*NUMBER1* 为第 1 个数字或单元格地址，*NUMBER2* 为第 2 个数字或单元格地址，依此类推。Excel 软件也接受选定区域以替代任何所引用的个别单元格。在本例中，采用 **SUM** 函数有两个的优点：一是计算更快、更精确；二是如果需要插入新行或新列，选定范围可自动扩大。其中，后一优点更为重要。例如，如果我们要在行 9 之上另加一项费用，那么计算公式就会自动调整为"=B7-SUM(B8:B11)"。如果采用最初的公式，那么行增加后，我们就得改动公式。

　　SUM 函数是最为常用的内置函数，以至于微软公司直接在工具栏上提供了"自动求和"（AutoSum）按钮，以便对行或列的数字进行自动求和。在使用"自动求和"按钮时，用户只要选定拟插入公式的单元格，再点击按钮即可，或者采用"Alt+="快捷方式。Excel 会自动判断需要包含哪些单元格，而且其判断通常都是正确的。即使判断有错，只要选中所要包含的范围，Excel 就会进行调整。要注意的是，如果公式栏处于编辑模式下，那么"自动求和"按钮就不起作用。

　　"自动求和"按钮很有用，其功能也不断得到完善。如果点击"自动求和"按钮右边的小箭头，就会弹出包含各种功能的下拉菜单。只要选择其中的功能，用户就可以很方便地使用"平均值"（AVERAGE）、"计数"（COUNT）、"最大值"（MAX）、"最小值"（MIN）等功能。

　　选中单元格 B12，输入利息费用 76 000。接下来，我们要计算息税前利润，即在单元格 B13 中输入计算公式"=B11-B12"。因为猫王产品国际公司按应税所得的 40% 缴纳所得税，所以我们在单元格 B18 中输入"40%"。所得税金额的计算放在 B14 单元格中进行，计算公式为"=B13*B18"。请注意，采用这一计算方法可方便我们调整税率，而无须改动计算公式。最后，净利润是指公司将全部收入扣除全部费用后所赚的部分。所以，计算净利润时只需要在 B15 单元格中输入公式"=B13-B14"即可。

　　显而易见，猫王产品国际公司在 2016 财年的净利润为 44 220 美元。不过，在进行财务分析时，我们常常不会过多关注净利润情况，毕竟净利润并不能真正反映公司所能动用的资金。在计算净利润时，折旧费（以及可能的非现金支出，如损耗或摊销）已进行了扣除，而这些费用实际在账面上反映为公司长期资产的减少。因为公司实际上并没有发生折旧费用支出，所以为了更好地（虽然并不全面）反映公司当期的现金流情况，应将折旧费用加回到净利润中。对财务分析师而言，现金流是首要考虑目标。

有了 2016 年度的利润表，再创建 EPI 公司 2015 年度的利润表就要省事多了。此时，只要先选中单元格区域 B4:B15，然后运用"开始"标签中的"复制"按钮来复制这些单元格。之后，选中单元格 C4 并点击"粘贴"按钮。不过，一定要将单元格 C4 中的内容改为"2015"。如此一来，就可以完整复制出 2016 年度的利润表，下面要做的就是将表 2-1 中的数字输入对应的单元格。

请注意，这里只需要输入上述新的数据，其中的公式就会自动更新并完成新的计算。结果，原先需要在 11 个单元格中输入公式或数据，现在仅仅需要输入 6 个数据，不需要输入任何公式，而且所创建的工作表与图 2-1 中的一模一样。

表 2-1　猫王产品国际公司 2015 年度的收入与费用

项目	金额（美元）
销售收入	3 432 000
销货成本	2 864 000
销售及管理费用	240 000
折旧费	18 900
利息	62 500

我们这里所见到的利润表内容通常适用于公司的外部分析人员。公司内部分析人员所用的利润表往往包含更多的内容，有时需要借助 Excel 的分级显示工具来加以简化，从而便于阅读和理解。有关分级显示工具的内容，后面会做介绍。

2.2　资产负债表

通常，资产负债表的内容分为两部分，即置于资产负债表顶部或左边的资产部分，以及置于资产负债表底部或右边的负债与所有者权益部分。不过，最为重要的是资产负债表一定要做到平衡（资产负债表英文名称中的 Balance 就是此意）。换言之，总资产必须等于全部负债与全部所有者权益之和。这两部分内容常常可做进一步分类。

资产部分可进一步分为流动资产和固定资产两类。流动资产（current asset）部分报告的是公司短期资产的价值。这里，所谓短期是指资产经过一个现金流循环（从资产购入到销售到回收）所耗的时间，一般为一年及以下。典型的流动资产包括现金、应收账款和存货。固定资产（fixed asset）是指那些存续期在一年以上的资产，如车辆、机器设备、建筑物等。

与资产分类一样，负债也可以进一步分为流动负债和长期负债两类。流动负债（current liability）是指那些预期在一年及一年内到期的负债，如应付账款、应付工资等。长期负债（long-term liability）是指那些不在当年内付清的负债。长期负债通常包括各种债券、银行贷款等。

所有者权益（owner's equity）反映了公司总资产与总负债之间的价值之差。在资产负债表中，所有者权益可细分为实收资本和留存收益。实收资本（contributed capital）是指公司普通股股东和优先股股东所投入的资本；留存收益（retained earning）则是公司所累积的未分配利润。

用 Excel 编制资产负债表

用 Excel 创建资产负债表的过程与创建利润表的过程十分相近。图 2-2 给出了猫王产品国际公司 2015 年度与 2016 年度的资产负债表。

	A	B	C
1	猫王产品国际公司		
2	资产负债表		
3	截至 2016 年 12 月 31 日		
4	资产	*2016*	*2015*
5	现金及现金等价物	52,000	57,600
6	应收账款	402,000	351,200
7	存货	836,000	715,200
8	*流动资产小计*	*1,290,000*	*1,124,000*
9	厂房和设备	527,000	491,000
10	累计折旧	166,200	146,200
11	*固定资产净值*	*360,800*	*344,800*
12	*资产总计*	*1,650,800*	*1,468,800*
13	负债和所有者权益		
14	应付账款	175,200	145,600
15	短期应付票据	225,000	200,000
16	其他流动负债	140,000	136,000
17	*流动负债小计*	*540,200*	*481,600*
18	长期负债	424,612	323,432
19	*负债合计*	*964,812*	*805,032*
20	普通股	460,000	460,000
21	留存收益	225,988	203,768
22	*所有者权益合计*	*685,988*	*663,768*
23	*负债和所有者权益合计*	*1,650,800*	*1,468,800*

图 2-2　猫王产品国际公司的资产负债表

这里，我们将猫王产品国际公司的资产负债表与利润表置于同一工作簿内，但采用独立的工作表。将相关资料置于同一工作簿内的好处就是便于查阅或引用，而采用独立工作表又可保证工作表整洁并便于设计。用鼠标右击"Sheet2"标签，选择菜单中的"重命名"，输入"资产负债表"作为该工作表的文件名。

将图 2-2 中的标记输入空白工作表中。需要注意的是，资产负债表中的许多标记采用了缩进格式。可用两种方法来取得这种效果。第一种方法较为常用，且为本书所用，即先在单元格中输入文本，然后点击"开始"标签中"对齐方式"栏中的"增加缩进量"（Increase Indent）按钮。

另一种方法是将已缩进标记添加到 B 列而非 A 列中。通过控制 A 列宽度，就可控制缩进量多少。只要单元格的右侧不存在文本，那么 A 列中的标记就会直接与 B 列标记重叠。不过，如果在 A 列与 B 列间插入新的列，那么这种方法就会有问题。因此，采用"增加缩进量"按钮这种方法更为可取。

在猫王产品国际公司的资产负债表中，几乎每一项都是直接输入的，因此没有必要对每一单元格进行讨论。那些斜体数字的公式会在 2016 年度资产负债表中加以讨论。2015 年度资产负债表中的公式可以从 2016 年度资产负债表中复制。与利润表处理方法一样，不仅需要输入所示的数字，而且要应用相同的数字格式。

在资产部分，单元格 B8 中的是计算总流动资产的第一个公式，是对所有流动资产账目的简单求和，公式为"=SUM（B5：B7）"。接下来计算猫王产品国际公司的固定资产净值。为此，在单元格 B11 中输入"=B9−B10"，即厂房和固定设备扣除累计折旧。最后，将流动资产和净固定资产相加计算出总资产，其公式为"=B8+B11"。

负债和所有者权益部分的计算也相类似。首先对各部分求和，然后在单元格 B23 中计算总和。单元格 B17 中流动负债总额的计算公式为 "=SUM（B14：B16）"。单元格 B19 中计算负债总额的公式为 "=B17+B18"。单元格 B22 中的所有者权益合计数的计算公式为 "=B20+B21"。最后，单元格 B23 中计算负债和所有者权益总额的公式为 "=B19+B22"。将这些公式复制到 C 列中对应的单元格，就可创建出 2015 年度的资产负债表。

为了给表格内容加下划线并添加阴影效果，选择相关单元格并从快捷菜单中选择"设置单元格格式"选项，然后点击"边框"（Border）选项。在设置边框类型时，先点击对话框左边的线条样式，然后点击对话框中边框区的线条位置。若要给选中部分添加阴影效果，先点击"填充"标签，然后选择阴影的颜色和版式。最好是将文档嵌入可显示阴影字体效果的单元格中，这样就更加清晰可见。在进行下一步操作之前，要确保工作表如图 2-2 所示。

2.3　增强可读性：自定义数字格式

如果在财务报表中出现的金额很大，那么阅读起来就会有点费劲。为使这类数字更易于阅读，通常需要采用自定义数字格式来表示数字，即以千美元或百万美元为单位来显示这些数额。例如，猫王产品国际公司 2016 年度的销售收入为 3 850 000，采用自定义数字格式后就可将该数字显示为 3850.00。一些列有大金额的年度报表或其他报告常常采用这种数字表示方式。

返回利润表工作表并选中单元格区域 B5：B15。为创建自定义数字格式，从快捷菜单栏中选中"设置单元格格式"选项，再选择"数字"标签中的"自定义"选项。这样，就可以自定义自己所需的数字格式。开始阶段，不妨选择预先设定好的数字格式。这里，我们选定列表中的 "#, ##0.00" 格式。如果在该格式之后再添加一个逗号，那么 Excel 所显示的数字相当于将原来数字除以 1 000 后所得的数字。如果添加两个逗号，则显示为除以 1 000 000 后所得的数字，依此类推。在"类型"编辑框中，如果在选中的格式后添加一个逗号，则显示为 "#, ##0.00,"。此时，对话框的"示例"中就会显示该数字格式的一个例子。所输入数字在屏幕上显示出来的是被除以 1 000 以后的状态，但数字格式的影响只限于显示方式。此外，在采用自定义数字格式时，需要输入全部数字，然后根据个人所需来自定义格式。Excel 显示数字的具体方式不会对计算产生任何影响。因此，不论选择何种格式，保存的总是精确数字。自定义数字格式改变的仅仅是屏幕上所显示的格式，其保存的数字并不会改变。如要显示完整数字，只要选中所在单元格，那么公式栏中就能显示完整的数字。

在进行下一步操作之前，编辑单元格 A3 并使其显示"截至 2016 年 12 月 31 日（单位：千美元）"。这样，浏览工作表时就能立即知道表中数字是以千美元为单位来显示的。此时，利润表应如图 2-3 所示。

因利润表的数字格式已经重新设置，所以资产负债表也应当使用同样的格式才有意义。打开资产负债表工作表并选中单元格区域 B5：C23（见图 2-2）。现在，选择"设置单元格格式"，接着点击"自定义"选项，再从列表中选择刚创建的数字格式（位于列表的最底端）。最后，改变单元格 A3 的标题，使其说明显示的金额数字单位为千美元。此时，所得的资产负债表就如图 2-4 所示。

	A	B	C
1		猫王产品国际公司	
2		利润表	
3		截至 2016 年 12 月 31 日（单位：千美元）	
4		*2016*	*2015*
5	销售收入	3,850.00	3,432.00
6	销货成本	3,250.00	2,864.00
7	*毛利润*	*600.00*	*568.00*
8	销售及管理费用	330.30	240.00
9	固定费用	100.00	100.00
10	折旧费	20.00	18.90
11	*息税前利润*	*149.70*	*209.10*
12	利息费用	76.00	62.50
13	*税前利润*	*73.70*	*146.60*
14	税金	29.48	58.64
15	*净利润*	*44.22*	*87.96*

图 2-3　采用自定义数字格式的利润表

	A	B	C
1		猫王产品国际公司	
2		资产负债表	
3		截至 2016 年 12 月 31 日（单位：千美元）	
4	*资产*	*2016*	*2015*
5	现金及等价物	52.00	57.60
6	应收账款	402.00	351.20
7	存货	836.00	715.20
8	*流动资产小计*	*1,290.00*	*1,124.00*
9	厂房和设备	527.00	491.00
10	累计折旧	166.20	146.20
11	*固定资产净值*	*360.80*	*344.80*
12	*资产总计*	*1,650.80*	*1,468.80*
13	*负债和所有者权益*		
14	应付账款	175.20	145.60
15	短期应付票据	225.00	200.00
16	其他流动负债	140.00	136.00
17	*流动负债小计*	*540.20*	*481.60*
18	长期负债	424.61	323.43
19	*负债合计*	*964.81*	*805.03*
20	普通股	460.00	460.00
21	留存收益	225.99	203.77
22	*所有者权益合计*	*685.99*	*663.77*
23	*负债和所有者权益合计*	*1,650.80*	*1,468.80*

图 2-4　采用自定义数字格式的资产负债表

如果掌握了一些要点，那么用户在 Excel 中创建自己所需的数字格式就显得很简单。数字格式编码由一系列通配字符构成。字符"#"和"0"可代表任何数字。其唯一区别在于首零和尾零应当如何控制。字符"#"不会显示首零和尾零，但字符"0"可以。在一般情况下，字符"#"位于小数点的左边而"0"处于右边。例如，在显示 1 542.2 时，要以千为单位进行分隔并保留两位小数。这样，如果使用"#,###.00"这一数字编码，那么就显示为"1,542.20"。假如将最后的"0"省去，那么结果就显示为"1,542.2"（注意到尾部的零已经消失）。当数字小于 1 时，用"#,###.00"这种表示方式更加妥当，因为这样可以保存小数点左边的零。

自定义格式还有其他许多用途。例如，可用来添加颜色、采用不同格式的正数和负数、添加文本等。值得注意的是，自定义数字格式随工作簿而保存，并非处于应用状态，所以在其他工作簿中必须重新创建。若要了解更多自定义数字格式的创建方法，可上网搜寻有关"自定义数字格式创建或删除"的内容。

2.4 百分比财务报表

百分比财务报表（common-size financial statement）为财务分析师所广泛采用。百分比财务报表不以金额数字而以百分比形式来显示数据资料。百分比财务报表的好处主要有两个方面：①便于对不同规模的公司进行比较；②有助于发现某些重要发展趋势。对此，若采用金额数字，趋势往往不太明显。

不难发现，百分比财务报表不仅制作简单，而且能让使用者获得许多重要信息，这些信息若只观察金额数字往往不能立刻获得。

2.4.1 百分比利润表的创建

所谓百分比利润表是指将利润表中的所有数据按占公司总收入百分比的形式来显示。在创建百分比利润表之前，请牢记这里强调要充分利用 Excel 的所有相关功能。这里，我们不再从空白工作表出发来创建新的工作表，也不需要输入标记，而是直接复制一份利润表工作表。右击工作表标签，选择快捷菜单中的"移动或复制"选项。复制时，必须点击对话框底部的"建立副本"。请注意，复制的工作表可置于当前工作簿的任何地方，也可置于新工作簿或任何其他打开的工作簿中。不过，这里将其置于资产负债表工作簿之前。右击工作表标签，接着将工作表重新命名为"百分比利润表"。

这样，我们就创建了一份待转化为百分比利润表的工作表。其中，公式所用的数据引用自利润表工作表。这一点对于了解如何创建这些引用大有裨益。为使 Excel 知道从何处获取这些数据，有必要标明文件名和地址、工作表名以及单元格地址。例如，如果引用自另一工作簿的单元格，那么引用路径为"=C:\[File Name.xlsx]Sheet1!A1"。

请注意，这里要先列出文件路径，然后用方括号给出文件名。这样，Excel 表格就能在电脑中找到所需文件。紧随文件名之后的是工作表名加感叹号，最后是单元格地址。如果路径、文件名或工作表名之间包含空格，那么在等号与感叹号之间的所有内容只是被直接引用而已。幸运的是，我们不需要输入所有内容，而只需输入等号，然后打开合适的工作表并点击所想引用的单元格，Excel 会自动填充所有细节内容。如果原始工作表中的数据发生变化，那么当前工作表中的引用数据就会自动更新。

现在，只要进行以下两项简单改变，我们就可以创建百分比利润表。首先，在单元格 B5 中输入"="，然后打开利润表工作表，点击单元格 B5，接着输入"/"并再次点击单元格 B5。最后，按回车键，显示的公式为"= 利润表 !B5/ 利润表 !B5"。现在，将数字格式改成两位小数的百分数形式，显示的结果为 100.00%。

下面，将上述公式复制到利润表的每个单元格中。为此，分母中需要采用混合引用以便进行自动更新。因此，需要对分母中的引用数据进行编辑，使其能一直引用行 5 中的数据。为此，需要在分母中数字"5"前添加"$"。这样，公式就变为"= 利润表 !B5/ 利润表 !B$5"。

此时，可将公式复制到工作表的各个单元格中。不过，假如只是进行普通的复制和粘贴，那么表中设置的下划线格式就会被破坏。为解决这一问题，复制所选单元格，然后选中其他所有单元格（B6：C15 和 C5）。这里应选择"开始"标签中"粘贴"菜单中的"选择性粘贴"（Paste Special），而不是进行粘贴。如图 2-5 所示，使用"选择性粘贴"可以准确选择所要粘贴的数据以及粘贴方式。在选项菜单中，选择"公式和数字格式"（Formulas and number formats）选项。

图 2-5　选择性粘贴对话框

至此，我们以最少的步骤创建完成了一张如图 2-6 所示的百分比利润表。显然，对财务分析师来说，百分比利润表的确很有用。不难发现，2016 年度公司的销货成本上升了 1%，而销售及管理费用相对于销售收入则上升了1.5%。此外，行 15 所显示的公司销售净利率下降了一半以上。

	A	B	C	D	E
1	猫王产品国际公司				
2	百分比利润表				
3	截至 2016 年 12 月 31 日				
4		*2016*	*2015*		**贡献度**
5	销售收入	100.00%	100.00%		
6	销货成本	84.42%	83.45%		−0.97%
7	*毛利润*	*15.58%*	*16.55%*		
8	销售和管理费用	8.58%	6.99%		−1.59%
9	固定费用	2.60%	2.91%		0.32%
10	折旧费用	0.52%	0.55%		0.03%
11	*息税前利润*	*3.89%*	*6.09%*		
12	利息费用	1.97%	1.82%		−0.15%
13	*税前利润*	*1.91%*	*4.27%*		
14	税金	0.77%	1.71%		0.94%
15	*净利润*	*1.15%*	*2.56%*		*−1.41%*

图 2-6　猫王产品国际公司的百分比利润表

通过百分比分析，用户就可以了解各个科目对于净利润下降的贡献情况。通过直接计算各个科目的变化金额，再加总就可得到净利润的变化金额。为此，在单元格 E4 中输入"贡献度"，选定单元格 C4，再通过点击"开始"标签中的"格式刷"（Format Painter）选项来复制格式。现在点击单元格 E4 以粘贴该格式。在单元格 E6 中输入公式"=C6-B6"，再将此公式复制到如图 2-6 所示表格的单元格中。不难发现，销货成本以及销售和管理费用两个科目的变化是导致净利润下降的最大贡献因子。

2.4.2　百分比资产负债表的创建

创建百分比资产负债表的方法与创建百分比利润表的方法相类似。唯一的区别在于资产负债表中所输入的百分比数据是按公司总资产而非总收入来计算的。

创建猫王产品国际公司的百分比资产负债表的方法与创建其百分比利润表的方法相同。先复制现有资产负债表工作表，然后将其重命名为"百分比资产负债表"。在单元格 B5 中输入"＝资产负债表 !B5/ 资产负债表 !B$12"。这样，计算出来的现金余额就按占总资产的百分比来显示。为使每个科目都按同样的格式显示，需要复制公式并选中资产负债表中的所有单元格。仅对"公式和数字格式"选项使用"选择性粘贴"。这样，就可得到如图 2-7 所示的百分比资产负债表。

	A	B	C
1	猫王产品国际公司		
2	百分比资产负债表		
3	截至 2016 年 12 月 31 日		
4	资产	2016	2015
5	现金及现金等价物	3.15%	3.92%
6	应收账款	24.35%	23.91%
7	存货	50.64%	48.69%
8	流动资产小计	78.14%	76.53%
9	厂房和设备	31.92%	33.43%
10	累计折旧	10.07%	9.95%
11	固定资产净值	21.86%	23.47%
12	资产总计	100.00%	100.00%
13	负债和所有者权益		
14	应付账款	10.61%	9.91%
15	短期应付票据	13.63%	13.62%
16	其他流动负债	8.48%	9.26%
17	流动负债小计	32.72%	32.79%
18	长期负债	25.72%	22.02%
19	负债合计	58.45%	54.81%
20	普通股	27.87%	31.32%
21	留存收益	13.69%	13.87%
22	所有者权益合计	41.55%	45.19%
23	负债和所有者权益合计	100.00%	100.00%

图 2-7　猫王产品国际公司的百分比资产负债表

2.5　创建现金流量表

从本质上讲，公司从事的经济活动可分为两类：能增加现金余额的活动（现金流入或资金取得）与减少现金余额的活动（现金流出或资金支出）。

在分析公司管理层的绩效时，财务分析师通常采用的一种方法便是检查公司管理层经营股东资金的效果。为此，会计专家们开发了能有效进行这方面分析的"现金流量表"。现金流量表汇总了那些引起公司现金余额发生变化的原因。表 2-2 给出了那些会引起现金余额变化的因素。[4]

根据现金流量的组成，现金流量表可分为三部分：第一部分是"经营活动现金流量"，主要是指公司日常经营活动中所产生的现金流量；第二部分是"投资活动现金流量"，主要是指由于公司买卖土地、建筑物、机器设备和长期证券等长期资产而产生的现金流量；第三部分是"筹资活动现金流量"，主要是指公司在获得或偿还长期资本的过程中所产生的现金流量，包括长期负债、除留存收益外的普通权益和股利支付。

表 2-2 决定现金余额变化的因素

符号	期初现金余额
+	现金流入（收入来源）
−	现金流出（现金使用）
=	期末现金余额

就经营活动所产生的现金流量而言，最明显的现金流入或来源便是销售收入与其他收入。同样，最明显的现金使用就是公司费用。不过，这些信息已反映在利润表中，因此不需要在现金流量表中赘述。这样，只需要输入净利润，即整个利润表的汇总数，而不必将整张利润表置于现金流量表的"经营活动现金流量"部分。此外，应将折旧费用（及其他非现金支出）加回，毕竟并未发生与折旧相关的实际现金流出。其他需要输入到现金流量表的是资产负债表的变化项。不过，有些内容可能需要删除，具体理由在下文中讨论。

创建利润表和资产负债表的主要工作是数据输入。与此相反，现金流量表主要涉及各种公式的创建。由于这些公式需要引用工作簿中各单元格的数据，所以进行公式输入的最简单方法就是使用 Excel 指针模式。首先，插入一张新的工作表并将其重命名为"现金流量表"。输入如图 2-8 所示的相关标记，然后对单元格区域 B5：C27 应用自定义数字格式。

	A	B	C
1		猫王产品国际公司	
2		现金流量表	
3		截至 2016 年 12 月 31 日（单位：千美元）	
4	**经营活动现金流量**		
5	净利润	44.22	
6	折旧费用	20.00	
7	应收账款变化	−50.80	
8	存货变化	−120.80	
9	应付账款变化	29.60	
10	其他流动负债变化	4.00	
11	**经营活动现金流量总额**		−73.78
12	**投资活动现金流量**		
13	厂房和设备变化	−36.00	
14	**投资活动现金流量总额**		−36.00
15	**筹资活动现金流量**		
16	短期应付票据变化	25.00	
17	长期负债变化	101.18	
18	普通股变化	0.00	
19	支付现金股利	−22.00	
20	**筹资活动现金流量总额**		104.18
21	**现金余额净变化**		−5.60

图 2-8 猫王产品国际公司的现金流量表

经营活动现金流量下的前两个科目分别是净利润和折旧费用。如前所述，这两个科目具有独特性，一方面它们是现金流量表中唯一来自利润表的科目，另一方面它们是唯一与前期情况无关的科目。[5] 此外，我们知道净利润是对利润表中其他所有科目的汇总。因此，举例来说，如果将销售收入包含在内，那么就会发生双重计算。在输入净利润时，首先在单元格 B5 中键入 "="，然后在按回车键之前点击工作表标签中的 "利润表"。此时，Excel 就转入包含利润表的工作表。现在，点击单元格 B15 并按下回车键。此时，Excel 又会回到现金流量表工作表，单元格 B5 中显示的公式为 "= 利润表 !B15"。借助这一公式，Excel 就会将利润表工作表单元格 B15 中的金额拖到现金流量表工作表的单元格 B5 中。若改变利润表中的某些数值，那么现金流量表中的净利润就会自动发生变化。

如果能同时打开两张或更多的工作表，那么就可以稍微方便地引用其他工作表中的数据。下面，我们用这一方法来完成现金流量表的编制。

首先，打开利润表，点击 "视图" 标签中的 "新建窗口" 按钮，这样就可以打开工作簿的第二份副本。点击 "全部重排"（Arrange All）按钮，选择对话框中 "垂直并排"（Vertical）选项。此时，就会显示两份完全相同的工作簿副本。在其中一份副本中，点击工作表菜单栏以打开 "现金流量表"。在单元格 B6 中输入 "="，然后点击利润表的任何地方。往下拖动滚动条直至显示出单元格 B10，点击此单元格并按下回车键。此时，现金流量表单元格 B6 中显示的公式应该是 "= 利润表 !B10"，单元格中的金额应该为 20 000。如果尚未应用利润表中所用的自定义数字格式，那么现在有必要加以应用。为此，选中单元格区域 B5:C21，然后右击菜单并选择 "设置单元格格式" 选项，也可以点击利润表工作表的任一单元格，然后点击格式工具框中的 "格式刷" 图标来复制此格式。接着，选中现金流量表工作表的单元格区域 B5:C21 进行粘贴。不管采用何种方法，单元格 B6 中的值都将显示为 20.00。当然，单元格中的实际金额应该为 20 000。

除了需要计算资产负债表科目的变化金额以外，现金流量表中的剩余部分可以采用同样的方法来完成。处理完利润表后，现在再将资产负债表显示在同一工作簿中。点击工作表标签中的 "资产负债表"。此时，现金流量表和资产负债表就会同时显示。

这里，需谨慎处理输入到现金流量表中的数字符号。通常，资产增加代表现金流出（资金使用），而资产减少代表现金流入（资金来源）。负债和所有者权益的情况恰恰相反。在现金流量表上，资金使用表示为负数，而资金来源表示为正数。

表 2-3　现金流量表中现金流量的符号

科目类别	符号变化方向		扣除顺序
	增加	减少	
资产	－	＋	原始值 - 当前值
负债或所有者权益	＋	－	当前值 - 原始值

表 2-3 说明的是如何正确使用符号。例如，猫王产品国际公司的应收账款余额从 2015 年的 351 200 美元增加到 2016 年的 402 000 美元。由于公司增加了对客户的贷款，从而使应收账款投资增加，而这表现为资金使用的增加，所以在现金流量表中应以负号显示。另外，应付账款余额增加，作为负债就表现为资金来源的增加，所以在现金流量表中应以正号显示。

单元格 B7 中表示应收账款变化的公式为 "= 资产负债表 !C6- 资产负债表 !B6"。如表 2-3 所示，考虑到这里所计算的是资产，所以应为原始金额减去当前金额。如要计算存货的变化，只要简单地将公式复制到单元格 B8 中即可。对于负债和所有者权益项目，进行反向扣除即可。这样，不管数字如何变化，符号保证不会出错。

单元格 B9 中计算应付账款变化的公式为"＝资产负债表 !B14− 资产负债表 !C14"。为计算其他流动负债的变化情况，单元格 B10 中采用的公式为"＝资产负债表 !B16− 资产负债表 !C16"。单元格 C11 中计算经营活动现金流量总额的公式为"=SUM（B5：B10）"。请注意，这里跳过了短期应付票据的计算，主要是因为短期应付票据并不属于经营性流动负债。一般，附息负债被归入到筹资活动现金流量中。同样，附息资产被归入到投资活动现金流量中。

仔细观察就会发现，此部分并没有包括现金余额的变化。其中的原因在于现金余额的变化是现金流量表的最终结果，其计算是基于对三部分小计的求和（参见图 2-8 中的单元格 C21）。请记住，现金流量表的目的在于解释那些致使现金余额发生变化的行为。因此，如果包含现金余额的变化，那么就会出现重复计算的情况。

投资活动现金流量主要是指对长期资产进行投资（或撤资）所产生的现金流量。对于猫王产品国际公司而言，这就是指进行厂房和固定设备投资。[6] 单元格 B13 对这一变化进行了计算，具体计算公式为"＝资产负债表 !C9− 资产负债表 !B9"。虽然这里的投资活动现金流量只有一项，但为保持一致性，单元格 C14 中计算的是投资活动现金流量总额，其计算公式为"=B13"。

在最后一部分中，首先计算的科目为应付票据的变化。该科目从 2015 年度的 200 000 美元增加到 2016 年度的 225 000 美元，即现金流入量为 25 000 美元。在单元格 B16 中输入公式"＝资产负债表 !B15− 资产负债表 !C15"。接下来所要计算的是长期借款的变化，具体计算公式为"＝资产负债表 !B18− 资产负债表 !C18"。虽然本年度的普通股并未有变，但若将其包括进来显然更为合适。为此，在单元格 B18 中输入"＝资产负债表 !B20− 资产负债表 !C20"。

2016 年度支付给股东的现金股利为 22 000 美元。具体计算公式为：

$$股利支出 = 净收入 - 留存收益变化$$

股利支出被视作资金的使用。故此，在单元格 B19 中输入公式"=−（利润表 !B15−（资产负债表 !B21− 资产负债表 !C21））"。请注意，这里的括号起着非常重要的作用，且计算结果应为 −22 000。此外，在单元格 C20 中需计算筹资活动现金流量总额，其计算公式为"=SUM（B16：B19）"。

最后，在单元格 C20 中，通过加总各部分小计可计算出现金余额的净变化，具体计算公式为"=SUM(C11：C19)"。请注意，计算所得值应等于 2015 ～ 2016 年的实际现金余额变化，否则就有错误。这方面最常见的错误不是弄错了符号，就是遗漏了某些科目。

至此，因已不再需要工作表的第二份副本，故可通过点击窗口右上角的"关闭"按钮来关闭其中一份。请注意，如果在多个视图中保存了工作簿，那么不仅可保留设置，而且在重新打开工作簿时两个视图都会显示出来。

在进行下一步操作之前，确保工作表如图 2-8 所示。

2.5.1 Excel 分级显示工具的应用

大多数人最初可能了解到的是大纲工具，用于帮助用户组织文章的结构：先分析文章的主题，再逐步推敲文章的细节。Excel 分级显示工具的工作原理与之有些类似。不过，分级显示工具并非真正意义上可用于组织文章观点的工具，而是用来恰当地显示或隐藏 Excel 电子表格中不同层级具体内容的工具。分级显示工具会让人联想到 Windows 浏览器中用于浏览网页的"树状目录"。

基于已输入的公式，Excel 可自动创建分级显示工具，寻找那些汇总其他单元格信息的单元格并将其列于表头。以图 2-8 中的现金流量表为例，一旦运用了 Excel 分级显示工具，那么某些内容就会如图 2-9 所示被折叠起来。

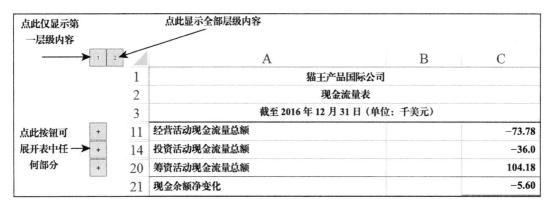

图 2-9　仅显示第一层级的现金流量表

虽然 Excel 有时能自动运用分级显示工具，但这里采用手工操作以便得到更为精确的结果。选择现金流量表工作表的单元格区域 A4：C10，按下 Shift+Alt+ 右箭头键（或点击"数据"标签"创建分组"按钮的上半部分）。此例中，按行来进行分组。因此，只需在对话框出现时按下回车键即可。此时，分级显示标识就会出现在所选单元格的左侧。点击这一标识，分级显示工具就会折叠，只显示汇总单元格。若再次点击，那么就会恢复原来的显示。如要对其他部分创建分级显示，选中单元格区域 A12：C13 和 A15：C19 并就各自区域重复上述步骤。

假如操作出了差错或者觉得此项功能不妥，只需点击"取消组合"按钮，然后从菜单中选择"清除分级显示"按钮即可删除。

在向不需要了解财务报表全部细节的观众进行演示时，Excel 分级显示工具显得特别有用。应用分级显示工具，就不必另建汇总工作表了。举例来说，在对利润表进行分级显示时，如果是供公司内部使用，那么利润表就应包含各产品的销售收入细目、若干类别的销货成本，等等。但若利润表须提交给公司外部机构，那么可能并不准备提供所有细节内容。此时，就会运用分级显示工具，选择并打印合适的层级内容。请注意，在打印已分级工作表时，所打印的仅仅为屏幕所显示的内容。但若对其进行复制，那么不仅可以复制所有细节内容而且任何拥有此副本的人都可以看到这些细节。

一直以来，许多令人尴尬并引致高昂代价的事件多与发布带有隐藏数据的工作簿有关。例如，负责为巴克莱资本（Barclays Capital）收购雷曼兄弟（Lehman Brothers）资产准备合约的律师，在创建提交给破产法院的 PDF 文件之前，对某份工作表进行了格式调整，结果发现了 179 行隐藏数据。这些隐藏数据就包含与收购合约相关的信息，表明巴克莱资本实际无意收购。不过，这一切无意中被隐藏在了要约中。有记者指出，"众所周知，法学院并不教授 Excel 方面的课程，看来这方面的确需要大力加强。"[7]

Excel 2016 就具有避免诸如此类错误发生的新功能。在发送工作簿之前，可使用"检查文档"功能进行搜寻和移动数据，如有必要，还可以隐藏数据。该功能位于"文件"标签中的"信息"标签中。点击"检查问题"按钮并选择"检查文档"。

2.5.2　百分比现金流量表

之前我们介绍了百分比利润表和百分比资产负债表作为分析工具的用途。虽然百分比现金流量表的用途要少得多，但仍然有必要进行创建。

与利润表和资产负债表不同，这里作为分母的金额至少有两个：销售收入和期初现金余额。这里，我们从销售收入出发来创建可以在两者之间进行切换的百分比现金流量表。

与之前一样，先通过完全复制创建一份现金流量表工作表。在单元格 B4 中输入"占销售收入的百分比"。这样就明确表明这里的分母为销售收入。接着，对小计之外的各个科目，将原始公式除以 2016 年度利润表中的销售收入。例如，单元格 B5 中的原始公式为"＝利润表 !B15"。为了计算占销售收入的百分比，需要将原始公式改变为"＝利润表 !B15/ 利润表 !$B$5"。经此改变之后，工作表应当如图 2-10 所示。

	A	B	C
1		猫王产品国际公司	
2		百分比现金流量表	
3		截至 2016 年 12 月 31 日	
4	经营活动现金流量	占销售收入的百分比	
5	净利润	1.15%	
6	折旧费用	0.52%	
7	应收账款变化	−1.32%	
8	存货变化	−3.14%	
9	应付账款变化	0.77%	
10	其他流动负债变化	0.10%	
11	经营活动现金流量总额		−1.92%
12	投资活动现金流量		
13	厂房和设备变化	−0.94%	
14	投资活动现金流量总额		−0.94%
15	筹资活动现金流量		
16	短期应付票据变化	0.65%	
17	长期负债变化	2.63%	
18	普通股变化	0.00%	
19	支付现金股利	−0.57%	
20	筹资活动现金流量总额		2.71%
21	现金余额净变化		−0.15%

图 2-10　基于销售收入的百分比现金流量表

此外，以期初现金流量余额为分母也很有用。这里再创建一份现金流量表工作表，方法如前。当然，我们也可以通过其他方法来创建可在两者之间进行切换的百分比现金流量表。这里我们选择其他方法。

为此，我们必须根据用户需要阅读哪种版本的百分比现金流量表来切换公式中的分母。CHOOSE 函数根据索引编号来选择数值，其定义为：

$$CHOOSE(INDEX, VALUE1, VALUE2, \cdots)$$

其中，**INDEX** 为 1 ～ 254 的数字，数值参数所要选择的科目。数值参数可以是数字、文本、单元格引用、定义名等。在用 **CHOOSE** 函数来选择作为分母的单元格时，需要用户在单元格 F1 中输入索引编号。这里先在单元格 E1 输入作为标记的"分母"，在单元格 F1 中输入"2"。

改变单元格 B5 中公式的分母，改变后的公式为"＝利润表 !B15/ CHOOSE（$F$1, 利润表 !$B$5, 资产负债表 !$C$5）"。接着复制分母的 **CHOOSE** 函数，再粘贴到其他各个科目的分母中。此时，创建好的工作表应当如图 2-11 所示。[8]

	A	B	C	D	E	F
1	猫王产品国际公司				分母	2
2	百分比现金流量表					
3	截至 2016 年 12 月 31 日					
4	**经营活动现金流量**	**占期初现金余额的百分比**				
5	净利润	76.77%				
6	折旧费用	34.72%				
7	应收账款变化	−88.19%				
8	存货变化	−209.72%				
9	应付账款变化	51.39%				
10	其他流动负债变化	6.94%				
11	**经营活动现金流量总额**		**−128.09%**			
12	**投资活动现金流量**					
13	厂房和设备变化	−62.50%				
14	**投资活动现金流量总额**		**−62.50%**			
15	**筹资活动现金流量**					
16	短期应付票据变化	43.40%				
17	长期负债变化	175.66%				
18	普通股变化	0.00%				
19	支付现金股利	−38.19%				
20	**筹资活动现金流量总额**		**180.87%**			
21	**现金余额净变化**		**−9.72%**			

图 2-11　基于期初现金余额的百分比现金流量表

最后，我们需要改变单元格 B4 中的标识以便正确显示分母内容。按照同一思路，在单元格 B4 中输入"＝"% of"&CHOOSE（F!,"销售收入","期初现金余额"）"。请注意，这里采用文本公式来创建文本字符串。第 4 章的"文本字符串的计算"一节会对这一概念做充分解释。

可以作为百分比现金流量表计算基数的另一数字就是单元格 C21 中的现金余额净变化。

那么，如何利用"数据有效性"（Data Validation）工具来避免输入错误呢？

在单元格 F1 中，百分比现金流量表的用户可以输入任何内容，但最好限于输入"1"或"2"（或当完成上述操作时输入"3"）。为此，我们需要对单元格应用数据有效性条件。

Excel 提供了七种不同类型的有效性条件。当然，用户也可以自己创建公式来检验输入数据的有效性。选定单元格 F1，转到"数据"标签，再点击"数据有效性"按钮。如图 2-12 所示，用户可在弹出的对话框中设置数据有效性条件。

这里，用户的选择仅限于数字列表，故在"允许"下拉列表中选择"序列"，再在"来源"中输入"1, 2"。这样，在选定单元格后就可创建下拉列表，用户可以做出有效的选择。因为用户仍然可以在单元格中进行输入，所以也会显示提示，必要时会发出"出错警告"。

设置提示时，选择"输入信息"标签，在"输入信息"框中输入" Enter 1 for a Salesbased statement，or 2 for a beginning cash balance-based statement"。选定单元格 F1 就会显示这一信息。最后，选择"出错警告"标签，在"错误信息"框中输入"Only 1 or 2 are allowed"。如果用户在单元格中输入任何其他内容，那么就会弹出出错警告框。

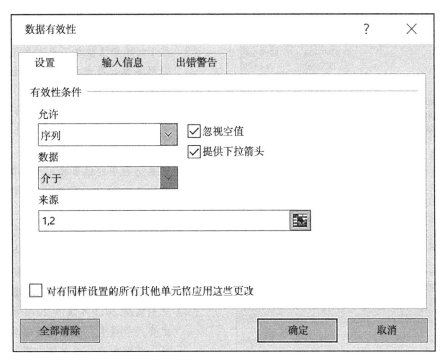

图 2-12　数据有效性对话框

本章小结

本章讨论了三种主要财务报表：利润表、资产负债表和现金流量表，包括它们各自的百分比报表。通过学习，读者应当对这三类报表的基本用途有基本了解，同时清楚如何用 Excel 来创建这些报表。

本章介绍了如何创建工作表之间的链接，这样一张工作表中的公式可为其他工作表很方便地引用。此外，本章还介绍了自定义数字格式的内容，而且也了解到分级显示工具对于选择性显示或隐藏数据的作用。最后还介绍了如何利用"数据有效性"工具来避免出现数据输入错误。

鉴于后续章节仍需要使用猫王产品国际公司的有关数据，务必保存好猫王产品国际公司的工作簿的副本。

本章介绍的函数列于表 2-4 中。

表 2-4　本章介绍的函数

用途	函数
计算所有数字或一组单元格的和	**SUM**（***NUMBER1***, ***NUMBER2***,…）
计算数字或一组单元格的平均数	**AVERAGE**（***NUMBER1***,***NUMBER2***,…）
计算某个范围的数值个数	**COUNT**（***VALUE1***,***VALUE2***,…）
找出某个范围内数字中的最大数	**MAX**（***NUMBER1***,***NUMBER2***,…）
找出某个范围内数字中的最小数	**MIN**（***NUMBER1***,***NUMBER2***,…）
根据某个索引编号选择数值	**CHOOSE**（***INDEX***,***VALUE1***,***VALUE2***,…）
根据第 1 个相匹配的数值或默认值返回某个结果	**SWITCH**（***EXPRESSION***,***VALUE1***,***RESULT1***,*DEFAULT OR VALUE2*,*RESULT2*,…）

练习题

1. 根据以下资料回答后面的问题。

大石头糖果山采矿公司 利润表 2015 与 2016 年度		
	2016	2015
销售收入	$369,300	$354,000
销货成本	285,400	281,800
毛利润	83,900	72,200
折旧费用	26,820	26,360
销售及管理费用	23,340	21,820
其他经营费用	1,080	1,080
经营净利润	32,660	22,940
利息费用	7,685	7,505
税前利润	24,975	15,435
税金	9,990	6,174
净利润	$14,985	$9,261
说明：		
税率	40.00%	40.00%
股份	52,100	52,100
每股收益	$0.29	$0.18

大石头糖果山采矿公司 资产负债表 截至 2016 年 12 月 31 日		
	2016	2015
资产		
现金	$14,714	$10,300
可上市有价证券	$1,841	$550
应收账款	$41,090	$42,100
存货	$46,910	$48,490
流动资产总额	$104,555	$101,440
固定资产原值	$388,000	$352,600
累计折旧	$78,020	$51,200
厂房与设备净值	$309,980	$301,400
资产总额	$414,535	$402,840
负债和所有者权益		
应付账款	$35,200	$32,700
应计费用	$2,850	$2,740
流动负债总额	$38,050	$35,440
长期负债	$152,700	$158,600
负债总额	$190,750	$194,040
普通股（面值 $1.00）	$52,100	$52,100
其他实收资本	$121,500	$121,500
留存收益	$50,185	$35,200
所有者权益总额	$223,785	$208,800
负债和所有者权益总额	$414,535	$402,840

（1）重新创建利润表和资产负债表，并尽可能使用相关公式。分工作表创建这些报表，设法做到格式复制准确。

（2）在另一工作表上创建 2016 年度现金流量表。创建时，不要直接将数字输入工作表中。所有公式都与之前的工作表直接链接。

（3）用 Excel 分级显示工具对金流量表进行分级显示。要求折叠后仅显示各部分的总额数。

（4）假设 2016 年度的销售收入为 4 000 000 美元而非 3 690 300 美元。计算 2016 年度的净利润和留存收益。

（5）如果上题中的销售收入没有变化，但税率变为 35%。计算 2016 年度的净利润和留存收益。

2. 应用上题中的相关数据，完成下列回答。

（1）分别创建 2015 年度和 2016 年度的百分比利润表。要求创建在单独的工作表上并使所有公式直接与利润表相链接。

（2）分别创建 2015 年度和 2016 年度的百分比资产负债表。要求创建在单独的工作表上并使所有公式直接与资产负债表相链接。

（3）创建 2016 年度的百分比现金流量表，要求可以在分母为 2016 年度销售收入和 2015 年年末现金余额两种情况之间切换。

3. 从本教材支持网站（www.cengagebrain.com）下载名为 "Chapter 2 Problem 3.xlsx" 的文件。

（1）在 "冬季公园网页设计"（Winter Park Web Design）财务报表的空栏中填入有关公式。其中的一些公式需要与工作簿其他工作表中的数据相链接。

（2）根据上题答案创建百分比利润表和资产负债表。运用本章所学方法，在一分钟内完成与原始工作表完全一样的格式设置。

在线练习

针对自己所在公司分析问题 1 与问题 2 中的内容，也可访问 Google 财务网站（www.google.com/finance）来获取数据。为获取所在公司数据，可在页面顶部的搜索栏中输入公司名称或代码。然后，选择屏幕左侧菜单上的财务结果。最后，选择报表类型以及年度数据链接。

（1）在所显示的页面上，点击利润表链接，再将数据复制到新的工作表中。重新设置数据格式以增强可读性。用插入公式来替代任何可替代的数字。

（2）对资产负债表进行（1）中的操作。

（3）根据（1）和（2）中的数据，创建百分比利润表和资产负债表。

注释

1. 这里强调一下"judicious"（充分运用）一词。有些人过度使用字体，结果所生成的文档像赎金票那样难以辨认。因此，一定要限制字体的数量，最好不要超过两种字体。这样于己于人都有利。

2. 这种引用只在同一工作簿内有效。不过，如果存在两本工作簿，暂假设为 X 和 Y。那么，只有当 X 和 Y 工作簿同时打开时，X 引用 Y 中某单元格数据时才能自动更新。若 X 关闭且改变了 Y 中工作表名称，那么当下次打开 X 时就会出现"#REF!"报错，此时就需通过手动来改变资料引用。

3. 这里不必输入千位分隔符。不过，即使输入了千位分隔符，Excel 也会接受带有千位分隔符的数字。若没有输入千位分隔符，那么就需要应用包含千位分隔符的数字格式

功能。

4. 因为大多数公司都采用"间接法"，这里采用这种方法来创建现金流量表。另一个选择就是直接法，但很少被应用。

5. 事实上，折旧费用可按累计折旧的变化来计算。

6. 请注意，这里不采用固定资产净值，不然就会两次计算折旧费用。

7. 参见 abovethelaw.com/2008/10/the-case-for-sleep-what-happens-in-excel-after-dark。

8. 也可以采用 Excel 2016 中新增的 **SWITCH** 函数。**SWITCH** 函数中的分母为"SWITCH（$F$1,2, 资产负债表 !$C$5, 利润表 !$B$5）"。分母的默认值采用销售收入，从而可能不需要数据有效性设置。

第 3 章

财务报表分析工具

通过本章学习，应能：

- 解释财务比率的目标及其使用者
- 定义五类主要财务比率（流动性比率、营运效率比率、杠杆比率、偿债保障比率和盈利能力比率）
- 运用利润表和资产负债表数据计算任何公司的常见财务比率
- 运用财务比率评价公司的过往业绩，找出公司目前面临的问题并提出应对这些问题的策略
- 计算公司所赚取的经济利润

  第 2 章介绍了如何创建公司的基本财务报表。本章将着重讨论财务分析人员如何出于各种目的来运用利润表和资产负债表所包含的信息。

  财务分析人员可采用多种工具对公司进行评价，但其中最有价值的当属财务比率。财务比率好似财务分析人员的显微镜。与只是阅读原始财务报表相比，阅读财务比率有助于分析人员更正确地诊断公司的财务健康状况。所谓比率就是用除法来比较两个数字。虽然也可以用减法来比较数字，但很多时候，采用比率往往更具优越性，因为比率可用于衡量两者的相对大小。与绝对财务指标相比，相对衡量指标更便于财务分析人员将各种数据与之前时期或与其他公司的数据进行对比。

  财务比率工具对来自公司内外部的财务分析人员都很有用。对于公司内部而言，财务比率在规划未来、制定目标、评估经理人业绩等方面都可发挥作用；来自公司外部的财务分析人员则可运用财务比率来决定是否对公司授信，监管和预测其财务业绩，并决定是否对其进行投资。

  本章将研究许多不同的比率，但必须知道有用的比率很多，远不止这些。而且，不同财务分析人员计算的财务比率可能稍有不同。因此，我们必须确切知道，在特定情况下该如何计算财务比率。理解比率分析的关键性因素是经验和分析能力。

  根据所提供的资料，我们可将财务比率分成五类：

- 流动性比率（liquidity ratio）。流动性比率描述的是公司偿付短期负债的能力，是对公司流动资产与流动负债的比较。
- 营运效率比率（efficiency ratio）。营运效率比率描述的是公司如何通过对不同类型资产的投资去创造销售收入的能力，也被称为资产管理比率（asset management ratio）。

- 杠杆比率（leverage ratio）。杠杆比率反映的是公司在融资购买公司资产的过程中使用负债的程度，也被称为负债管理比率。
- 偿债保障比率（coverage ratio）。偿债保障比率类似于流动比率，描述的是公司支付特定费用的能力。
- 盈利能力比率（profitability ratio）。盈利能力比率反映了公司在某个时期的盈利能力。

对于另一类比率，即相对值比率（relative value ratio），我们将在第 9 章中加以讨论。在讨论各个财务比率之前，我们先打开第 2 章中所创建的猫王产品国际公司的工作簿，添加一个名为"比率"的新的工作表。

3.1 流动性比率

"流动性"这一术语指的是一项资产在其价值不被大打折扣的情况下转换成现金的速度。有些资产，如应收账款，很容易以很小的折扣转换成现金，而其他资产，如建筑物，只有在提供很大的价格优惠后才能快速转换成现金。因此，可以说，应收账款的流动性要强于建筑物。

在其他条件相同的情况下，拥有更多流动性资产的公司将比流动性资产少的公司更有能力偿付其到期债务（如应付账款和其他短期债务）。如你所知，债权人往往特别关注一家公司的偿债能力。为评估公司的短期偿债能力，人们通常采用流动比率和（或）速动比率。

3.1.1 流动比率

一般说来，公司的流动资产可转换为现金（如收回应收账款和出售存货）并用于偿还其流动负债。因此，合乎逻辑的方法就是通过比较流动资产与流动负债的规模来评价其偿债能力。流动比率（current ratio）的定义为：

$$流动比率 = \frac{流动资产}{流动负债} \tag{3-1}$$

显然，流动比率越高，公司偿还债务的可能性就越大。因此，从债权人的角度来看，流动比率越高越好。然而，从股东的角度来看，情况并不总是这样的。流动资产的预期收益率通常比固定资产的低，因此，股东希望将尽可能最少的资本投资于流动资产。当然，过少的流动资产投资对债权人和公司所有者而言，其后果可能是灾难性的。

根据图 2-2 所示的资产负债表，可以计算猫王产品国际公司 2016 年的流动比率。在本例中，流动比率为：

$$流动比率 = \frac{1\ 290.00}{540.20} = 2.39（倍）$$

计算结果表明，猫王产品国际公司拥有相当于流动负债 2.39 倍的流动资产。我们稍后再来判断这个比率是否足够。

图 3-1 给出了"比率"工作表的开头部分。这里，先插入如图 3-1 所示的标

	A	B	C
1	猫王产品国际公司		
2	2015 年和 2016 年的比率分析		
3	比率	2016	2015
4	流动性比率		
5	流动比率	2.39X	2.33X

图 3-1 猫王产品国际公司的比率工作表

记。为计算公司 2016 年的流动比率，在单元格 B5 中输入公式"＝资产负债表 !B8/ 资产负债表 !B17"，并设置显示两位小数的格式。此时，所显示出来的流动比率为 2.39。然后，将该公式复制到单元格 C5。

请注意，这里对单元格 B5 中的结果应用了自定义数字格式（参见第 2 章中的有关内容）。此处的自定义格式为：0.00"x"。引号中的任何文本会与数字一并显示。不过，显示的文本并不影响这一事实，即它仍是一个数字并可用于计算。作为试验，在单元格 B6 中输入公式"=B5*2"，结果就与没有采用自定义格式一样，仍然为 4.78。现在，在单元格 B7 中输入：2.39x，然后将公式从单元格 B6 复制到单元格 B8，此时就会显示"# VALUE"报错，原因在于单元格 B7 中的值为文本字符串，而非数字。这也是自定义数字格式的重要优点之一，即可在单元格中同时输入文本和数字，但仍能使用其中的数字进行计算。清除单元格区域 B6:B8 中的内容，以便在下一节使用这些单元格。

3.1.2 速动比率

存货往往是公司流动资产中最缺乏流动性的。[1]因此，按照许多人的看法，如果要更好地衡量公司的流动性，最好把存货从流动资产中剔除。这样，就有了所谓的速动比率（有时也被称为酸性测试比率）。速动比率（quick ratio or acid-test ratio）的计算公式为：

$$速动比率 = \frac{流动资产 - 存货}{流动负债} \tag{3-2}$$

对于猫王产品国际公司来说，其 2016 年的速动比率为：

$$速动比率 = \frac{1\,290.00 - 836.00}{540.20} = 0.84（倍）$$

注意，因设计方面的原因，速动比率永远小于流动比率。不过，如果速动比率相比于流动比率来说过低，则表明公司存货高于其应有水平。正如后面所要提到的，这一点只有通过将速动比率与公司之前时期或行业内其他公司相比方能明确。

为计算猫王产品国际公司 2016 年的速动比率，在单元格 B6 中输入公式"＝（资产负债表 !B8- 资产负债表 !B7）/ 资产负债表 !B17"。再将该公式复制到单元格 C6，此时单元格 C6 中显示的 2015 年的速动比率为 0.85。切记要为 A 列中的所有比率输入一个标记。

3.2 营运效率比率

营运效率比率也被称为资产管理比率，它提供的信息反映了公司利用其资产创造销售收入的效率程度。例如，如果两家公司销售收入相同，但其中一家公司存货投资较低，那么就存货管理而言，拥有较低存货的公司有着更高的营运效率。

营运效率比率存在多种可定义的比率类型。不过，这里只介绍其中最为常见的五种比率。

3.2.1 存货周转率

存货周转率（inventory turnover ratio）衡量的是每 1 美元存货所产生的销售收入的大小，

它也可以用公司的年存货周转次数来表示。其计算公式为：

$$存货周转率 = \frac{销货成本}{存货} \qquad (3\text{-}3)$$

请注意，人们也常用销售收入来代替上式中的分子。这是因为销售收入和销货成本间的唯一区别在于加价部分（毛利润），而加价产生的影响很小。此外，分母中也经常使用年平均存货。不管什么时候运用这一比率，都必须清楚计算时应确保该两者具有可比性。

对于猫王产品国际公司而言，其 2016 年的存货周转率为：

$$存货周转率 = \frac{3\,250.00}{836.00} = 3.89（次）$$

该计算结果表明，猫王产品国际公司当年的存货大约周转了 3.89 次。换言之，猫王产品国际公司每 1 美元的存货投资能产生 3.89 美元的销售收入。这两种衡量方法都有效，但后者或许使用得更普遍一些。

为了计算猫王产品国际公司的存货周转率，在单元格 B8 中输入公式 " = 利润表 !B6/ 资产负债表 !B7"，并将此公式复制到单元格 C8。不难注意到，2015 ～ 2016 年，该公司的存货周转率有所降低，从 4 次降至 3.89 次。一般来说，存货周转率越高越好，因为高存货周转率意味着持有存货的机会成本很低。不过，如果存货周转率过高，则可能表明该公司有库存不足和丧失客户的风险。

3.2.2　应收账款周转率

公司向客户提供信用的主要目的就是增加销售收入。因此，掌握公司的应收账款管理情况就显得很重要了。应收账款周转率（和平均收款期）就提供了这方面的信息。应收账款周转率（accounts receivable turnover ratio）的计算公式如下：

$$应收账款周转率 = \frac{赊销收入}{应收账款} \qquad (3\text{-}4)$$

对于猫王产品国际公司而言，其 2016 年的应收账款周转率（假设销售收入都是赊销收入）为：

$$应收账款周转率 = \frac{3\,850.00}{402.00} = 9.58（次）$$

因此，每 1 美元的应收账款投资能产生 9.85 美元的销售收入。在工作表的单元格 B9 中，输入公式 " = 利润表 !B5/ 资产负债表 !B6"。计算所得的结果为 9.58，与上面的计算结果相同。将该公式复制到单元格 C9，就可得到 2015 年的应收账款周转率。

至于 9.58 的应收账款周转率是好还是不好，现在很难判断。通常，应收账款周转率越高越好，但过高的应收账款周转率可能表明该公司拒绝向资信良好的客户提供信用（从而丧失一部分销量）；应收账款周转率过低，可能意味着该公司在收回赊销收入上存在困难。值得注意的是，通过判断应收账款增长率是否超过销售收入增长速度，可以确定该公司在收回赊销收入方面是否存在困难。只要阅读如图 2-7 所示的猫王产品国际公司的百分比资产负债表就不难发现：公司应收账款占销售收入的百分比从 2015 年的 23.91% 上升到 2016 年的 24.35%。虽然幅度很小，但的确上升了。

3.2.3 平均收款期

平均收款期（也称销售未清账期或 DSO）反映的是公司平均需要用多少天来收回一笔赊销收入。平均收款期（average collection period）的计算公式如下：

$$平均收款期 = \frac{应收账款}{年赊销收入/360} \tag{3-5}$$

请注意，公式中的分母表示平均每天的赊销收入。[2] 在 2016 年，猫王产品国际公司平均用了 37.59 天才能收回公司的赊销收入：

$$平均收款期 = \frac{402.00}{3\ 850.00/360} = 37.59（天）$$

为了计算猫王产品国际公司 2016 年的平均收款期，在单元格 B10 中输入公式"= 资产负债表 !B6/（利润表 !B5/360）"。接着，将该公式复制到单元格 C10，就可得到该公司 2015 年的平均收款期为 36.84 天，略好于 2016 年的 37.59 天。

请注意，该比率所反映的信息实际上与应收账款周转率所反映的信息相同。事实上，通过简单的代数运算就可得到证明：

$$应收账款周转率 = \frac{360}{平均收款期}$$

或者

$$平均收款期 = \frac{360}{应收账款周转率}$$

由于平均收款期（在某种意义上）与应收账款周转率互为倒数。因此，可用与应收账款周转率相反的标准来评判平均收款期。换言之，平均收款期通常越短越好，但过短可能意味着公司丧失了销量。

为鼓励客户早日付款，许多公司提供提前付款折扣优惠。例如，发票上的赊销付款条款可能规定有 2/10n30，即货款在 10 天内付清，可以享受货款金额 2% 的优惠，余额在 30 天内付清且无折扣优惠。这类折扣对客户颇有吸引力，但效果如何取决于具体企业。要牢记的是，应收账款是对客户的短期贷款，这些资金当然也存在机会成本。不管怎样，提供折扣优惠当然可以降低平均收款期，提高应收账款周转率。为此，公司应当经常将平均收款期与其提供给客户的赊账期进行对比。

3.2.4 固定资产周转率

固定资产周转率描述的是每 1 美元固定资产投资所产生的销售收入。固定资产周转率（fixed asset turnover ratio）的计算公式如下：

$$固定资产周转率 = \frac{销售收入}{固定资产净值} \tag{3-6}$$

对于猫王产品国际公司而言，其 2016 年的固定资产周转率为：

$$固定资产周转率 = \frac{3\ 850.00}{360.80} = 10.67（次）$$

因此，猫王产品国际公司每 1 美元的固定资产投资能产生 10.67 美元的收入。在"比率"工作表的单元格 B11 中输入公式"= 利润表 !B5/ 资产负债表 !B11"，就可证实该公司 2016 年的固定资产周转率的确是 10.67 次。同样，将该公式复制到单元格 C11 就可得到该公司 2015 年的固定资产周转率。

值得注意的是，因为分母采用的是固定资产净值，所以通过简单地推迟固定资产置换，公司就可以提高其固定资产周转率，毕竟在其他因素保持不变的情况下，随着累计折旧的增加，固定资产净值会不断减少。不过，鉴于这些固定资产最终会全部耗损，所以这种做法只在短期内起作用。

3.2.5 总资产周转率

与本节所讨论的其他比率一样，总资产周转率描述的是公司以其全部资产创造销售收入的效率情况。这里强调的是公司的全部资产投资。总资产周转率（total asset turnover ratio）的计算公式如下：

$$总资产周转率 = \frac{销售收入}{资产总额} \tag{3-7}$$

2016 年，猫王产品国际公司每 1 美元的总资产投资能产生 2.33 美元的销售收入。

$$总资产周转率 = \frac{3\,850.00}{1\,650.80} = 2.33（次）$$

为了计算猫王产品国际公司的总资产周转率，在工作表的单元格 B12 中输入公式"= 利润表 !B5/ 资产负债表 !B12"。接着，将该公式复制到单元格 C12，就可得到公司在 2015 年的总资产周转率为 2.34，与 2016 年的总资产周转率基本相同。

对于资产周转率，可做如下解释：高周转率意味着资产使用效率高，因此优于低周转率。不过，必须清楚的是，有些行业的周转率本身就比其他行业要低。例如，咨询公司的固定资产投资肯定非常少，所以其固定资产周转率就较高；相反，电力公司的固定资产投资很大，因而其固定资产周转率就比较低，但这并不一定意味着电力公司的管理水平比咨询公司要差，只是反映了各自所在行业的固定资产需求特点而已。

至此，所创建的"比率"工作表应如图 3-2 所示。请注意，如前所述，这里已对大部分比率应用了自定义格式。不过，单元格 B10 和单元格 C10 中所应用的是 0.00"days"自定义格式，因为平均收款期是以天数来衡量的。

	A	B	C
1		猫王国际产品公司	
2		2015 年和 2016 年的比率分析	
3	比率	2016	2015
7	营运效率比率		
8	存货周转率	3.89X	4.00X
9	应收账款周转率	9.58X	9.77X
10	平均收款期	37.59days	36.84days
11	固定资产周转率	10.67X	9.95X
12	总资产周转率	2.33X	2.34X

图 3-2　猫王产品国际公司的营运效率比率

3.3　杠杆比率

在物理学中，杠杆效应指的是力的放大。借助于杠杆和支点，下压杠杆端，杠杆的另一端就会产生一个更大的力。杠杆效应的大小取决于杠杆的长度和支点的位置。在财务上，杠杆效应指的是盈利指标变化的乘数。例如，

10% 的销售增长可能导致 20% 的净利润增加。[3] 财务杠杆效应的大小取决于一家企业为营运而融资的债务总额。因此，举借了大量债务的公司被称为"高杠杆"公司。

杠杆比率描述的是公司在其资本结构中债务的使用程度。对于公司的债权人和投资者来说，这一信息很重要。债权人可能关注的是：若公司拥有太多的债务，那么它就有可能难以偿还这些债务。投资者也很关心这方面的信息，因为大量的债务可使公司收益存在巨大的波动性。然而，大多数企业都会举借一些债务，这是因为利息的抵税功能可以提高公司股票的价格。这里主要分析若干种比率，以帮助我们确定公司使用债务的程度。不过，究竟采用多少债务算过量往往取决于企业的性质。

3.3.1 总负债比率

总负债比率衡量的是公司购买资产所使用的债务总额（包括长期负债和短期负债）。总负债比率（total debt ratio）的计算公式如下：

$$总负债比率 = \frac{负债总额}{资产总额} = \frac{资产总额 - 权益总额}{资产总额} \qquad (3\text{-}8)$$

就猫王产品国际公司而言，不难发现公司的债务融资约占该公司资本结构的 58.45%：

$$总负债比率 = \frac{964.81}{1\,650.80} = 58.45\%$$

在单元格 B14 中用来计算总负债比率的公式为"= 资产负债表 !B19/ 资产负债表 !B12"。公司在 2016 年的总负债比率为 58.45%，高于 2015 年的 54.81%。

3.3.2 长期负债比率

按照许多财务分析人员的观点，关注长期负债（long-term debt，LTD）比关注总负债更有用。除了分子只含长期负债之外，长期负债比率与总负债比率相同。长期负债比率（long-term debt ratio）的计算公式如下：

$$长期负债比率 = \frac{长期负债}{资产总额} \qquad (3\text{-}9)$$

猫王产品国际公司的长期负债比率为：

$$长期负债比率 = \frac{424.61}{1\,650.80} = 25.72\%$$

在单元格 B15 中，计算 2016 年长期负债比率的公式为"= 资产负债表 !B18/ 资产负债表 !B12"。将该公式复制到单元格 C15，就可得到该公司 2015 年的长期负债比率仅为22.02%。显然，猫王产品国际公司长期负债的增加速度高于资产的增加速度。

3.3.3 长期负债与资本总额比率

类似前两种比率，长期负债与资本总额比率（long-term debt to total capitalization ratio）反映的是长期资本中的长期负债占资本总额的百分比。[4] 其计算公式为：

$$长期负债与资本总额比率 = \frac{长期负债}{长期负债 + 优先权益 + 普通权益} \qquad (3\text{-}10)$$

猫王产品国际公司的长期负债与资本总额比率为：

$$长期负债与资本总额比率 = \frac{424.61}{424.61+685.99} = 38.23\%$$

由于猫王产品国际公司没有优先权益，因此其总资本由长期负债和普通权益组成。请注意，普通权益为普通股股本与留存收益的总和。在工作表单元格 B16 中输入计算该比率的公式 "= 资产负债表 !B18/（资产负债表 !B18+ 资产负债表 !B22）"。猫王产品国际公司 2015 年的长期负债与资本总额比率仅为 32.76%。

3.3.4　债务产权比率

债务产权比率提供的信息与总负债比率完全相同，但一些财务分析人员认为它们在一定形式上稍有不同之处。债务产权比率（debt to equity ratio）的计算公式如下：

$$债务产权比率 = \frac{负债总额}{权益总额} \qquad (3\text{-}11)$$

对于猫王产品国际公司而言，其债务产权比率为：

$$债务产权比率 = \frac{964.81}{685.99} = 1.41（倍）$$

在单元格 B17 中，输入计算债务产权比率的公式 "= 资产负债表 !B19/ 资产负债表 !B22"。接着，将该公式复制到单元格 C17，便可得到该公司 2015 年的债务产权比率为 1.21 倍。

总负债比率与债务产权比率所提供的信息相同。不难得到：

$$\frac{负债总额}{权益总额} = \frac{负债总额}{资产总额} \times \frac{资产总额}{权益总额} \qquad (3\text{-}12)$$

重新整理式（3-8），可得到：

$$\frac{资产总额}{权益总额} = \frac{1}{1 - 总负债比率} \qquad (3\text{-}13)$$

因此，通过替换可得到：

$$\frac{负债总额}{权益总额} = \frac{负债总额}{资产总额} \times \frac{1}{1 - \dfrac{负债总额}{资产总额}} \qquad (3\text{-}14)$$

这样，在没有任何附加信息的前提下，总负债比率可转换成债务产权比率（由于四舍五入的原因，结果不是非常准确）。

$$\frac{负债总额}{权益总额} = 0.584\,5 \times \frac{1}{1 - 0.584\,5} = 1.41$$

3.3.5　长期负债与权益比率

同样，有些财务分析人员更为关注公司所拥有的长期负债。为此，他们常常使用长期负债与权益比率（long-term debt to equity ratio）：

$$长期负债与权益比率 = \frac{长期负债}{优先股权益 + 普通股权益} \tag{3-15}$$

猫王产品国际公司的长期负债与权益比率为：

$$长期负债与权益比率 = \frac{424.61}{685.99} = 61.90\%$$

在单元格 B18 中输入用于计算猫王产品国际公司 2016 年长期负债与权益比率的公式"＝资产负债表 !B18/ 资产负债表 !B22"。再将此公式复制到单元格 C18，就可得到公司 2015 年的长期负债权益比率仅为 48.73%。

至此，所创建的"比率"工作表应如图 3-3 所示。

3.4 偿债保障比率

类似于流动性比率，偿债保障比率描述的是公司具有可用于支付特定费用的资金数额。这里主要分析两个非常类似的比率，它们描述的是公司支付利息债务的能

	A	B	C
1	猫王产品国际公司		
2	2015 年和 2016 年的比率分析		
3	比率	2016	2015
13	杠杆比率		
14	总负债比率	58.45%	54.81%
15	长期负债比率	25.72%	22.02%
16	长期负债与资本总额比率	38.23%	32.76%
17	债务产权比率	1.41X	1.21X
18	长期负债与权益比率	61.90%	48.73%

图 3-3　猫王产品国际公司的杠杆比率

力。从一定程度上讲，这两个比率越高，公司的偿债能力就越理想。不过，过高的比率也可能表示该公司没有充分利用其借债能力，从而未能使股东财富最大化。

3.4.1 利息保障倍数

利息保障倍数是通过息税前利润（EBIT）与利息费用的比较来衡量一家公司支付利息负债的能力的。利息保障倍数（times interest earned ratio）的计算公式为：

$$利息保障倍数 = \frac{息税前利润}{利息费用} \tag{3-16}$$

对于猫王产品国际公司，其 2016 年的利息保障倍数为：

$$利息保障倍数 = \frac{149.70}{76.00} = 1.97（倍）$$

在单元格 B20 中，输入计算公司利息保障倍数的公式"＝利润表 !B11/ 利润表 !B12"。接着，将该公式复制到单元格 C20，不难发现公司的利息保障倍数从 2015 年的 3.35 倍急剧下降到 2016 年的 1.97 倍。

3.4.2 现金偿付比率

因为非付现费用（折旧）在计算息税前利润时已被扣除，所以息税前利润并不能真正反映公司所拥有的可用于支付利息费用的现金。为纠正这一缺陷，一些财务分析人员倾向于用现金偿付比率来代替利息保障倍数。现金偿付比率（cash coverage ratio）的计算公式为：

$$现金偿付比率 = \frac{息税前利润 + 非付现费用}{利息费用} \qquad (3-17)$$

据此，猫王产品国际公司 2016 年的现金偿付比率为：

$$现金偿付比率 = \frac{149.70 + 20.00}{76.00} = 2.23（倍）$$

请注意，现金偿付比率总是高于利息保障倍数。差别大小取决于折旧费用的多少，从而也取决于固定资产及其使用年限的多少。

在"比率"工作表（见图 3-4）的单元格 B21 中，输入现金偿付比率的计算公式"=（利润表 !B11+ 利润表 !B10）/ 利润表 !B12"。2015 年，猫王产品国际公司的现金偿付比率为 3.65 倍。

	A	B	C
1	猫王产品国际公司		
2	2015 年和 2016 年的比率分析		
3	比率	2016	2015
19	偿债保障比率		
20	利息保障倍数	1.97X	3.35X
21	现金偿付比率	2.23X	3.65X

图 3-4　猫王产品国际公司的杠杆比率

3.5　盈利能力比率

投资者往往特别关注所投资公司的盈利能力。正因如此，管理者也会特别在意盈利能力。正如下面所要介绍的，可用多种方法来衡量利润情况。盈利能力比率为将公司盈利与其过往期间盈利情况或其他公司的盈利情况进行比较提供了一种简便的方法。此外，通过同时分析前三个盈利能力比率，财务分析人员可发现各类可能不合理的费用项目。

在所有财务比率中，盈利能力比率是最易于分析的。无一例外，所有的盈利能力比率都是越高越理想。不过，盈利能力比率的高低也取决于公司所处的行业。通常，在竞争激烈的成熟行业，公司的盈利能力比率常常低于处在竞争较弱的新兴行业的公司。

例如，杂货店的利润率会比计算机软件公司低。在杂货行业，3% 的净利润率被认为是相当高的了，但同样的净利润率对软件行业而言可谓非常糟糕的了，毕竟软件行业的净利润率通常达到 15% 及以上。不过，杂货行业过去 5 年的平均净资产收益率为 17.43%，高于软件行业的 12.30%，原因在于杂货行业的总负债比率达到软件行业的两倍。[5]

3.5.1　毛利率

毛利率是指毛利与销售收入的比值，反映了公司所拥有的可用于支付销售成本之外费用的资金多少。毛利率（gross profit margin）的计算公式为：

$$毛利率 = \frac{毛利}{销售收入} \qquad (3-18)$$

猫王产品国际公司 2016 年的毛利率为：

$$毛利率 = \frac{600.00}{3\,850.00} = 15.58\%$$

猫王产品国际公司 15.58% 的毛利率表明公司的销货成本约占销售收入的 84.42%（=1−0.155 8）。在计算毛利率时，可在单元格 B23 中输入公式"= 利润表 !B7/ 利润表 !B5"。然后，将该公式复制到单元格 C23，就可发现公司 2015 年的毛利率为 16.55%。

3.5.2　经营利润率

顺着利润表往下，就可以计算出公司在支付全部经营（非融资）费用后所剩余的利润。经营利润率（operating profit margin）的计算公式为：

$$经营利润率 = \frac{净经营利润}{销售收入} \tag{3-19}$$

猫王产品国际公司 2016 年的经营利润率为：

$$经营利润率 = \frac{149.70}{3\,850.00} = 3.89\%$$

计算经营利润率时，可在单元格 B24 中输入算公式"= 利润表 !B11/ 利润表 !B5"。显然，3.89% 的经营利润率远低于 2015 年的 6.09%，表明猫王产品国际公司控制经营成本方面可能存在问题。

3.5.3　净利率

净利率（net profit margin）是净利润与销售收入的比值。由于净利润是支付所有费用后的剩余利润，所以，净利率反映了公司销售收入中留给公司股东享有部分（股利或留存收益）所占的百分比：

$$净利率 = \frac{净利润}{销售收入} \tag{3-20}$$

猫王产品国际公司 2016 年的净利率为：

$$净利率 = \frac{44.22}{3\,850.00} = 1.15\%$$

计算公司净利率时，在"比率"工作表的单元格 B25 中输入公式"= 利润表 !B15/ 利润表 !B5"。显然，2016 年 1.15% 的净利率低于 2015 年的 2.56%。如果与图 2-6 所示的百分比利润表做一对比，不难发现公司盈利能力有所下降，原因在于公司的销货成本、销售及管理费用以及利息费用的增长速度高于销售收入的增长速度。

从整体来看，上述三个盈利能力比率都表明该公司可能存在成本失控问题。当然，对投资者而言，高费用就意味着低回报，这一点可得到下面三个盈利能力比率的印证。

3.5.4　总资产报酬率

公司的总资产就是股东的投资。正如每个人会很关注其投资的报酬率一样，财务分析人员通常会关注公司从其投资中所得到的回报大小。总资产报酬率（return on total asset，ROA）的计算公式如下：

$$总资产报酬率 = \frac{净利润}{资产总额} \tag{3-21}$$

计算可得，猫王产品国际公司 2016 年的总资产报酬率大约为 2.68%：

$$总资产报酬率 = \frac{44.22}{1\,650.80} = 2.68\%$$

在计算猫王产品国际公司 2016 年的总资产报酬率时，可在单元格 B26 中输入计算公式"= 利润表 !B15/ 利润表 !B12"。不难发现，2016 年 2.68% 的总资产报酬率较 2015 年的 5.99% 降低了 50% 以上。显然，猫王产品国际公司 2016 年的总资产增长速度高于公司净利润的增长速度。其实，公司的净利润发生了下滑。

3.5.5　净资产收益率

虽然总资产代表着对公司的总投资，但所有者的投资（优先股、普通股和留存收益）通常只占总资产的一部分（另一些是负债）。因此，计算股东所投入资本的收益率就很有用。计算净资产收益率（return on equity，ROE）的计算公式为：

$$净资产收益率 = \frac{净利润}{权益总额} \tag{3-22}$$

请注意，如果公司没有负债，那么其净资产收益率将和资产报酬率相同。公司所使用的负债越多，其净资产收益率就越高于资产报酬率（参见后面的杜邦分析）。

猫王产品国际公司 2016 年的净资产收益率为：

$$净资产收益率 = \frac{44.22}{685.99} = 6.45\%$$

为计算净资产收益率，在单元格 B27 中输入计算公式"= 利润表 !B15/ 资产负债表 !B22"。同样，再将该公式复制到单元格 C27。计算结果表明 2016 年 6.45% 的净资产收益率较 2015 年的 13.25% 出现了下滑。

3.5.6　普通权益收益率

有些公司除了发行普通股之外还发行优先股。对于这些公司来说，计算普通股股东的投资收益率常常很有用。普通权益收益率（return on common equity）的计算公式为：

$$普通权益收益率 = \frac{普通股股东所享有的净利润}{普通股权益} \tag{3-23}$$

普通股股东所享有的净利润是指扣除了优先股股利后所剩下的那部分净利润。因为猫王产品国际公司没有优先股股东，所以其普通权益收益率与净资产收益率相同：

$$普通权益收益率 = \frac{422 - 0}{685.99} = 6.45\%$$

对于猫王产品国际公司来说，在工作表中计算普通权益收益率的方法与计算净资产收益率的方法完全相同。

3.5.7　杜邦分析

净资产收益率对管理者和投资者都很重要。管理者的工作绩效常常以某个时期内公司 ROE 的变化来衡量，而且他们的报酬也许就与净资产收益率目标挂钩。因此，管理者必须知道该如何提高公司的净资产收益率，而且也得知道影响某个时期净资产收益率变化的因素。例如，2015 ~ 2016 年，猫王产品国际公司的净资产收益率发生了急剧下降。正如你可能已经想到的那样，其管理者和投资者可能都在寻找产生这一问题的原因，而杜邦分析就是解决这一问题的一种方法。

杜邦分析是对净资产收益率的组成部分进行分解的一种方法。这里，先对资产报酬率做一个分解：

$$ROA=\frac{净利润}{资产总额}=\frac{净利润}{销售收入}\times\frac{销售收入}{资产总额} \tag{3-24}$$

由此可见，资产报酬率反映的是盈利能力（用净利率来衡量）与资产使用效率（总资产周转率）的联合效应。因此，可通过减少费用支出从而提高盈利能力或通过提高资产的使用效率来提高资产报酬率。

如前所述，企业所使用的杠杆比率是连接 ROA 和 ROE 的纽带。具体来说就是：

$$ROE=\frac{净利润}{权益总额}=\frac{净利润}{资产总额}\times\frac{资产总额}{权益总额} \tag{3-25}$$

不难注意到，式（3-25）中的第二项有时就被称为"权益乘数"。根据式（3-13）可知，权益乘数等于：

$$\frac{资产总额}{权益总额}=\frac{1}{1-总负债比率}=\frac{1}{1-\dfrac{负债总额}{资产总额}} \tag{3-26}$$

将式（3-26）代入式（3-25）并经整理可得：

$$ROE=\frac{净利润}{权益总额}=\frac{净利润}{资产总额}\div\left(1-\frac{负债总额}{资产总额}\right) \tag{3-27}$$

可见，净资产收益率是公司资产报酬率和总负债比率的函数。如果两家公司具有相同的 ROA，那么拥有较多负债的公司会有更高的 ROE。

这里可再做一个替换以全面分解 ROE 的构成。对于式（3-27）中的第一项 ROA，可以用式（3-24）来替换，这样：

$$ROE=\frac{\dfrac{净利润}{销售收入}\times\dfrac{净利润}{资产总额}}{1-\dfrac{负债总额}{资产总额}} \tag{3-28}$$

或者，进一步简化后可得：

$$ROE=\frac{净利率\times总资产周转率}{1-总负债比率} \tag{3-29}$$

为验证该结论，在单元格 A30 中输入标记"ROE 杜邦分析"。然后，在单元格 B30 中输入公式"=（B25*B12）/（1-B14）"。计算结果就是之前所得到的 6.45%。请注意，如果公司没有负债，那么式（3-29）的分母就为 1，从而使得 ROE 与 ROA 相同。

这里对杜邦分析进行延伸探讨。我们对 ROE 做进一步的分解，把净利率分解为以下三部分内容：一是衡量公司日常经营基本盈利能力的经营利润率（operating profit margin）；二是衡量利息费用对税前利润影响的利息负担（interest burden）；三是反映税收对净利润影响的税收负担（tax burden）。

之前我们已经讨论了用来计算经营利润率的式（3-19）。利息负担的计算公式是：

$$利息负担 = \frac{税前利润}{息税前利润} = \frac{EBT}{EBIT} \tag{3-30}$$

税收负担的计算公式是：

$$税收负担 = \frac{净利润}{税前利润} = \frac{NI}{EBT} \tag{3-31}$$

将这三个比率相乘就可得到销售净利率：

$$销售净利率 = \frac{净利润}{销售收入} = \frac{EBIT}{销售收入} \times \frac{EBT}{EBIT} \times \frac{NI}{EBT} \tag{3-32}$$

最后，如果将式（3-32）代入式（3-28）的分子中，那么：

$$延伸后的杜邦\,ROE = \frac{\dfrac{EBIT}{销售收入} \times \dfrac{EBT}{EBIT} \times \dfrac{NI}{EBT} \times \dfrac{销售收入}{资产总额}}{1 - \dfrac{负债总额}{资产总额}} \tag{3-33}$$

计算延伸后的杜邦 ROE 的式（3-33）表明，净资产收益率是经营盈利能力、利息率、税率、公司资产使用效率以及所运用的债务规模的函数。至此，工作表的本部分内容当如图 3-5 所示。

	A	B	C
1	猫王产品国际公司		
2	2015 年和 2016 年的比率分析		
3	比率	2016	2015
22	盈利能力比率		
23	毛利率	15.58%	16.55%
24	经营利润率	3.89%	6.09%
25	净利率	1.15%	2.56%
26	总资产报酬率	2.68%	5.99%
27	净资产收益率	6.45%	13.25%
28	普通权益收益率	6.45%	13.25%
29			
30	杜邦 ROE	6.45%	13.25%

图 3-5　猫王产品国际公司的盈利能力比率

3.5.8　猫王产品国际公司的盈利能力比率分析

显然，猫王产品国际公司的盈利能力比率在过去一年里发生了急剧的下滑。如果综合考虑猫王产品国际公司的所有比率，那么发生下滑的原因就显得十分清楚。

公司 2016 年的毛利率低于 2015 年，但相差并不很多（至少较其他比率的下滑程度相比是这样的）。不过，2016 年的经营利润率却明显低于 2015 年，表明该公司在控制经营费用特别是销售及管理费用方面可能存在问题。2016 年，其他盈利比率之所以低于 2015 年，部分原因在于经营费用增加所带来的"涓滴效应"（trickle down effect）；而另一部分原因在于猫王产品国际公司在 2016 年举借了大量额外负债，导致公司利息费用的增加超过了销售收入的增长。这一点可通过分析如图 2-6 所示的猫王产品国际公司的百分比利润表来加以证实。

最后，关于该公司 ROE 的杜邦分析表明，公司可通过以下各种方法来提高净资产收益率：①提高销售净利率；②提高总资产周转率；③提高债务产权比率。财务比率分析表明，经营费用的大幅增加导致了销售净利率的下降。因此，管理层的主要目标就是降低这些经营费用。正如接下来所要分析的那样，公司的总资产周转率接近行业平均水平，因此，要提高这一比率较为困难。不过，因为该公司的存货周转率大大低于行业平均水平，所以存货控制不失为提高总资产周转率的一种方法。由于该公司的债务已稍高于行业平均水平，因此不提倡再增加负债。

3.6 财务困境预测

任何投资者都绝不愿意投资于一家即将申请破产或者可能遭受一段时期严重财务困境的公司。自 20 世纪 60 年代末至今，许多学者和信用分析师投入大量的时间和精力试图开发出可提前识别此类公司的模型。其中，最为著名的模型当属爱德华·奥尔特曼教授（Professor Edward Altman）于 1968 年开发出来的模型。稍后将讨论爱德华·奥尔特曼教授的原始模型及其后来为私营公司开发的一个模型。

3.6.1 原始 Z 值模型 [6]

Z 值模型是用多重判别分析这一统计技术所开发的模型。运用该统计技术，分析师可根据公司的得分值多少将公司归入两组（或更多组）中的某一组。如果公司的得分值低于分界点，那么该公司就归入第一组（即将破产），否则就归入第二组。事实上，奥尔特曼教授也确定出了被称为"灰色区域"的第三组。属于"灰色区域"的公司，既可能归入第一组，也可能归入第二组，但不管怎样，其信用风险总被公认为要高于第二组公司。通常，得分值越低，公司出现财务困境或破产的风险就越大。

原始 Z 值模型是针对上市公司的，其公式为：

$$Z=1.2X_1+1.4X_2+3.3X_3+0.6X_4+X_5 \tag{3-34}$$

式中，X_1 表示净营运资本 / 资产总额；X_2 表示留存收益 / 资产总额；X_3 表示息税前利润（EBIT）/ 资产总额；X_4 表示全部权益的市场价值 / 全部负债的账面价值；X_5 表示销售收入 / 资产总额。

根据奥尔特曼教授的研究，如果以 2.675 分为临界点，那么该模型的准确度达 80% ~ 90%。换言之，如果一家公司的 Z 值在 2.675 分以下，那么有理由预测，该公司在未来一年将遭受严重的财务困境并可能破产。如果以 1.81 分为临界点，那么该模型的预测效果就会更佳。因此，Z 值得分可分成三个组别：

第一组　　　$Z < 1.81$　　　　　预计一年内破产
灰色区域　$1.81 < Z < 2.675$　　出现财务困境并可能破产
第二组　　　$Z > 2.675$　　　　　预计不会出现财务困境

有了"比率"工作表，这里可很方便地将 Z 值模型应用于猫王产品国际公司。不过，"比率"工作表并未提供关于猫王产品国际公司普通股市价的资料。为此，在单元格 A31 中输入标记"股票市场价值"，再在单元格 B31 中输入"884400"。猫王产品国际公司股票的市场价值等于股票价格与公司发行在外股份数的乘积。然后，在单元格 A32 中输入"Z 值得分"，在单元格 B32 中输入公式："=1.2*（资产负债表 !B8- 资产负债表 !B17）/ 资产负债表 !B12+1.4*（资产负债表 !B21/ 资产负债表 !B12）+3.3*（利润表 !B11/ 资产负债表 !B12）+0.6*（B31/ 资产负债表 !B19）+（利润表 !B5/ 资产负债表 !B12）"。

只要正确输入上述公式，就可得到猫王产品国际公司 2016 年的 Z 值得分为 3.92，远大于 2.675，因此可以预期公司不会破产。

3.6.2 针对私营公司的 Z' 值模型

因为式（3-34）中的财务比率变量 X_4 要求知道公司资本的市场价值（包括优先权益和普通权益），所以该模型无法轻松应用于私营公司。虽然这些公司的市场价值可估计而得，但结果必然缺乏可靠性。当然，也可以选用权益的账面价值来代替其市场价值，但这样做往往不能得到正确结果。大多数上市公司的账面价值都经过了多次交易，所以如果这样替换，那么就需要赋予变量 X_4 一个新的系数。实际上，奥尔特曼教授针对私营公司重估了 Z 值模型，所有变量的系数都发生了改变。

针对私营公司的 Z' 值模型为：

$$Z'=0.717X_1+0.847X_2+3.107X_3+0.420X_4+0.998X_5 \qquad （3-35）$$

在 Z' 值模型中，除了变量 X_4 采用权益的账面价值来代替其市场价值外，其他所有变量的定义与 Z 值模型中相同。根据奥尔特曼教授的研究，采用以下临界值时，Z' 值模型的精确度与针对上市公司的 Z 值模型相比仅有微小差距。

第一组	$Z' < 1.21$	预计一年内破产
灰色区域	$1.23 < Z' < 2.90$	出现财务困境并可能破产
第二组	$Z' > 2.90$	预计不会出现财务困境

如果将猫王产品国际公司看作一家私营公司，那么该公司 2016 年的 Z' 值得分为 3.35，而 2015 年的 Z' 值得分为 3.55。这些得分值表明，猫王产品国际公司近期内不可能出现破产申请的情形。

3.7 财务比率的运用

除非懂得如何运用财务比率，不然所进行的财务比率计算工作就毫无意义。进行财务比率分析的一条最重要规则就是：单个财务比率所提供的信息不仅有限，而且可能会起误导作用。因此，永远都不要仅凭单个财务比率就得出结论；相反，必须依靠多个财务比率才能得出可靠结论。务必牢记这一谨慎理念。下面，介绍几种通过财务比率分析来得出重要结论的方法。

3.7.1 趋势分析法

趋势分析法（trend analysis）就是按时间序列来分析财务比率变化的方法。无论有无趋势都有助于管理者衡量其目标的进展情况。另外，趋势还能凸显需要加以注意的领域。尽管我们的确没有足够的信息来对猫王产品国际公司进行趋势分析，但很明显，该公司的许多财务比率都在朝着不妙的方向发展。

例如，猫王产品国际公司 2016 年的所有盈利能力比率相对于 2015 年都发生了下滑，有些还下滑得比较厉害。公司管理层应立即寻找存在问题的领域。例如，公司毛利率仅发生了微小的下滑，表明材料成本的增加并非主要问题，尽管会产生提价的要求。不过，公司的经营利润率下降了近 36%，而且其原因不能归咎于销货成本的增加。这样，必然可以得出这么一个结论：在很大程度上，经营成本的增加导致了其他盈利能力比率的下滑。事实上，公司的百分比利润表（见图 2-6）表明，问题的根源在于销售及管理费用的增加。显然，这一经营费用的增加在很大程度上导致了其他盈利比率的下降。

趋势分析中存有潜在问题的方面就是季节性问题。因此，如果进行相同期间的比较，必须多加谨慎。例如，许多公司大部分的年度销售收入总在每年第四季度的假日期间完成。因此，它们可能会在第三季度的销售淡季开始备货。在这种情况下，把第三季度的存货周转率与第四季度进行比较就会起到误导作用。

3.7.2　与行业平均水平比较

除了趋势分析，财务比率的另一个最有益的用处就是用于与行业内同类公司的比较，主要是通过与风险管理协会（RMA）、标准普尔公司等组织所公布的行业平均水平进行比较。行业平均水平提供了一个比较标准，通过与其进行比较，就可确定某一公司的业绩表现相对于同行是怎样的。

图 3-6 描述了猫王产品国际公司的财务比率以及 2016 年的行业平均水平。这里，用户需要在单元格 D3 中输入标记"2016（行业）"，接着录入行业平均水平。选择单元格区域 D5：D28，在单元格 D5 中输入"2.70"，然后按"回车"键。在按下"回车"键的同时，可以看到活动单元格跳转到单元格 D6。这应该是相对高效地输入大批量数字的方法，因为手指一直都不需要离开数字键盘。当往多列以及不连续的单元格输入数字时，这一技术尤为有用。

显然，猫王产品国际公司的管理水平并未达到该行业一般公司的水平。由流动性比率可见，尽管不会立即出现无法还款的危

	A	B	C	D
1				猫王产品国际公司
2				2015 年和 2016 年的比率分析
3	比率	2016	2015	2016（行业）
4			流动性比率	
5	流动比率	2.39X	2.33X	2.70X
6	速动比率	0.84X	0.85X	1.00X
7			营运效率比率	
8	存货周转率	3.89X	4.00X	7.00X
9	应收账款周转率	9.58X	9.77X	10.70X
10	平均收款期	37.59days	36.84days	33.64days
11	固定资产周转率	10.67X	9.95X	11.20X
12	总资产周转率	2.33X	2.34X	2.60X
13			杠杆比率	
14	总负债比率	58.45%	54.81%	50.00%
15	长期负债比率	25.72%	22.02%	20.00%
16	长期负债与资本总额比率	38.23%	32.76%	28.57%
17	债务产权比率	1.41X	1.21X	1.00X
18	长期负债与权益比率	61.90%	48.73%	40.00%
19			偿债保障比率	
20	利息保障倍数	1.97X	3.35X	2.50X
21	现金偿付比率	2.23X	3.65X	2.80X
22			盈利能力比率	
23	毛利率	15.58%	16.55%	17.50%
24	经营利润率	3.89%	6.09%	6.25%
25	净利率	1.15%	2.56%	3.50%
26	总资产报酬率	2.68%	5.99%	9.10%
27	净资产收益率	6.45%	13.25%	18.20%
28	普通权益收益率	6.45%	13.25%	18.20%

图 3-6　猫王产品国际公司的财务比率与行业平均水平的比较

险，但与该行业一般公司相比，猫王产品国际公司偿还短期负债的能力较弱。公司的营运效率比率表明，猫王产品国际公司的资产特别是存货管理没有达到期望水平。同样显而易见的是，猫王产品国际公司的负债比同行要高很多。公司的偿债保障比率表明，猫王产品国际公司所拥有的用于支付利息费用的现金少于行业的平均水平，原因在于该公司的负债数量高于行业的一般水平。最后，所有这些问题导致了公司的盈利能力低于行业平均水平，而且正在变得越来越糟糕。

有必要注意到，行业平均水平并非在任何情况下对每家公司都适用。很多时候，把"行业"定义为与目标公司最为相关的竞争对手或许更为准确。与按由 4 位数构成的美国标准行业代码来定义相比，这类最为相关的竞争对手肯定要少得多（可能就三五家）。虽然由 6 位数构成的新版北美工业分类系统有所完善，但仍不足以完全解决问题。[7]

3.7.3 公司目标与债务契约

财务比率常常是设定公司目标的基础。例如，首席执行官可能把公司的目标之一设定为净资产收益率不低于 15%（$ROE=15\%$）。显然，该目标实现与否可通过计算净资产收益率来确定。而且，通过趋势分析，管理者可随时了解实现目标的进展情况，然后判断目标是否切实可行。

财务比率的另一个作用反映在贷款合同中。当公司借款时，债权人（债券持有者、银行或其他出借人）给公司提出的限制条件往往是与特定财务比率挂钩的。例如，债权人可能要求借款公司至少保持 2.0 的流动比率，或者可能要求该公司的总负债比率不能超过 40%。不管是何种限制条件，公司按照规定来监管其财务比率都非常重要，否则贷款就会立刻到期。

3.7.4 财务比率分析的自动化

财务比率分析就像科学一样充满艺术性，不同的分析人员对同一家公司可能会产生些许不同的判断。不过，借助 Excel 也可以进行基本的比率分析。事实上，只要肯投入精力，Excel 分析也能变得十分精确。下面介绍的方法类似于创建专家系统，尽管现在还不能称其为真正的专家系统。

所谓专家系统（expert system）就是通过使用该领域内专家所采用的分析技术来帮助诊断问题或提供解决方案的电脑程序。例如，医生可使用专家系统诊断出病人的疾病。为此，医生要先将病人的症状告知系统，然后由专家系统查阅其规则，最后形成可能的诊断结论。

在 Excel 中创建一个真实的比率分析专家系统的确十分耗时。其实，有更好的工具可选。只要运用几个函数，我们就可创建一个很简单的系统。该系统能单独分析每一财务比率，然后按"好""中"以及"差"三级来判定该比率。为实用起见，该系统必须考虑比率间的相互关系、公司所处行业的特点等。这里将如何完善该系统的工作留到以后去完成。

为开发这样的专家系统，首先需要明确进行比率分类的规则。不难发现，在大多数情况下往往是比率越高越好。因此，人们总希望 2016 年的比率高于 2015 年公司自身以及所在行业的平均水平。

为实现财务比率分析的自动化，可运用 Excel 的内置 **IF** 语句。如前所述，**IF** 语句的作用是根据某一语句为真或为假来返回两值当中的一值：

IF(*LOGICAL_TEST*, *VALUE_IF_TRUE*, *VALUE_IF_FALSE*)

其中，***LOGICAL_EST*** 为可能被评估为或真或假的任意表达式，***VALUE_IF_TRUE*** 和 *VALUE_IF_FALSE* 是取决于 *LOGICAL_TEST* 真假判断的返回值。

事实上，这里要进行两个测试以确定某一比率是"好"（Good），是"中"（Ok），还是"差"（Bad）。首先，需要测试 2016 年的比率是否高于 2015 年的比率。为此，将 2016 年的比率除以 2015 年的比率。如果结果大于 1，那么 2016 年的比率就高于 2015 年的比率。这样，为测试流动比率，在单元格 E5 中输入公式"=IF(B5/C5>=1,"Good","Bad")"。就猫王产品国际公司而言，其结果为"好"，因为该公司 2016 年的流动比率要高于 2015 年的流动比率。接着，若将该公式复制到单元格 E6，那么所得结果为"差"，因为该公司 2016 年的速动比率低于 2015 年的速动比率。

这里，可对公式进行修改以使其能考虑到行业平均水平。如果 2016 年的比率既高于 2015 年的比率，而且也高于行业平均水平，则该比率就为"好"。为此，需要运用 **AND** 函数。只有当所有参数都为"真"时，**AND** 函数才会返回真值。

AND(*LOGICAL1*, *LOGICAL2*, …)

其中，***LOGICAL1*** 和 *LOGICAL2* 是两个必要参数，每个参数都可能被评定为"真"或"假"。最多可以设 255 个参数，但只有一个是函数所需要的。在单元格 E5 中，输入修正后的函数"=IF(AND(B5/C5>=1,B5/D5>=1),"Good","Bad")"。这样，只有当两个条件都为真时，该比率才被判定为"好"。就公司的流动比率而言，显然情况并非如此，所以其判定结果为"差"。

最后需要改进的就是增加另一可能结果"中"。如果 2016 年的比率高于 2015 年的比率或者 2016 年的比率高于行业平均水平，那么该比率可判定为"中"。这一点可通过在第一个 **IF** 语句中的"差"的位置上嵌套第二个 **IF** 语句来实现。对于第二个 **IF** 语句，需要运用 Excel 中的 **OR** 函数。

OR(*LOGICAL1*, *LOGICAL2*, …)

OR 函数在任一参数为真时都返回真值。除了这一点，**OR** 函数与 **AND** 函数完全相同。改进后的最终公式为"=**IF**(AND(B5/C5>=1,B5/D5>=1),"Good",IF(OR(B5/D5>=1,B5/C5>=1),"Ok","Bad"))"。

这样，该公司流动比率的判定结论就为"中"。现在，把该公式复制到单元格区域 E6：E28 中，就可以对猫王产品国际公司的所有财务比率进行判定。

不过，这里还需要做些变化。如前所述，杠杆比率通常是较低的好于较高的。因此，把单元格区域 E14：E28 中所有公式的"＞ ="改为"＜ ="。对单元格 E10 中的平均收款期，也需要做同样的改变。至此，所创建的工作表应如图 3-7 所示。

不难发现，猫王产品国际公司几乎所有的财务比率都被判定为"差"。这正是先前分析所得出的结论，只不过这里的判定是通过 Excel 来自动完成的。当然，对于这一简单的比率分析系统，的确还有很多需要完善的地方。这一切留待以后去完成。

	A	B	C	D	E
1			猫王产品国际公司		
2			2015 年和 2016 年的比率分析		
3	比率	2016	2015	2016 (行业)	分析结果
4			流动性比率		
5	流动比率	2.39X	2.33X	2.70X	中
6	速动比率	0.84X	0.85X	1.00X	差
7			营运效率比率		
8	存货周转率	3.89X	4.00X	7.00X	差
9	应收账款周转率	9.58X	9.77X	10.70X	差
10	平均收款期	37.59days	36.84days	33.64days	差
11	固定资产周转率	10.67X	9.95X	11.20X	中
12	总资产周转率	2.33X	2.34X	2.60X	差
13			杠杆比率		
14	总负债比率	58.45%	54.81%	50.00%	差
15	长期负债比率	25.72%	22.02%	20.00%	差
16	长期负债与资本总额比率	38.23%	32.76%	28.57%	差
17	债务产权比率	1.41X	1.21X	1.00X	差
18	长期负债与权益比率	61.90%	48.73%	40.00%	差
19			偿债保障比率		
20	利息保障倍数	1.97X	3.35X	2.50X	差
21	现金偿付比率	2.23X	3.65X	2.80X	差
22			盈利能力比率		
23	毛利率	15.58%	16.55%	17.50%	差
24	经营利润率	3.89%	6.09%	6.25%	差
25	净利率	1.15%	2.56%	3.50%	差
26	总资产报酬率	2.68%	5.99%	9.10%	差
27	净资产收益率	6.45%	13.25%	18.20%	差
28	普通权益收益率	6.45%	13.25%	18.20%	差

图 3-7　猫王产品国际公司比率分析的自动化

3.8　计量业绩的经济利润指标

经济利润是公司所赚取的超过成本的那部分利润，这里的成本包括隐含的机会成本（主要为资本成本）。然而，会计利润（净利润）将利润计量为：收入减去所有的显性成本。虽然会计利润考虑到了公司的债务成本（利息费用），但忽略了公司权益资本的隐性成本。经济利润是一个古老的概念，但因咨询公司承诺改善其客户的财务业绩和经理人员薪酬，经济利润概念又被重新启用。许多大公司采用多种方法来计量经济利润，其中有些取得了良好的效果，而有些没有。不管怎样，这种方法已引起公众的很大关注。本节就经济利润计量问题做一简短讨论。

经济利润计量的基本思想是：除非公司能创造出高于其资本成本的利润，否则就不可能使股东的财富增加。[9] 因为这里明确主张要考虑资本成本因素，所以就不能直接使用计量利润的常用会计指标。公司财务报表的调整，既取决于公司情况也取决于核算人员。而且，迄今为止尚未有一种公认标准。考虑到这一点，这里给出一种简化的经济利润计算方法。

在数学上，经济利润的计算公式为：

$$经济利润 = NOPAT - 税后营运资本成本 = NOPAT - 净营运资本总额 \times WACC \tag{3-36}$$

式中，$NOPAT$ 为税后净营业利润。税后营运资本成本就是所有带息债务工具（如债券和应付票据）的成本加上优先权益及普通权益的成本。通常，在计算出税后资本成本（百分率）后，还应乘上营运资本，这样就可得到税后营运资本成本。

为计算经济利润，必须先计算税后净营业利润、营运资本总额以及公司的资本成本。这里，资本成本将直接给出（参见第 10 章中的计算）。这样，公司的税后净营业利润为：

$$NOPAT = EBIT \cdot (1-\text{税率}) \tag{3-37}$$

注意，计算 *NOPAT* 时并不包含利息费用，因为在减去所有资金的成本时利息费用已经被隐含处理了。

营运资本总额等于无息流动资产与固定资产净值之和再减去不带息的流动负债。这里不考虑带息的流动资产，是因为它们不属于营运资产，而不考虑带息的流动负债（如应付票据）是因为其成本已包含在资本成本中了。

这里根据猫王产品国际公司 2015 年和 2016 年的数据来说明经济利润的计算。首先，务必将包含猫王产品国际公司财务报表的工作簿打开，然后插入进行经济利润计算的一个新工作表。创建如图 3-8 所示的新工作表，并将工作表重命名为“经济利润”。

	A	B	C
1	猫王产品国际公司		
2	经济利润的计算		
3		2016	2015
4	税率	40%	40%
5	税后净营业利润		
6	营运资本总额		
7	税后资本成本	13%	13%
8	资本成本		
9	经济利润		

图 3-8　猫王产品国际公司经济利润的计算

请注意，这里假设公司的资本成本为 13%。可用公式“= 利润表 !$B18”，从利润表获取该税率。其他所有数字必须按上述方法计算而得。

如前所述，税后净营业利润等于息税前利润乘上“(1- 税率)”，因此在单元格 B5 中输入公式“= 利润表 !B11*(1−B4)”。此时，所显示的猫王产品国际公司 2016 年创造的税后净营业利润为 89 820 美元。将该公式复制到单元格 C5，就可得到该公司 2015 年的税后净营业利润。

下一步就是计算营运资本。因为猫王产品国际公司没有短期投资，所以只要将流动资产加上固定资产净值然后减去已扣除应付票据的流动负债就可计算出营运资本。在单元格 B6 输入公式“= 资产负债表 !B8+ 资产负债表 !B11−(资产负债表 !B17− 资产负债表 !B15)”。此时，所显示的 2016 年的营运资本总额为 1 335 600 美元。将该公式复制到单元格 C6 中。

为计算资本成本，在单元格 B8 中输入公式“=B7*B6”并将该公式复制到单元格 C8 中。如前所述，经济利润等于净营业利润减去资本成本，所以通过在单元格 B9 中输入公式“=B5−B8”就可计算经济利润。不难发现，猫王产品国际公司 2016 年赚取的经济利润为 −83 808 美元。将上述公式复制到单元格 C9 中，就会显示 2015 年的经济利润为 −28 876 美元。

这个例子表明，计量利润（特别是净利润）的会计指标具有很大的误导性。按照猫王产品国际公司的报告，公司在 2015 年和 2016 年都有利润，但这两年公司股东的财富实际上都在减少。这恰好印证了财务比率分析的结果。至少在本经营期，猫王产品国际公司的管理层没有做好工作。至此，公司的经济利润工作表应如图 3-9 所示。

	A	B	C
1	猫王产品国际公司		
2	经济利润计算		
3		2016	2015
4	税率	40%	40%
5	净营业利润	89,820	125,460
6	营运资本总额	1,335,600	1,187,200
7	税后资本成本	13%	13%
8	资本成本	173,628	154,336
9	经济利润	(83,808)	(28,876)

图 3-9　完整的猫王产品国际公司经济利润工作表

本章小结

通过本章学习，我们知道如何运用各种财务比率来评价公司的财务健康状况，从而评价公司管理者的业绩。此外，我们也了解到基于 Excel 的财务比率计算何以较手工计算既快又方便。本章还详细介绍了五种比率：衡量公司偿付流动负债能力的流动性比率；衡量公司利用其资产创造销售收入能力的营运效率比率；描述公司资产中使用多少负债的杠杆比率；反映公司拥有多少现金可用于支付特定费用的偿债保障比率；衡量公司在某一期间盈利情况的盈利能力比率。

本章还介绍了如何通过运用 Excel 的若干内置逻辑函数来编制程序以进行基本的财务比率分析。表 3-1 汇总了本章介绍的财务比率公式。最后，本章探讨了经济利润的概念以及为什么它能较传统的会计利润计量指标更为清晰地反映公司的财务状况。

表 3-1 财务比率汇总

比率名称	公式
流动性比率	
流动比率	$流动比率 = \dfrac{流动资产}{流动负债}$
速动比率	$速动比率 = \dfrac{流动资产 - 存货}{流动负债}$
营运效率比率	
存货周转率	$存货周转率 = \dfrac{销货成本}{存货}$
应收账款周转率	$应收账款周转率 = \dfrac{赊销收入}{应收账款}$
平均收款期	$平均收款期 = \dfrac{应收账款}{年赊销收入/360}$
固定资产周转率	$固定资周转率 = \dfrac{销售收入}{固定资产净值}$
总资产周转率	$总资产周转率 = \dfrac{销售收入}{资产总额}$
杠杆比率	
总负债比率	$总负债比率 = \dfrac{负债总额}{资产总额} = \dfrac{资产总额 - 权益总额}{资产总额}$
长期负债比率	$长期负债比率 = \dfrac{长期负债}{资产总额}$
长期负债与资本总额比率	$长期负债与资本总额比率 = \dfrac{长期负债}{长期负债 + 优先权益 + 普通权益}$
债务产权比率	$债务产权比率 = \dfrac{负债总额}{权益总额}$
长期负债与权益比率	$长期负债与权益比率 = \dfrac{长期负债}{优先股权益 + 普通股权益}$
偿债保障比率	
利息保障倍数	$利息保障倍数 = \dfrac{息税前利润}{利息费用}$
现金偿付比率	$现金偿付比率 = \dfrac{息税前利润 + 非付现费用}{利息费用}$

（续）

比率名称	公式
盈利能力比率	
毛利率	$毛利率 = \dfrac{毛利}{销售收入}$
经营利润率	$经营利润率 = \dfrac{净经营利润}{销售收入}$
净利率	$净利率 = \dfrac{净利润}{销售收入}$
总资产报酬率	$总资产报酬率 = \dfrac{净利润}{资产总额}$
净资产收益率	$净资产收益率 = \dfrac{净利润}{权益总额}$
普通权益收益率	$普通权益收益率 = \dfrac{普通股股东所享有的净利润}{普通股权益}$
ROE 杜邦分析	$ROE = \dfrac{净利率 \times 总资产周转率}{1 - 总负债比率}$

本章介绍的函数列于表 3-2 中。

表 3-2　本章介绍的函数

用途	函数
根据逻辑检测返回参数值	**IF(LOGICAL_TEST, VALUE_IF_TRUE, VALUE_IF_FALSE)**
所有参数为真时返真	**AND(LOGICAL1, LOGICAL2,···)**
有一个参数为真时返真	**OR(LOGICAL1, LOGICAL2,···)**

练习题

1. 将第 2 章练习题 1 中大石头糖果山采矿公司的财务报表复制到一个新的工作簿中。

（1）创建一个如图 3-6 所示的新的工作表并计算大石头糖果山采矿公司的所有财务比率。

（2）至少给出两个运用这些财务比率时需要关注的领域；至少给出两个情况已经有所改善的领域。

（3）2016 年，大石头糖果山采矿公司的净资产收益率增加了。运用式（3-29）所显示的杜邦分析法，解释该公司净资产收益率增加的原因。运用式（3-33）所显示的对杜邦分析法的延伸，解释该公司净资产收益率增加的原因。

（4）大石头糖果山采矿公司过去两年都有会计利润。计算公司这两年的经济利润并与净利润进行比较。假设加权平均资本成本为 9%。

（5）根据奥尔特曼教授关于私营公司的 Z 值模型，计算大石头糖果山采矿公司的 Z 值得分。该公司有即将破产的危险吗？

2. 因电脑故障，迈克奥维金融公司的财务报表变得不完整。公司管理层请你来将缺失的数据补完整。

迈克奥维金融公司
利润表
截至 2016 年 12 月 31 日

	2016
销售收入	比率
销货成本	比率
毛利润	公式
折旧费用	63,000
销售及管理费用	654,250
租赁费用	48,750
息税前利润	公式
利息费用	比率
税前利润	公式
所得税	公式
净利润	比率
说明：税率	40.00%

迈克奥维金融公司
资产负债表
截至 2016 年 12 月 31 日

	2016
资产	
现金	$41,000
应收账款	**比率**
存货	386,250
流动资产合计	**公式**
固定资产原值	2,010,000
累计折旧	**公式**
固定资产净值	**比率**
资产合计	2,325,500
负债及所有者权益	
应付账款	378,750
短期银行票据	**公式**
流动负债合计	**比率**
长期负债	**比率**
普通权益	**比率**
负债与所有者权益合计	**公式**

（1）根据下表给出的比率公式，将上表中显示为"比率"的单元格填补上，从而

创建新的财务报表。要求使用 **ROUND** 函数将答案四舍五入到十位数。

比率	值
流动比率	1.832 716
存货周转率[1]	4.414 239
应收账款周转率	8.333 333
固定资产周转率	1.657 982
长期负债与权益比率	0.843 090
利息保障倍数	1.833 333
净利率	0.016 000
总资产周转率	0.018 061
净资产收益率	0.040 307

①分母使用销货成本。

（2）根据现存数据，利用公式将空白单元格填补上，从而使财务报表完整。

在线练习

针对自己所在公司分析问题 1 中的内容。可以访问 SEC 的 Edgar 系统网站（www.sec.gov/edgar/searchedgar/companysearch.html）来获取数据。为获取所在公司数据，可输入行情显示代号。然后，在报告类型框中输入 10-k 并点击"搜索"按钮。点击最近 10-k 旁边的"交互资料"按钮，再在左边菜单中选择财务结果。

选择合并营业报表（利润表），再将数据直接粘贴到一个新的工作表中，将这些数据采用 HTML 的格式进行粘贴。此时会显示一个智能标记，用户可从中选择"保持原有格式"或"匹配目标格式"的粘贴方式。不妨试验一下，看看自己喜欢哪一种。然后，对合并资产负债表重复这些步骤。

注释

1. 这也解释了为什么即将破产的公司的销售收入会下降 50%。
2. 在计算机问世前，一直按每年 360 天计算。它主要是基于这样的假设：一年 12 个月，每月 30 天（所谓的银行年度）。当然，也可以使用每年 365 天。采用哪一种并不重要，关键是要保持统一。
3. 参见第 7 章。这意味着组合杠杆度为 2。
4. 有些分析人员也会把应付票据以及一年内到期的长期负债也包含在资本总额中。
5. 根据作者对标准普尔 900 指数杂货行业与软件行业公司的计算所得。
6. 参见爱德华·奥尔特曼于 1968 年 9 月刊登在《金融学》上的"财务比率、判别分析和公司破产预测"一文。2000 年 7 月，爱德华·奥尔特曼发表了"公司财务困境预测：重构 Z 值得分模型与 ZETA 信用风险分析模型"。本章所讨论的模型取自后文。该

文或许可从 http://www.defaultrisk.com/pp_score_14.htm 获得。
7. 北美工业分类体系（North American Industry Classification System）。该体系由美国人口普查局（U.S. Census Bureau）与其加拿大和墨西哥同行于 1997 年创建。目前，该体系正在逐步取代标准产业代码（SIC codes）。读者可访问 http://www.census.gov/epcd/www/naics 以获取更多信息。
8. 这方面，斯特恩－斯图尔特咨询公司（Stern Stewart And Company）堪称领先者。根据该公司的研究，经济利润就是指享有版权保护的那个术语，即经济增加值（EVA）。
9. 经济利润也可用第 12 章介绍的 NPV 来衡量。两者的主要区别在于：本章试图计算出过去某段时间（通常为上一年）的实际经济利润，而 NPV 衡量的是未来投资项目的预期经济利润。

第 4 章

现金预算

通过本章学习，应能：

- 解释现金预算的目的及其与利润表的差异
- 计算公司特定月份的预期总现金收付
- 计算公司的预期期末现金余额及短期借款需求
- 说明如何运用 Excel 来决定进行大额现金支出的最佳时机
- 运用方案管理器来评估模型中的各个假设
- 运用 Excel 提供的纠错工具来发现并纠正公式中的错误

在本书所涉的全部主题中，现金预算也许最能通过运用 Excel 电子表格程序而获益。不难发现，现金预算不仅内容复杂，而且涉及众多相互关联的科目。特别是对大公司来说，人工更新现金预算绝非易事。不过，一旦最初的现金预算运用 Excel 来完成，那么更新和计算预期值就会变得很容易。

现金预算就是列出公司在某个期间的预期现金流入与流出。与第 5 章所要讨论的预计利润表（pro forma income statement）不同，现金预算只包括实际现金流量。例如，折旧费用（无现金支出费用）就不包括在现金预算中。相反，债务本金的支付则要包括在现金预算中（但不包括在利润表中）。由于现金预算强调现金收入和支出，因此现金预算尤其适用于计划短期借款和支出的时间。进行现金预算的另一个好处是使实际现金流量与预测现金流量相一致。

现金预算由以下三个部分组成：①进行初步计算的工作表区；②全部现金流入项（collection）与现金流出项（disbursement）清单；③计算期末现金余额和短期借款需求。

这里，我们进行了一定的简化。事实上，本章涉及的许多假设变量均来自其他预算。例如，公司通常就有销售预算，从中可取得销售预测数，另外还有工资预算、资本支出预算等。不过，在编制最终现金预算之前，对所有这些预算必须进行大量的分析和调研。之后，才可以从其他预算工作表中获取现金预算工作表所需要的数据。

在本章中，我们将为小型烧烤架生产商——比斯洛烧烤架公司（Bithlo Barbecues）编制 2017 年 6 ~ 9 月的全部现金预算。公司财务人员整理出了进行现金预算所需的如下假设以及预测资料：

（1）如图 4-1 所示的到 10 月的实际销售额和预期销售额。

	A	B	C	D	E	F	G	H	I
1					比斯洛烧烤架公司				
2					现金预算				
3					2017 年 6 ～ 9 月				
4			4 月	5 月	6 月	7 月	8 月	9 月	10 月

图 4-1 现金预算标题

（2）40% 的销售为现金销售。在其余 60% 销售额中，75% 为下月收款，25% 为两月后收款。

（3）原材料存货的采购额为下月销售额的 50%（例如，6 月的采购额为 7 月销售额的一半）。采购用款的 60% 在 1 个月内支付，其余部分在之后 1 个月内支付。

（4）预计工资支出为预计销售额的 20%。

（5）设备租赁付款为每月 10 000 美元。

（6）6 月和 9 月到期的长期负债利息支出为 30 000 美元。

（7）公司将于 6 月向股东发放股利 25 000 美元。

（8）6 月和 9 月的预付税款为 25 000 美元。

（9）公司 7 月的资本设备改良现金支出预计为 200 000 美元，但具体如何支出未定。

（10）根据与银行签订的有关协议，比斯洛烧烤架公司必须维持的最小现金余额为 15 000 美元。5 月末，公司的现金余额为 20 000 美元。

4.1 工作表区

工作表区不一定是现金预算的一部分。但是，由于汇总了预算中最重要的计算部分，所以工作表区非常有用。工作表区记录的是预期销售、应收账款收款以及材料（存货）采购付款的细目。对于这些细目，既可单独设置工作表并附上相应的假设，也可以从其他工作表中来获取（例如，预期销售数据可与销售预算工作表相链接，后者会就每一产品线给出销售预测）。此外，工作表区可能包括其他一些初步计算。鉴于这里所建的模型较小，所以把全部假设和初步计算放置在同一工作表中。

打开一个新的工作簿，将 Sheet1 重命名为"现金预算"。与创建其他财务报表一样，先给现金预算表输入标题。在单元格 A1 中输入"比斯洛烧烤架公司"；在单元格 A2 中输入"现金预算"；在单元格 A3 中输入"2017 年 6 ～ 9 月"。接着，将这些标题内容在 A:I 列居中。之后，采用自动填充功能将图 4-1 中的月份输入到单元格区域 C4:I4 中。

4.1.1 日期函数的运用

不难发现，现金预算工作表最便于未来现金预算周期进行重新运用。毕竟，如果只是因为未来的日期和数据有所不同，我们并不需要重建整个工作表。事实上，不用做什么计划，我们就可以建立工作表并使它适用于未来的预算。

这里，我们先来思考如何在第 4 行中输入日期。事实上，我们可以自动用公式完成输入，而不必直接输入月份的名称。特别地，我们希望能变更单元格 C4 中的日期并使其他日期自动得到更新。为此，我们需要运用日期函数并配合年、月和日函数。

如前所述，Excel 把日期视作为离 1900 年 1 月 1 日的天数。因此，**Date** 函数计算的是任何日期的序列号，其定义为：

DATE(*YEAR*, *MONTH*, *DAY*)

例如，在空白单元格 K4 中输入公式"=Date(2017,2,4)"。这样，生成的数字 42 770 就是 2017 年 2 月 4 日的序列号。运用任何内置或自定义日期格式，上述数字就会显示为日期而非整数。事实上，Excel 会把简写日期格式自动应用到结果中。

此外，也可以引用包含日期的单元格并通过运用如下恰当命名的函数来获得年、月或日。

YEAR (*SERIAL_NUMBER*)

MONTH (*SERIAL_NUMBER*)

DAY (*SERIAL_NUMBER*)

在上述各个函数中，(*SERIAL_NUMBER*) 表示日期的序列号。例如，如果在单元格 K5 中输入"=Year(K4)"，得到的结果为 2017。同样，"=Month(K4)"的结果为 2，"=Day(K4)"的结果为 4。

在前面的基础上，将 4/1/2017 输入到单元格 C4。这个日期也控制了其他的日期。在单元格 D4 中输入公式"=DATE(YEAR(C4),MONTH(C4)+1,DAY(C4))"。该公式盯住的是单元格 C4 中的日期，显示出来的日期恰好是 1 个月之后。接着，将单元格 D4 中的公式复制到单元格区域 E4：I4 中。

如果单元格 C4 中的日期发生改变，那么其他日期就会自动变更。因为这里采用的是日期而非文本，所以这些单元格可以作为计算的基础。例如，预算中的输入值可能随月份不同而不同。现在，不论日期如何变更，我们都可以自动计算日期，而且很正确。接着，对单元格区域 C4：I4 中的值采用应用自定义数字格式"mmmm"，那么此时显示的只是月份了。

4.1.2 文本字符串的计算

正如计算数字的结果一样，计算文本的结果常常很有用。例如，当单元格 C4 中的日期发生改变时，如果单元格 A3 中反映现金预算相关期间的标题需要更新，那么文本计算就很有用了。为此，可以运用串连接（string concatenation）和 **TEXT** 函数来完成。

所谓连接就是将两个或两个以上的文本字符串连成一个的过程。Excel 设有内置串函数来完成这一任务：[1]

CONCATENATE (*TEXT1*, *TEXT2*, …)

不过，上述串函数在实际中很少使用。相反，多使用返回引用（& operator）来完成该任务，而且所要输入的内容很少。例如，在单元格 K8 和 K9 中分别输入"Hello"和"World"。在单元格 K10 中输入公式"=K8&""&K9"，那么此时显示的结果为字符串"Hello World"。不难发现，为了使两个单词之间有空格，公式中用了一个空白字符串。

TEXT 函数以数字（或公式结果）为参数，并将该参数转换为带特定数字格式的文本，其定义为：

TEXT (*VALUE*, *FORMAT_TEXT*)

其中，*VALUE* 为数字，*FORMAT_TEXT* 为自定义数字格式屏蔽（custom number format mask）。

最后，在单元格 A3 中输入公式"="For the Period"&TEXT(E4,"mmmm")&"to"&TEXT

(H4,"mmmm yyyy")"。现在，通过多次改变单元格 C4 中的日期，就可了解这其中的原理了。

4.1.3　销售与收款

　　现金预算的起始点是销售预测。现金预算中的许多其他预测也是以销售预测为基础的，至少间接依赖于销售预测。如表 4-1 所示，比斯洛烧烤架公司的营销部门给出了销售预测。先在单元格 A5 中输入"销售额"，再将表 4-1 中的预期销售额复制到工作表的单元格区域 C5:I5 中。

　　不难发现，公司的销售额具有很强的季节性特点。由于烧烤主要在夏季流行，故预计 6 月销售额将达到最大值，到秋冬季则将大幅度下降。季节性经营特征对许多类型的企业都很重要。例如，零售业在第四季度（10 ～ 12 月）的销售额会占全年销售的 30% 甚至更多。[2] 如果要做出较为精确的现金预算，那么所做的销售预测必须考虑到季节性因素。

表 4-1　比斯洛烧烤架公司 2017 年的实际销售额与预期销售额

月份	销售额（美元）
4 月	291 000
5 月	365 000
6 月	387 000
7 月	329 000
8 月	238 000
9 月	145 000
10 月	92 000

注：4 月与 5 月的销售额为实际数。

　　大多数企业都或多或少存在赊销的情况。因此对企业来说，掌握何时能收回应收款就非常重要。就比斯洛烧烤架公司而言，过去的经验表明，公司的销售额中有 40% 采用现款销售，60% 则为赊销。在 60% 的赊销款中，大约 75% 可在销售发生后一个月内收回，25% 要在销售发生后两个月内收回。换言之，在每个月的全部销售额中，45%（=0.60 × 0.75）的销售额将在销售发生后一个月内收回，15%（=0.60 × 0.25）的销售额将在销售发生后两个月内收回。[3]

　　这里要计算的是公司每个月预计可收回的现金总额。为此，在单元格 A6 中输入"应收款"；在单元格 A7 中输入标记"现金"，用于反映当月发生的现金销售。在单元格 A8 中输入"第一个月"，用于反映前一个月销售的收款情况；在单元格 A9 中输入"第二个月"，用于反映两个月前销售的收款情况。由于收款的百分比预计数存有变数，故无法直接输入公式，这一点非常重要。相反，这些百分数应被输入到单元格 B7:B9 中，那么在公式中就可以引用这些单元格中的数据。

　　为创建 6 ～ 9 月的预算，先在单元格 E7 中计算预期应收款。（请注意，因为需要引用之前两个月的销售额以计算赊销金额，这里只考虑 4 月和 5 月的销售额。）在计算 6 月的现款销售金额时，直接将 6 月的预计销售额与现款销售百分比相乘。为此，在单元格 E7 中输入"=E5*\$B7"。在计算其他月份的现款销售金额时，可直接将该公式复制到单元格区域 F7:H7 中。

　　赊销金额也可按类似方法计算。在单元格 E8 中，输入"=D5*\$B8"，就可以根据 5 月的销售额计算出 6 月的应收款。最后，在单元格 E9 中，输入"=C5*\$B9"，就可以计算出两个月前所发生销售的应收款。将该公式复制到单元格区域 F9:H9 之后，就可在第 10 行用 **SUM** 函数来计算每月的总应收款。将自己的计算结果与图 4-2 做一对照，并按图中形式对工作表进行格式设置，然后加以保存。

	A	B	C	D	E	F	G	H
1				比斯洛烧烤架公司				
2				现金预算				
3				2017 年 6 ～ 9 月				
4			**4月**	**5月**	**6月**	**7月**	**8月**	**9月**
5	销售额		291,000	365,000	387,000	329,000	238,000	145,000
6	应收款							
7	现金	40%			154,800	131,600	95,200	58,000
8	第一个月	45%			164,250	174,150	148,050	107,100
9	第二个月	15%			43,650	54,750	58,050	49,350
10	总应收款				362,700	360,500	301,300	214,450
11	购买	50%	182,500	193,500	164,500	119,000	72,500	46,000
12	应付款							
13	第一个月	60%			116,100	98,700	71,400	43,500
14	第二个月	40%			73,000	77,400	65,800	47,600
15	总应付款				189,100	176,100	137,200	91,100

图 4-2 在工作表区计算应收款与应付款

4.1.4 购买与付款

该工作表区用于计算支付购买存货的货款。比斯洛烧烤架公司多在销售前一个月购买存货（费用相当于销售额的 50%）。例如，6 月的存货购买款为 7 月预计销售额的 50%。不过，该款项并不立即支付，而是在采购发生后一个月内支付价款的 60%，在采购发生后两个月内支付余下的 40%。

这里，首先需要计算每月购买的存货。如前所述，当月购买的存货为下月销售的一半。为此，在单元格 A11 中输入"购买"，在单元格 B11 中输入"50%"。在单元格 C11 中输入公式"=$B11*D5"以计算 4 月购买存货的价款。然后，将该公式复制到单元格区域 D11：H11 中，以完成各个月份的计算。

因为赊账购买时并不发生现金流出，所以需要计算每月实际的存货购买付款。这一方法与计算总现金应收款相似。这里，先输入标记，即在单元格 A12 中输入"应付款"。在单元格 A13 与单元格 A14 中分别输入"第一个月"和"第二个月"。再在单元格 A15 中输入"总应付款"。接着，在单元格 B13 中输入"60%"，在单元格 B14 中输入"40%"。比斯洛烧烤架公司 6 月需支付 5 月购货价款的 60%。因此，单元格 E13 中应输入公式"=$B13*D11"。将该公式复制到单元格区域 F13：H13 中，以计算第一个月的付款。为计算 6 月需支付的 4 月的购买款，在单元格 E14 中输入公式"=$B14*C11"。将此公式复制到单元格区域 F14：H14 中，就可在第 15 行中计算每个月的总应付款。

这样，所创建的工作表应如图 4-2 所示。为弄清楚这些公式的内在逻辑，请分析图 4-3。与图 4-2 相比，图 4-3 的不同之处在于用箭头指出了 6 月所引用的销售额。

由于本部分现金计算属于初步计算，并不一定总要显示出来，因此，可使用 Excel 的组和分级显示功能来加以隐藏。选中 5 ～ 16 行，然后点击"数据"标签。在"分级显示"组中，点击"创建组"按钮的上面部分，就可以进行折叠隐藏。如需查看该部分内容，简单地扩大分级显示即可。

	A	B	C (4月)	D (5月)	E (6月)	F (7月)	G (8月)	H (9月)
1					比斯洛烧烤架公司			
2					现金预算			
3					2017年6~9月			
4			**4月**	**5月**	**6月**	**7月**	**8月**	**9月**
5	销售额		291,000	365,000	387,000	329,000	238,000	145,000
6	应收款							
7	现金	40%			154,800	131,600	95,200	58,000
8	第一个月	45%			164,250	174,150	148,050	107,100
9	第二个月	15%			43,650	54,750	58,050	49,350
10	**总应收款**				**362,700**	**360,500**	**301,300**	**214,450**
11	购买	50%	182,500	193,500	164,500	119,000	72,500	46,000
12	应付款							
13	第一个月	60%			116,100	98,700	71,400	43,500
14	第二个月	40%			73,000	77,400	65,800	47,600
15	**总应付款**				**189,100**	**176,100**	**137,200**	**91,100**

图 4-3 现金预算工作表区

4.2 收款和支出

在电子数据表中，现金预算这部分内容是最容易创建的。这里，单元格间并不存在工作表区那样复杂的关系。收款和支出区非常类似于基于现金的利润表。不过，需要注意的是，这里并不列示非现金费用，而某些并不列示在利润表上的项目（如本金支付或普通股股利）则会列示在现金预算上。不管是否出现在利润表上，都需要列示出每月预期的实际现金流量。

这里，先对每月的现金应收款进行汇总。为此，在单元格 A17 中输入标记"应收款"。在单元格区域 E17：H17 中，直接引用单元格区域 E10：H10 中所计算的总应收款。这样，如果单元格 E17 中输入的公式为"=E10"，那么就将该公式复制到单元格区域 F17：H17 中。如果有其他的预期现金流入，如来自贷款的收入，那么也应当列在这一区域。

在单元格 A18 中输入标记"减应付款"。这里，需要输入的第一个现金流出科目为工作表区所计算出的存货付款。在单元格 A19 中输入标记"存货付款"，同时在单元格 E19 中输入公式"=E15"。假定工资支出占销售额的 20%。为计算预计的月度工资支出，在单元格 A20 中输入标记"工资"，在单元格 B20 中输入"20%"。这样，单元格 E20 中计算工资的公式应该为"=$B20*E5"。接着，将这些公式复制到单元格区域 F20：H20 中。至此，可将图 4-4 中余下的标记和数字输入单元格以完成本部分工作。

对此部分现金预算，有几点需要注意。第一，这里假定所有现金流入均来自商品销售收入。不过在某些情况下，公司有可能计划出售资产、债券或股票。因为这些事项的发生都将使现金流入企业，所以需在应收款中核算。

第二，这里将股利支付计算在内，但股利支付在利润表中并不显示。将股利支付显示在现金预算中的原因在于它是公司一项真实的现金支出。不显示在利润表中的原因在于股利是税后支付的。另外，可能会有类似的支出，如借款本金支付。请牢记，现金预算并非利润表。现金预算并不采用权责发生制。无论是否显示在利润表上，预计发生的现金流入和现金流出均应计算在现金预算中。

	A	B	C	D	E	F	G	H
1				比斯洛烧烤架公司				
2				现金预算				
3				2017 年 6 ~ 9 月				
4				**4 月**	**5 月**	**6 月**	**7 月**	**8 月**	**9 月**
17	应收款				362,700	360,500	301,300	214,450
18	减应付款							
19	存货付款				189,100	176,100	137,200	91,100
20	工资	20%			77,400	65,800	47,600	29,000
21	租赁付款				10,000	10,000	10,000	10,000
22	利息				30,000	0	0	30,000
23	股利 (普通股)				50,000	0	0	0
24	税金				25,000	0	0	25,000
25	资本支出				0	200,000	0	0
26	**总应付款**				**381,500**	**451,900**	**194,800**	**185,100**

图 4-4　应收款与应付款

第三，比斯洛烧烤架公司预计 7 月的资本支出为 200 000 美元。即便 7 月需要支付全部成本，但该费用在 2017 年不可能整个记入成本。相反，利润表对这些资产的折旧采用长期分摊。不考虑税法和会计准则因素，当预计发生现金流入和现金流出时，这些现金流量都应列示在现金预算中。

4.3　期末现金余额的计算

现金预算的最后一部分内容是要在每月末计算的预计期末现金余额。这部分内容对现金预算很重要，可帮助管理者了解现金余额的波动情况，从而了解公司的短期借款需求。如果事先了解借款需求，那么管理者就可及时进行筹资安排，且有必要的时间来评估选择方案。此外，管理者也可根据这方面的信息来确定进行大额支出的时机。

表 4-2 给出了计算公司月末现金余额的必要步骤。从本质上讲，这与表 2-2 的程序基本相同，只是增加了短期借款。后面，我们增加了一些计算步骤，但基本计算过程总是如表 4-2 所示。

至此，我们已完成进行现金预算所必需的大部分计算。不过，在完成这最后部分之前，需要增加另一细节。为满足预期外的支出需要，比斯洛烧烤架公司管理层决定维持 15 000 美元的最低现金余额。如

表 4-2　期末现金余额的计算

	期初现金余额
+	总收款
−	总付款
=	调整前现金余额
+	当期借款
=	期末现金余额

果预期的现金余额不足该水平，那么公司就会通过借款来维持此最低余额水平。先在单元格 A32 中输入标记"说明"，然后在单元格 A32 之下的单元格中列示有关现金预算的假设。第一个假设就是最低现金余额要求。为此，在单元格 A33 中输入标记"最低可接受现金"，在单元格 B33 中输入"15000"。

在单元格区域 A27∶A31 中，输入如图 4-5 所示的标记（请注意，这些标记与表 4-2 所列的内容完全相同）。这里，先来处理 5 月的现金余额。为此，在单元格 D31 中输入"20000"。5 月末的现金余额为调整前余额与当期借款之和，所以单元格 E31 中的公式应该为

"=SUM(D29：D30)"。该公式也适用其他月份，故将该公式复制到单元格区域 F31：H31 中。

	A	B	C	D	E	F	G	H
1					比斯洛烧烤架公司			
2					现金预算			
3					2017 年 6 ～ 9 月			
4					4 月	5 月	6 月	7 月	8 月	9 月
27	期初现金余额				20,000	15,000	15,000	121,500
28	收款－付款				(18,800)	(91,400)	106,500	29,350
29	调整前现金余额				1,200	(76,400)	121,500	150,850
30	当期借款				13,800	91,400	0	0
31	**期末现金余额**		20,000		15,000	15,000	121,500	150,850
32	说明							
33	最低可接受现金	15,000						

图 4-5　期末现金余额的计算

因为每月的期初现金余额等于上月的期末现金余额，所以可直接引用上月期末现金余额的计算。这里，在单元格 E27 中输入"=D31"，然后将其复制到单元格区域 F27：H27 中。此时，除了 6 月外，其他月份的期初余额都为 0，因为我们还未在单元格区域 E28：H30 中输入公式。

因为之前已经计算了总收款与总付款，所以这里就不再单独留行来计算了。相反，这里要计算 6 月的净收款。为此，在单元格 E28 中输入公式"=E17－E26"，再将该公式复制到单元格区域 F28：H28 中。这样，计算出的 6 月的结果为 –18 800 美元，表明公司的预计付款大于预计收款。换言之，公司 6 月的现金余额将减少 18 800 美元，该减少部分将反映在调整前现金余额科目中。

如果公司当月没有短期借款，那么当月的调整前现金余额就等于现金余额。这样，只需将当月的期初现金余额与净收款相加即可。此时，单元格 E29 中应输入公式"=SU(E27：E28)"，计算结果为 1 200 美元，较公司最低可接受现金余额 15 000 美元少。因此，比斯洛烧烤架公司需要借入 13 800 美元来使现金余额达到这一最低现金余额要求。

那么，是如何得出公司需要借入 13 800 美元的呢？显然，答案很简单。不过，要创建在任何情况下都管用的公式，仍得进行一番思考。这里，需要运用以下公式：

$$当期借款 = 最低现金余额 － 调整前现金余额 \tag{4-1}$$

在本例中，比斯洛烧烤架公司所需借入的款项为：

$$13\ 800\ 美元 = 15\ 000\ 美元 － 1\ 200\ 美元$$

式（4-1）适用于本例，但并不适用于所有情形。例如，假定调整前现金余额为 20 000 美元，这意味着公司所需的借款为 –5 000 美元，这显然很是荒谬。[4] 此时，公司的当期借款应该为 0。

这里所需要的计算可表示如下："如果调整前现金余额 < 最低现金余额要求，那么借入款额 = 最低现金余额要求 － 调整前现金余额；否则，当期借款 =0。"如果用我们一直以来所采用的公式，那就无法进行这种类型的计算。不过，Excel 的内置函数即 **IF** 语句可处理这种结果依赖于多个条件的情形。

根据条件成立情况，**IF** 语句会返回其中一个值：

IF (*LOGICAL_TEST*, *VALUE_IF_TRUE*, *VALUE_IF_FALSE*)

其中，**LOGICAL_TEST** 为可判断真假的通用表达式；**VALUE_IF_TRUE** 和 *VALUE_IF_FALSE* 是基于 **LOGICAL_TEST** 真假而返回的值。如果熟悉电脑编程，就会注意到大多数编程语言都支持"If-Then-Else"结构。

为计算 6 月的借款需求，在单元格 E30 中输入公式" =IF(E29<=\$B33,\$B33-E29,0)"。因为调整前现金余额只有 1 200 美元，所以计算结果显示所需的借款金额为 13 800 美元，与之前结果相同。将该公式复制到单元格区域 F30：H30 中，就可完成当期借款的计算。需要注意的是，因为 8 月或 9 月公司有大额正的净收款，所以公司不需要借入资金。

至此，我们已输入用于计算各月份期末现金余额的公式。接下来需要做的就是对照图 4-5 来核对数字并设置格式。

4.3.1 短期借款的偿还

我们在上一节中计算了公司每个月应当借入的款项。不过，当公司有超额现金时，并不会偿还借款。例如，公司预计 8 月有一大笔未经调整的现金余额，可用于降低贷款余额。显然，对公司最为有利的做法是尽可能降低公司未归还的短期贷款余额。

在变更公式以便处理借款偿还之前，我们必须清楚每个月末公司未偿还的贷款余额。为此，选中 32 行，并插入新的一行。在单元格 A32 中输入标记"累计借款"。在单元格 D32 中输入公式" =C32+D30"，即通过将当月新增借款与之前余额相加就可得到累计借款。接着，将该公式复制到单元格区域 E32：H32 中。

现在，我们可以变更单元格 E30 中的公式了，使其考虑到借款偿还问题。不难发现，如果公司不必借款，那么公式中的 *VALUE_IF_FALSE* 部分应当设为零。基于此，我们就可以计算每当有超额现金时的还款金额。

图 4-5 中给出了公司 8 月未经调整的现金余额。8 月也是公司首次同时存在短期借款余额和超额现金的月份。那么，公司该如何偿还贷款才能使其现金余额不低于最低现金余额要求呢？显然，公司可以偿还全部 105 200 美元的借款。不过，我们不能就这样认为全部偿还总是正确的，毕竟这样做有时会使公司的现金余额达不到最低现金余额要求，甚至出现现金余额为负的情形。相反，这里必须计算哪个更小：是借款余额，还是超额现金金额。为此，需要使用 **MIN** 函数以找出最小参数。**MIN** 函数定义如下：

$$\textbf{MIN } (\textbf{\textit{NUMBER1}}, \textit{NUMBER2}, \cdots)$$

这样，单元格 E30 中的新公式为" =IF(E29<=\$B34,\$B34−E29,−MIN(D32,E29−\$B\$34))"。不难发现，上述 **IF** 函数的第二部分仅当存在超额现金时才会起作用，而且不会超额偿还借款。换言之，每当出现有超额现金余额而不存在借款余额时，当期借款就为零。

至此，比斯洛烧烤架公司的管理者就知道：6 月前公司应安排借入 13 800 美元，而在 7 月前应安排借入 91 400 美元。显然，公司在 8 月会有足够的现金来还清借款。此时，所建的工作表应当如图 4-6 所示。

4.3.2 基于现金预算的假设分析

现金预算不仅对计划公司的短期借款需求有用，而且对于收款与付款的时间决策很有用。

例如，假设公司正在考虑 6 月、7 月所需借入款项的数量问题。对此，必须清楚如果假设条件有所改变，那么会发生什么结果。

	A	B	C	D	E	F	G	H
1					比斯洛烧烤架公司			
2					现金预算			
3					2017 年 6 ~ 9 月			
4					4 月	5 月	6 月	7 月	8 月	9 月
17	应收款				362,700	360,500	301,300	214,450
18	减应付款							
19	存货购买付款				189,100	176,100	137,200	91,100
20	工资	20%			77,400	65,800	47,600	29,000
21	租赁付款				10,000	10,000	10,000	10,000
22	利息				30,000	0	0	30,000
23	股利（普通股）				50,000	0	0	0
24	税金				25,000	0	0	25,000
25	资本支出				0	200,000	0	0
26	**总付款**				381,500	451,900	194,800	185,100
27	期初现金余额				20,000	15,000	15,000	16,300
28	应收款－应付款				(18,800)	(91,400)	106,500	29,350
29	调整前现金余额				1,200	(76,400)	121,500	45,650
30	当期借款				13,800	91,400	(105,200)	0
31	**期末现金余额**			20,000	15,000	15,000	16,300	45,650
32	累计借款			0	13,800	105,200	0	0
33	说明							
34	最少可接受现金额		15,000					

图 4-6　完成的简易现金预算表

要使公司减少借款需求，那么一种可能的方法就是加快销售款的回收和推迟存货采购付款（假设该款项事实上借自供应商而非银行）。假设公司可在第一个月收回 50% 的销售款，因此第二个月的收款减少至 10%。此外，假设公司的存货采购后的第一个月只需支付 50% 而不是现在的 60% 的货款。

这里，先将单元格 B8、B9、B13 和 B14 中的数字分别改为 50%、10%、50% 和 50%。此时，可发现 6 月的借款从 13 800 美元下降为 9 000 美元，但 7 月的借款将从 91 400 美元上升至 93 200 美元。结果，总借款额由原来的 105 800 美元下降至 102 200 美元。这带来两个好处：一是降低了借款的利息费用支出（下一节将要考虑）；二是可将该利息费用及时转至以后期间。当然，由于推迟向供应商付款，因此可能会因失去折扣而增加机会成本，而且客户有可能转向那些提供更优惠信贷条件的竞争对手。在进行后面的讨论之前，这里先将百分比退回至原始值。

再来考虑比斯洛烧烤架公司目前计划在 2017 年 7 月进行 20 万美元资本支出的例子。这笔开支也是公司在 7 月有借贷需求的主要原因。的确，如果没有这项 20 万美元的支出，公司 7 月就不需要借款了。

假设可以灵活调度该笔支出，那么该将这笔支出安排在哪一个月呢？当然，答案取决于很多因素。不过，我们可能会根据借款需求最小化来进行决策。尤为重要的是，公司希望知道某个月份的借款需求是否会超出信贷限额。

这里，通过改变安排资本支出的月份来看一看结果。不过，首先需要弄清楚 4 个月期间的最大预计借款总额。为计算最大预计借款总额，这里需要使用 **MAX** 函数。与 **MIN** 函数相仿，用 **MAX** 函数可以找出最大参数。**MAX** 函数的定义如下：

$$MAX\ (NUMBER1,\ NUMBER2,\ \cdots)$$

在单元格 J32 中输入公式"=MAX(D32：H32)"以计算最大借款金额。现在，通过将资本支出移至不同月份，就可得到如表 4-3 所示的数据。

显然，按照借款需求最小化这一准则，安排支出的最好时间应为 8 月或 9 月。在讨论后文之前，先回到 7 月发生 20 万资本支出的情形。

表 4-3　资本支出的最优调度

支出月份	四个月期间各个月的借款额（美元）
6 月	213 800
7 月	105 200
8 月	13 800
9 月	13 800

4.3.3　方案管理器

上节所做的分析就是所谓的"假设"（What if ?）分析，即通过改变大额资本支出的时间安排来观察某个期间借款总额的变化情况。不难发现，"手工"处理的问题在于操作完成后，会失去原始分析结果，而且，任何阅读该电子表格的人都得重复同一分析。不过，Excel 提供了一种更好的方法——方案管理器。

借助方案管理器这一工具，用户可在电子表格中存储多个方案（各种输入变量），而且可随时显示出来。一旦定义了输入方案，用户只需选择列表中的某个方案，Excel 就会将对应的数据输入电子表格并重新计算。图 4-7 给出了方案创建前的方案管理器对话框。

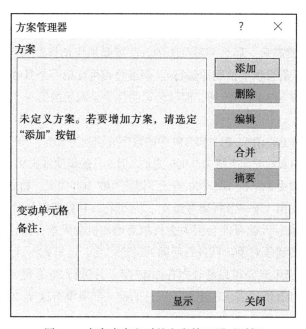

图 4-7　方案未定义时的方案管理器对话框

启动方案管理器工具时，直接选择"数据"标签，点击"数据工具"组中的"模拟分析"按钮，然后选择方案管理器。待弹出对话框后，用户就可以创建这里所需的四个方案。先点击"添加"按钮，在弹出的下一对话框中输入"6 月支出"作为方案名。"变动单元格"中的数字随方案不同而不同。这里，"变动单元格"中的数字为每月的资本支出，所以应输入"E25：H25"，然后点击"确定"按钮。

此时，Excel 会提示用户为当前方案的变动单元格输入值。因为第一个方案要求将支出安排在 6 月，所以在第一个框中输入"200000"，在其他框中输入"0"。此时，Excel 就会显示如图 4-8 所示的方案变量值对话框。

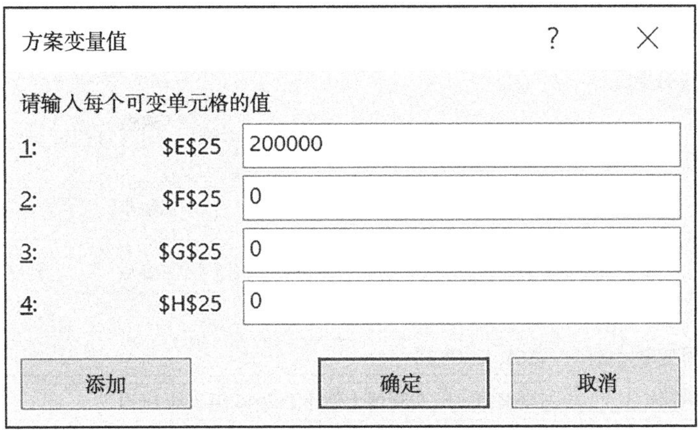

图 4-8　6 月支出方案的变量值对话框

点击"添加"按钮以创建下一个方案。重复上述步骤直至创建完成按不同月份支出的四个方案。

值得注意的是，方案变量值对话框提示的输入值是以单元格地址为标签的。这很容易使人混淆，尤其当单元格并不显示在屏幕上时。要改变这种状况，方法之一就是采用第 1 章所提及的定义单元格名方法。首先，关闭方案管理器，然后选择单元格 E25。点击"公式"标签中的"定义名称"按钮。接着，在名称编辑框中输入"6 月"，再从"范围"下拉列表中选择工作表名称从而使该工作表与名称绑定，然后点击"确定"按钮。之后，以相同的方法给其他单元格赋名。返回方案管理器并选择"6 月支出"方案。点击"编辑"按钮，再点击方案编辑对话框中的"确定"按钮，此时，显示的方案变量值对话框就如图 4-9 所示。

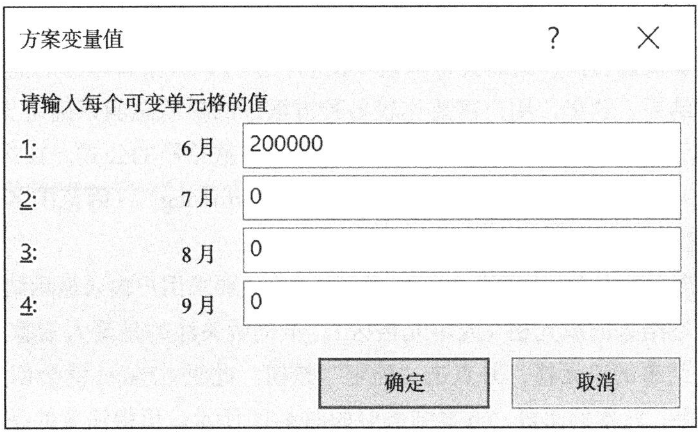

图 4-9　定义名称的方案变量值对话框

Excel 提供的许多其他工具都具有相同的范围名称功能。这一功能非常实用，可简化输入数据的过程。正如下文即将讨论的，用户可运用范围名称来完善方案汇总表。完成方案创建后，方案变量值对话框应如图 4-10 所示。

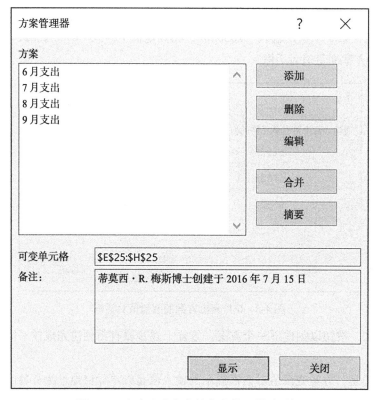

图 4-10 包含 4 个方案的方案管理器对话框

如要显示某个方案，只需在列表中加以选择并点击"显示"按钮，Excel 就会改变变动单元格中的内容，显示出你所输入的变量值。当然，整个工作表会重新计算并显示所选择方案的结果。请注意，点击方案变量值对话框上的"关闭"按钮后，就可以任意滚动工作表并浏览整个表区。查看各个方案的结果，但请牢记在进行后续操作前务必恢复到"7 月支出"方案（默认方案）。如果忘记恢复至默认方案，那么 Excel 就只会显示上一个方案。这样，今后打开工作表时就会引起困扰。

各方案间如能快速切换，当然会带来诸多便利。不过，方案管理器的真正优势在于能够汇总所有方案的结果。这里，用户需要比较各种方案下的借款总额以确定支出的最佳时机。之前，我们在单元格 J32 中添加了计算某个时期最大借款总额的公式。在进行后续操作前，先给单元格定义一个名称如"最大借款总额"（Max_Borrowing）。（因范围名称不允许使用空格，故用下划线替代空格。）

返回方案管理器并点击"摘要"按钮。此时，Excel 要求用户输入显示结果的单元格，即显示每个方案最终结果的单元格（或单元格区）。本例所关注的是最大借款总额，因此输入"J32"作为显示结果的单元格，并点击"确定"按钮。此时，Excel 就会创建一个新的工作表来汇总方案结果。就本例而言，方案结果应如图 4-11 所示。值得注意的是，这些结果与表 4-3 中的结果完全相同。

D 列包含创建方案汇总时会被激活的数值。在大多数情况下，该列数值就是现有方案的数值。我们应确保其中一个方案能反映默认假设，从而能方便地返回到默认情形。在本例中，D 列和 F 列的数据完全相同，所以可以安全地删除 D 列。

	当前值	6 月支出	7 月支出	8 月支出	9 月支出
方案摘要					
可变单元格					
6 月	0	200,000	0	0	0
7 月	200,000	0	200,000	0	0
8 月	0	0	0	200,000	0
9 月	0	0	0	0	200,000
结果单元格					
最大借款总额	105,200	213,800	105,200	13,800	13,800
说明："当前值"这一列表示建立方案汇总时，可变单元格中的值。					
每组方案的可变单元格均以灰色底纹突出显示。					

图 4-11　方案摘要

4.4　利息与超额现金投资

创建完成比斯洛烧烤架公司的基本现金预算表后，本节将引入另外两个因素以完善期末现金余额的计算。这里，先引入借入资金的利息支出，接着再考虑超额现金的投资。

在开始之前，先在同一工作簿里复制一份以前的现金预算表。右击标有"现金预算"的工作表标签，选择菜单中的"移动或复制工作表"。在对话框中，必须检查标有"创建副本"栏，并选择列表中的"（移至最后）"。这样，复制的工作表就被命名为"现金预算（2）"。右击工作表标签，将新表重命名为"复杂现金预算"。

接下来，需要在工作表的底端添加几行说明。假设比斯洛烧烤架公司拟将超过 4 万美元现金之外的部分用于投资，这样，在单元格 A35 中添加标签"最大可接受现金额"，并在单元格 B35 中输入"40000"。另外，公司需支付短期借款的利息，同时也会获得投资收益。为此，在单元格 A36 中输入"借款利率（年利率）"，在单元格 B36 中输入"8%"；在单元格 A37 中添加标记"放款利率（年利率）"，在单元格 B37 中输入"6%"。

鉴于按月核算的需要，这里应将年利率转换成月利率。所以，在单元格 C36 和单元格 C37 中输入标记"月利率"。月利率可通过将年利率除以 12 来得到，因此在单元格 D36 中输入公式"=B36/12"，并将该公式复制到单元格 D37 中。[5] 这样，就可得到月借款利率为 0.67%，月放款利率为 0.50%。

因引入了超额现金的投资、利息支出与利息收入科目，现金预算的内容就增加了。在输入新公式之前，需要另外插入行。选中第 23 行（普通股股利所在行），再单击"开始"标签上"插入"按钮的上半部分，这样，在所选中的第 23 行之上就会插入一空行。此时，在单元格 A23 中输入标记"短期利息费用（公司）"；之后，选中第 32 行（期末现金余额所在行），插入一空行，再在单元格 A32 中输入标记"本月投资额"。最后，选中第 35 行，插入一空行。在单元格 A34 中输入标记"累计借款（投资）额"；在单元格 A35 中输入"累计利息费用（公司）"。这里需要计算借款 / 投资的累计金额，以便计算出每月的短期利息支出 / 收入。

这里，首先需要在单元格 D34 中输入公式以计算借款累计金额。正数代表借款，负数代表投资。累计金额等于上月累计金额与本月借款额之和再扣除本月投资额。例如，5 月的借款累计金额可计算如下：在单元格 D34 中输入公式"=C34+D32−D32"，这里所得的结果等于零。同样，将该公式复制到单元格区域 E34:H34 中。请注意，此时各月的结果应与当前累计借款额相等。

短期利息支出（收入）可通过将上月累计借款（投资）额与适当的利率相乘而得。所以，在单元格 E23 中可运用 IF 语句来确定该使用哪一利率。如果累计借款（投资）额为正，就使用借款利率，否则就使用放款利率。例如，就公司 6 月的情况而言，在单元格 E23 中应输入公式"=IF(D34>0,D34*\$D\$39,D34*\$D\$40)"。因为公司在以前期间没有发生借款或贷款，所以 6 月的结果应为零。同样，将该公式复制到单元格区域 F23:H23 中。

至此，可在单元格 E35 中计算累计利息支出（收入）。计算时，直接将上月的利息支出（收入）与本月的利息支出（收入）相加即可。为计算 6 月公司的利息支出（收入），只需输入公式"=D35+E23"即可。同样，将该公式复制到单元格区域 F35:H35 中。这一行唯一的作用就是帮助评价后面所要讨论的方案的结果。此时，创建的工作表应如图 4-12 所示。

	A	B	C	D	E	F	G	H
1					比斯洛烧烤架公司			
2					现金预算			
3					2012 年 6 ～ 9 月			
4					4 月	5 月	6 月	7 月	8 月	9 月
20	工资	20%			77,400	65,800	47,600	29,000
21	租赁费				10,000	10,000	10,000	10,000
22	利息				30,000	0	0	30,000
23	短期利息费用				0	92	702	0
24	普通股股利				50,000	0	0	0
25	税金				25,000	0	0	25,000
26	资本支出				0	200,000	0	0
27	总应付款				381,500	451,992	195,502	185,100
28	期初现金余额				20,000	15,000	15,000	15,506
29	应收款－应付款				(18,800)	(91,492)	105,798	29,350
30	调整前现金余额				1,200	(76,492)	120,798	44,856
31	当期借款				13,800	91,492	(105,292)	0
32	当期投资							
33	期末现金余额			20,000	15,000	15,000	15,506	44,856
34	累计借款（投资）			0	13,800	105,292	0	0
35	累计利息支出				0	92	794	794
36	说明：							
37	最小可接受现金额	15,000						
38	最大可接受现金额	40,000						
39	借款年利率	8%	月利率	0.67%				
40	放款年利率	6%	月利率	0.50%				

图 4-12　利息计算工作表

4.4.1　当期借款的计算

现金预算中最为复杂的工作当属当期借款额和当期投资额的计算。之前已讨论过当期借款的计算，但因现在引入了投资和利息科目，所以需要调整计算公式。当前借款的逻辑定义为："如果调整前现金余额低于最低可接受现金额，那么借款额以补足最低可接受现金额为准。但若公司存在一些投资，那么就减少借款额，减少额度等于这些投资额（或总借款需求，以较少者为准借）。如果调整前现金余额大于最低可接受现金额，且企业还有之前的借款，那么就以超出最低可接受现金额的部分来归还未偿付借款。"如果要用公式来反映这一逻辑，那么公式会很复杂，而且通过得分小模块来构建。每一小模块构建好后，先要验证结果，然后再将它们加在一起。

编写这个公式需要使用嵌套 **IF** 语句。换言之，第一个 **IF** 语句中需要嵌入一个或多个 **IF** 语句。伪代码下的语句为：

If 未调整现金余额 < 最低可接受现金额 then { 公司需要筹资 }

　　If 累计借款额（投资额）<0 then { 公司存在可出售投资 }

　　　　当期借款额 =Max{ 最低现金额 + 累计借款额（投资额）− 调整前现金余额，0}

　　Else 当期借款额 = 最低现金额 − 调整前现金余额 { 必须都借用 }

Else{ 公司不需要筹资 }

　　If 累计借款额（投资额）>0 then { 用超额现金偿还以前借款 }

　　　　当期借款额 =−Min（累计借款额（投资额），调整前现金余额 − 最低现金额）

　　Else 当期借款额 =0

End If

在单元格 E31 中，计算 6 月当期借款额的公式为 "=IF(E30<$B$37,IF(D34<0,MAX($B$37+D34−E30,0),$B$37−E30),IF(D34>0,−MIN(D34,E30−$B$37),0))"。

输入该公式时一定要仔细，之后将该公式复制到单元格区域 F31：H31 中。值得注意的是，这里运用了之前讨论过的内置 **MAX** 函数和 **MIN** 函数。在计算公式中，如果投资额不足以支付现金需要，那么 **MAX** 函数可确保借款额不出现负值（如果不需要更多现金，就不必出售所有的投资）。当公司存在超额现金和需要归还的未偿付贷款时，就需要使用 **MIN** 函数。**MIN** 函数提供的是：①累计未偿付借款额；②调整前现金余额与最低可接受现金余额间差额之中的最小数。值得注意的是，为了得到正确结果，在 **MIN** 函数前加了负号。

4.4.2　运用公式审核工具来避免错误

正如上例一样，解决问题所需的逻辑思路有时可能有点复杂。因此，必须仔细思考问题，构建公式做到每次只构建一个小模块。只有这样，才能慢慢构建起一个大型的、复杂的、总能正常运作的公式。上述公式就是这样构建出来的。不过，在构建复杂公式时，无论多么谨慎，总有可能在无意中出错。幸运的是，在错误变得严重（带来真正的金钱损失）之前，我们有几种方法来识别出这些错误。

避免错误的最好方法之一就是对公式进行全面测试。最简单的测试方法就是改变公式运用时所依赖的一些数字，观察一下是否仍然能得到正确结果。例如，临时改变一下 5 月的期末现金余额。然后，仔细计算各个月份的期末现金余额并判断公式是否仍能正常工作。

要从刚创建好的复杂公式中找出错误几乎是十拿九稳的。幸运的是，Excel 提供了一些能帮助发现和校正错误的工具。下面，我们暂且抛开例子，专门来讨论这些工具。

1. 运用 F9 功能键

F9 功能键是 Excel 中最有用，但也可能是最不为人所知的调试工具之一。F9 功能键使用方便，作用很大。通常，按下 F9 功能键（Mac 的快捷键为 ⌘+=），工作表就会进行重新计算。

不过，如果在公式栏中使用 F9 功能键，那么显示出来的是单元格地址或某个计算结果。例如，选定单元格 E31 并突出显示 **IF** 语句的第一个条件（见图 4-13）。

图 4-13　在公式栏中运用 F9 功能键

按下 F9 功能键后，Excel 就会判断表达式 "E30<\$B\$37"，然后显示结果是正确的（单元格 E30 中的数值小于单元格 B37 中的数值）。请注意，在该表达式中也可能只有 "E30" 部分被突出显示。按过 F9 功能键后，Excel 显示的单元格 E30 中的值为 "1200"。现在，对表达式中的其他部分应用同样的方法，可得到单元格 B37 中的值为 "15000"。这时，公式第一部分就会显示 "1200<15000"，而这显然是正确的。这种方法非常适用于为保证方程正确而进行的部分方程的检查。

特别要提醒的是，如果现在按回车键返回到工作表，那么方程将发生变化：虽包含结果，但无法恢复到单元格地址。为避免出现这种锁定情况，必须按 Esc 键而不要按回车键。这一点十分重要。

2. 彩色编码的单元格地址

错误检测工具包中的另一个工具公式就是彩色编码。在创建或编辑公式时，Excel 会给单元格地址着色，并突出显示拥有相同颜色的单元格，这样，用户就很容易发现哪些单元格正在被使用。如果发现使用了不正确的单元格或单元格区域，那么用户可抓住彩色轮廓，将其扩大、缩小或移动到另一个地址。这样，公式中相应的单元格或单元格区域就会发生改变。

3. 公式审核工具

公式审核组中的工具不仅可帮助用户跟踪错误并逐步跟踪计算顺序，而且能使用户在编辑另一个公式时在单元格中看到结果。如要访问或使用这些工具，只要点击功能区的"公式"标签即可（见图 4-14）。

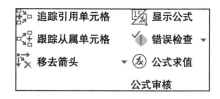

图 4-14　公式审核工具栏

4. 追踪引用单元格与从属单元格

如图 4-14 所示，"公式审核"组左边三个按钮的作用就是追踪引用单元格或从属单元格。引用单元格是公式的依据来源，而从属单元格则是依赖活动单元格中公式结果的单元格。如果活动单元格包含公式，那么在点击"追踪引用单元格"时就会显示来自从属单元格的箭头。图 4-3 中的箭头就是这样创建的。追踪从属图标的作用相同，只不过其箭头指向它所依赖的单元格。

要清除全部箭头，可点击"移去箭头"按钮，或保存文件。请注意，这一按钮带有下拉菜单以便用户仅仅清除引用或从属箭头。

5. 后台错误检查

只要不被禁用，那么 Excel 就会边工作边检查工作表中的常见错误。后台错误检查运行时，会有一个绿颜色的三角形出现在单元格左上角，还会出现一个智能标签，提醒"错误"并提供解决办法。当然，虽然难以检查出逻辑思路中的错误，但的确能识别出其他类型的错误。

需要知道的是，有时其实并没出错，但 Excel 会显示有错。因此，不要墨守成规地接受修复建议。一旦这种情形重复出现，用户可将 Excel 设置成取消检查该类型错误，或者彻底关闭错误检查功能。如要更改错误检查的规则，可在"Excel 选项"中的"公式"区域进行。

6. 监视窗口

在创建大型工作表时，通常会发现在一个位置改变数值后，需要到另一个位置检查结果。借助强大的监视窗口工具，用户不必使用滚动条寻找就可直接通过观察位于其他位置的单元格来加快公式调试速度。虽然监视窗口工具可以作用于其他工作表中的单元格，但这些工作表必须处于同一工作簿下。点击"公式审核"组中的"监视窗口"按钮就可以激活这一工具。

出现监视窗口后，用户就可以通过点击"添加监视"按钮并选择单元格来选择一个或多个需要监视的单元格。如图 4-15 所示，这里选择单元格 E31 进行监视。出现该窗口后，用户就可通过滚动条定位到工作表的任意区域。此时，如果改变单元格属性值，用户就可看到单元格 E31 中出现的变化状况。注意，即使监视窗口被关闭（或保存并关闭工作簿），监视单元格并不会被清除。这样，当再次打开监视窗口时，可继续监视之前监视的单元格。

图 4-15　监视窗口

7. 公式求值工具

最后，公式调试最吸引人之处也许就是公式求值工具。在 Excel 求值时，该工具可将公式一步一步地呈现给用户。其工作方式与 F9 功能键非常相似，区别只在于它是分次分步地呈现整个公式。点击"公式求值"按钮就可激活这一工具（见图 4-14）。

图 4-16 给出了"公式求值"对话框以及待求值的单元格 E31 中的公式。请注意，单元格 E30 被加了下划线，表明它属于第一个被求值对象。直接点击"求值"按钮，单元格"E30"就会被替换成"1 200"。下一步，$B$37 被加下划线，成为下一个求值对象。继续点击"求值"按钮，直至完成整个公式的求值。

该工具的另一个特点就是"步入"（Step In）功能。对于那些本身就是公式结果的表达式，用户可点击"步入"按钮，从而返回上一步公式求值。例如，在单元格 D34 中的事实上是公式"=C34+D31-D32"的计算结果。在 D34 被加下划线后，点击"步入"按钮就可对该公式求值，然后返回计算原公式剩余部分的值。

创建电子表格模型的最困难的任务之一就是要确保模型在任何情况下都能正常运作。只要充分利用提示以及这里所介绍的工具，那么这项工作就会简单得多。下面，再转回到对现金预算这一主题的讨论。

图 4-16　公式求值工具

4.4.3　当期投资的计算

如果比斯洛烧烤架公司的超额现金已达到最大限度（此例中为 40 000 美元），那么应将超额现金投资于短期证券。其实，这也是进行当期投资的本质。请注意，因为引入了当期投资底线这一要求，所以期末现金余额计算公式应进行调整，必须考虑投资因素。这样，单元格 E33 中的公式应调整为 "=SUM(E30：E31)-E32"。换言之，这里的期末现金余额应等于"调整前现金余额 + 当期借款额 - 当期投资"。（投资作为现金流出必须减去。）接着，将该公式复制到单元格区域 F33：H33 中。

创建当期借款额计算公式的目的是便于企业掌握在借款前可先出售的那些短期投资项目。因此，如果调整前现金余额与当期借款额之和小于最低现金需求，那么企业就需要出售部分投资项目。反之，如果调整前现金余额与当期借款额之和大于最大可接受现金余额，那么企业就应该将超额现金余额用于投资。

要反映这一逻辑思路，这里仍然需要使用嵌套 **IF** 语句。此外，还需要使用 **AND** 函数，以便评估多个逻辑条件。当且仅当所有参数都为真时，**AND** 函数才返回真。即使只有一个参数为假，其返回结果都为假。[6]**AND** 函数的定义如下：

$$\textbf{AND } (\textbf{\textit{LOGICAL1}}, \textit{LOGICAL2}, \cdots)$$

其中，**LOGICAL1**、LOGICAL2 等为有着多达 255 个参数的集合，而且每个参数都要经过真假评判，都存在真假可能。借助这一函数，用户就可判断下面两个条件是否都为真：①调整前现金余额与当期借款额之和小于最低现金额；②累计借款（投资）为负（公司有投资额）。

在单元格 E32 中，计算当期投资额的公式为 "=IF(AND(E30+E31<$B$37,D34<0),E30+E31-$B$37,IF(E30+E31>$B$38,E30+E31-$B$38,0))"。

输入上述公式并将它复制到单元格区域 F32：H32 中。同样，该公式有些复杂。不过，可将公式分解成多个更易理解的部分：

　　　　If 调整前现金余额 + 当期借款 < 最低现金额 **AND** 累计借款（投资）< 0 then
　　　　　　当期投资 = 调整前现金余额 + 借款 - 最低现金额
　　　Else

If 调整前现金余额 + 借款 > 最大现金额 then

　　当期投资 = 调整前现金余额 + 借款 − 最大现金额

Else

　　当期投资 = 0

End.

此时，现金预算应如图 4-17 所示。

	A	B	C	D	E	F	G	H
1				比斯洛烧烤架公司				
2				现金预算				
3				2017 年 6 ～ 9 月				
4					4 月	5 月	6 月	7 月	8 月	9 月
28	期初现金余额						20,000	15,000	15,000	15,506
29	应收款 − 应付款						(18,800)	(91,492)	105,798	29,350
30	调整前现金余额						1,200	(76,492)	120,798	44,856
31	当期借款						13,800	91,492	(105,292)	0
32	当期投资						0	0	0	4,856
33	**期末现金余额**					20,000	15,000	15,000	15,506	40,000
34	累计借款（投资）					0	13,800	105,292	0	(4,856)
35	累计利息支出						0	92	794	794
36	说明:									
37	最小可接受现金额	15,000								
38	最大可接受现金额	40,000								
39	借款年利率	8%	月利率	0.67%						
40	放款年利率	6%	月利率	0.50%						

图 4-17　考虑借款和投资因素的现金预算

4.4.4　实例分析

为了真正弄清楚复杂的现金预算，必须逐行进行分析。本节所做的分析就是这样，并且依照图 4-17 中的科目安排。

6 月（E 列）：6 月的调整前现金余额预计为 1 200 美元，小于最小值 15 000 美元，因此公司需要筹集资金。在这种情形下，因公司没有可出售投资项目，所以需借入 13 800 美元以使期末现金余额达到 15 000 美元。

7 月（F 列）：公司预计将透支至 76 492 美元。这次依旧没有可出售投资项目，因此需要追加借入 91 492 美元。请注意，公司的累计借款现已达 105 292 美元。

8 月（G 列）：公司预计的调整前现金余额为 120 798 美元，显然超过了最大允许现金额。不过，在对过剩现金余额进行投资之前，需先偿还现有短期债务 105 292 美元。在这种情形下，公司可还清全部余额并仍保有高于最低现金需求的现金额。但是，在偿还贷款后，其现金余额已不足以进行过剩资金投资。

9 月（H 列）：公司预计的调整前现金余额为 44 856 美元。在这种情形下，因没有借款余额，所以超过最大允许现金额的 4 856 美元资金就可以用于投资，而期末余额仍为 40 000 美元。请注意，单元格 H34 中的累计借款（投资）为负，表明该笔资金为投资。

对于类似本例的任何复杂的工作表，有必要运用人工计算来核对结果。请谨记：只有当结果的正确性被完全肯定时，方可接受输出结果。为此，这里需要做两处变更。首先，我们把单元格 B38 中的最大可接受现金额改变为 15 000 美元。接着，将 5 月的调整前现金余额设定为 20 000 美元，并将单元格区域 E31:E33 复制到单元格区域 D31:D33 中。这里，必须确保工作表的这部分如图 4-18 所示，然后仔细检查工作表。

	A	B	C	D	E	F	G	H
1					比斯洛烧烤架公司			
2					现金预算			
3					2017 年 6～9 月			
4				4 月	5 月	6 月	7 月	8 月	9 月
28	期初现金余额				15,000	15,000	15,000	15,000
29	收款－付款				(18,775)	(91,492)	105,798	29,353
30	调整前现金余额			20,000	(3,775)	(76,492)	120,798	44,353
31	当期借款			0	13,775	91,492	(105,267)	0
32	当期投资			5,000	(5,000)	0	531	29,353
33	期末现金余额			15,000	15,000	15,000	15,000	15,000
34	累计借款（投资）			(5,000)	13,775	105,267	(531)	(29,884)
35	累计利息费用				(25)	67	769	766
36	说明：							
37	最小可接受现金额	15,000						
38	最大可接受现金额	15,000						
39	借款年利率		8%	月利率	0.67%			
40	放款年利率		6%	月利率	0.50%			

图 4-18　最大可接受现金额为 15 000 美元情况下的现金余额

5 月（D 列）：因调整前现金余额大于最低可接受现金额，所以不需要借款。事实上，它较最大允许现金额多 5 000 美元，故可将高出的这笔资金用于投资。这样，期末现金余额为 15 000 美元。

6 月（E 列）：虽然公司预计的调整前现金余额为 −3 775 美元，但公司并没有借入 18 775 美元，因为公司 5 月还有 5 000 美元的投资款，这样，公司只需要借入 13 775 美元。因此，当期投资额变为 −5 000 美元。

7 月（F 列）：公司预计的调整前现金余额为 −76 492 美元，且没有可售投资款，所以公司必须借入 91 492 美元。这样，公司的累计借款额变为 105 627 美元。

8 月（G 列）：公司预计将有大量可用于偿还全部贷款余额的盈余资金。此外，公司预计将有超过最大可接受现金额 531 美元的可投资款项。

9 月（H 列）：公司预计的调整前现金余额为 44 353 美元，其中有 29 353 美元超过了最大可接受现金额。超过的这部分款项可用于投资。

读者不妨改变现金预算中的一些数值来观察所发生的情况。特别地，改变预计销售额或 /和付款时间表可能更具有启示作用。例如，假设比斯洛烧烤架公司的管理层决定推迟存货采购的付款时间。具体一点，不妨假设公司决定在采购发生后一个月内首付 40%，在采购发生后的第二个月后再支付剩余的 60%。不难发现，该主意可不像听起来那样好。表 4-4 给出了在最大可接受现金额为 15 000 美元的前提下，变化前后的累计借款（投资）情况。请注意，按照变更后的方案，公司的最终借款额有所增加，支付的总利息也会更高。

表 4-4　累计借款（投资）

月份	付款时间变动前（美元）	付款时间变动后（美元）
5 月	(5 000)	(5 000)
6 月	13 775	11 575
7 月	105 267	108 852

（续）

月份	付款时间变动前（美元）	付款时间变动后（美元）
8 月	(531)	12 178
9 月	(29 984)	(7 791)
到 9 月的累计借款额（投资）	766	859

本章小结

由本章介绍可知，现金预算所列出的仅是企业一定时期内的现金流入与流出。现金预算主要用于确定公司短期借款、投资需要以及经营活动安排，但也可以用于财务报表预计。现金预算由工作表区、收款与付款和期末现金余额三部分组成。此外，本章介绍了 Excel 方案管理器工具是如何简化"假设分析"并输出结果表的。

本章最为重要的建议之一就是复杂电子表格应建立在简单电子表格的基础上。换言之，先建立包含基础内容的简单工作表，然后逐渐增加复杂的细节。在本章中，我们首先构建了简单的现金预算，然后逐步引入借款、借款利息、投资和投资利息等因素。这样，工作表的创建就会变得容易，而且出错的概率也会变小。即使发现有错，这里介绍的 Excel 自备工具可帮助快速发现并消除错误。在这方面，监视窗口和求值公式工具尤为有用。

本章介绍的函数列于表 4-5 中。

表 4-5 本章介绍的函数

用途	函数
计算日期序列号	**DATE**（*YEAR,MONTH,DAY*）
从日期序列号中获取年度	**YEAR**（*SERIAL_NUMBER*）
从日期序列号中获取月份	**MONTH**（*SERIAL_NUMBER*）
从日期序列号中获取日期	**DAY**（*SERIAL_NUMBER*）
连接文本字符串	**CONCATENATE**（*TEXT1*,TEXT2,…）
用具体的分隔符连接文本字符串	**TEXTJOIN**（*DELIMITER,IGNORE_EMPTY,TEXT1*,TEXT2,…）
将数字转换为格式化的文本	**TEXT**（*VALUE,FORMAT_TEXT*）
根据逻辑测试返回参数值	**IF**（*LOGICAL_TEST,VALUE_IF_TRUE*,VALUE_IF_FALSE）
确定参数集中的最小值	**MIN**（*NUMBER1*,NUMBER2,…）
确定参数集中的最大值	**MAX**（*NUMBER1*,NUMBER2,…）
当且仅当所有参数为真时返回真	**AND**（*LOGICAL1*,LOGICAL2,…）
当任意参数为真时返回真	**OR**（*LOGICAL1*,LOGICAL2,…）

练习题

1. Lakewood 激光皮肤护理公司（Lakewood Laser SkinCare）2018 年 1 月 31 日（公司 2017 年会计年度）的期末现金余额为 15 000 美元。该公司未来 6 个月的预计现金收入与支出情况如下。

月份	收入（美元）	支出（美元）
2 月	37 125	43 650
3 月	41 175	46 800
4 月	51 075	48 600

（续）

月份	收入（美元）	支出（美元）
5 月	65 475	54 675
6 月	73 125	60 075
7 月	81 000	61 200

（1）计算该公司各月份的预计期末现金余额。

（2）假设该公司持有的期末现金余额至少为 12 000 美元，计算该公司各月份至少应借入的款额。

（3）如果公司必须支付年利率为 5% 的短期借款利息，那么每个月末的现金余额为多少？

（4）如果公司每月将超过最小现金金额部分的现金用于偿还短期借款，那么公司每个月末的现金余额会如何变化？

2. 劳伯劳制造公司（Loblaw Manufacturing）请你来编制现金预算以确定公司 2017 年 6 ～ 10 月所需的借款额。下表给出了你所收集到的信息。

月份	销售额（美元）	其他支出（美元）
6 月	279 500	130 000
7 月	230 750	121 875
8 月	196 625	113 750
9 月	151 125	81 250
10 月	123 500	73 000
11 月	131 625	

4 月与 5 月的销售额分别为 186 875 美元和 219 375 美元。该公司当月收到 15% 的销售款，另有 75% 的款项在下月到账，剩余的 10% 则在两个月后到账。每月的存货采购款为下月预计销售额的 55%，且公司当月只支付 40% 的存货采购款，剩余的 60% 下月支付。不过，如果公司的存货采购采用当月付款，那么供应商会给予 2% 的折扣。公司每个月必须维持的最小现金余额为 25 000 美元。此外，公司按年利率 4% 支付短期银行借款利息。

（1）编制该公司 2017 年 6 ～ 10 月的现金预算表。其中，必须说明短期借款和未偿还贷款的情况。该公司 5 月的期末现金余额为 30 000 美元。

（2）公司董事长鲍勃·劳伯劳正在考虑要延期支付存货采购款事宜。在他看来，向供应商借款所支付的费用要低于向银行借款。现在，假设公司于采购当月分别支付 0、10%、30% 和 40% 的存货采购款，请用方案管理器比较 6 ～ 10 月公司的全部利息费用。其中，余下的存货采购款安排下个月支付。要求创建方案汇总表并以此来验证鲍勃的想法是否合理。

3. Camp-Fevurly 财务策划公司预计公司在 2017 年前 6 个月的收入情况如下表所示。

月份	收入（美元）
2016 年 11 月	44 160
2016 年 12 月	41 400
2017 年 1 月	23 000
2017 年 2 月	24 840
2017 年 3 月	27 600
2017 年 4 月	34 960
2017 年 5 月	36 800
2017 年 6 月	41 400

公司于当月收到 70% 的销售款，另有 29% 的款项于销售后 1 个月内收回，剩下 1% 的款项在销售完成两个月后被确认为坏账。该公司每月支付给办公室职员的工资和福利费用为 8 050 美元，支付给销售人员的佣金平均为可收回销售款的 25%。两位合伙人每月各需支付 5 000 美元或 20% 的净销售额（所付金额以两者中较高者为准）。佣金和合伙人工资在销售款项收到后 1 个月内支付。办公场地的租金为 4 025 美元 / 月，办公设备的租赁费用为 920 美元。除 5 月和 6 月的水电费均为 173 美元外，其他月份平均为 288 美元。2016 年 12 月的期末现金余额为 12 000 美元。

（1）编制公司 2017 年 1 ～ 6 月的现金预算表。假设公司合伙人希望维持的最低现金余额为 10 000 美元，请计算每月的期末现金余额。

（2）该公司正在考虑争取银行信用额度。根据对 2017 年前 6 个月的预计，公司需要的最低额度是多少？将结果四舍五入保留至千位，且不考虑短期债务利息费用。（提示：在线查找有关 ROUNDUP 函数的信息。）

（3）假设收款比预期付款高 10%，或刚好相等，或低于付款 10%。计算公司在上述三种情况下为持有最小现金余额所需借入的最大款额。要求采用方案管理器并创建结果汇总表。这对（2）题中的结果会产生何种影响？

4. 爱达荷州弹簧五金公司（Idaho Springs Hardware）位于美国科罗拉多州，是一家拥有三家五金商店的连锁店。最近，公司聘请你帮助公司改善财务状况。在你去的第一天，公司老板查克·维塔斯卡告诉你，公司面临的最大问题是周期性的预算外现金短缺。为此，他不得不拖延支付雇员工资。你最近取得了财务方面的一个学位，立即意识到应优先考虑公司的现金预算，并且与银行签订了短期借款协议。在查看完该公司过去的财务记录后，你就剩余年度编制了如下表所示的销售预测表。

月份	销售额（美元）
2017 年 6 月	68 200
2017 年 7 月	80 300
2017 年 8 月	83 600
2017 年 9 月	77 000
2017 年 10 月	64 900
2017 年 11 月	51 700
2017 年 12 月	45 100

除了季节性销售因素外，你也已注意到了其他因素。个人购买占公司销售额的 40%，且都以现金支付。其他 60% 的销售额为单位购买，其付款采用最多 60 天期的信用销售。结果，在单位购买中，20% 的销售款在售后 1 个月内支付，另外 80% 在出售后第二个月支付。每个月公司采购存货的金额大约为下月销售额的 45%。大约 30% 的存货采购款在交货当月支付，其余 70% 在 1 个月后支付。

每月公司总共支付给其钟点工 10 000 美元，其中包括福利费。公司支付给正式员工 14 000 美元，也包括福利费。过去，公司以借款方式来开设商店并维持期初库存。该项债务使得公司每月必须支出 4 000 美元的利息费用并归还 221 美元的本金。平均下来，除 10 月、11 月和 12 月外，公司每月的商店维修费预计约为 800 美元。这三个月的维修费因发生除雪成本而每月增加约 200 美元。销售税金占季度销售额的 7%，且必须在 6 月、9 月和 12 月支付。其他税费也须同时支付，支付金额约为各季销售额的 4%。为防止现金短缺风险，老板希望维持的最低现金余额为 12 000 美元。5 月的期末现金余额为 15 000 美元（发生借款或投资之前）。

（1）为爱达荷州弹簧五金公司编制 6 ～ 12 月的现金预算。请注意，会计记录显示的 4 月和 5 月的销售款分别为 56 100 美元和 62 700 美元。预计 2018 年 1 月的销售款为 39 600 美元。如果公司希望在不借款的情况下维持 12 000 美元的最低现金余额，那么公司的期末现金余额是多少呢？

（2）假设公司可以从银行借到年利率为 6% 的借款来保持其流动性和最低现金余额需求。此外，如果公司的现金余额超出最小现金余额要求，公司就会用这超出部分的现金来偿还以前的余额。那么，公司的期末现金余额是多少呢？

（3）在洽谈信用额度时，银行提议将超出最低现金余额要求部分转为货币市场基金，而这种基金在扣除相关费用后，年均回报为 4%。如果公司接受该提议，那么对期末现金余额有何影响？公司每月需借入多少款额？请注意，在将超额款项进行投资前，公司必须还清所有短期贷款，而且当公司需要资金时，公司优先动用的是投资款而不是去借款。

（4）在编制完成现金预算后，你开始考虑进一步降低公司借款需求的措施。措施之一就是改变与客户或合同商的信贷政策，因为他们好像每次都要拖延到最后时刻才付款。可选方案有三个。①最优方案：要求客户或合同商在销售实现后一个月内付全款。不过，你知道该方案将使销售款减少 5%。②基本方案：一切维持不变。③最差方案：希望客户或合同商在销售实现后一个月内付全款。不过，该方案将使公司的销售量下跌 20%。你决定采用方案管理器来评估这些方案。这里，主要考察这些变化对公司最大借款需求和累计净利息费用的影响（已对投资收益进行了会计处理）。

你认为公司是否应改变其信用政策？

注释

1. **TEXTJOIN** 函数是 Excel 2016 新增的函数，其灵活度远胜于 **CONCATENATE** 函数。
2. 例如，塔吉特公司报告的 2006～2016 年第四季度的销售收入平均占全年度的 30.52%，而可比的第一季度的销售收入平均仅占全年度的 22.80%。
3. 为简化起见，假设销售额可全额收回。事实上，大多数企业会根据历史情况计提坏账

准备。

4. 当然，除非假设负借款就是投资。下一节将分析把超额资金进行投资的情况。
5. 分母中输入 12 可能违反之前所说的建议，即公式中不要输入数据。不过，因为一年有 12 个月，所以这个数字永远不会改变。
6. Excel 设有 **OR** 函数，其定义相同。不过，当 1 个或多个参数为真时，**OR** 函数返回真。

第 5 章

财务报表预测

通过本章学习，应能：

- 解释如何用销售百分比法来编制预计财务报表以及如何在 Excel 中创建这些报表
- 运用循环引用来处理迭代计算
- 借助 **TREND** 函数预测销售趋势或任何其他趋势变量
- 运用 Excel 分析工具库加载项中的回归工具做回归分析
- 确定变量在回归分析中是否具有统计显著性

对于各行各业的商人来说，预测是一项不可或缺的活动。由财务经理做出的所有决定几乎都是基于这种或那种预测而得到的。例如，第 4 章介绍的如何运用现金预算来预测短期借款和投资需求。其实，现金预算中每个项目的测算都属于预测。此外，结合第 3 章介绍的比率指标，预测有助于企业实现其目标。本章将就若干预测方法进行分析。首先，当然是最为简单的销售百分比法。其次，本章还将分析一些更为先进的预测方法，如回归分析等。

5.1 销售百分比法

预测财务报表非常重要，而其中的原因众多，包括为公司规划未来提供基础、向公司投资者提供信息等。预测利润表和资产负债表的最简单方法就是销售百分比法（percent of sales method）。这种方法的突出优势就是可以通过相对较少的数据来进行预测。

销售百分比法的基本前提在于利润表和资产负债表中的许多项目（但不是全部）与销售水平保持某种固定的关系。例如，如果销货成本在过去数年中平均占销售额的 65%，那么可以假设这种关系将在来年继续下去。这样，如果来年的期望销售额为 1 000 万美元，那么销货成本预测将是 650 万（=1 000 万 ×0.65）美元。

当然，销售百分比法假定预测的销售水平为已知。这里介绍三种预测销售的方法。一是由上而下法（top-down method），依据的是对宏观经济变量（如 GDP、通货膨胀率等）以及行业整体情况的预测，然后将这些预计转化为对整个公司的销售预测以及每个部门或产品的目标销售数。二是由下而上法（bottom-up method），涉及与客户讨论并确定每个产品的预期需求以及价格预期，之后总结并预测出公司的销售情况。三是第 6 章介绍的时间序列法（time series approach）。时间序列法关注的只是历史销售数据，并据此推算出反映未来趋势的销售数。当然，公司可以组合运用这些方法。不过，这里假定销售预测为已知。

5.1.1　预测利润表

我们以第 2 章中所创建的猫王产品国际公司利润表为例来考察利润表的预测。如图 5-1 所示，我们对利润表进行了重新创建。之前我们已经使用了自定义数字格式，虽然所有数字都以千美元为单位进行显示，但这些数字完全是精确的。打开在第 2 章中所创建的工作簿，复制其中的利润表工作表。将复制的新工作表重新命名为"预测利润表"。[1]

利润表的详细程度会影响利润表中有多少项目直接随销售额而波动。一般地，我们将按利润表中项目的顺序，逐个询问"该项目有可能直接随销售额而变吗？"如果答案是肯定的，那么我们将计算该项目与销售额的百分比，并乘以下一阶段的销售额预测。如果答案是否定的，我们就采用以下两种处理方法之一：保持该项目不变，或用其他资料来改变该项目。[2]如果不知道答案，那么可以创建一个表，就过去几个季度或几年该项目与销售额做比较。这样，就能清楚它们之间的关系。不过，这可能需要用到本章后面讨论的一些统计工具以确定这种关系的形式。

		A	B	C
1			猫王产品国际公司	
2			利润表	
3			截至 2016 年 12 月 31 日（单位：千美元）	
4			*2016*	*2015*
5	销售收入		3,850.00	3,432.00
6	销货成本		3,250.00	2,864.00
7	*毛利润*		*600.00*	*568.00*
8	销售及管理费用		330.30	240.00
9	固定费用		100.00	100.00
10	折旧费		20.00	18.90
11	*息税前利润*		*149.70*	*209.10*
12	利息费用		76.00	62.50
13	*税前利润*		*73.70*	*146.60*
14	税金		29.48	58.64
15	*净利润*		*44.22*	*87.96*

图 5-1　猫王产品国际公司 2015 年和 2016 年的利润表

对于猫王产品国际公司，利润表上只有一个项目——销货成本明显随销售额而变。另一个项目就是销售及管理费用（SG&A）。销售及管理费用项目是许多细项的集合体，其中有些可能随销售而变，而有些则不会。这里，我们假定销售及管理费用总体上会随销售额而变（也就是假定销售及管理费用主要是可变成本）。

短期内，其他项目的变化与销售额变化并不直接相关。例如，折旧费用就决定于公司固定资产的数量和年限。利息费用则是公司债务的数量、到期日构成与该债务利息率的函数。这些项目虽然有可能发生变化，但预测时往往不需要其他的信息。税金间接取决于销售水平，而直接取决于公司的应纳税所得。利润表上的所有其他项目通常可直接计算而得。

在开始预测之前，先需要在 B 列的左侧插入新的一列。为此，选择 B 列中的一个单元格，再单击"开始"标签中的"插入"按钮，然后选择"插入工作表列"选项。此时，会显示一个智能标记，并提供三个选项：①在 B 列左边插入格式相同的列；②在 B 列右边插入格式相同的列；③清除格式。这里，选择第二个选项，那么数字格式和列宽将会自动被应用。对此，后面可以加以体验。这样，就可以在单元格 B18 和 C18 中输入税率 40%。

为了创建预测利润表，首先应确定前几年里每个项目占每年销售额的百分比。就 2016 年而言，应计算以下项目的销售百分比。

$$2016 \text{ 年销货成本的销售百分比} = \frac{3\ 250\ 000}{3\ 850\ 000} = 0.844\ 2 = 84.42\%$$

$$2016 \text{ 年销售及管理费用的销售百分比} = \frac{330\ 300}{3\ 850\ 000} = 0.085\ 8 = 8.58\%$$

2015 年的销售百分比（分别为 83.45% 和 6.99%）可采用相同方式计算而得。接下来，计算过去几年这两个百分比的平均数，并将该平均数作为 2017 年的销售百分比估计值。每项的预测金额可通过乘以来年的期望销售额而得到。假设期望销售额为 4 300 000 美元，那么对于 2017 年可进行如下预测：

2017 年销货成本的预测 = 4 300 000 × 0.839 3 = 3 609 108（美元）

2017 年销售及管理费用的预测 = 4 300 000 × 0.077 9 = 334 803（美元）

在求算术平均值时，Excel 使用的是 **AVERAGE** 函数：

AVERAGE(*Number1*,*Number2*,…)

其中，***Number*** 为必需变量，有 255 个参数组合。

图 5-2 给出了完整的 2017 年预测利润表。为在工作表中创建该预测利润表，应在单元格 B4 中输入"2017"。[3] 由于 2017 年利润表的计算与 2016 年的计算完全一样，所以以最简单的方法就是将单元格区域 C5:C15 复制到单元格区域 B5:B15 中。这样，不仅不必输入计算小计的公式（如息税前利润），而且会自动应用单元格边框格式。在第 17 行之上插入新的一行，并在单元格 A16 中输入"* 预测"。

	A	B	C	D
1		猫王产品国际公司		
2		预测利润表		
3		截至 2016 年 12 月 31 日（单位：千美元）		
4		*2017**	*2016*	*2015*
5	销售额	4,300.00	3,850.00	3,432.00
6	销货成本	3,609.11	3,250.00	2,864.00
7	*毛利润*	*690.89*	*600.00*	*568.00*
8	销售及管理费用	334.80	330.30	240.00
9	固定费用	100.00	100.00	100.00
10	折旧费用	25.00	20.00	18.90
11	*息税前利润*	*231.09*	*149.70*	*209.10*
12	利息支出	76.00	76.00	62.50
13	*税前利润*	*155.09*	*73.70*	*146.60*
14	税金	62.04	29.48	58.64
15	*净利润*	*93.05*	*44.22*	*87.96*
16	* 预测			
17				
18	说明：			
19	税率	40%	40%	
20	其他折旧	5.00		

图 5-2　猫王产品国际公司 2017 年销售百分比预测

首先，在单元格 B5 中输入销售预测"4300000"。这样，在单元格 B6 中利用公式"=AVERAGE(C6/C\$5,D6/D\$5)*B\$5"就可以计算出 2017 年的销货成本预测数。该公式先计算出了过去两年中销货成本的销售百分比的平均值，再将该百分比乘以 2017 年的销售额预测值。这样，所显示的结果应与上面所计算的结果相同。最后，将该公式复制到单元格 B8 中（采用"选择性粘贴"公式以免复制下划线），就可获得有关销售及管理费用的预测值。

为避免在单元格 B6 和 B8 中进行整个计算，可以使用一个辅助列（helper column）。辅助列用于中间计算，而且有时相当有用。在本例中，完全可以在辅助列如 K 列中计算出每个项目的平均销售百分比，然后用 K 列中的值在 B 列中完成最后计算。例如，单元格 K6 中可能包含公式"=AVERAGE(C6/C\$5,D6/D\$5)"。这样，单元格 B6 中的公式就为"=K6*B\$5"。借助这种方法，用户就能清楚看到那些被用来生成预测的平均销售百分比（就像在百分比利润表中一样）。尽管有用，但这样做很可能降低电子表格的使用效率。因此，除非万不得已，否则尽量不要这样做。

假设无法获得任何关于固定费用变化的信息，那么只好从单元格 C9 中复制一些值了。不过，我们已被告知该公司计划在 2017 年投入固定资产 50 000 美元。这将导致折旧支出增加 5 000 美元。这里，我们需要记录这个假设，故在单元格 A20 中输入"增加的折旧"，同时在单元格 B20 中输入"5000"。在下一节讨论该问题时，我们会在单元格 B20 中补一个公式。当然，与其他地方一样，对该单元格也一定要应用自定义数字格式。

单元格 B10 中计算折旧费用的公式为"=C10+B20"。因为尚不知道该公司将如何筹集这些投资的资金，故保留与 2016 年一样的利息支出水平。单元格 B14 中计算税金的公式为"=B19*B13"。至此，所创建的工作表应该如图 5-2 所示。

5.1.2　资产负债表中资产的预测

除了一些主要的例外项目之外，对资产负债表的预测与对利润表的预测完全相同。对于那些可以预料到会随销售额而直接变化的项目，所采用的公式与之前所介绍的相仿。下面主要分析其他项目的处理。复制一份资产负债表，再将其重新命名为"预测资产负债表"。

通过选择 B 列并插入一个新的列，就可以创建该公司 2017 年的销售百分比资产负债表。将表头改为"预测资产负债表"，从而明确这里的工作在于预测。接着，在单元格 B4 中输入标记"2017"。与之前介绍的一样，通过自定义数字格式在该数字后加上星号。就像预测利润表一样，我们将按资产负债表中项目的顺序逐个预测。不过，这里要决定的是哪些项目随销售额而变。

首先需要预测的项目是公司的现金余额，而这也许是最为困难的。那么，现金余额与销售额有固定比例关系吗？第一反应可能是："当然有。因为公司销售的产品越多，积累的现金就越多。"不过，这一推论忽视了两个重要事实。因为现金是一种低回报的资产，所以对于现金，公司除了要积累外还应做其他事情。因此，企业必须设法尽量减少现金余额。[4]考虑到这些原因，即使现金余额可能会发生变化，但也许并不会随销售变化发生相同的百分比变化。因此，这里就直接使用 2016 年的现金余额作为预测的基础。为此，在单元格 B5 中输入公式"=C5"。

接下来对于应收账款和存货这两个项目，预测要容易得多。应收账款和存货大体上都可能与销售额呈比例变化关系。运用预测利润表中所应用的相同预测方法，先得出过去两年的平均销售百分比，然后乘以 2017 年的销售额预测值，即可得到应收账款和存货的预测值。对于应收账款的预测，需要在单元格 B6 中输入公式" =AVERAGE（C6/ 预测利润表 !C\$5,D6/ 预测利润表 !D\$5）* 预测利润表 !\$B\$5"。这里，所输入的不是引用预测利润表，而是采用了更为容易的方法，即通过显示利润表和资产负债表并用鼠标选择适当的单元格来进行插入。单击"视图"标签，选择"新建窗口"。此时，就可创建工作簿的一个新视图。接着，单击"全部重排"按钮，选择想要的工作表安排方式。在第二个视图中，将其改名为预测利润表工作表。现在，两个工作表都是可见的，也就很容易选择单元格了。因为对存货运用相同的公式，所以可直接复制公式到单元格 B7 中。在单元格 B8 中的流动资产总额是通过计算而得的值，因此可以从单元格 C8 中直接复制公式。

单元格 B9 中显示的是公司 2017 年的厂房及设备总额，都是公司拥有的建筑物和设备的历史采购价格。如前所述，公司计划在 2017 年对厂房和设备净投资 50 000 美元。为此，在单元格 A28 中输入"厂房及设备投资净增加"，在单元格 B28 中输入"50000"。单元格 B9 中的公式为"=C9+B28"。请注意，该增加额并不一定是预期销售额增加所引起的。虽然固定资产总值可能在某一年发生增加或减少，但大多数公司总会保留一定的产能，所以固定资产的变化短期内并不直接与销售相关。

下面需要计算的是增加的折旧。假设新设备的预期使用期限为 10 年，采用直线折旧法且净残值为零。为此，在单元格 A29 中输入"新设备寿命期（年）"，在单元格 B29 中输入"10"，在单元格 A30 中输入"新折旧（直线法）"。在单元格 B30 中，采用 **SLN** 函数来计算折旧，其定义为：

$$SLN(\textit{COST}, \textit{SALVAGE}, \textit{LIFE})$$

其中的参数如前所述。在单元格 B30 中输入公式" =SLN(B28,0,B29)"。这样，增加的折旧费用将达 5 000 美元。现在，返回到预测利润表并在单元格 B20 中输入公式" = 预测资产负债表 !B30"。通过这最后一步，我们就可改变新投资的金额，并将增加的折旧费反映在预测利润表中。

现在，返回到预测资产负债表。2017 年的累计折旧必然会增加，但原因不在于预测的销售额变化。相反，累计折旧的增加与 2017 年折旧费用的增加有关。为确定 2017 年的累计折旧，可将 2017 年的折旧费用加至 2016 年的累积折旧。2017 年累计折旧的计算公式为"=C10+预测利润表 !B10"。

不难发现，在预测资产负债表中的资产时，无论是资产净值还是资产总值都属于计算所得值，因此都可直接从单元格区域 C11：C12 复制到单元格区域 B11：B12 中。

5.1.3 资产负债表中负债的预测

一旦完成资产的预测，那么预测资产负债表中的其余项目就相对简单了，毕竟我们可以直接复制已输入的公式。不过，这里首先需要区分各种融资来源。如前所述，公司的融资可分为三大类：流动负债、长期负债、所有者权益。

不过，这里划分的类别仍然不太能满足需要。为此，可以将公司的负债和权益分为两类：

（1）自发式融资来源（spontaneous source of financing）。这些融资来自公司的日常经营过程。以公司的应付账款为例，一旦与供应商建立信用账户，公司就不必费力去获得信贷。只要向供应商采购，信贷就自发取得。请注意，并非全部流动负债都属于自发式融资来源（如短期应付票据、在一年内到期的长期负债等）。

（2）自主式融资来源（discretionary source of financing）。这些融资的取得要求公司付出大量努力。换言之，公司必须进行有意识的安排才能获得这些资金。进一步来说，公司的高层管理者必须运用判断力来决定该采用何种融资资金。此类资金包括各种银行贷款、债券、优先股和普通股（但不包括留存收益）。

一般地，自发式融资资金与销售额直接相关。不过，自主式融资资金的变动并不与销售额变动直接相关。公司总是设法保持自主式融资资金不变。具体原因将在后面讨论。

现在回到如何预测的问题。先来考虑应付账款的预测。如上所述，应付账款属于自发式融资来源，因此会直接随销售额而变动。就输入公式而言，所要做的就是从之前已经完成的其他项目直接复制公式。为此，复制单元格 B6（或单元格 B7）中的内容，并粘贴到单元格 B14 中。结果表明，预测的应付账款为 189.05 美元。

下一个要预测的项目为短期应付票据。因为短期应付票据属于自主式融资来源，因此估计与 2016 年持平。实际上，如果有更多的信息，完全可以按其他方式来处理。例如，如果知道这些票据将在 2017 年年底前到期，那么可将预测值调整为 0。另外，如果票据付款包括本金和利息，那么预测值为 2016 年的数额减去预计在 2017 年要支付的本金数。因为这里预测为持平，所以在单元格 B15 中输入公式"=C15"。

如果假定其他流动负债账户反映的主要是应计费用，那么就属于自发式融资来源。为此，可直接从单元格 B14 中复制公式并粘贴到单元格 B16 中。该预测额为 163.38 美元。

单元格 B18 中的长期负债和单元格 B20 中的普通股都属于自主式融资来源。这里预测这些数据与 2016 年持平。因此，在单元格 B18 中输入公式"=C18"，在单元格 B20 中输入公式"=C20"。

最后要预测的项目是留存收益。如前所述，留存收益是逐年积累的资金。也就是说，任何年度的留存收益余额等于上年度累计金额加新增留存收益。新增留存收益可按下式计算：

$$留存收益变化 = 预测净利润 - 预测股利$$

其中，股利是支付给普通股和优先股股东的金额。计算留存收益时，需要引用利润表中 2017 年的预测净利润以及现金流量表中的预测股利（见图 2-8）。请注意，这里假定 2017 年的股利将与 2016 年的股利相同。这样，完全可以按照之前的方法来引用这些单元格。因此，输入的公式为"=C21+预测利润表!B15+现金流量表!B19"。计算结果显示，2017 年的预测留存收益为 297.04 美元。

至此，应回到单元格 B17、B19 和 B22 来求小计数。最后，在单元格 B23 中输入计算总负债和所有者权益的公式"=B19+B22"。

5.1.4 自主式融资需求

敏锐的读者会发现，这里的预测资产负债表并不平衡。这个问题似乎很严重，但实际上这正是编制预测资产负债表的目的之一。总资产与总负债及所有者权益之间的差额被称为自主融资需求（DFN），也被称为所需的额外资金或必需的新增资金。换言之，自主式融资需求就是公司认为下一年需要筹集的资金。由于筹集资金需要耗费大量的时间和精力，因此公司必须预先弄清楚资金需求。预测资产负债表就可满足这个要求。预测资产负债表中的资产经常会高于负债与所有者权益。为此，管理者就需要安排更多的负债和/或权益融资，从而满足实现预期销售额所需的资产水平，这也被称为自主融资资金赤字。如果预测显示公司的负债与权益高于资产，那么该公司就存在所谓的自主融资资金盈余。请记住，资产负债表最终必须保持平衡。方法就是在资产负债表中加相当于自主式融资需求的金额。

为计算自主式融资需求，这里需要在预测资产负债表的底端增加一行。为此，在单元格 A25 中输入"自主式融资需求"，并在单元格 B25 中添加公式"=B12-B23"。根据公式计算，猫王产品国际公司预测的自主式融资需求为 38 119.50 美元（自定义数字格式后显示为 38.12），这样才能支持公司的资产预测水平。这里，猫王产品国际公司预测存在自主融资资金赤字。对该数据以及资产负债表中的其余数据都应用自定义数字格式。

为明确该数额为赤字（请注意，如果为赤字，数字前的符号为正），可通过 Excel 表格来显示公司是否存在自主融资资金赤字或盈余。这里采用 **IF** 语句，如果自主融资需求为正，那就表示有赤字，否则就有盈余或 DFN 为零。这样，输入单元格 C25 的公式为"=IF(B25>0),"赤字",IF(B25<0,"盈余";"资产负债表")"。[5] 至此，所创建的资产负债表应如图 5-3 所示。

	A	B	C	D
1		**猫王产品国际公司**		
2		**预测资产负债表**		
3		**截至 2016 年 12 月 31 日**		
4	**资产**	*2017**	*2016*	*2015*
5	现金及其等价物	52.00	52.00	57.60
6	应收账款	444.51	402.00	351.20
7	存货	914.90	836.00	715.20
8	*流动资产总额*	*1,411.40*	*1,290.00*	*1,124.00*
9	厂房和设备	577.00	527.00	491.00
10	累计折旧	191.20	166.20	146.20
11	固定资产净值	*385.80*	*360.80*	*344.80*
12	总资产	*1,797.20*	*1,650.80*	*1,468.80*
13	**负债与所有者权益**			
14	应付账款	189.05	175.20	145.60
15	短期应付票据	225.00	225.00	200.00
16	其他流动负债	163.38	140.00	136.00
17	*流动负债总额*	*577.43*	*540.20*	*481.60*
18	长期负债	*424.61*	*424.61*	*323.43*
19	*负债总额*	*1,002.04*	*964.81*	*805.03*
20	普通股	460.00	460.00	460.00
21	留存收益	297.04	225.99	203.77
22	*股东权益总额*	*757.04*	*685.99*	*663.77*
23	**负债与所有者权益总额**	**1,759.08**	**1,650.80**	**1,468.80**
24	*预测			
25	自主式融资需求	38.12 赤字		
26				
27	说明：			
28	厂房及设备的净增加	50.00		
29	新设备的使用寿命	10		
30	新增折旧（直线法）	5.00		

图 5-3　猫王产品国际公司 2017 年预测资产负债表

5.2 应用迭代来消除 DFN

如果一个公式通过另一个公式直接或间接地引用自己，那么就会产生循环错误。一个简单的例子就是在单元格 B18 中输入公式"=B18"。如果 Excel 试图计算该公式，那么就将会无法计算，因为计算结果取决于其自身（属于自我引用）。在大多数情况下，即使公式最终能得出某个解决方案，出现循环错误仍然是不可取的。不过，有时必须采用自我引用，而且任何其他方式都无法解决问题。

例如，假设要消除自主式融资需求赤字，那么公司就必须筹集该笔款项。再假设所有自主式融资资金都采用长期负债形式筹集。显然，简单地在单元格 B18 中增加 38.12 美元长期负债并不能解决问题，因为这样做会引起其他项目的变化。具体而言，增加的长期负债将引起利息费用的增加和净收入的减少，而这反过来又会减少留存收益，从而继续存在资金赤字问题。该新的自主式融资需求赤字可以被添加到长期负债中，但又会掀起同样的计算链。当然，可以不断重复下去，直到自主式融资需求赤字为零（或在某个允许的偏差范围内）。

在默认情况下，Excel 不允许这种计算，因为结果很可能不是收敛的。这种计算方法可能会使电脑陷于无休止的循环计算中。不过，如果已经知道结果会收敛（如本例中的情况），我们就可以激活此类自我引用或迭代计算。为此，单击"文件"标签中的"Excel 选项"，然后转到"公式"标签。选中"启用迭代计算"选项。请注意，这里可以设置最多迭代次数以及最大误差。按照默认设置，迭代计算会在循环 100 次后停止或当最大误差为 0.001 或更少时停止。因为这里只需要几次迭代，所以保留这些默认设置。

为了消除自主式融资需求，首先需要对预测利润表和资产负债表进行一定的改变。在预测利润表中，需要添加一个利率项目。为此，在单元格 A21 中输入标记"利率"，然后在单元格 B21 中输入"11.70%"。这样，我们就能够计算出因债务数额变化而引起的总利息支出的变化。在单元格 B12 中，输入计算 2017 年利息费用的公式"=B21*（预测利润表!B15+预测利润表!B18）"。请注意，利息费用为短期应付票据与长期负债金额之和的 11.7%。至此，单元格 B12 中的值应该与以前的值相同（76.00）。

在预测资产负债表中，需要添加自我引用公式。这里的目标是使长期负债（单元格 B18 中）随单元格 B25 中自主式融资需求数量的增加而增加。不过，这里不能只是将单元格 B18 中的公式设置为"=B25"。如果这样，那么长期负债将是 38.12，从而使自主式融资需求增加。这将导致债务的增加和自主式融资需求的缩小，但随之而来的是债务的缩小和自主式融资需求的增加。这样，自主式融资需求就永远不会收敛，只是发生来回波动变化。

为了能手工解决这一问题，这里从现有的长期负债（424.61）出发，再将自主式融资需求加到其中。这样，长期负债就会增加，从而导致利息支出增加、净利润降低和留存收益减少，并引致自主式融资需求下降。然后，将新的自主式融资需求加到长期负债中，开始新一轮计算。进行三四轮计算后，自主式融资需求将变得非常接近于零。这里，大概需要进行 20 次或 30 次的循环计算，自主式融资需求才能准确地收敛到零。[6]

幸运的是，我们并不需要手工来完成整个计算过程。借助于合适的长期负债计算公式，可以通过多次循环累积来计算出数额。为此，在单元格 B18 中输入公式"=B18+B25"。这样，就可以取得现有的长期负债并将其与自主式融资需求相加。接着，通过一系列的计算可获得数额变小的自主式融资需求。之后，该自主式融资需求将再次与长期负债相加。经多次循环，自主式融资需求最终为零，长期负债数为465.61。请注意，这里的利息费用为80.80，净利润为90.17，留存收益为294.16。至此，预测资产负债表应列于图5-4中，只是这里进行了一些重要的调整。

		A	B	C	D
			猫王产品国际公司		
1			**预测资产负债表**		
2			**截至 2016 年 12 月 31 日**		
3					
4	**资产**		*2017**	*2016*	*2015*
5		现金及现金等价物	52.00	52.00	57.60
6		应收账款	444.51	402.00	351.20
7		存货	914.90	836.00	715.20
8	*总流动资产*		*1,411.40*	*1,290.00*	*1,124.00*
9		厂房及设备	577.00	527.00	491.00
10		累计折旧	191.20	166.20	146.20
11	*固定资产净值*		*385.80*	*360.80*	*344.80*
12	**总资产**		*1,797.20*	*1,650.80*	*1,468.80*
13	**负债与所有者权益**				
14		应付账款	189.05	175.20	145.60
15		短期应付票据	225.00	225.00	200.00
16		其他流动负债	163.38	140.00	136.00
17	*流动负债总额*		*577.43*	*540.20*	*481.60*
18		长期负债	465.61	424.61	323.43
19	*负债总额*		*1,043.04*	*964.81*	*805.03*
20		普通股	460.00	460.00	460.00
21		留存收益	294.16	225.99	203.77
22	*总股东权益*		*754.16*	*685.99*	*663.77*
23	**总负债与所有者权益**		*1,797.20*	*1,650.80*	*1,468.80*
24	* 预测				
25	自主式融资需求		0.00 平衡		
26	累计自主式融资需求总额		41.00		
27					
28	说明：				
29	厂房及设备的净增加		50.00		
30	新设备的使用寿命		10		
31	新增折旧（直线法）		5.00		
32	迭代		1 迭代正在运行中		

图 5-4　迭代运算之后的预测资产负债表

整个计算过程速度非常快，用户甚至可能感觉不到正在发生的变化。不过，分次迭代计算显然更有意义。为此，在"Excel选项"的"公式"标签中，设置最多迭代次数为1（默认值为100）。现在，在单元格B18中重新输入公式（为了重新计算，必须这样做）。此时，长期负债显示为0.00，而自主式融资需求为465.61。要进行计算，只需按F9键就行。这样，该工作簿将根据迭代公式重新计算一次。计算完成后，长期负债显示为465.61，而自主式融资需求显示为−32.69。按F9再次重复计算，注意计算结果会如何变化。再按F9进行计算直到自主式融资需求的值为零。请记住，在继续运算以前，一定要返回并重新设置迭代的最多数量为100或以上。

现在，我们来对迭代计算做些改进。这有助于提高对迭代计算的控制能力。虽然这一点可以按上面讨论的方法进行操作，但有些枯燥乏味。相反，我们可以使用单元格值（0或1）与IF语句来完成改进。在单元格A31中输入"迭代"，再在单元格B31中输入"0"。这里，"0"表示禁用迭代，而"1"则表示开始迭代。现在，在单元格B18中将计算长期负债的公式更改为"=IF(B31=1,B18+B25,C18)"。如果开始迭代（B31=1），那么公式将与以前一样；反之，如果禁止迭代，那么长期负债将与2016年的数值相同。此外，迭代进行时如果有个提示，往往很有用。为此，在单元格 C31 中输入公式 "=IF（B31=1,"迭代正在运行中","")"。

最后这个变化也十分必要。这里，要知道的是究竟需要多少新的融资。显然，原来的 38.12 美元并不是正确的答案，因为每次迭代运算将会增加更多的长期负债。因此，需要有一个单元格来计算累计的自主式融资需求。选择第 26 行并插入一行。接着，在单元格 A26 中输入标记"累计自主式融资需求总额"并在单元格 B26 中输入公式 "=IF(B32=1,B26+B25,B25)"。如果迭代运算在运行中，该公式将随自主式融资需求的增加而继续运行。否则，迭代就会停止，而自主式融资需求保持不变。作为试验，通过将单元格 B32 改变为 0，然后改变为 1 来观察这些变化的影响。

此处的工作表可从几个方面加以完善。例如，这里不采用长期负债来为全部自主式融资需求融资，而是对部分需求采用新的权益融资来满足。在这种情况下，可能会使用长期负债比率来确定长期负债的数额。请注意，权益增加会导致股利增加，从而使情况变得复杂。

采用循环引用应该是最后的办法。除非绝对必要，否则不要用循环引用。如果计算不收敛于一个单一值，那么 Excel 最终会停止计算，就会出现错误答案。此外，这种循环引用方法需要相当密集的计算，会造成大型电子表格的计算慢如蜗牛。所以，只要有可能，应该设法找出循环引用之外的解决方案。[7]

5.3 其他预测方法

销售百分比法的最主要的优点在于简洁。此外，还有许多复杂的预测方法可应用于电子表格程序。本节主要讨论几种基于线性回归分析的方法。

5.3.1 线性趋势外推法

假设请你来为猫王产品国际公司进行销售百分比预测。那么，分析的第一步就是进行销售预测。由于猫王产品国际公司是一家小公司，所以无人会定期进行预测，因此必须靠自己来预测。那么，如何入手呢？

最初的想法可能就是考察一下过去几年的销售是否存在某种明显的趋势。如果存在这样的趋势，那么就将其外推到 2017 年。为判断是否存在趋势，首先应收集过去 5 年猫王产品国际公司的销售数据。表 5-1 给出了所收集的数据。在猫王产品国际公司的工作簿中添加一个新的工作表，并将其重新命名为"趋势预测"以方便识别。接着，将表 5-1 中的标记和数据复制输入以单元格 A1 为起点的工作表区。

表 5-1 猫王产品国际公司 2012 ～ 2016 年的销售情况

年份	销售额（美元）
2012	1 890 532
2013	2 098 490
2014	2 350 308
2015	3 432 000
2016	3 850 000

判断销售额是否存在某种趋势的最简单办法就是绘制年销售额图。选定单元格区域 A1:B6，然后单击"插入"标签，选择"散点图或气泡图"选项，类型选择"以直线连接的

散点图"，如此就可插入散点图。[8]一旦图表创建成功，就可以选择图表版式中的选项卡以插入图表标题"猫王产品国际公司 2012 ～ 2016 年的销售情况"。此时，所创建的工作表应如图 5-5 所示。

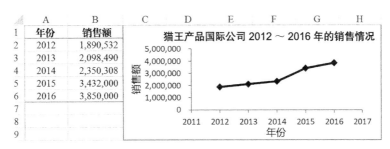

图 5-5　猫王产品国际公司趋势预测工作表

通过研究图 5-5 可得出结论：过去 5 年公司的销售额的确逐年增加，但并不按固定比率增加。即便销售额不是以固定比率增长，仍有多种方法从该资料中获得预测。

方法之一就是通过 Excel 绘制线性趋势线。换言之，由 Excel 程序来确定一条这些数据的拟合直线，并据此推断出 2017 年或以后的销售情况。所生成的直线形式为：

$$Y=mX+b$$

不难发现，该函数就是代数课程中用来描述直线的方程。其中，m 为斜率，b 为截距。

为了确定该直线的参数（m 和 b），可运用 Excel 中的回归分析方法，然后再加以检验。为取得基于趋势分析的预测，这里要使用 **TREND** 函数。该函数的定义为：

TREND（***KNOWN_Y'S***, *KNOWN_X'S*, *NEW_X'S, CONST*）

在 **TREND** 函数的定义中，***KNOWN_Y'S*** 表示所希望预测的数据的范围（因变量），KNOWN_X'S 表示任选数据范围（自变量），即用于决定因变量的数据。[9]因 **TREND** 函数通常用于时间趋势预测，所以 *KNOWN_X'S* 通常为年份范围，尽管它可能为一些连续的数集（如，1,2,3,…）。*NEW_X'S* 表示 *KNOWN_X'S* 的延拓，其中尚不清楚因变量的值。*CONST* 是一个布尔（真 / 假）变量，通知 Excel 中在计算过程中是否包括常数（一般应设置为 TRUE 或省略，但没有太大影响）。

在进行 2017 年的预测时，先在单元格 A7 中输入"2017"。这样，就可预测 2017 年销售额所需的 *NEW_X'S* 中的值。然后，将 **TREND** 函数"=TREND(B\$2：B\$6,A\$2：A\$6,A7,TRUE)"输入单元格 B7 中。该函数计算出的销售额预测为 4 300 000 美元，与销售百分比法预测财务报表时所得的预期销售额完全一样。

这里，可很容易地将预测扩展到 2018 年和 2019 年。为此，首先在单元格 A8 和单元格 A9 中分别输入"2018"和"2019"，再将单元格 B7 中的公式复制到单元格区域 B8：B9 中。不难发现，显示的销售预测结果分别为 2018 年的 4 825 244 美元和 2019 年的 5 350 489 美元。

5.3.2　图表中趋势线的添加

Excel 图表的一个有趣特点就是，可以运用 Excel 来添加趋势线。因为并不需要自己来计算数据，所以添加趋势线就像进行菜单栏目选择那样不费多少工作。为了在图表中添加趋势线，选择图表中的数据系列，然后右击鼠标按钮。接着点击快捷菜单中的"添加趋势线"。此时，就可观察到默认的线性趋势线。当然，也可以看到所显示的非线性的趋势线。例如，如果销售额在按某个加速度增长，那么可能要用指数趋势而非线性趋势来进行拟合。Excel 还提供其他五种趋势线，其中甚至包括用户可自定义长度的移动平均线。

Excel 甚至可以自动地在图表中做出预测（不过，用这种方法不会得到实际的数值预测）。首先，右击趋势线，选择"格式化趋势线"。查看预测区，设定"延伸值"为 1。点击"关闭"按钮后，可看到趋势线已经延伸到了 2017 年。只要将"延伸值"设置为 2 或 3，就可以将趋势线延伸到 2018 年或 2019 年的预测值。如果不想继续查看趋势线，右键单击趋势线，然后从快捷菜单中"删除"选择选项即可。

回顾一下，我们说过 Excel 可生成趋势线的公式，并应用该公式来进行预测。通过选择合适的选项，就可在图表上显示出该公式。右键单击趋势线，然后从快捷菜单中选择趋势线格式。接着，单击对话框底部的"显示公式"按钮，可以选择同时在图表上显示 R^2。[10]

采用科学记数法，Excel 显示的公式为：

$$y=525\ 245x-1E+09$$

按 Excel 的说法，该公式表示的是：$y=525\ 245x-1\ 000\ 000\ 000$

不过，如果显示的是科学计数符号，那么对四舍五入后的数据要进行质疑。有时，四舍五入并不重要。但在本例中，四舍五入就很重要了。右键单击该公式，从快捷菜单中选择"设置趋势线格式"标签，再选用另一种格式，此时所显示的公式为：

$$y=525\ 244.60x-1\ 051\ 441\ 646.20$$

不难发现，通过将 2017 作为 x 值代入公式中，就可获得 2017 年的预测值。至此，所创建的工作表应如图 5-6 所示。

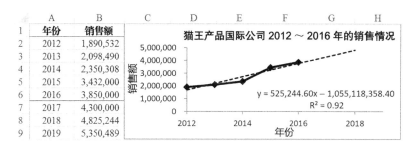

图 5-6　猫王产品国际公司的趋势预测工作表

5.3.3　回归分析

回归分析（regression analysis）这一术语（也称最小二乘法或 OLS 回归模型法）是用一个听上去很高深的名词来描述一个很简单的概念：为某个数据集确定最佳拟合线。虽然听起来简单，但回归分析背后的数学理论则超出了本书的范围。不过，用户不用了解很多，Excel 可以很轻松地帮助处理复杂的回归模型。这里，在不过多研究回归分析数学机理的前提下，我们将充分运用 Excel 的回归工具。

如前所述，回归分析是要为某个数据集找出最为贴合的拟合曲线。对于确定变量之间的关系以及预测工作，回归分析都是一种非常有用的工具。虽然将数据标在图上然后绘制出一条似乎最适合的曲线很简单，但这样画出的曲线实际上并不能保证是最合适的，而且还需要对参数进行假设。在回归分析中，最适合曲线的定义是指误差平方和（SSE）最小的曲线。这里的误差是指实际数据点与该模型的预测点之间的差异。

　　在之前的例子中，我们就是运用了回归分析工具（隐藏在 **TREND** 函数中）来预测猫王产品国际公司 2017 年的销售水平。除了预测之外，回归分析的第二大用途是可以让我们明了变量之间的关系。在本节中，我们将用 Excel 回归分析工具来进行回归分析。[11]

　　在下面的例子中，我们将利用回归分析来更好地预测下一年度猫王产品国际公司的销货成本。表 5-2 给出了猫王产品国际公司销售额和销货成本的历史数据。请注意，在使用回归分析工具时，变量的数据应置于列中。如果置于行中，那么 Excel 就会误解这些数据。

表 5-2　猫王产品国际公司历年销售额和销货成本

年份	销售额（美元）	销货成本（美元）
2012	1 890 532	1 570 200
2013	2 098 490	1 695 694
2014	2 350 308	1 992 400
2015	3 432 000	2 864 000
2016	3 850 000	3 250 000

　　记得前面我们曾计算了猫王产品国际公司 2015 年和 2016 年的平均销售百分比，并用其来完成对 2017 年的预测。然而，你可能担心销售额与销货成本之间有更为系统化的关系。例如，对于销售增长，销货成本的上升速度可能要慢一些，而这完全是有可能的。其原因可能是生产效率得到显著提高，或是材料采购享受数量折扣等。回归分析可以帮助我们加深对历史数据间关系的理解，从而能更好地预测未来的销货成本。

　　在进行回归分析之前，首先要创建一个数据图表，以便对变量间的历史关系有一个直观的印象。为此，先创建一个新的工作表，再将表 5-2 中的数据输入以单元格 A1 为开头的工作表中。接着，选择单元格区域 B1∶C6，再为这些数据创建 *XY* 散点图。

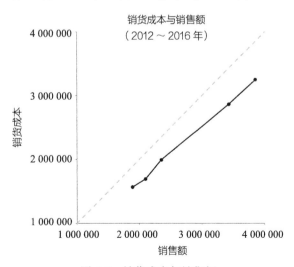

图 5-7　销货成本与销售额

　　为了增强可视化效果，按如下方式改变每个轴的刻度：右击 *y* 轴，然后选择"设置坐标轴格式"，再在"坐标轴选项"中，将最小值改为 1 000 000，将最大值设为 4 000 000，且主要刻度单位为 1 000 000。对 *x* 轴也进行同样的设置。设置时要确保每个轴的刻度相同，以便更好地显示两个变量之间的关系。要注意的是，用户可能需要改变图形的宽度以使 x 轴与 y 轴上刻度线之间的距离大致相同。为此，用户可以选择功能区"图形工具格式标签"中的"尺寸组"选项，也可以直接用鼠标改变图形区的大小。

如图 5-7 所示，变量之间似乎呈现相当一致的关系。此外，因为该线的斜率小于 45°，所以我们知道销售额每变化 1 美元，所引起的销货成本变化就不到 1 美元。问题在于，我们无法通过看图而知道变量之间的确切关系。因此，我们现在要做的是对数据进行回归分析，找到与这些数据最拟合直线的精确斜率和截距。

Excel 提供了一些函数来计算回归方程的参数。例如，**INTERCEPT**、**SLOPE** 和 **LINEST** 函数返回的都是回归线的参数值，而 **TREND** 和 **FORECAST** 函数使用线性回归来生成预测。还有一类非线性回归函数，如 **GROWTH** 和 **LOGEST**。

不过，这里将介绍 Excel 的另一种方法：数据分析工具库加载项中的回归工具。该工具与之前使用过的统计程序很接近。该工具会根据需要的数据，将结果输入到回归表中，包括判断变量之间关系是否存在统计显著性的诊断数据。

确保电脑已经安装了数据分析工具库加载项且已经启用。单击"文件"标签，进入到"Excel 选项"，然后点击"加载项"，在"活动应用程序加载项"中寻找"分析工具库"。如果显示在下拉列表中，表明这个工具已可使用。如果没有，查看一下，是否在"非活动应用加载项"中。如果这样，就需要启用该加载项，方法是点击"转到"按钮，然后点击加载项名称旁边的复选标记。

运行回归工具，单击"数据"选项卡下的"数据分析"按钮。[12] 接着，在分析工具列表中选择"回归"分析工具。图 5-8 显示了数据输入后的对话框。

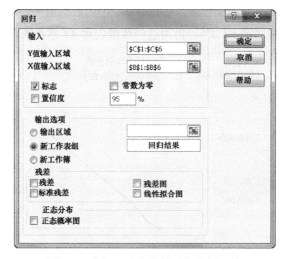

图 5-8　分析工具库中的回归分析工具

在运行分析之前，我们需要确定所关注变量在理论上的相互关系。在本例中，我们假定可以用销售额水平来预测销货成本。因此，可以说销货成本取决于销售额水平。这样，销货成本就是因变量（Y），而销售额则为自变量（X）。[13] 构建的数学模型是：

$$销货成本_t = \alpha + \beta \cdot 销售额_t + \tilde{e}_t \tag{5-1}$$

式中，α 是截距；β 是直线的斜率；$\tilde{e}_t$ 是 t 期间的随机误差项。

如图 5-8 所示，该对话框设有许多选项。简单起见，这里只考虑其中 4 个选项。首先，需要告诉 Excel 因变量（Y）的位置。为此，在 "Y 值输入区域" 编辑框中输入 "$C$1: $C$6"，在 "X 值输入区域" 编辑框中输入 "$B$1:$B$6"。因为输入区域中已经输入了标记，所以要做的就是确保标记框的正确性。[14] 最后，要告诉 Excel 在当前工作簿内为输出值创建一个新的工作表。单击对话框输出区左侧的 "新工作表组" 按钮，为这个新的工作表命名，在编辑框中输入 "回归结果"。

点击 "确定" 按钮后，Excel 将计算回归统计数据并创建一个名为 "回归结果" 的新工作表。此外，通过指定输出数据区域，就可以让 Excel 将输出值输到同一个工作表中。（Excel 可能出现一个小错误。当你按住点击 "输出区域" 按钮时，光标将返回到编辑框中的 "Y 值区域"。因此，在选取所想要的输出区域之前，必须正确点击编辑框位置，否则就会覆盖之前输入的 Y 值区域。）

图 5-9 中显示了回归工具的输出结果。（为方便阅读，这里进行了重新格式化。）如果不熟悉回归分析，该输出结果读起来可能很复杂。不过，我们最关心的是输出结果中回归直线的参数。[15] 实际上，单元格区域 B17：B18 中的数据就是回归公式的参数。如果将其代入式（5-1），可得到：

$$\text{销货成本}_t = -63\,680.82 + 0.858\,3 \times \text{销售额}_t + \tilde{e}_t$$

由式（5-1）可知，在所有其他条件不变的情况下，销售额每增加 1 美元将使销货成本增加约 0.858 3 美元。

	A	B	C	D	E	F	G
1	汇总输出						
2							
3		回归统计					
4	多重回归	99.91%					
5	R^2	99.83%					
6	R^2 调整值	99.77%					
7	标准误差	35,523.08					
8	观测值	5					
9							
10	方差分析						
11		df	SS	MS	F	Significance F	
12	回归分析	1	2,205,960,110,240	2,205,960,110,240	1,748.1412	0.0000	
13	残差	3	3,785,666,909	1,261,888,970			
14	合计	4	2,209,745,777,149				
15							
16		系数	标准差	t- 统计值	P 值	下限 95%	上限 95%
17	截距	−63,680.8247	58,134.6760	−1.0954	0.3534	−248,691.3096	121,329.6601
18	销售额	0.8583	0.0205	41.8108	0.0000	0.7929	0.9236

图 5-9　回归分析结果

5.3.4　统计显著性

在用该公式进行预测之前，先来对其进行评价，确保变量之间存在显著的统计关系。如果不存在显著性，那么预测质量就不可信。此外，多元回归中会出现这样的情况：一些变量具有显著性，而另一些变量不具有显著性。

首先，分析一下单元格 B5 中的 R^2 值。请注意，在这里 R^2 是决定系数，反映了因变量变动中可以由自变量变动来解释的比例。在本例中，销货成本的变化可以由销售额解释的比例接近 100%。这样的关系显然比之前发现的要更有力，表明只要对明年的销售额有一个良好的预测，那么该公式可能会效果很好。

不过，必须清楚的是 R^2 并不表明是否具有统计显著性。事实上，只要增加自变量个数，甚至是增加一个随机变量，R^2 就会增加。避免这一问题的简单方法就是使用调整后的 R^2 值，即根据自变量数来调整原始 R^2 值。只有当增加的变量的确提高了模型的预测能力，调整后的 R^2 值才会增加。

为了判断各个变量的统计显著性，接下来要分析的是位于单元格 D18 的回归系数 t- 统计变量。（通常，我们都不太关注截距系数。）一般地，我们需要知道某个系数在统计上是否有别于为零（"统计学意义"）。请注意，系数大小并不关键。如果销售额变量的系数显著有异于零，那么我们认为销售额数据可以用来对销货成本进行预测。t- 统计变量反映的是系数有异于零的标准误差是多少。t- 统计变量数字越大，那么我们就越有信心认为，该变量与 0 是不同的。在本例中，t- 统计变量为 41.81。一般的规则是，对于大样本，当 t- 统计变量值大于 2.00 时，说明变量之间有显著关系的置信水平在 95% 或以上。尽管这里不存在大样本，但可以相当肯定的是，销售额变量系数是显著的。此外，还可以通过位于单元格 E18 中的 P 值来判断确切的置信水平。只要从 1 中减去 P 值就可找到置信水平。这里，P 值是 0.000 03，所以我们基本上可以 100%（实际上为 99.997%）地相信，变量之间是显著相关的。

我们在进行多元回归分析时，通过分析统计量 F 值就可判断整个模型相对于个别变量的显著性。如果 F 值高，那就表明模型具有显著性。那么，如何在不查阅统计表的情况下判断 F 值呢？对此，Excel 表的单元格 F12 中给出了 F 值。与之前讨论的 P 值分析一样，该值越接近零，模型就越具有显著性。通常，我们关注的是 F 值小于 0.05 的情况。就单个自变量而言，统计量 F 给出的信息与 t- 统计量相同。与调整后的 R^2 值相仿，只有当增加的变量提高了模型的价值，统计量 F 值才会增加。

至此，我们非常相信销售额系数不为零。不过，我们尚不能肯定的是其值就是 0.858 3。在给定样本下，这个值是回归给出的最好估计值。请注意单元格区 F18：G18 中加有标记"下限 95%"和"上限 95%"的数字。这些数据给出了让我们有 95% 把握相信系数的确存在价值的取值范围。换言之，我们有 95% 的把握相信，1 美元销售额变化所引起的销货成本变化在 0.792 9 美元和 0.923 6 美元之间。当然，销货成本变化位于该范围之外的可能性也存在，但概率很小，仅为 5%。[16]

从另一方面来说，我们有 95% 的把握认为截距系数取值范围包含 0。这表明，我们无法从统计意义上将截距系数与 0 区别开来。此外，关于截距系数的较高的 P 值和较低的 t- 统计变量也证实了这一点。不过，因为这里只是利用该模型进行预测，所以截距系数的显著性并不重要。

现在，我们有足够的信心认为，该模型对于销货成本的预测非常有用。为了预测 2017 年的产品销货成本，只需将 2017 年的销售额预测代入公式即可：

$$销货成本_{2017}=-63\ 680.82+0.858\ 3\times4\ 300\ 000=3\ 626\ 854.68$$

回忆一下，之前我们采用销售百分比法对 2017 年销货成本进行预测时，预测结果为 3 609 107.56 美元。显然，该预测数字与回归分析所得出的结果十分相近，所以这两个数字也许都可以用作预测结果。但请注意，这两种方法都完全取决于对销售额的预则。如果没有一个良好的销售预测，那么因此得出的其他预测结果都是值得怀疑的。

为了亲自得出这个预测，请返回根据表 5-2 中的数据所创建的工作表。在单元格 A7 中输入年份"2017"，再在单元格 B7 中输入销售额预测"4300000"。现在，用回归分析输出来计算预测值。为此，在单元格 C7 中输入公式"= 回归结果 !B17+ 回归结果 !B18*B7"。

正如使用 **TREND** 函数一样，我们可以直接将上述回归分析复制到之前完成的 *XY* 散点图中。为此，直接用右键单击任一数据点，再选择快捷菜单中的"添加趋势线"。接着，将公式和 R^2 置于图表上。此时，所创建的工作表应如图 5-10 所示，而且图中的公式应与回归分析的结果相一致。

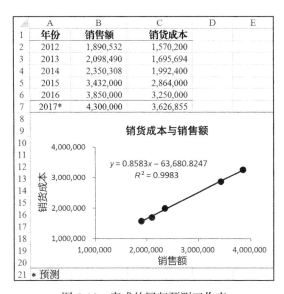

图 5-10　完成的回归预测工作表

5.3.5　利用内置函数求回归参数

如前所述，Excel 提供了若干可直接在工作表中进行回归分析的函数，用户不必通过分析工具库加载操作。这些函数使用方便，但它们不提供判断系数统计显著性所需要的统计量。

如图 5-10 所示，这里存在一定程度的线性关系，因此可以用 **INTERCEPT** 和 **SLOPE** 函数来找出回归方程的参数。这些函数的内涵的确如其名称所指，具体定义为：

$$\textbf{INTERCEPT}\ (\textbf{\textit{KNOWN\_Y'S}}, \textbf{\textit{KNOWN\_X'S}})$$
$$\textbf{SLOPE}\ (\textbf{\textit{KNOWN\_Y'S}}, \textbf{\textit{KNOWN\_X'S}})$$

在如图 5-10 所示的同一个工作表中，在单元格区域 E2：E3 中输入标记"截距"和"斜率"。在单元格 F2 中输入公式"=INTERCEPT(C2：C6,B2：B6)"，接着在单元格 F3 中输入公式"=SLOPE(C2：C6,B2：B6)"，就可得到与前面相同的结果。为了利用这些结果来预测销货成本，需要在单元格 C7 中输入公式"=F2+F3*F7"。请仔细核对，确保与图 5-10 中的结果相一致。

本章小结

本章考察了预测财务报表和变量的三种方法。首先，讨论了销售百分比法，即根据估计的销售水平来预测公司的利润表和资产负债表。其次，讨论了时间趋势预测方法，即把销售额作为销售百分比法的输入变量来加以预测。最后，研究了回归分析法，即通过对过去五年销售额与销货成本之间的关系来更好地预测销货成本。

这里，只是对预测方法进行了粗浅的研究。不过，希望这一章内容能激起读者对财务预测这一重要课题的兴趣。如果确有兴趣，那么大可放心运用 Excel 工具。无论单独运用还是通过加载程序运用，Excel 几乎可以处理所有的预测问题。但请记住，几乎所有的预测会存在错误，得到的只能是贴近未来实际的可能结果。预测结果的准确程度如何，常常依赖于所采用的模型的质量以及模型所用的输入变量。

本章介绍的函数列于表 5-3 中。

表 5-3　本章介绍的函数

用途	函数
计算算术平均值	**AVERAGE**（*NUMBER1,NUMBER2,…*）
计算直线法折旧	**SLN**（*COST,SALVAGE,LIFE*）
根据时间趋势来预测未来结果	**TREND**（*KNOWN_Y'S,KNOWN_X'S,NEW_X'S,CONST*）
求回归方程的截距	**INTERCEPT**（*KNOWN_Y'S,KNOWN_X'S*）
求回归方程的斜率	**SLOPE**（*KNOWN_Y'S,KNOWN_X'S*）

练习题

1. 根据学生用电子表格文件中 Ethan Allen 公司 Financials.xlsx 文件中的数据（为找到本书所提供的学生用电子表格文件，可访问 www.cengagebrain.com），来预测 Ethan Allen 公司截至 2017 年 6 月 30 日的利润表和资产负债表。要求采用销售百分比法。若干假设如下：① 2017 财年的销售额为 797.335 9 美元；②税率为 35%；③对于随销售额变化的每个项目采用近 5 年的平均销售百分比；④公司的固定资产净值增加到了 300 美元；⑤普通股股利为每股 0.75 美元。

（1）该公司 2017 年的自主融资需求为多少？是盈余还是赤字？

（2）假设自主融资需求最终可通过长期负债来吸收，且长期借款的总利息率为 4%。请创建迭代工作表来消除自主融资需求。

（3）创建销售—现金图表并添加线性趋势线。它们之间存在一致性趋势关系吗？符合你的预期吗？

（4）使用回归分析工具来验证（3）中得出的结果。这种趋势具有统计意义上的显著性吗？至少用三种方法来说明为什么是或为什么不是。

（5）关闭迭代功能，然后运用方案管理器来创建以下三种方案。①最佳方案：销售额比预期高出 5%；②基本方案：销售额与预期完全一样；③糟糕方案：销售额比预期减少 5%。以上各方案的自主融资需求分别为多少？

2. 根据题 1 中的数据，完成以下要求。

（1）重新计算销售百分比利润表，但要求用 **TREND** 函数来预测折旧费用、其他业务收入和利息费用。

（2）重新计算销售百分比资产负债表，但要求用 **TREND** 函数来预测现金、其他长期资产和其他负债。

（3）与原始数据相比，这样得出的数据是否更切合实际？这种方法对每个项目都有意义吗？利润表或资产负债表上的其他项目也可以这样预测吗？

3. 学生用电子表格文件 "Chapter 5 Problem 3.xlsx"（为找到本书所提供的学生用电子表格文件，可访问 www.cengagebrain.com）给出了标准普尔 500 指数、苹果公司以及富达相反基金（Fidelity Contrafund）2011 年 9

月～ 2016 年 8 月的全部月度收益数据。

（1）创建一个 *XY* 散点图来表明苹果公司的收益与标准普尔 500 指数收益间的关系。用文字描述苹果公司的收益与标准普尔 500 指数收益间的关系。根据这些数据来估计回归方程的斜率。就富达相反基金回答上述问题。

（2）在图表中添加线性趋势线，并将该图的公式和 R^2 放置在图表中。该式可以证明（1）中的猜测吗？在苹果公司的收益的变化中有多少可以用全部市场变化来解释？就富达相反基金回答上述问题。

（3）使用分析工具库加载数据并对这些数据进行回归分析。因变量为苹果公司的收益，自变量为标准普尔 500 指数的收益。回归分析是否证实先前的结果？斜率系数为苹果公司的 β 系数。该股票的 β 系数具有统计显著性吗？请解释。

（4）根据富达相反基金与标准普尔 500 指数的收益数据，重复（3）中的要求。比较两次回归的 R^2 值。根据它们的差异，可得到什么结论？

在线练习

1. 假设你是在 Ethan Allen 公司 2017 财年结束后做本题，那么如果将 2017 年的预测数与 2017 年的真实财务结果相比，情况如何呢？多一些信息往往有助于得出好一些的预测，是这样吗？将该公司 2017 年的实际销售情况插入预测表中，这能完善对收益的预测吗？

2. 针对自己所在公司分析练习题 3 中的内容。为获取数据，可访问雅虎财经网站（finance. yahoo.com）。输入股票代码，即可了解股票报价情况。点击该页面左侧的"历史价格"链接。将数据分别设置为 5 年期及按月。单击位于页面顶部的链接，将数据加载到 Excel 中。现在，重复之前的步骤，并使用 SPY（一种模拟标准普尔 500 指数的交易所交易基金）的股票代码。现在，将每月的收盘价合并到一个工作表中，然后计算每月的百分比变动。这样，就有足够的数据来回答练习题 3。请注意，为提高计算结果的质量，不妨选取股利数据并计算月度总收益。

注释

1. Pro forma 为拉丁语，有"似乎"之意。因此，预计财务报表给出的是"假设预计期限已完成"后的数据。

2. 例如，如果知道公司总部大楼的租赁费预定要增长，那么就应确保该信息包括在固定费用预测中。

3. 这里选用自定义数字格式，以便给数字加星号来表示脚注。该脚注告诉读者这些数字都是预测数。这里的自定义格式为"#"*""。

4. 这当然是合理的。公司需要一些现金来实现经营，但其数额并不一定与销售水平直接相关。

5. 用户也可以自己设计某个自定义数字格式。可能的一种自定义数字格式为"#,###.00,"赤字";#,###.00,"盈余""。这种方法的好处就是不需要使用单独的单元格，而且也不需要输入公式。

6. 强烈建议尝试用手工方法来操作。这样可大大提高你对迭代过程的理解。

7. 关于迭代计算的替代办法，请参见 T. Arnold and P. C. Eismann," Debt Financing Does Not Create Circularity Within Pro Forma Analysis, "*Advances in Financial Education*, Vol 6, Summer 2008, pp. 96-102.

8. 虽然采用直线图也可以，但因为 *X* 轴标签为数字（年份），所以采用散点图更好一些。

9. 虽然从技术上讲 *KNOWN_X'S* 和 *NEW_X'S* 属于任选参数，但很多情况下不可省去。如果两个都省去，那么 **TREND** 函数就会返回趋势线上的数组值，而不是下一个预测值。此时，如果忽略了数组输入与多个单元格的选择，那么得到的值为趋势线上的首个值。

10. R^2 表明公式中 y 变量的影响占全部方差的百分比。

11. 回归工具并不是像 **TREND** 函数一样有内置函数的功能。相反，它是 Excel 所包含的数据分析工具的一部分。其中的一个回归函数名称是 **LINEST**。但是，该函数使用起来很复杂，因为它返回的是一组数值而不是单个值。此外，返回值是没有标签的。为获得更详细的信息，请参阅在线帮助。

12. Mac 用户的好消息：Mac 的 Excel 2016 中装有数据分析工具库，但在 Excel 2011 中并没有。用户可按前面所述找到"数据"标签。

13. 许多回归模型有一个以上的 X 变量。这些模型被称为多元回归。对此，Excel 能够像本例一样轻松处理。唯一的限制就是 X 变量必须在单一连续区间内（列必须靠在一起）。

14. 必须注意标签核对框。如果在未选择任何标签时进行核对，那么 Excel 就假定第一批数据点为标签，不对它们进行回归。

15. 这里，我们并不想弱化该输出结果的重要性。相反，在不完全理解模型的前提时，就将模型用于任何重要目的的做法显然是不可取的。我们只是想说明，如何尽可能简单地用 Excel 来进行这种类型的分析。

16. 这里所用的样本相当小，仅仅只有 5 个观测值。这在某种程度上降低了数据的可信度，使得 95% 的置信区间扩大。所以，最好使用具有更高频率的数据，如季度销售额和销货成本。

第 6 章

基于时间序列法的销售预测

通过本章学习，应能：

- 确定时间序列的组成要素并将其分解成这些要素
- 运用简单指数平滑法来创建并预测平稳时间序列
- 扩展指数平滑模型以处理趋势和季节变动问题
- 运用求解器来优化模型参数
- 运用内置的预测工作表来生成时间序列预测
- 运用 Excel 的回归工具来预测具有趋势和季节变动的时间序列
- 解释回归分析中虚拟变量的目的

在前一章中，我们用销售百分比法来预测财务报表。我们将下一年的销售额作为已知值来预测其他项目。在本章中，我们将考察一些经典的时间序列工具，利用过去的趋势和季节变动来预测公司的收入。

时间序列（time series）是对某个变量的一种按时间周期顺序排列的观测结果。例如，经济方面的时间序列比比皆是，包括一国的季度国内生产总值（GDP）、月度消费者价格指数（CPI）、月度住房开工量，等等。本章主要关注的时间序列类型为公司的季度销售收入。不过，需要记住的是，本章所介绍的方法适用于任何类型的时间序列。本章前面的部分主要介绍如何把时间序列分解为其组成部分，预测时间序列未来价值的若干方法以及如何衡量预测的准确性。

6.1 时间序列的分解

时间序列由四个因素组成：

- 趋势因素（trend component）指的是数据的长期行为。随着时间的推移，它可以增加、减少或保持不变。正如后面即将要介绍的，亚马逊（Amazon.com）的销售额呈上升趋势。
- 季节变动因素（seasonal component）指的是与一年内某个事件或某个时期相关的数据的周期性波动。例如，冬季温度较低，夏季温度较高。同样，在第四季度假期期间，零售商的销售额往往较高，而在第一季度则较低。

- 周期波动因素（cyclical component）指的是周期在一年以上且时间上横跨两个周期的波动。例如，在战后期间，商业周期从低谷到低谷的时间平均约为 69.5 个月（5 ～ 6 年）。[1]
- 不规则波动因素（irregular component）指的是时间序列中那些无法由任何上述因素解释且被假定具有随机性的内容。与其他组成因素不同，不规则波动因素无法进行预测。

鉴于这里处理的是短期时间序列，不会遇到任何可识别的周期波动因素，所以对此不加考虑。这样，时间序列 Y_t 可以表示为：

$$Y_t = f(T_t, \ S_t, \ I_t) \qquad\qquad (6\text{-}1)$$

式（6-1）表明某个时间序列是其趋势因素、季节变动因素和不规则波动因素的函数。通常，式（6-1）的函数形式可以是加法也可以是乘法。

当季节变动因素在整个时间序列上相对恒定时，时间序列适合采用加法进行分解。当季节变动因素随着时间序列的水平而增大（或缩小）时，时间序列适合采用乘法模型。许多公司的收入显示出季节波动特征，从而与乘法模型具有一致性。

图 6-1 给出了亚马逊 2009 ～ 2016 年的季度销售额的情况以及 2009 ～ 2015 年年度销售额的情况。[2]不难发现，年度销售额在此期间呈现出非常明显的上升趋势。虽然季度销售额也呈现出同样的趋势，但每年第四季度出现了因假期因素而发生的季节性变动峰值。此外，我们也发现随着销售额的增长，季节性变动幅度似乎越来越大。这表明乘法模型可能比加法模型更为合适，所以这里的分解采用了乘法模型。

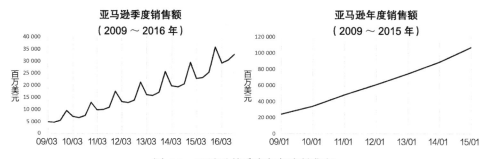

图 6-1　亚马逊的季度与年度销售额

6.1.1　用移动平均值平滑时间序列

分解时间序列的第一步是要消除季节性波动因素以便找出趋势，可以通过求移动平均值（moving average）来完成这一步骤。移动平均值是当平均值窗口随着时间的推移而对一定数量的观测值所求的平均值。换言之，在计算平均值时，每个期间都会增加一个新的值，同时又会去掉一个旧的值。例如，如果求包含四个期间的移动平均值，那么第一个移动平均值的计算公式为：

$$\overline{Y}_1 \equiv \frac{Y_1 + Y_2 + Y_3 + Y_4}{4}$$

式中，$\overline{Y}_1$ 为移动平均值的第一个值；$Y_1 \sim Y_4$ 为该序列的前四个观测值。移动平均值的第二个值为：

$$\overline{Y}_2 \equiv \frac{Y_2 + Y_3 + Y_4 + Y_5}{4}$$

如果用图表示，那么移动平均值应该位于平均值所包含值的中间值上。也就是说，这里的 $\overline{Y}_1$ 应画在第二个和第三个观测值的中间（居中），$\overline{Y}_2$ 应画在原始序列的第三个和第四个观测值的中间。对于观测值为偶数的移动平均值，这显然不可能做到。因此，我们转而对四个期间的移动平均值再计算两个期间的移动平均值（所谓的 2×4 移动平均值）。这样，我们就可以创建出居中的移动平均值，其初始值位于原始时间序列的第三个观测值（2.5×3.5 平均值）上。需要注意的是，对于任何移动平均值，我们会在序列的开头和结尾处去掉一些值。在使用 2×4 移动平均值时，我们将在序列的开头和结尾处各去掉两个值。

打开收入文件（Revenues.xlsx），转到亚马逊季度收入工作表。这样，我们就可以计算四个期间的居中的移动平均值。A 列给出了每个观测值的日期，B 列给出了以百万美元计的季度销售额。在单元格 C4 中输入公式" =AVERAGE(AVERAGE(B2∶B5),AVERAGE(B3∶B6))"，再将公式向下一直复制到单元格 C30，从而创建出 4 个期间居中的移动平均值（CMA）。

图 6-2 显示了工作表的一个部分以及反映季度销售额及 4 个期间居中的移动平均值的线形图。尤其要注意的是，移动平均值已消除了数据的季度性因素。这充分表明，移动平均值可以让我们关注数据的趋势。

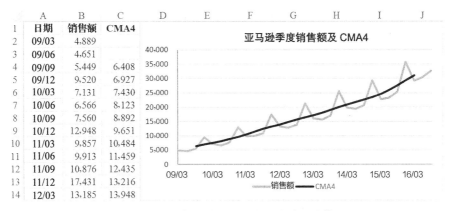

图 6-2　4 个期间销售额居中的移动平均值

注：CMA4 表示 4 个期间的居中移动平均值。

N 个期间的移动平均值消除了 N 个期间全部或差不多全部的波动因素。这也解释了我们为什么选择 4 个期间的移动平均值。我们希望消除的季节性变动横跨 4 个期间。如果我们的数据是月度数据，那么就有 12 个期间的季节变动，就会使用 12 个期间的移动平均值。

4 个期间的居中移动平均值反映了数据的变化趋势，而且有助于我们分离时间序列的其他两项组成因素。

6.1.2　时间序列季节性因素的分离

为了分离季节性因素，我们首先将每季度的销售额与上面所确定的趋势值进行比较。在单元格 D1 中输入标记"原始季节比值"，在单元格 D4 中输入公式"=B4/C4"，然后将公式向下一直复制到单元格 D30。我们将这些值称为原始季节比值，用于计算每个季度的季节性因素。一般来说，季节性因素反映的是，每个季节性周期（本例中为季度）的值与趋势有所不同的程度。因此，第一季度的季节性因素等于每个第一季度观测值的原始季节比值的平均值，且每个季度都是如此。例如，如果第一季度的季节性因素是 0.944，那么这就告诉我们第一季度的销售额大约是趋势值的 94.40%。

在计算季节性因素之前，我们需要知道每个销售额观测值属于所在年份的哪个季度。为此，在 B 列的左侧插入一列，并在单元格 B1 中输入标记"季节"（QTR）。在单元格 B2 中，我们利用单元格 A2 中的日期并运用公式"=MONTH(A2)/3"来计算季度数。需要注意的是，这一方法仅适用于财政年度与日历年度相同的公司。因为 Excel 可能会自动将日期格式应用于结果，所以将其格式化为数字并将公式向下一直复制到单元格 B32。

为了计算每个季度的季节性因素，我们需要在工作表内创建一个小表。在单元格区域 H2：H5 中，输入值 1～4 以表示一年的四个季度。接着，在第 I 列计算每个季度的原始季节比值的平均值。为此，需要我们以某种方式来计算合适的季度值的平均值。这里，我们可以用 **AVERAGEIF** 函数来做到这一点，**AVERAGEIF** 函数的定义如下：

$$\text{AVERAGEIF}\,(\textit{RANGE},\ \textit{CRITERIA},\ \textit{AVERAGE\_RANGE})$$

其中，***RANGE*** 是与 ***CRITERIA*** 相匹配的单元格范围，*AVERAGE_RANGE* 是用于计算平均值的单元格范围。在本例中，首先要对所有第一季度的原始季节比值求平均值，所以在单元格 I2 中输入公式"=AVERAGEIF($B$4：$B$30,H2,$E$4：$E$30)"。该公式将查看单元格区域 B4：B30 中的季度编号，并检查它们是否为 1，然后创建第一季度平均原始季节比值的列表以计算未经调整的第一季度季节性指数。因为这一过程对于每个季度都需要重复，所以将公式复制到单元格区域 I3：I5。

需要注意的是，未经调整的季节性因素加总值不会如我们所预期的那样等于 4。因此，需要将它们进行标准化以创建季节性因素，方法就是直接将每个未经调整的季节性因素除以所有未经调整的季节性因素的平均值。为此，我们在单元格 J2 中输入公式"=I2/AVERAGE($I$2：$I$5)"，再将其向下复制到单元格 J5。不难发现，单元格区域 J2：J5 的总和现在等于 4，而这正如我们所期望的那样。至此，就可以得到最终的季节性因素。

现在，我们需要把季节性因素显示在 F 列中。为此，需要使用 **VLOOKUP** 函数（此处的 V 表示纵向）以便从表中查找正确的因素：

$$\text{VLookup}\,(\textit{LOOKUP\_VALUE},\ \textit{TABLE\_ARRAY},\ \textit{COL\_INDEX\_NUM},\ \textit{RANGE\_LOOKUP})$$

其中，***LOOKUP_VALUE*** 指要在表的第一列中查找的数字或文本值，***TABLE_ARRAY*** 指包含该表的整个区域，***COL_INDEX_NUM*** 表示答案要从该列返回，*RANGE_LOOKUP* 为规定所要执行的查找类型的可选参数。

在单元格 F4 中，我们希望找到第三季度的季节性因素。为此，在单元格 F4 中输入公式"=VLOOKUP(B4,$H$2：$J$5,3)"。该公式将在季节因素表的第一列中查找 B4（3）中的值，并从第三列返回 0.886。再将该公式向下一直复制到单元格区域 F5：F30。至此，工作表应如图 6-3 所示。

	A	B	C	D	E	F	G	H	I	J
1	日期	季度	销售额	CMA4	原始季节比值	季节性指数		季度	原始因素	经标准化的因素
2	09/03	1	4,889					1	0.942	0.944
3	09/06	2	4,651					2	0.865	0.868
4	09/09	3	5,449	6,408	0.850	0.886		3	0.884	0.886
5	09/12	4	9,520	6,927	1.374	1.302		4	1.298	1.302
6	10/03	1	7,131	7,430	0.960	0.944				
7	10/06	2	6,566	8,123	0.808	0.868				
8	10/09	3	7,560	8,892	0.850	0.886				
9	10/12	4	12,948	9,651	1.342	1.302				
10	11/03	1	9,857	10,484	0.940	0.944				
11	11/06	2	9,913	11,459	0.865	0.868				
12	11/09	3	10,876	12,435	0.875	0.886				
13	11/12	4	17,431	13,216	1.319	1.302				

图 6-3 季节性因素的分解工作表

6.1.3 提取不规则因素

至此，我们已经提取了趋势因素（4个期间的居中移动平均值）和季节性因素，而剩下要找的就是时间序列的不规则因素。回想一下，我们使用了乘法分解法，因此每个时间序列观测值都是3个因素的乘积：

$$Y_t = T_t \cdot S_t \cdot I_t \qquad (6\text{-}2)$$

我们已知每个时期的销售额（Y_t）、趋势值（T_t）以及季节性指数（S_t）。因此，不规则因素可以按如下公式进行计算：

$$I_t = \frac{Y_t}{T_t \cdot S_t} \qquad (6\text{-}3)$$

在列 G 前插入一列，并在单元格 G1 中输入标记"不规则"。接着，在单元格 G4 中输入公式"=C4/(D4*F4)"，再将公式复制到单元格区域 G5：G30。

分解完时间序列后，我们需要对其进行重构。这里，我们需要借助式（6-2）。为此，在 H 列前插入新的一列，再在单元格 H4 中输入公式"=D4*F4*G4"。接着，将该公式向下一直复制到单元格区域 H5：H30。不难发现，所得结果与原始销售额完全相同。图 6-4 显示了完成的分解工作表以及每个组成部分的线形图。需要注意的是，这里隐藏了 E 列，原因是原始季节比值与这点无关。

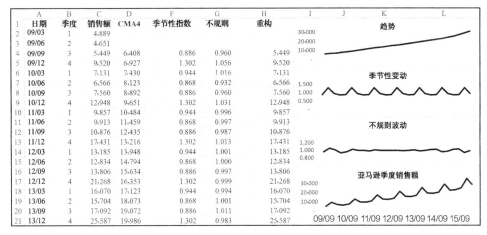

图 6-4 完成的销售额的分解

6.2　时间序列预测法

预测时间序列的方法很多，有很简单的，也有非常先进的。鉴于时间序列的不规则波动因素，没有哪一种预测方法会 100% 准确，所以我们能做的就是尽量减少误差。出于这个原因，从本节开始我们将讨论如何衡量预测误差。

如前面所述，公司的销售额可能同时呈现出趋势性和季节性特征（具有非平稳性）。这里重点关注对于预测此类序列最为有用的，不需要转换数据以实现平稳性的且可以通过电子表格加以处理的那些方法。

那么，如何衡量预测误差呢？

预测的主要目的是要生成准确的预测结论，而这可能完全不同于获得最贴合历史数据的情况。出于这个原因，必须重点关注基于可靠样本数据的模型评估，而且必须根据新获得的数据对模型的预测结论进行持续的评估。

虽然预测误差的指标可能很多，但最为常见的指标（需要注意的是 $e_t = Y_t - \hat{Y}$，其中 $\hat{Y}$ 是 t 期间的预测）是：

（1）平方误差和 $(SSE) = \sum_{t=1}^{N} e_t^2$

（2）均方误差 $(MSE) = \dfrac{1}{N} \sum_{t=1}^{N} e_t^2$

（3）均方根误差 $(RMSE) = \sqrt{\dfrac{1}{N} \sum_{t=1}^{N} e_t^2}$

（4）平均绝对误差 $(MAE) = \dfrac{1}{N} \sum_{t=1}^{N} |e_t|$

（5）平均绝对百分比误差 $(MAPE) = \dfrac{1}{N} \sum_{t=1}^{N} \dfrac{|e_t|}{Y_t}$

究竟使用哪种误差指标取决于预测误差的成本。除了 MAPE 以外，上述方法中的其他方法都会形成过高与过低的预测结论。MAPE 具有不对称性，毕竟该指标支持的预测结论常常低于实际值。其他非对称的误差指标不在本书的讨论范围内。在下面的例子中，我们要计算每种预测方法的 MSE 和 MAPE。

6.3　指数平滑法

指数平滑指的是一种加权平均，其中最近的观测值被赋予最大的权重，而且先前观测值的权重随着时间的推移呈指数下降。直观地说，最近的观测值被赋予更多的权重是很明智的，毕竟在时间序列中的下一个水平可能更接近更新的值而不是更旧的值。

实际上，指数平滑这一术语指的是全体平滑方法，其至少有 15 种不同的方法。本节仅仅考察其中的一些方法。

6.3.1　简单指数平滑

在这里介绍的方法中，简单指数平滑（simple exponential smoothing，SES）是最为基本的。不过，其背后的思想为其他方法提供了基础。需要注意的是，这一方法并不真正适用于非平稳时间序列（具有趋势和 / 或季节性的时间序列）。虽然可以将简单指数平滑应用于此类序列，但可能无法获得最佳预测值。

在前一期间的实际值和预测值已知的情况下，我们就可以计算下一期间的预测值：

$$\hat{Y}_{t+1} = \hat{Y}_t + \alpha\left(Y_t - \hat{Y}_t\right) \tag{6-4}$$

也就是说，$t+1$ 期间的预测值等于上一期的预测值加上上一期预测误差的一部分。式（6-4）右边的第二项属于修正因子，而 α 被称为平滑参数（smoothing parameter）。需要注意的是，虽然不是硬性要求，但在通常情况下，α 被限定在 0 与 1 之间。在继续之前，先需要复制包含亚马逊季度销售额的工作表。必要时，可以删除除了日期和销售额列以外的任何列。

在应用式（6-4）之前，必须为 $\hat{Y}_t$ 设置一个起始值。虽然可能会有其他的选择，但第一个预测值通常被设为时间序列的第一个值。在本例中，我们从亚马逊销售额的首个值 4 889 开始。此外，需要给平滑常数 α 赋一个值。这里，我们暂时采用 0.25，但很快就会找出最优值。

首先来设置工作表。在单元格 E1 中输入标记"α"，在单元格 E2 中输入标记"MSE"，在单元格 E3 中输入标记"MAPE"。在单元格区域 F1：F3 中，输入平滑常数值和两个误差指标值。为此，在 F1 中输入"0.25"，再在完成数据拟合后填入 MSE 和 MAPE 的公式。在单元格 C2 中，输入初始值公式"=B2"，在单元格 C3 中输入式（6-4）"=C2+\$F\$1*(B2−C2)"，并将其向下一直复制到单元格 C33。

C 列中的值表示当平滑常数 α=0.25 时根据历史数据拟合值，再加上一个预测期间（在单元格 C33 中）。在找到最优平滑常数 α 之前，我们需要计算误差指标值。这里可以使用 **SUMXMY2** 函数来计算 MSE，该函数计算的是两组值之间的平方差总和（本例中为平方误差总和），其定义为：

SUMXMY2 (*ARRAY_X*, *ARRAY_Y*)

需要注意的是，函数名称可以记为"X 减 Y 的平方和"。因为我们想要的是均方误差，所以需要将函数的计算结果除以观测值的数目，但不包括预测值。在单元格 F2 中输入公式"=SUMXMY2(B2：B32,C2：C32)/COUNT(C2：C32)"，得出的 MSE 为 20 856 471。

我们也可以查看平均绝对百分比误差，即百分比误差绝对值的平均值。为此，在单元格 F3 中输入公式" =AVERAGE(ABS(B2：B32-C2：C32)/B2：B32)"。需要注意的是，这是一个数组公式，必须按住"Ctrl+Shift+Enter"键，Excel 才会正确解释公式。不难发现，MAPE 为 16.82%。在添加了实际销售额和指数平滑拟合数据线形图之后，创建的工作表应如图 6-5 所示。

图 6-5 中的线形图清楚地表明，数据的拟合不是很好，原因在于我们为平滑常数 α 选择了一个随机值。现在，我们利用 Excel 的规划求解器加载项来找出最优的 α 值。不过，该加载项在默认情况下不能启用。启用时，需要转到"文件"标签，在左侧的选项列表中选择"加载项"，然后单击对话框底部的"执行"按钮。此时，就会弹出已安装加载项的对话框。确保规划求解加载项旁边有复选标记。一旦启用，功能区的"数据"标签中就会显示规划求解按钮。

规划求解是一个优化工具，允许用户定义问题的约束条件。在本例中，我们希望找到能使 MSE 最小化的 α 值，而且确保 α 必须介于 0 和 1 之间。为此，先启动规划求解，再在设置目标文本框中输入"F2"。然后，选择最小化单选按钮，使用求解器将 MSE 最小化，接着将

“通过更改可变单元格”设置为“F1”。最后，需要对可能的解决方案设置约束条件，从而保证 $\alpha \geqslant 0$ 且 $\alpha \leqslant 1$。为了添加这些约束条件，单击“添加”按钮并设置“F1 >= 0”，再次单击添加按钮并设置“Fl <= 1”。此时，对话框应该如图 6-6 所示。

	A	B	C	D	E	F
1	日期	销售额	指数平滑		α	0.250 0
2	09/03	4,889	4,889		MSE	20,856 471
3	09/06	4,651	4,889		MAPE	16.82%
4	09/09	5,449	4,830			
5	09/12	9,520	4,984			
6	10/03	7,131	6,118			
7	10/06	6,566	6,371			
8	10/09	7,560	6,420			
9	10/12	12,948	6,705			
10	11/03	9,857	8,266			
11	11/06	9,913	8,664			
12	11/09	10,876	8,976			
13	11/12	17,431	9,451			
14	12/03	13,185	11,446			

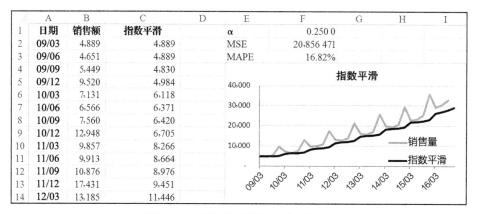

图 6-5　简单指数平滑的初始工作表

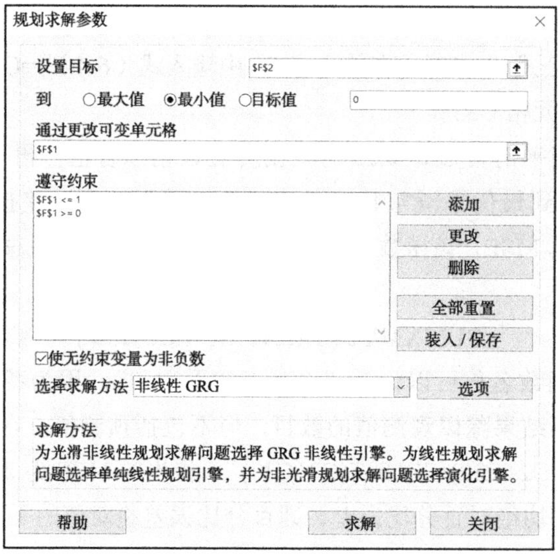

图 6-6　简单指数平滑的规划求解对话框

单击规划求解按钮时，其会报告已找到解决方案。选择“保存求解器解决方案”，就会发现最优值大约为 0.512 5。此时得出的 MSE 值为 15 503 689，MAPE 为 13.07%。显然，两者都比先前的结果好得多。

6.3.2　霍尔特线性趋势指数平滑模型

如上所述，简单指数平滑对于具有持续性趋势的数据并不理想。虽然霍尔特线性趋势指数平滑模型（LES）具有类似性，但该模型允许对数据的水平和趋势进行估计。因此，除了序列水平有一个平滑常数（α）之外，趋势也有一个平滑常数（β）。因为我们的数据有趋势性，所以我们期望应用 LES 比应用 SES 能带来更好的拟合结果。

$$水平_t\ (L_t) = \alpha Y_t + (1-\alpha)(L_{t-1}+T_{t-1}) \tag{6-5}$$

$$趋势_t\ (T_t) = \beta\ (L_t-L_{t-1}) + (1-\beta)\ T_{t-1} \tag{6-6}$$

$$预测_{t+n}\ (\hat{Y}_{t+n}) = L_t+nT_t \tag{6-7}$$

需要注意的是，除了这里所包括的对趋势的前期估计之外，t 期序列的水平（L_t）与 SES 预测非常相似。T 期的趋势（T_t）是基于水平的变化。因此，趋势估计不是长期趋势，而是短期或局部趋势。对前 n 期的 LES 预测（$\hat{Y}_{t+n}$）是由所知最新序列水平加上 n 倍的所知最新趋势决定的，其中的 n 为期间数。因此，与 SES 不同的是，LES 预测将尽可能多地按照期望的期间来遵循最新的趋势（不过 LES 预测应该只用于少量的期间）。

为了进行 LES 计算，需要把日期和亚马逊的销售额复制到新的工作表中。为此，在单元格 C1 中输入标记"水平"，在单元格 D1 中输入标记"趋势"，在单元格 E1 中输入标记"预测"。在开始之前，我们需要对水平和趋势值进行初始化。为此，这里将该水平的初始值设置为期间 1 的销售额，因此在单元格 C2 中输入公式" =B2"。鉴于无法在开始时估计趋势值，所以我们将单元格 D2 中的值设置为 0。同样，因为无法预测期间 1 的值，所以将单元格 E2 设置为" =NA()"。

下面，我们用式（6-5）～式（6-7）来计算水平、趋势和预测。为此，在单元格 C3 中输入计算水平值的公式为" =\$H\$1*B3+(1-\$H\$1)*(C2+D2)"，在单元格 D3 中输入计算趋势值的公式" =\$H\$2*(C3-C2)+(1-\$H\$2)*D2"，在单元格 E3 中输入计算预测值的公式"=SUM(C2:D2)"。接着，选定单元格区域 C3:E3，再将这些公式向下一直复制到行 32。

在单元格区域 G1:H4 中，我们要设置模型参数和误差衡量指标。为此，在单元格区域 G1:G2 中输入标记"α"和"β"，在单元格区域 H1:H2 的两个单元格中都输入参数初始值"0.25"。（需要记住的是，这些仅仅是初始值，很快就要进行优化。）在单元格区域 G3:G4 中输入标记"MSE"和"MAPE"以供衡量误差之用。在单元格 H3 中，输入计算 MSE 的公式" =SUMXMY2(B3:B32,E3:E32)/COUNT(B3:B32)"。在单元格 H4 中，输入计算 MAPE 的公式" =AVERAGE(ABS(B3:B32-E3:E32)/B3:B32)"。这些公式与我们之前使用的公式相同，只是引用的某些单元格有所不同。

与计算 SES 一样，我们可以使用规划求解来找到 α 和 β 的最优值。同样，我们将尽量最小化 MSE，但这次我们将把 α 和 β 都限制在 0 和 1 之间。不管怎样，程序是一样的。图 6-7 显示了规划求解的设置。

点击规划求解按钮后，不难发现所得到的 α 最优值为 0.115 9，β 最优值为 1.000 0。基于这些值计算出的 MSE 为 10 721 645，而这比 SES 模型拟合性更好（见图 6-8）。但需要注意的是，这一模型

图 6-7　霍尔特线性指数平滑的规划求解设置

依然忽视了数据的季节性因素。

	A	B	C	D	E	F	G	H	I	J	K
1	日期	销售额	水平	趋势	预测		α		0.1159		
2	09/03	4,889	4,889.00	—	#N/A		β		1.0000		
3	09/06	4,651	4,861.40	(27.60)	4,889.00		MSE		10,721,645		
4	09/09	5,449	4,905.14	43.73	4,833.81		MAPE		13.94%		
5	09/12	9,520	5,478.89	573.75	4,948.87						
6	10/03	7,131	6,177.68	698.79	6,052.64						
7	10/06	6,566	6,840.46	662.79	6,876.46						
8	10/09	7,560	7,509.83	669.37	7,503.25						
9	10/12	12,948	8,732.14	1,222.30	8,179.20						
10	11/03	9,857	9,943.14	1,211.01	9,954.44						
11	11/06	9,913	11,010.24	1,067.10	11,154.15						
12	11/09	10,876	11,938.04	927.80	12,077.34						
13	11/12	17,431	13,395.17	1,457.13	12,865.85						
14	12/03	13,185	14,658.98	1,263.81	14,852.30						
15	12/06	12,834	15,564.64	905.67	15,922.78						

图 6-8　亚马逊销售额的霍尔特 LES 模型

我们可以利用式（6-7）与趋势线来生成预测。单元格 C32 和单元格 D32 中分别为已知水平和趋势的最新估计值。因此，2016 年 12 月和 2017 年 3 月的预测值为：

$$\hat{Y}_{Dec\,2016}=32\,873.12+1\,693.27（1）=34\,566.39$$

$$\hat{Y}_{Mar\,2017}=32\,873.12+1\,693.27（2）=36\,259.66$$

当然，也可以通过在工作表中运用公式来生成预测。首先，将 A 列中的日期延长至 2017 年 9 月，然后在单元格 E33 中输入公式 "=\$C\$32+\$D\$32*(ROW()-ROW(\$E\$32))"，接着将其公式向下一直复制到单元格 E36，从而来生成未来四个季度的预测值。这里需要使用 **ROW** 函数，其定义为：

$$\textbf{ROW}\,(\textit{REFERENCE})$$

其中，*REFERENCE* 为任选单元格。如果没有给出所引用的单元格，那么它就会返回当前行。

6.3.3　具有趋势和季节性的时间序列的预测

到目前为止，所采用的方法最适用于平稳数据（SES），或是具有趋势但没有季节性的数据（LES）。然而，亚马逊公司的销售额数据同时具有趋势和季节性。在本节中，我们将讨论一些可以处理趋势和季节性因素的方法。我们将从三种方法开始讨论，而且这三种方法是对之前所讨论的指数平滑方法的扩展。

回想一下，针对季节性因素的模型有两种：加法模型和乘法模型。如图 6-9 所示，随着时间的推移，乘法模型的季节性变动会增强，而加法模型的季节性变动则并不会增强。

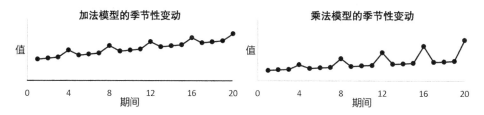

图 6-9　加法模型和乘法模型的季节性变动

6.3.4　霍尔特 – 温特斯加法季节性模型

霍尔特 – 温特斯加法季节性模型（Holt-Winters additive seasonal model，HWAS）与霍尔特线性指数平滑模型相类似，不同之处在于其水平因季节性进行了调整，而且引入了解释季节性的第三个平滑参数。因为这一模型可以处理季节性，所以我们希望能得到比 LES 模型更好的预测。

HWAS 的式为：

$$水平_t(L_t)=\alpha(Y_t-S_{t-p})+(1-\alpha)(L_{t-1}+T_{t-1}) \tag{6-8}$$

$$趋势_t(T_t)=\beta(L_t-L_{t-1})+(1-\beta)T_{t-1} \tag{6-9}$$

$$季节性_t(S_t)=\gamma(Y_t-L_t)+(1-\gamma)S_{t-p} \tag{6-10}$$

$$预测_{t+n}(\hat{Y}_{t+n})L_t+nT_t+S_{t+n-p} \tag{6-11}$$

式中，γ 为季节性参数；p 为一年中的季节数量（季度数通常为 4，月数通常为 12）。

首先复制图 6-8 中创建的工作表，毕竟两者十分相似。接着，在 E 列前添加新的一列，再在单元格 E1 中输入标记"季节性"。然后，选择单元格区域 H3：I3 并右键单击，再选择插入，并向下移动单元格。最后，在单元格 H3 中键入标记"γ"。除了公式外，工作表现已准备就绪。

我们将从单元格 C5 中的序列水平开始。这里通过对前四个观测值求平均值来执行初始化。为此，在单元格 C5 中输入公式"=AVERAGE(B2：B5)"。这里我们运用式（6-8）在单元格 C6 中进行第一个实际水平预测，输入的公式为"=$I$1*(B6−E2)+(1−$I$1)*(C5+D5)"。显然，这个公式引用了两个空单元格（D5 和 E2），但我们会在之后填充它们。

与之前一样，我们在单元格 D5 中输入"0"来初始化趋势。单元格 D6 中的公式与 LES 趋势公式相同，使用式（6-9），输入公式"=$I$2*(C6−C5)+(1−$I$2)*D5"。这里需要四个季节性估计值以便开始我们的计算，因此我们将通过计算前四个季度每个季度的销售额与初始估计水平之间的差异来初始化季节性。为此，在单元格 E2 中输入公式"=B2−$C$5"，然后将公式向下复制到单元格区域 E3：E5。这样就完成了对前四个季度季节性的初始化。最后，我们运用式（6-10）在单元格 E6 中计算季节性，公式为"=$I$3*(B6−C6)+(1−$I$3)*E2"。

现在，我们可以在单元格 F6 中计算第一个季度的预测值。由于这里采用的是加法模型，所以预测值为水平（C5）加上趋势（D5）再加上四个季度前的季节性（E2）。需要注意的是，我们目前预测的是 2010 年 3 月的这一季度，而引用的季节性为 2009 年 3 月（恰好在一年前）。因此，输入单元格 F6 中的公式为"=SUM(C5：D5)+E2"。

正如之前所做的那样，每个平滑常数都被限制在 0 和 1 之间。这里，将它们（单元格区域 I1：I3）中的每一个都设置为 0.25 作为起始值。显然，这些值还不是最优值。现在，更新单元格区域 I4：I5 中的 MSE 和 MAPE 公式，以便它们引用单元格区域 B6：B32 和 F6：F32。显然，这比重新输入公式要简单得多。根据给出的这些平滑常数值，不难得到 MSE 为 2 193 387，MAPE 为 7.95%。需要注意的是，虽然采用的是随机选择的平滑参数，但这些拟合指标值远远优于运用 SES 和 LES 方法所得到的指标值。

下一步要做的是优化平滑参数。因为我们创建了 LES 工作表的副本，所以求解器应该按照我们需要的方式进行设置。这里需要做的就是把"通过更改可变单元格"设置为单元格区域 I1：I3，并使用"更改"按钮来编辑两个约束条件，使得它们也引用单元格区域 I1：I3。点击"求解"按钮，并将你的工作表与图 6-10 中的工作表进行比较。

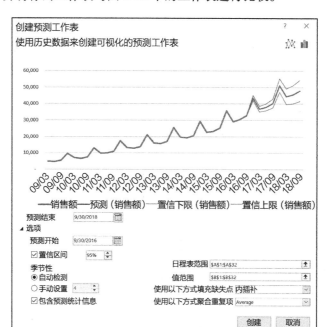

图 6-10　创建预测工作表的对话框

　　尽管季节性调整在一些期间似乎有点儿过小，但图 6-10 中的线形图似乎与数据非常拟合。与之前一样，这里按照式（6-11）在单元格区域 F33：F36 中对接下来四个季度（2016 年 12 月～ 2017 年 9 月）进行预测。为此，我们在单元格 F33 中输入公式"=$C$32+$D$32*(ROW()−ROW($F$32))+E29"。这与我们在 LES 模型中进行预测所用的公式相同，并且增加了一年前的季节性因素。不难发现，2016 年 12 月的预测值为 43 063.65，2017 年 3 月的预测值为 36 384.03。

　　当然，如果你愿意，你可以进行更长远的预测。但是，这样做有点儿危险，因为我们没有水平、趋势或季节性因素的更新值。这样做等同于将趋势延伸到未来，而这可能会忽略一个事实，即趋势可能会随时改变。

6.3.5　采用内置的 ETS 模型

　　Excel 2016 具有内置的 ETS（误差、趋势与季节性）预测模型。该模型是我们在前一节中所采用的霍尔特 – 温特斯加法季节性模型的更高级版本。用户可以使用 **FORECAST.ETS** 函数来获取 ETS 预测模型，其定义如下：

$$\textbf{FORECAST.ETS}\ (\textbf{\textit{TARGET\_DATE}}, \textbf{\textit{VALUES}}, \textbf{\textit{TIMELINE}}, \textit{SEASONALITY},$$
$$\textit{DATA\_COMPLETION}, \textit{AGGREGATION})$$

其中，**_TARGET_DATE_** 是预测日期，**_VALUES_** 是时间序列观测值的范围，**_TIMELINE_** 是与观测值对应的日期范围。可选的 _SEASONALIIY_ 参数可以设置为 1，这样可以使函数自动确定季节性，或者如果已知，可设置为实际季节性频率。另外两个参数与缺失值和重复值有关。

　　一般来说，用户不会直接使用 **FORECAST.ETS** 函数，原因在于存在一个接下来要看到它的用户界面。不过，我们可以运用图 6-10 中工作表所采用的函数来计算 2016 年 12 月的预测值。为此，在单元格 G33 中输入公式"=FORECAST.ETS(A33,B2∶B32,A2∶A32,4)"，不难得到预测值为 43 462.59，比采用 HWAS 模型所得到的值要大一些。

更为常见的是，用户可以使用"数据"标签中的"预测工作表"按钮来生成运用 **FORECAST.ETS** 函数的预测值。这样所创建的新的工作表就包含数据、预测值、误差统计以及数据图。这一工作表非常类似于我们之前所创建的，不同之处只是这里完全是自动创建的。

在为图 6-10 所创建的工作表上，选择单元格区域 A1∶B32（日期和销售额数据），再单击"数据"标签中的"预测工作表"按钮，从而启动如图 6-11 所示的预测工作表对话框。

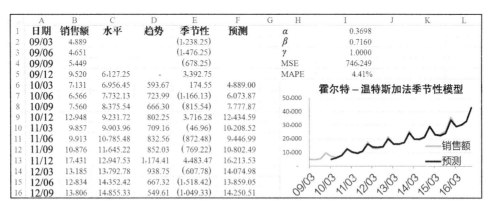

图 6-11　霍尔特 – 温特斯加法季节性模型的结果

在图 6-11 中，用户可以看到默认选项。预测期为 2016 年 9 月～ 2018 年 9 月，输出包括预测的 95% 的置信区间。季节性频率将运用复杂算法而自动确定。用户唯一要选择的非默认选项就是选择"包含预测统计信息"框，这样就可以包含平滑常数和误差统计。至此，输出的结果应该如图 6-12 所示。

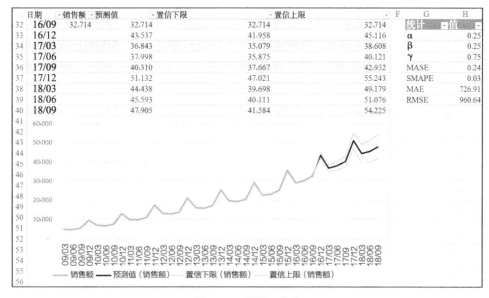

图 6-12　预测工作表

需要注意的是，平滑常数与我们利用 HWAS 模型时所得到的不同。正如之前所述，这

是因为 **FORECAST.ETS** 函数使用了一种更为复杂的算法。这里的误差指标也不同于我们之前所计算的误差指标。如果将 RMSE 进行平方,那么就可以转换成 MSE。这样做得到的 MSE 为 922 827.35,比之前所得到的 MSE 要高。但是,因为没有给出预测工作表中用于计算 RMSE 的数据,所以不清楚这两个 MSE 是否具有可比性。

6.3.6 霍尔特 – 温特斯乘法季节性模型

正如之前所述,许多公司的销售额都会呈现倍增的季节性。也就是说,随着销售额的增长,季节性因素逐渐变大。在前一节中,我们使用 HWAS 模型对亚马逊公司的销售额进行了预测,而且结论较为拟合。然而,如果查看该期间的销售额图表,不难发现季节性影响似乎越来越大。这表明乘法模型可能会更为适用。

霍尔特 – 温特斯乘法季节性模型(HWMS)对 HWAS 模型进行了简单改进。加法模型和乘法模型之间的区别在于:在加法模型中的任何相加,在乘法模型中都会相乘。类似地,在加法模型中的任何相减,在乘法模型中都会相除。需要注意的是,只有季节性因素会受模型类型的影响。趋势的计算方式总是一样。

HWMS 的式为:

$$水平_t\ (L_t)=\alpha\ \frac{Y_t}{S_{t-p}}+(1-\alpha)(L_{t-1}+T_{t-1}) \tag{6-12}$$

$$趋势_t\ (T_t)=\beta\ (L_t-L_{t-1})+(1-\beta)\ T_{t-1} \tag{6-13}$$

$$季节性_t\ (S_t)=\gamma\ \frac{Y_t}{L_t}+(1-\gamma)\ S_{t-p} \tag{6-14}$$

$$预测_{t+n}\ (\hat{Y}_{t+n})=(L_t+nT_t)\ S_{t+n-p} \tag{6-15}$$

式中,所有的变量都与之前的相同。

首先,复制一份之前为 HWAS 模型创建的工作表。这里只需要对工作表进行少量的更改即可。正如之前所述,我们只需将五个减法改为除法,并将一个加法改为乘法。水平和趋势的初始化将保持不变。因此,在单元格 C6 中将公式编辑为“ =$I$1*(B6/E2)+(1-$I$1)*(C5+D5)”。单元格 D6 中关于趋势因素的公式保持不变。然后,将这些公式向下一直复制到第 32 行。

季节性因素的初始值需要转换成比率而不是差值。所以,在单元格 E2 中的公式应该编辑为“ =B2/$C$5”,接着将该公式复制到单元格区域 E3:E5。在单元格 E6 中,计算季节性因素的公式为“ =$I$3*(B6/C6)+(1-$I$3)*E2”。同样,将该公式复制到从 E7 ~ E32 的所有单元格中。最后,在单元格 F6 中输入获得第一个样本预测的公式“ =SUM(C5:D5)*E2”,然后将该公式复制到单元格区域 F7:F32。

最后一步是找到平滑参数的最优值。在本例中,因为复制了 HWAS 工作表,所以规划求解已做了完成这一优化的正确设置。为此,启动规划求解,检查设置,再单击“求解”按钮即可。

如图 6-13 所示,不难发现 MSE 为 845 866,MAPE 为 4.89%。这两个数值都略高于加法模型的值。因此,尽管图中出现了季节性增长,但加法模型实际上更拟合这些数据。然而,我们应该注意的是,这并不一定意味着加法模型将提供比乘法模型更好的预测。究竟如何,只有到时候才会清楚。

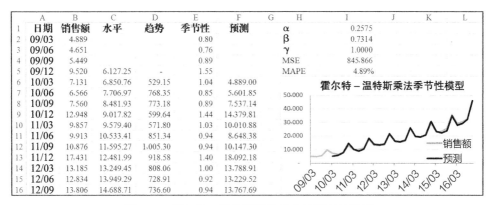

图 6-13 霍尔特－温特斯乘法季节性模型的结果

6.4 运用回归分析进行时间序列预测

在第 5 章中，我们讨论了运用回归分析来确定随时间推移两个变量之间的关系。在本节中，我们将展示如何运用回归分析来预测未来的销售情况，包括可以处理季节性因素的方法。

6.4.1 运用回归分析进行趋势预测

我们已经知道，在我们数据所涵盖的期间，亚马逊公司销售额的时间序列呈现强劲的上升趋势。最初，在分解时间序列时，我们采用了 4 个期间的居中移动平均值来模拟这一趋势。现在，我们将采用以期间为自变量的回归分析来创建模型。

回想一下，回归分析这种方法就是要找到数据的最佳线性拟合。本例中的因变量为亚马逊公司的销售额，自变量（期间）也只有一个。回归线的参数可以通过最小化平方误差总和来求得，而这与我们处理其他时间序列模型的方法相似。此外，回归线的斜率是关于数据趋势的指标值。

创建亚马逊季度收入工作表的副本，并在 B 列之前插入一个新列。在单元格 B1 中输入标记"期间"。此列将包含从 1 到 31 的简单数字序列，表示每个数据点对应的期间。在单元格 B2 中输入"1"，然后选择功能区"开始"标签的"填充"中的"系列"选项来输入序列的其余信息。

现在，我们准备创建一个如下形式的回归方程：

$$销售额_t = \alpha + \beta(期间_t) + \tilde{e}_t \qquad (6\text{-}16)$$

式中，α 为 y 轴上的截距；β 为回归线的斜率；$\tilde{e}_t$ 为一个随机误差。我们必须确保已经安装了分析工具库加载项，然后通过单击"数据"标签中的"数据分析"按钮来启动加载项，并在对话框中选定"回归"。

如图 6-14 所示，填写对话框中的文本框。在"Y 值输入区域"中输入单元格区域 C1:C32，在"X 值输入区域"中输入单元格区域 B1:B32。由于我们已经选择列标记作为这些区域的一部分，所以要确保选中"标志"框。最后，选定"输出区域"并选择在单元格 F1

放置输出结果。此时，点击"确定"按钮就可生成回归分析结果。

不难发现，y 轴截距（α）为 2 516.08，斜率（β）为 912.46。斜率系数告诉我们亚马逊公司的销售额平均每个期间增长 912.46。此外，通过分析诊断结果，可以看出斜率不为零具有统计上的显著性。例如，t-统计量为 15.34，远高于临界值 2。

我们也可以利用式（6-16）和回归系数来生成数据拟合和预测。为此，在单元格 D2 中，输入公式" =\$G\$17+\$G\$18*B2"，并将其向下一直复制到单元格 D32。图 6-15 给出了回归结果以及数据拟合情况。需要注意的是，MSE 显示在单元格 I13 中，但其计算方法与我们之前所用的稍有不同。具体来说，其分母是 $N-2$ 而不是 N，否则就会相同。

图 6-14　时间趋势的回归分析对话框

日期	期间	销售额	拟合数		输出汇总						
09/03	1	4,889	3,428.54								
09/06	2	4,651	4,341.00		回归统计量						
09/09	3	5,449	5,253.45		相关系数	0.94					
09/12	4	9,520	6,165.91		R^2 系数	0.89					
10/03	5	7,131	7,078.37		调整 R^2 系数	0.89					
10/06	6	6,566	7,990.83		标准误差	2 961.80					
10/09	7	7,560	8,903.29		观测值	31					
10/12	8	12,948	9,815.75								
11/03	9	9,857	10,728.21		方差分析						
11/06	10	9,913	11,640.67			df	SS	MS	F	F 显著性	
11/09	11	10,876	12,553.13		回归	1	2,064,801,354.20	2,064,801,354.20	235.38	0.00	
11/12	12	17,431	13,465.58		残差	29	254,394,953.35	8,772,239.77			
12/03	13	13,185	14,378.04		总和	30	2,319,196,307.55				
12/06	14	12,834	15,290.50								
12/09	15	13,806	16,202.96			系数	标准误差	t-统计量	P 值	置信下限 95%	置信上限 95%
12/12	16	21,268	17,115.42		截距	2,516.08	1,090.18	2.31	0.03	286.40	4,745.75
13/03	17	16,070	18,027.88		期间	912.46	59.47	15.34	0.00	790.82	1,034.10

图 6-15　时间趋势的回归分析结果

我们可以通过扩展 A 列和 B 列中的数据来生成接下来 4 个期间的预测，并将公式从单元格 D32 复制到单元格区域 D33：D36。基于这些数据得出的 2016 年 12 月的预测值为 31 714.76，远低于使用 HWAS 和 HWMS 模型得出的预测值。不过，这完全是可以预料的，毕竟这个模型只能说明趋势。下一节将对季节性进行解释。

回归分析的决定系数（R^2）为 0.89，表明时间趋势解释了这一期间亚马逊公司销售额变化约 89%。但是，这个指标是有误导性的。图 6-16 中的销售额与时间趋势关系就说明了这一点。显然，趋势线缺少季节性峰值。

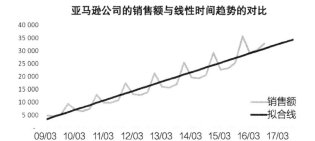

图 6-16　亚马逊公司的销售额与线性时间趋势

6.4.2 运用季节性虚拟变量来解释季节性

乍一看，线性回归似乎无法解释销售额中的季节性峰值，毕竟线性回归通常生成的是拟合直线。但是，我们可以运用虚拟变量（dummy variable）来解释一年中的季度波动。虚拟变量是一个自变量，通常被设定为 0 或 1，表示某种影响或条件存在或缺失。例如，一项医学研究可能使用虚拟变量来表示患者是接受了安慰（0）还是服用了实际药物（1）。要注意的是，虚拟变量不能衡量任何事物，只是表示一种关注的类别。

我们可以用虚拟变量来解释每年各个季度的情况。需要注意的是，如果有 k 个类别，那么将会有 $k-1$ 个虚拟变量。由于一年有四个季度，所以我们需要三个虚拟变量，其定义为：

$$x_2 \begin{cases} 1 & \text{第一季度} \\ 0 & \text{否则} \end{cases} \qquad x_3 \begin{cases} 1 & \text{第二季度} \\ 0 & \text{否则} \end{cases} \qquad x_4 \begin{cases} 1 & \text{第三季度} \\ 0 & \text{否则} \end{cases}$$

将所有三个季节性虚拟变量设置为 0，表示该数据点位于一年中的第四季度。

我们希望创建一个既符合趋势也能解释季节性的回归线。创建一份上一节所使用的工作表的副本，这样我们就可以通过添加季节性虚拟变量来做一些修改。

在新的工作表中，在 B 列和 C 列之间插入三列。在单元格区域 C1:E1 中输入标记 "Q1" "Q2" 和 "Q3"。这些列将保存虚拟变量的公式。需要注意的是，我们可以引用 A 列中的日期以便确定数据点属于哪个季度。例如，第一个数据点在 3 月，所以属于第一季度。因此，我们希望单元格 C2 中是 1，单元格 D2 和单元格 E2 中都是 0。所以，在单元格 C2 中输入公式 "=IF(MONTH($A2)=3,1,0)"。该公式可以查看单元格 A2 中的月份并检查它是否等于 3（3 月）。如果是，那么结果就为 1，否则它将为 0。

图 6-17　带季节性虚拟变量的时间趋势回归分析对话框

我们在单元格 D2 和单元格 E2 中需要使用类似的公式，所以将公式从 C2 复制到单元格区域 D2:E2。现在，编辑这些公式以便检查月份是否等于 6（在单元格 D2 中）或 9（在单元格 E2 中）。最后，将这些公式向下一直复制到第 32 行。如果查看第 5 行，那么可以发现所有三个虚拟变量都设置为 0，这表明 2009 年 12 月是在第四季度。

我们现在可以运行回归分析。与之前一样，这里的因变量是单元格区域 F1:F32 中的销售额，自变量是期间以及虚拟变量（单元格区域 B1:E32）。将输出结果放在单元格 I1 中。图 6-17 给出了这里的回归分析对话框。

图 6-18 给出了回归分析的结果。要注意的是，决定系数（R^2）已经提高到了 0.97（原来为 0.89），并且每个自变量都具有统计上的显著性（t- 统计量的绝对值都高于大约为 2 的临界值）。另外，MSE 也远低于我们单凭时间趋势所得出的结果。

与之前一样，我们可以使用回归系数（在单元格区域 J17:J21 中）对数据进行拟合回归。在单元格 G2 中，输入公式 " =$J$17+$J$18*B2+$J$19*C2+$J$20*D2+$J$21*E2"，复制该公式到单元格区域 G3:G32 中。我们还可以生成 2016 年 12 月～2017 年 9 月（或更多）的预测。

为此，将 A32：E32 向下复制 4 行，然后将 G32 也向下复制 4 行。此时，可以发现 2017 年 9 月的预测值为 33 131.88。

	I	J	K	L	M	N	O
1	输出汇总						
2							
3	回归统计量						
4	相关系数	0.99					
5	R² 系数	0.97					
6	调整 R² 系数	0.97					
7	标准误差	1,541.02					
8	观测值	31					
9							
10	方差分析						
11		df	SS	MS	F	F 显著性	
12	回归	4	2,257,452,840.82	564,363,210.20	237.65	0.00	
13	残差	26	61,743,466.73	2,374,748.72			
14	总和	30	2,319,196,307.55				
15							
16		系数	标准误差	t- 统计量	P 值	置信下限 95%	置信上限 95%
17	截距	7,065.30	765.49	9.23	0.00	5,491.81	8,638.79
18	期间	914.03	31.04	29.44	0.00	850.22	977.85
19	Q1	(5,436.07)	798.16	(6.81)	0.00	(7,076.71)	(3,795.43)
20	Q2	(6,365.23)	797.55	(7.98)	0.00	(8,004.63)	(4,725.84)
21	Q3	(5,924.64)	798.16	(7.42)	0.00	(7,565.28)	(4,284.00)

图 6-18　带季节性虚拟变量的时间趋势的回归分析结果

图 6-19 显示了回归分析中使用的数据、拟合数以及拟合线。

显然，利用时间趋势和季节性虚拟变量的回归分析优于仅仅利用时间趋势的回归分析。图 6-19 中的线形图表明，季节性波动得到了较好解释，虽然稍稍不如利用 HWAS 或 HWMS 模型得到的结果。

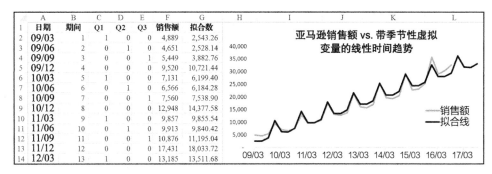

图 6-19　回归分析数据、拟合数以及拟合线

本章小结

本章描述了什么是时间序列以及如何将时间序列分解为趋势、季节性和不规则波动三类因素。在分解过程中，我们介绍了如何计算居中移动平均值，其是为了分离趋势，也是为了分离季节性波动而分离出的标准化季节性因素。

此外，本章分析了若干种预测时间序列的方法。

简单指数平滑（SES）是预测没有趋势或季节性因素的时间序列的直接方法。本质上，简单指数平滑是一个加权移动平均数，越是过去的观测值，被赋予的权重越是呈指数下降。除了不能处理趋势和季节性外，简单指数平滑的另一个缺点在于其预测值是不变的。

霍尔特线性趋势指数平滑模型（LES）是对简单指数平滑的扩展，增加了可以改善具有趋势性数据处理效果的平滑常数。就预测销售额而言，霍尔特线性趋势指数平滑模型的缺点在于缺乏对季节性波动的解释。此外，霍尔特线性趋势指数平滑模型的预测只是遵循最新数据的趋势。

对于具有趋势和季节性的时间序列，我们首先来考察对指数平滑方法进行更多扩展的三大方法：霍尔特 – 温特斯加法季节性模型（HWAS）、内置的 ETS 模型（预测工作表）以及霍尔特 – 温特斯乘法季节性模型（HWMS）。这些模型增加了处理季节性的第三个平滑常数，而且通常非常适合于季度销售额的处理。

本章最后分析了回归分析法。最初，回归方法被用来拟合数据的时间趋势。该方法不能处理季节性，所以随后引入了季节性虚拟变量，从而大大改进了处理时间趋势的效果。不过，其处理效果仍然不及霍尔特 – 温特斯模型。

除上述之外，本章介绍了一些衡量预测（或拟合）误差的方法，讨论了如何利用规划求解来优化指数平滑模型的平滑常数。后面的章节会再次用到规划求解。

本章介绍的函数列于表 6-1 中。

表 6-1　本章介绍的函数

用途	函数
运用标准求平均值	**AVERAGEIF**（*RANGE,CRITERIA,AVERAGE_RANGE*）
在表中查找值	**VLOOKUP**（*LOOKUP_VALUE,TABLE_ARRAY,COL_INDEX_NUM,RANGE_LOOKUP*）
计算平方误差总和	**SUMXMY2**（*ARRAY_X,ARRAY_Y*）
返回行号	**ROW**（*REFERENCE*）
创建时间序列预测	**FORECAST.ETS**（*TARGET_DATE,VALUES,TIMELINE,SEASONALITY,DATA_COMPLETION,AGGREGATION*）

练习题

以下问题的所有数据都来自收入文件 Revenues.xlsx。该文件可从本书官方网站下载。

1. 用 TGT 公司的季度销售额数据：

（1）创建销售额线形图。有趋势吗？有季节性吗？如果有，频率是多少？

（2）运用本章详述的程序，将该时间序列分解为趋势、季节性和不规则波动因素。

（3）在本章所讨论的时间序列方法中，哪种方法可能最适合于对 TGT 公司销售额的预测？

2. 用 TGT 公司的季度销售额数据：

（1）运用霍尔特 – 温特斯加法季节性模型来拟合销售额数据并用规划求解来优化平滑常数。

（2）利用"预测工作表"按钮创建预测工作表。

（3）运用哪种模型计算 MSE 更好？

3. 用 TGT 公司的季度销售额数据：

（1）运用带时间趋势和季节性虚拟变量的回归分析模型来拟合销售额数据。

（2）时间趋势系数是否具有统计上的显著性？你是如何判断的？

（3）季节性虚拟变量是否具有统计上的显著性？你是如何判断的？

4. 用 UNH 公司的季度销售额数据：

（1）创建销售额线形图。其是否存在趋势？

（2）其是否存在季节性？如果存在，那么其频率是多少？通常哪个季度的销售额最高？

（3）利用 SES 模型预测 UNH 公司 2016 年 12 月的销售额。

（4）利用 LES 模型预测 UNH 公司 2016 年 12 月的销售额。

（5）两种模型中的哪一种更适合计算 MSE？

5. 用 **Forecast.ETS.Seasonality** 函数计算 AMZN、TGT、UNH、BMY、JNJ 等公司的季节性频率（如果存在的话）。每家公司的结果是否都一样？请说明为什么一样或者为什么不一样。提示：考虑每家公司的业务类型。

在线练习

通过雅虎财经网站（finance.yahoo.com）查找 TGT 公司 2016 年第四季度的实际销售额（截至 2017 年 1 月 31 日）。对于练习题 2 和练习题 3 中使用的模型，哪种模型所得的预测与实际销售额最为接近？

注释

1. 要获得包括确切日期在内的更多信息，请访问 www.nber.org/cycles.html。

2. 该文件可从官方网站获取，而且整章都要用到。

第 7 章

盈亏平衡与杠杆分析

通过本章学习，应能：

- 区分固定成本和变动成本
- 计算经营、现金以及总盈亏平衡点，并能计算出实现息税前利润目标所需的销售量
- 解释经营风险和财务风险，并能描述产生这些风险的原因
- 应用 Excel 来计算营业杠杆系数（DOL）、财务杠杆系数（DFL）和复合杠杆系数（DCL），并能解释这些风险计量指标的重要性
- 解释营业杠杆系数、财务杠杆系数和复合杠杆系数是如何随公司销售水平变化而变化的

本章主要研究管理者就公司成本结构所必须做出的决策。当然，这些决策反过来又会影响他们就公司资产的融资方法（资本结构）以及公司的产品定价所做的决策。

通常，我们会假设企业面临两类成本：

（1）变动成本（variable cost）。变动成本是那些随公司销售量变动而预期发生同比例变化的成本。因为单位变动成本是恒定的，所以随着销售量的增加，总变动成本就会增加。属于变动成本的例子有销售佣金、原材料成本、小时工资等。

（2）固定成本（fixed cost）。固定成本是那些在一定产量范围内与产量增减变化没有直接关系的成本。单位总固定成本会随产量的增加而减少。属于固定成本的例子有租金、薪金、折旧等。

图 7-1 对这些成本进行了说明。[1]

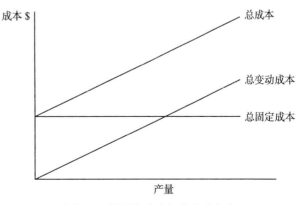

图 7-1　总固定成本与总变动成本

7.1　盈亏平衡点

我们可以将盈亏平衡点（break-even-point）定义为所带来的利润（不管用何种方法计量）恰好为零的销售水平（销售量或销售额）。不过，更为常见的定义是：盈

亏平衡点是指使息税前利润等于零所需的销售量。这样的盈亏平衡点通常也被称为营业性盈亏平衡点（operating break-even point）。

这里，我们用 Q 代表销售量，P 代表销售单价，V 代表单位变动成本，F 代表固定成本总额，那么就有标准的利润表关系：

$$Q(P-V)-F=EBIT \tag{7-1}$$

假设式（7-1）中的息税前利润为零，那么可以得到盈亏平衡点的销售量（$Q*$）：

$$Q*=\frac{F}{P-V} \tag{7-2}$$

例如，若某家公司按 30 美元的单价销售装饰品，单位变动成本为 20 美元，固定成本总额为 100 000 美元。在这种情况下，该公司必须销售 10 000 件装饰品才能达到盈亏平衡：

$$Q*=100\ 000÷（30-20）=10\ 000（件）$$

这里，$(P-V)$ 所得的值常常被称为单位边际贡献率（contribution margin），因为它反映了销售 1 单位产品所能补偿固定成本的贡献。根据式（7-1），不难证明：当销售量为 10 000 件时，公司达到了盈亏平衡：

$$10\ 000×（30-20）-100\ 000=0$$

现在，直接将产品的销售单价乘以盈亏平衡点的销售量（$Q*$）就可得到盈亏平衡时所实现的销售额：

$$BE=P·Q* \tag{7-3}$$

本例中，计算结果表明该公司必须卖出价值为 300 000 美元的装饰品才能实现盈亏平衡。

请注意，将式（7-2）代入式（7-3）中可得：

$$BE=P·\frac{F}{(P-V)}=\frac{F}{(P-V)/P}=\frac{F}{CM\%} \tag{7-4}$$

这样，如果已知作为销售价格百分比的边际贡献率（$CM\%$），就可以很方便地计算出盈亏平衡点的销售额。在上例中，边际贡献率（$CM\%$）为 33.33%，所以盈亏平衡点的销售额为：

$$BE=100\ 000÷0.333\ 3=300\ 000（美元）$$

这个结果证实了先前的结论。

7.1.1 用 Excel 计算盈亏平衡点

当然，这里也可以用 Excel 来计算盈亏平衡点。下面来考察土豆加啤酒酒吧（Spuds and Suds）的利润表。该酒吧是一家很受顾客欢迎的运动酒吧，只提供一种套餐：一盘美味法国炸薯条加一罐进口啤酒，且每份只收费 16 美元。图 7-2 给出了这家酒吧的利润表。

计算盈亏平衡点之前，先给如图 7-2 所示的新的工作表输入标记。因为这个例子还要进行扩充，所以要确保所输入的公式在合适的位置。在具体计算之前，先在单元格区域 B20：B23 中输入数据。

接下来，我们在单元格 B5 中计算销售收入，用销售单价乘以产品销售量即可。为此，在单元格 B5 中输入公式"=B20*B21"。单元格 B22 中显示的变动成本占销售的百分比为 60%，所以在单元格 B6 中输入公式"=B22*B5"。因为单元格 B7 中的固定成本和单元格 B9 中的利息费用为常数，所以可以直接输入。显然，利润表上到单元格 B12 为止的数据可通过简单的减法和乘法计算出来。

图 7-2　土豆加啤酒酒吧的利润表

　　输入到单元格区域 B14：B17 中的信息虽不会立即被用到，但这些数据在将来讨论营业杠杆和财务杠杆时就很重要了。在单元格 B14 中，输入优先股股利；该股利将从净利润中减去。单元格 B15 中的结果就是可分配给普通股股东的净利润。优先股股利可直接输入单元格 B14 中，在单元格 B15 中则应输入公式 "=B12－B14"。接着，在单元格 B16 中输入发行在外的普通股股数 "1000000"，再在单元格 B17 中输入公式 "=B15/B16" 就可计算出每股收益。

　　现在，我们开始计算盈亏平衡点。在单元格 A25 中输入标记 "盈亏平衡点（销售量）"。接着，将该标记复制到单元格 A26 中并将 "销售量" 改为 "销售额"。在单元格 B25 中，我们可以用式（7-2）来计算出盈亏平衡点销售量，公式为 "=B7/(B20－B6/B21)"。请注意，这里我们通过将单元格 B6 中的变动成本总额除以单元格 B21 中的产品销售量就可得到单位变动成本。不难发现，土豆加啤酒酒吧必须卖出 62 500 单位的产品才能达到盈亏平衡。显然，该酒吧的销售量远远超过这个水平。计算盈亏平衡点销售额时，直接将盈亏平衡点销售量乘以产品单价就可得到。为此，在单元格 B26 中输入公式 "=B25*B20"，所得到的结果为 1 000 000 美元。

7.1.2　其他盈亏平衡点

　　在计算盈亏平衡点的式（7-1）中，我们假设息税前利润为零。不过，问题是我们也可以将息税前利润设定为我们所希望的任何金额。例如，如果我们定义 $EBIT_{Target}$ 为息税前利润的目标值，那么为实现该目标公司应实现的销售数量（$Q*_{Target}$）为：

$$Q*_{Target} = \frac{F + EBIT_{Target}}{P - V} \tag{7-5}$$

以土豆加啤酒酒吧为例，该酒吧可能希望弄清楚：要实现 800 000 美元的息税前利润，该售出多少份套餐。通过数学计算，可以得到：

$$Q*_{800\,000}=(400\,000+800\,000)/(16-9.60)=187\,500（份）$$

换言之，土豆加啤酒酒吧需要出售 187 500 份套餐才能实现息税前利润目标。为验证这一结果，在单元格 B21 中输入 "187500"，再检查单元格 B8 中的数值。验证完后，再返回到显示原始值的工作表，并在单元格 B21 中输入 "156250"。

如果对工作表做些修改，那么就可以更为灵活地进行这一计算。选择第 22 行并插入新的一行。在单元格 A22 中输入 "息税前利润目标" 并在单元格 B22 中输入 "800000"。然后，在单元格 A29 中输入 "实现息税前目标的销售量"，再在单元格 B29 中输入公式 "=(B7+B22)/(B20−B6/B21)"。与之前结果相同，计算结果为 187 500 份。不过，现在可以很方便地变动息税前利润目标，并能迅速看到实现该目标所需的销售量。至此，所创建的工作表应如图 7-3所示。

	A	B
1	土豆加啤酒酒吧	
2	利润表	
3	截至 2016 年 12 月 31 日	
4		2016
5	销售收入	$ 2,500,000
6	减：变动成本	1,500,000
7	减：固定成本	400,000
8	息税前利润	600,000
9	减：利息费用	100,000
10	税前利润	500,000
11	税金	200,000
12	净利润	300,000
13		
14	减：优先股股利	100,000
15	普通股可分配利润	200,000
16	发行在外的普通股	1,000,000
17	每股收益	$ 0.20
18		
19	假设条件	
20	销售单价	$ 16.00
21	销售量	156,250
22	息税前利润目标	$ 800,000
23	变动成本占销售的百分比	60%
24	税率	40%
25		
26	营业性盈亏平衡点（销售量）	62,500
27	营业性盈亏平衡点（销售额）	1,000,000
28		
29	实现息税前利润目标的销售量	187,500

图 7-3　盈亏平衡点

在第 2 章中，现金流被定义为净利润加非现金支出。这样定义是因为，如果将非现金支出（主要为折旧）反映在利润表中，那么就会歪曲实际现金流量的情况。这里，通过设置息税前利润目标值等于负的折旧费用，就可对盈亏平衡计算进行类似的调整。这样，就可得到被称为现金收支平衡点的另一种盈亏平衡。

$$Q*_{Cash}=\frac{F-折旧}{P-V} \tag{7-6}$$

不难发现，现金收支平衡点要比盈亏平衡点低，因为它不需要支付折旧费用。

同样地，我们也可以计算出每股收益（EPS）为零时的盈亏平衡点：

$$Q_{总} = \frac{F + 利息费用 + \dfrac{PD}{(1-t)}}{P - V} \tag{7-7}$$

请注意，这里把利息费用和优先股股利加回到固定成本，从而得到总的固定成本（营业固定成本和财务固定成本）。优先股股利不能从应税所得中减除，所以通过调整来确定税后支付的优先股股利的税前金额。

在单元格 A29 中输入标记"总盈亏平衡点（销售量）"。在单元格 B29 中输入公式"=(B7+B9+B14/(1−B25))/(B20-B6/B21)"。不难发现，当销售量为 104 166.67 份时，每股收益为零。

7.2 运用单变量求解工具来计算盈亏平衡点

如前所述，盈亏平衡点可用多种方法来定义。有时，我们甚至都不需要从息税前利润这个角度来考虑。例如，式（7-7）就是针对每股收益目标所计算的达到盈亏平衡所需的销售量。虽然用户并不真正需要这样的公式，但以后可能希望在没有等式的情况下来定义盈亏平衡。

Excel 提供了一个所谓的单变量求解工具（goal seek），可帮助处理这一类问题。[2] 在运用单变量求解工具时，必须有一个附有公式的目标单元格和另外一个它所依赖的单元格。例如，单元格 B17 中的每股收益间接地依赖于单元格 B21 中的产品销售量。这样，通过改变单元格 B21 中的信息，我们就能改变单元格 B17 中的信息。在使用单变量求解工具时，我们仅仅只需通过改变单元格 B21 就能使单元格 B17 中的值最后为零。

通过"数据"标签中的"模拟分析"选项，我们就可以打开"单变量求解"工具。在对话框中，"目标单元格"指用户希望设置某个特定值的单元格，"目标值"是所要设置目标值，"可变单元格"是指用户可以通过改变该单元格的值而使目标单元格中为所希望的值。本质上，单变量求解就是一种模拟方法，即通过试错法来确定使每股收益为零的销售量。

完成如图 7-4 所示的对话框填写，然后单击"确定"按钮。与前面描述的一样，不难发现当销售量为 104 166.67 时每股收益为零。你也可以运用这一单变量求解工具来验证之前计算过的其他盈亏平衡点。之后，将单元格 B21 的值重新设置为"156250"。

图 7-4 单变量求解工具

7.3 杠杆分析

按照第 3 章中给出的定义，杠杆效应是衡量销售变化引起盈利指标发生更大变化的一个乘数。如果一家公司大量运用营业杠杆，那么该公司的息税前利润就会比那些不用营业杠杆的公司的息税前利润具有更大的可变性。可以说，这样的公司就面临着较高的经营风险。经营风险是公司面临的主要风险之一，常常被定义为息税前利润的可变性。[3] 如果公司的收入相比其成本更具可变性，那么公司的息税前利润也就具有更大的可变性，公司无法支付费用的可能性就越高。例如，就软件公司和杂货连锁商店而言，软件公司的未来收益显然比杂货连锁商店更具不确定性。收益的不确定性使得软件公司比杂货连锁商店面临更大的经营风险。对于经营风险，软件公司的管理层往往无法控制，因为这种风险与经营所在行业的性质有关。软件并不是生活必需品，但民以食为天。正因为如此，杂货连锁的经营风险就比较低。

经营风险取决于公司经营所处的环境。公司在行业中的竞争力、劳工关系状况、经济环境等因素都会影响公司面临的经营风险大小。另外，正如后面所要介绍的，公司成本的刚性程度（或可变程度）也会影响经营风险大小。在很大程度上，这些因素往往是公司经营者无法控制的。不过，管理者仍然可以施加一定的控制力。例如，管理者在进行投资决策时既可选择劳动密集的生产方式，也可选择资本密集的生产方式，而且可以选择不同固定资产投入水平的生产方式。

相比较而言，财务风险大小则由经营者直接决定。财务风险是指公司无法偿付固定融资债务（包括利息和优先股股利）的可能性。显然，在其他条件不变的情况下，公司资产中负债比例越高，那么利息费用就会越高，而较高的利息费用将直接导致公司更有可能无法履行支付。更进一步而言，债务融资带来的财务风险集中于少数股东身上，从而增加了投资股票的风险。既然公司的负债是经营者的选择所导致的，那么公司的财务风险同样可为公司经营者所控制。

公司经营者需要意识到公司会同时面临经营风险和财务风险，而且两者会影响股票投资的 β 系数。因此，这些风险也会影响股票的价值以及企业的资本成本。如果处于高经营风险的行业，那么公司应通过限制财务风险来控制风险总量。对于经营风险低的公司而言，它们当然就能更好地来应对更高的财务风险。

下面继续以土豆加啤酒酒吧为例，来详细研究这些概念。

7.3.1 营业杠杆系数

之前，我们提到过公司的经营风险可以用息税前利润的可变性来衡量。如果公司的成本全部为变动成本，那么销售的任何变化都会引起息税前利润发生完全相同的变化。然而，如果公司经营发生了固定费用，那么息税前利润就会比销售收益更具变动性。这种情况被称为营业杠杆（operating leverage）。

为衡量营业杠杆，可将息税前利润变化的百分比与某个给定的销售额变化百分比相比较来得到。这一计量指标被称为营业杠杆系数（degree of operating leverage，DOL）：

$$DOL = \frac{\text{息税前利润的百分比变化}}{\text{销售额的百分比变化}} \tag{7-8}$$

所以，如果 10% 的销售额变动带来 20% 的息税前利润变动，那么我们就说公司的营业杠杆系数为 2。显然，营业杠杆系数具有对称性。只要销售额增长，那么高的营业杠杆系数就会带来合意结果。不过，如果销售额开始下降，那么高的营业杠杆系数就会导致息税前利润以比销售额下降更快的速度下降。

为了更为清楚地了解这一点，这里继续以土豆加啤酒酒吧为例。假设酒吧经营者认为其销售收入在 2017 年会增加 10%，并且估计其变动成本会保持占销售额 60% 的水平，固定成本则会保持在 400 000 美元。现在，把单元格区域 B4:B27 复制到单元格区域 C4:C27 中。接着，在第 24 行"税率"之上插入新的一行，并添加标记"预计销售增长率"。然后，在单元格 C24 中输入 10%。我们需要在单元格 C21 中计算 2017 年的销售额，所以在该单元格中输入公式"=B21*(1+C24)"。（请注意，就像我们在第 5 章中所做的那样，此时我们已经创建了用于预测 2017 年销售额的销售百分比预测利润表。）将单元格 C4 中的标记改为"2017"。至此，所有变动全部完成。

在计算之前，我们注意到单元格区域 C27:C28 中的营业盈亏平衡点并没有变化。只要固定成本为常数，且变动成本为销售额的固定百分比，那么营业盈亏平衡点就总是这样的。不管怎样，盈亏平衡点总是由固定成本水平决定的。

为了计算 2016 年的营业杠杆系数，首先需要计算息税前利润和销售量的百分比变化。为此，在单元格 A32 中输入标记"较上年度的销售额的百分比变化"，再在单元格 A33 中输入标记"较上年度的息税前利润的百分比变化"。为了计算这些百分比变化，在单元格 C32 中输入"=C5/B5−1"，再在单元格 C33 中输入"=C8/B8−1"。不难发现，销售额增加了 10%，而息税前利润则增加了 16.67%。根据式（7-8），可计算出土豆加啤酒酒吧 2016 年的营业杠杆系数为：

$$DOL = \frac{16.67\%}{10.00\%} = 1.667$$

所以，销售额的任何变化都会使息税前利润扩大 1.677 倍。回顾一下，单元格 C21 中的公式是将 2016 年的销售额增加 10%。现将单元格 C24 中的值临时改为 20%。此时，如果销售额增长 20%，那么息税前利润将增长 33.33%。重新计算营业杠杆系数，可发现它并未改变：

$$DOL = \frac{33.33\%}{20.00\%} = 1.667$$

接着，如果把单元格 C24 中的值改为 −10%，即销售额下降了 10%，不难发现息税前利润下降了 16.67%。在这种情况下的营业杠杆系数为：

$$DOL = \frac{-16.67\%}{-10.00\%} = 1.667$$

可见，营业杠杆实际上就是一把双刃剑。当销售额增长时，高营业杠杆系数就是合意的，但当销售额下降时，高营业杠杆系数就不再是合意的了。不幸的是，大多数公司都不可能恰好在销售量变化之前改变了营业杠杆系数。

用式（7-8）计算营业杠杆系数实际上有些舍简就繁。如果使用这个公式，就需要用到两张利润表。不过，通过下面的等式，就可以直接计算出营业杠杆系数：

$$DOL = \frac{Q(P-Y)}{Q(P-Y)-F} = \frac{销售额 - 变动成本}{EBIT} \tag{7-9}$$

运用式（7-9），可以计算出土豆加啤酒酒吧 2016 年的营业杠杆系数为：

$$DOL = \frac{2\,500\,000 - 1\,500\,000}{600\,000} = 1.667$$

显然，上述计算结果与通过式（7-8）所得到的结果完全相同。

下面，继续以土豆加啤酒酒吧为例。在单元格 A36 中输入标记"营业杠杆系数"。在单元格 B36 中，我们可以通过公式"=(B5−B6)/B8"来计算 2016 年的营业杠杆系数。所得结果必然与之前得到的结果一样。如果把单元格 B36 中的公式复制到单元格 C36，就会发现 2017 年的营业杠杆系数会下降到 1.57。后面，我们将考察该营业杠杆系数的下降问题。

在继续之前，值得讨论的是如何对单元格 B36 中的公式进行提炼。如果息税前利润等于零（也就是说，公司的经营恰好处在盈亏平衡点上），那么我们输入的公式可能会产生分母为零的除法运算（#DIV/0!）。对此，可以用 IF 语句来避免出错。如果息税前利润等于零，那么该函数将返回 "#N/A"（无法计算出数值）作为结果。这总比发生 "#DIV/0!" 错误或者仅仅返回零或空格要好。这里，返回零就可能影响其他公式的结果。例如，COUNT 函数可能计数为零，但并不是一个 "#N/A"。出错时，为了将返回 "#N/A" 作为一个结果，我们可以使用 NA 函数。该函数没有参数，但必须在后面加上一对闭括号：

NA()

这样，不通过 IF 语句和公式的两次计算，我们就可将单元格 B36 中的公式修改为 "=IFERROR((B5-B6)/B8,NA())"。请注意，这里我们已使用了 IFERROR 函数来检验结果是否错误。如果结果不报错，那么就会返回第一个参数；如果结果报错，那么就会返回第二个参数。该函数的定义为：

IFERROR(VALUE, VALUE_IF_ERROR)

其中，***VALUE*** 是任何可以用 Excel 计算的语句或公式。每当公式所产生的错误使得任何相关公式不正确时，这种方法就非常有用。所以，显示结果为 "#N/A" 总比显示不正确的结果要好。

至此，所创建的工作表应类似于图 7-5。

	A	B	C
1		土豆加啤酒酒吧	
2		利润表	
3		截至 2016 年 12 月 31 日	
4		**2016**	**2017***
5	销售收入	$ 2,500,000	$ 2,750,000
6	减：变动成本	1,500,000	1,650,000
7	减：固定成本	400,000	400,000
8	*息税前营业利润*	600,000	700,000
9	减：利息费用	100,000	100,000
10	*税前利润*	500,000	600,000
11	税金	200,000	240,000
12	*净利润*	300,000	360,000
13			
14	减：优先股股利	100,000	100,000
15	*普通股可分配利润*	200,000	260,000
16	*发行在外的普通股*	1,000,000	1,000,000
17	*每股收益*	$　　0.20	$　　0.26
18			
19	**假设条件**		
20	销售单价	$　　16.00	$　　16.00
21	销售量	156,250	171,875
22	息税前利润目标	$　800,000	
23	变动成本的销售百分比	60%	60%
24	计划销售额增长		10%
25	税率	40%	40%
26			
27	营业盈亏平衡点（销售量）	62,500	62,500
28	营业盈亏平衡点（销售额）	1,000,000	1,000,000
29	总盈亏平衡点（销售量）	78,125	78,125
30	实现息税前利润目标时的销售量	187,500	
31			
32	较上年度的销售额百分比变化		10.00%
33	较上年度的息税前利润百分比变化		16.67%
34			
35			
36	营业杠杆系数	1.67	1.57

图 7-5　土豆加啤酒酒吧的盈亏平衡与杠杆分析工作表

7.3.2　财务杠杆系数

财务杠杆和营业杠杆相类似。营业杠杆关注的是固定成本，但财务杠杆感兴趣的则是固定融资成本。固定融资成本是指利息费用和优先股股利。[4]

为衡量财务杠杆，可将每股收益的百分比变化与息税前利润的百分比变化相比较来得到。这样的计量指标被称为财务杠杆系数（degree of financial leverage，DFL）：

$$DFL = \frac{每股收益的百分比变化}{息税前利润的百分比变化} \tag{7-10}$$

对于土豆加啤酒酒吧，我们已经计算了息税前利润的百分比变化。因此，剩下所要做的工作就是计算每股收益的百分比变化。先在单元格 A34 中添加标记"较上年度的每股收益百分比变化"，接着在单元格 C34 中输入公式"=C17/B17-1"。请注意，预计 2017 年的每股收益将增长 30%，而息税前利润则仅为 16.67%。根据式（7-10），土豆加啤酒酒吧 2016 年所使用的财务杠杆系数为：

$$DFL = \frac{30\%}{16.67\%} = 1.80$$

因此，息税前利润的任何变化将使每股收益的变化放大 1.80 倍。就像营业杠杆一样，财务杠杆也是把双刃剑。当息税前利润增长时，每股收益也会增长，但当息税前利润下降时，每股收益会以更大的幅度下降。

与计算营业杠杆系数一样，财务杠杆系数的计算也存在一种更为直接的方法：

$$DFL = \frac{Q(P-V)-F}{Q(P-V)-\left(F+利息费用+\dfrac{PD}{(1-t)}\right)} = \frac{EBIT}{EBIT-\dfrac{PD}{(1-t)}} \tag{7-11}$$

式中，PD 为公司支付的优先股股利；t 为公司的税率。对于分母中的第二项 $PD/(1-t)$，需要做些解释。因为优先股股利是以税后利润支付的，所以必须确定需要用多少税前收入来支付。在本例中，土豆加啤酒酒吧的税率为 40%，所以该酒吧需要用 166 666.67 美元的税前收入来支付 100 000 美元的优先股股利：

$$\frac{100\,000}{(1-0.40)} = 166\,666\,67$$

在工作表中，我们可以用式（7-11）来计算土豆加啤酒酒吧的财务杠杆系数。为此，先在单元格 A37 中，输入标记"财务杠杆系数"，再在单元格 B37 中输入公式"=IFERROR(B8/(B10-B14/(1-B25)),NA())"。显然，这里得到的财务杠杆系数与式（7-10）所计算的结果相同，且都为 1.80。之后，将上述公式复制到单元格 C37 中。所得结果表明，该酒吧 2017 年的财务杠杆系数将与我们所预期的那样下降到 1.62。

7.3.3　复合杠杆系数

大多数公司会同时运用营业杠杆和财务杠杆。因此，分析并了解这两种杠杆的综合作用就十分有用。为衡量公司所运用的复合杠杆，可将每股收益的百分比变化与销售额的百分比变化相比较来得到。这一计量指标被称为复合杠杆系数（degree of combined leverage，DCL）：

$$DCL = \frac{每股收益的百分比变化}{销售额的百分比变化} \qquad (7-12)$$

因为之前已经计算了相关的百分比变化，所以计算 2016 年土豆加啤酒酒吧的复合杠杆系数就很简单了：

$$DCL = \frac{30.00\%}{10.00\%} = 3.00$$

因此，销售额的任何变化将使每股收益的变化放大 3.00 倍。如前所述，复合杠杆系数是营业杠杆系数和财务杠杆系数的组合。为说明这一点，将式（7-12）重新改写即可：

$$DCL = \frac{每股收益的百分比变化}{销售额的百分比变化} = \frac{EBIT 的百分比变化}{销售额的百分比变化} \times \frac{每股收益的百分比变化}{EBIT 的百分比变化}$$

可见，同时使用营业杠杆和财务杠杆的效应并非简单加和而是乘积。对此，公司经营者必须加以重视，特别要注意一种杠杆系数上升而另一种下降的情况。如果这样，那么总杠杆效应可能会远远超过预期。正如我们所看到的那样，复合杠杆系数是营业杠杆系数和财务杠杆系数乘积，所以也可以将式（7-12）改写为：

$$DCL = DOL \cdot DFL \qquad (7-13)$$

为在工作表中计算土豆加啤酒酒吧的复合杠杆系数，先在单元格 A38 中输入标记"复合杠杆系数"，然后在单元格 B38 中输入公式"=B36*B37"。之后，将该公式复制到单元格 C38 中就可以得到预期的 2017 年复合杠杆系数。至此，所创建的工作表应如图 7-6 所示。

	A	B	C
27	营业盈亏平衡点（销售量）	62.500	62.500
28	营业盈亏平衡点（销售额）	1,000.000	1,000.000
29	总盈亏平衡点（销售量）	104.167	104.167
30	实现息税前利润目标的销售量	187.500	
31			
32	较上年度的销售额百分比变化		10.00%
33	较上年度的息税前利润百分比变化		16.67%
34	较上年度的每股收益百分比变化		30.00%
35			
36	营业杠杆系数	1.67	1.57
37	财务杠杆系数	1.80	1.62
38	复合杠杆系数	3.00	2.54

图 7-6　土豆加啤酒酒吧的三种杠杆系数工作表

7.3.4　拓展分析

通过比较土豆加啤酒酒吧 2016 年和 2017 年的三种杠杆系数，可以发现：在各种情况下，该酒吧 2012 年的杠杆系数都有所下降。唯一的变化就是 2012 年的销售额较 2011 年上升 10%。杠杆系数下降的原因在于固定成本（包括营业方面的固定成本和财务方面的固定成本）占总成本的比例下降了。这里有一条规律，即如果销售收入增长超过了盈亏平衡点，那么无论采用哪种杠杆指标，杠杆系数都会下降。

这里继续以土豆加啤酒酒吧为例。假设在可预见的未来，酒吧经营者预计销售收入每年都会增长 10%。此外，根据合同协议，至少到 2020 年公司的固定成本会保持不变。为衡量这些情况下杠杆系数的变化情况，将单元格区域 C4:C38 复制并粘贴到单元格区域 D4:F38。此时，就可以得到其他三年的预测利润表。为此，将单元格区域 D4:F4 的标记改为

"2018""2019"和"2020"。

不难发现,随着销售收入的增长,营业杠杆系数、财务杠杆系数和复合杠杆系数都会下降。如果创建一个图表,就很容易发现这一点。选择单元格区域 A36:F38 并创建数据图表线。选中图表,选择"选择数据"选项,从而将单元格区域 B4:F4 设置为分类轴(X)的标签。在"水平轴标签"中,点击"编辑"按钮并选择范围。至此,所创建的图表应如图 7-7 所示。

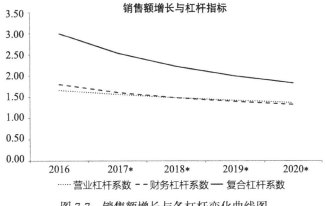

图 7-7 销售额增长与各杠杆变化曲线图

显然,正如之前所述,随着销售收入的增长,杠杆系数就会下降。不过,对此的警告是:在现实世界里,每年的固定成本并不一定相同。此外,变动成本并不总是销售收入的不变比例。出于这些原因,杠杆系数并不像本例所描述的那样平稳下降。不过,一般性原则仍然是可靠的。对此,所有管理者都必须明白。

7.4 盈亏平衡点与杠杆系数之间的联系

虽然并不明显,但盈亏平衡点与这里所界定的各种杠杆系数之间有着某种联系。本节将对其中的联系进行揭示。[5]

根据之前所给出的关于盈亏平衡点的式(7-2),可以计算出固定成本:

$$F = Q*_{\text{Operating}} \cdot (P-V) \tag{7-14}$$

将式(7-14)代入营业杠杆系数计算式(7-9),可以得到:

$$DOL = \frac{Q(P-V)}{Q(P-V) - Q*_{\text{Operating}}(P-V)} = \frac{Q}{Q - Q*_{\text{Operating}}} \tag{7-15}$$

因此,不难发现,当销售量超过营业盈亏平衡点时,营业杠杆系数会下降(见图 7-7)。

同样,我们可以根据关于总盈亏平衡点的式(7-7)推导出财务杠杆系数。首先,求出总固定营业成本和财务成本:

$$F + 利息费用 + \frac{PD}{(1-t)} = Q*_{\text{Total}} \cdot (P-V) \tag{7-16}$$

现在,把式(7-16)代入式(7-11),得到:

$$DFL = \frac{Q(P-V) - Q*_{\text{Operating}}(P-V)}{Q(P-V) - Q*_{\text{Total}}(P-V)} = \frac{Q - Q*_{\text{Operating}}}{Q - Q*_{\text{Total}}} \tag{7-17}$$

最后,如前所述,复合杠杆系数等于营业杠杆系数与财务杠杆系数的乘积。将式(7-15)、式（7-17）代入式（7-13），可以得到：

$$DCL = \frac{Q}{Q - Q*_{\text{Operating}}} \cdot \frac{Q - Q*_{\text{Operating}}}{Q - Q*_{\text{Total}}} = \frac{Q}{Q - Q*_{\text{Total}}} \qquad (7\text{-}18)$$

因此，当销售量超过总盈亏平衡点时，复合杠杆系数就会下降。

为了验证这些结论的正确性，返回工作表，再将单元格区域 A36：A38 中的标记复制并粘贴到单元格区域 A41：A43 中。为计算 DOL，在单元格 B41 中输入公式"=B21/(B21-B27)"；为计算 DFL，在单元格 B42 中输入公式"=(B21-B27)/(B21-B29)"；最后，为计算 DCL，在单元格 B43 中输入公式" =B21/(B21-B29)"。不难发现，此处的计算结果与之前的计算结果全部一致。

本章小结

本章首先讨论了公司的经营盈亏平衡点。盈亏平衡点取决于产品的价格、固定成本和变动成本。固定成本在决定公司使用多少杠杆方面也具有重要作用。本章研究了以下三种杠杆：

（1）营业杠杆系数（DOL）衡量的是固定成本变化对销售收入变化进而对息税前利润变化的放大程度。

（2）财务杠杆系数（DFL）衡量的是每股收益变化对息税前利润变化的敏感程度。财务杠杆直接取决于经营者关于企业采用何种融资方式的决策。

（3）复合杠杆系数（DCL）是公司衡量杠杆总效应的手段。复合杠杆系数等于营业杠杆系数和财务杠杆系数的乘积。

此外，本章还介绍了单变量求解工具。如果已经知道所想要的结果，但又不知道得到结果所需的输入值，那么采用该工具就非常有用。

本章介绍的函数列于表 7-1 中。

本章介绍的公式列于表 7-2 中。

表 7-1　本章介绍的函数

用途	函数
返回"#N/A"	NA()
判断公式是否返回错误值	IFERROR（*VALUE,VALUE_IF_ERROR*）

表 7-2　公式汇总

名称	公式
盈亏平衡点的销售量	$Q* = \dfrac{F}{P - V}$
盈亏平衡点的销售额	$BE = P \cdot Q*_{\text{Operating}} = \dfrac{F}{CM\%}$
现金收支平衡点	$Q*_{\text{Cash}} = \dfrac{F - \text{折旧}}{P - V}$
每股收益为零时的总盈亏平衡点	$Q_{\text{Total}} = \dfrac{F + \text{利息费用} + \dfrac{PD}{(1-t)}}{P - V}$
营业杠杆系数（DOL）	$DOL = \dfrac{\text{息税前利润的百分比变化}}{\text{销售额的百分比变化}} = \dfrac{Q(P-Y)}{Q(P-Y) - F}$
财务杠杆系数（DFL）	$DFL = \dfrac{\text{每股收益的百分比变化}}{\text{息税前利润的百分比变化}} = \dfrac{EBIT}{EBIT - \dfrac{PD}{(1-t)}}$
复合杠杆系数（DCL）	$DCL = \dfrac{\text{每股收益的百分比变化}}{\text{销售额的百分比变化}} = DOL \cdot DFL$

练习题

1. 梅尔森面包店（Meyerson's Bakery）正在考虑增加一条新的馅饼产品线。预计馅饼售价为每个 15 美元，变动成本为每个 9 美元。营业用固定成本总额预计为 25 000 美元。迈尔森面包店的边际税率为 35%，与该产品线相关的利息费用为 3 500 美元，且预计第一年可销售 4 200 个馅饼。

（1）编制该产品线第一年的利润表。该产品线预计能盈利吗？

（2）计算盈亏平衡时的销售量和销售额。

（3）为实现 20 000 美元的息税前利润目标，迈尔森面包店需要卖出多少个馅饼？

（4）运用单变量求解工具决定迈尔森面包店所销售馅饼的单价，使得迈尔森面包店能实现净利润盈亏平衡。

2. 下图给出了 Siam 食品公司 2014 ～ 2016 财年的利润表。

Siam 食品公司 年度利润表 2014 ～ 2016 财年（百万美元）	2014	2015	2016
总收入	2,544	2,848	3,276
可变成本	1,908	2,136	2,457
固定成本	128	128	128
息税前利润	*508*	*584*	*691*
利息费用	115	115	115
税前利润	*393*	*469*	*576*
所得税费用	157	188	230
净利润	*236*	*281*	*346*
优先股股利	15	15	15
普通股可分配利润	*221*	*266*	*331*
发行在外的普通股	150	150	150
每股收益	1.47	1.78	2.20
所得税税率	40.00%	40.00%	40.00%

（1）在工作表中输入数据。计算各个年度的营业杠杆系数。

（2）计算各个年度的财务杠杆系数。

（3）计算这三年每年的复合杠杆系数。Siam 食品公司的杠杆在此期间是增加了还是减少了？

（4）创建曲线图来说明三年间该公司的杠杆系数是如何变化的。

3. 下表给出了当地三家汽车经销商的相关资料。

	贝尔国货店	青年二手车店	欧洲最佳店	行业平均水平
平均销售价格（美元）	38 115	29 403	56 628	32 670
销售量	1 485	1 832	842	1 238
利息费用（美元）	816 750	1 089 000	3 267 000	1 633 500
变动成本（占销售收入百分比）(%)	60	45	40	48
固定成本（美元）	9 900 000	6 930 000	19 800 000	10 890 000
优先股股利（美元）	990 000	0	594 000	297 000
普通股（美元）	4 500 000	7 200 000	2 700 000	6 300 000

（1）根据上表给出的资料，就每家公司与行业平均水平创建利润表。假设每家公司的税率都为 35%。

（2）就每家公司与行业平均水平计算盈亏平衡点和营业杠杆系数、财务杠杆系数、复合杠杆系数。

（3）将各家公司分别与行业平均水平进行比较。针对各家公司的经营，可得出什么结论？

在线练习

1. 根据第 3 章在线练习第 1 题中的说明，从 SEC 的 Edgar 系统网站获取所选公司过去 3 年的利润表。重新分析练习题 2，且假设销售及管理费用为变动成本，所有其他费用为固定成本。

注释

1. 大多数公司都存在某些半变动成本。在一定产量范围内，半变动成本是固定的，但一旦产量超出该范围，半变动成本就是变动的了。为简单起见，我们假定这些成本是固定的。

2. 对于更为复杂的问题，可采用规划求解加载项工具。

3. 在运用息税前利润来进行分析时，假设该公司不存在营业外收入和支出。营业外收入或支出是指与主营业务无关的、非经常性的收支事项。如果公司的确存在此类业务，那么就应该用净营业收入（NOI）来代替息税前利润。

4. 正如第 9 章中所要讨论的，优先股是一种混合证券，与债券和权益证券都相似。如何对待优先股取决于公司的目标。在分析财务杠杆时，我们将优先股看成某种债务证券。

5. 参见 T. Zivney and J. Goebel, "The Relationship Between the Breakeven Point and Degrees of Leverage," *Advances in Financial Education*, Vol. 11, 2013, pp. 122-126。本书作者在此文基础上在计算财务杠杆系数时引入了优先股股利因素。

第 8 章

货币的时间价值

通过本章学习，应能：

- 解释货币时间价值这一概念
- 运用 Excel 计算现金流的现值和终值
- 解释财务分析中出现的各种现金流并清楚在用 Excel 计算时间价值时该如何调整
- 区分各种复利计算期并能运用 Excel 来比较各种复利计划的现值与终值

常言道，"二鸟在林不如一鸟在手"。这句古老格言换用财务语言来表达，就成了"今天 1 美元比明天的 1 美元要值钱"。直觉上，这句话不无道理。那么，原因何在呢？简而言之，你可以用今天的 1 美元进行投资，进而期望明天得到更多美元。

因为货币可以用来投资以便将来产生更多的钱，所以说货币具有"时间价值"。货币时间价值这一概念是财务决策理论的基础。要掌握好后面各章，就得学好本章内容。

8.1 终值

假设你有 1 000 美元且可用于投资，那么在年利率为 10% 的情况下，一年后就可获得 1 100 美元。其中的数学运算非常简单：

$$1\ 000 + 1\ 000 \times 0.10 = 1\ 100$$

换言之，1 年后所获得的美元数额等于原来的 1 000 美元（本金）加上本金所赚的 10% 的利息。因为要到第一年年末才能获得 1 100 美元，所以我们称之为终值（future value）。至于今天所拥有的 1 000 美元，则被称为现值（present value）。如果第一年年末你仍进行同样的投资，那么，第二年年末你将获得的美元数额为：

$$1\ 000 + 1\ 000 \times 0.10 + 100 \times 0.10 + 1\ 000 \times 0.10 = 1\ 210$$

第二年年末所获得的 1 210 美元包括以下几部分：本金、第一年利息、首年利息在第二年获得的利息、本金在第二年的利息。注意，这里可以将第二年的计算公式重新整理为：

$$1\ 100 + 1\ 100 \times 0.10 = 1\ 210$$

如提出公因数 1 100，就可得到：

$$1\ 100 \times (1 + 0.10) = 1\ 210$$

不难发现，第二年所赚的利息既来自本金，也来自首年所赚的利息。这种利滚利概念就是所谓的复利计算（compounding）。这就是为什么第二年所赚的总利息为 110 美元，而第一年仅仅为 100 美元。

回到之前一年期的例子，可推导出任何一年期投资的计算公式：

$$FV_1 = PV + PV(i)$$

式中，FV_1 为终值；PV 为现值；i 为一年期利率（复利率）。上述公式并不是最简化形式。如果从右边提取公因数 PV，就可得到简化的公式：

$$FV_1 = PV(1+i) \qquad (8\text{-}1)$$

再回到上述两年期的例子。我们知道，第二年所赚的利息既来自本金，也来自首年所赚的利息。或者说，第一年的 FV 变成了第二年的 PV。这样，第二年的 FV 可以表示为：

$$FV_2 = FV_1(1+i)$$

如果用 $PV(1+i)$ 来替代 FV_1，那么经简化整理后可得：

$$FV_2 = PV(1+i)(1+i) = PV(1+i)^2$$

事实上，我们还可以进一步推导出终值计算公式。不难发现，公式右边的幂与公式左边的下标一致。计算第一年终值时的幂为 1；计算第二年终值时的幂为 2。归纳而言，幂与所计算终值的期数相一致。

$$FV_N = PV(1+i)^N \qquad (8\text{-}2)$$

式（8-2）是以下所提及的全部时间价值公式的基础。利用这一公式，就可以计算出两年期、年利率为 10% 的 1 000 美元投资两年后的货币总额为 1 210 美元，即

$$FV_2 = 1\,000 \times (1+0.10)^2 = 1\,210$$

那么，如何用 Excel 来计算终值呢？

用手工计算器，特别是财务用计算器，就可以很方便地计算出终值。不过，正如我们在本章及后面各章中所要发现的，工作表中通常需要用到终值。在这方面，Excel 通过内置的 **FV** 函数能很方便地完成计算。该函数公式为：

$$\textbf{FV}(\textbf{\textit{RATE}}, \textbf{\textit{NPER}}, \textbf{\textit{PMT}}, \textbf{\textit{PV}}, \textbf{\textit{TYPE}})$$

FV 函数有五个变量。其中，**RATE** 表示一段时期（年、月、天等）的利率；**NPER** 表示总的期数；**PV** 表示现值；**PMT** 和 **TYPE** 与年金（一系列等额收付的款项）有关，将在后面探讨。就目前要处理的问题类型而言，我们将 **PMT** 和 **TYPE** 都设定为零。[1]

这里先创建一个简单的工作表以计算单笔款项的终值。打开一空白工作表，输入如图 8-1 所示的标记和数字。

这里，我们用 **FV** 函数来计算年利率 10%、为期一年的 1 000 美元的终值。在单元格 B5 项中输入公式 "=FV(B4,B3,0,-B2,0)"。计算结果为 1 100 美元，与之前计算的结果完全一致。请注意，这里输入 "-B2" 作为 **PV** 的参数。设为负值的原因在于 Excel 将 **PV** 或者 **FV** 自动识别为现金流出。如果不采用负值，那么 **FV** 的结果就会成为负值。财务计算器的用户将此视为现金流量符号约定（cash flow sign convention）。

	A	B
1	终值计算	
2	现值	1,000.00
3	年数	1
4	利率	10%
5	终值	

图 8-1 单笔现金流的终值

接下来，我们可以用不同的变量值来进行验算。将单元格 B3 中的 1 替换为 2。此时，

Excel 就会立刻把单元格 B5 中的结果更新为 1 210 美元。该结果与我们在前面例子中所计算的结果相同。为了证明复利计算结果的巨大，在单元格 B3 中输入"30"，其终值为 17 449.40 美元。就是说，在年利率 10% 的情况下，1 000 美元的投资在 30 年后就可以增加到 17 449.40 美元。如果将投资额增加一倍到 2 000 美元，那么计算出来的终值也会增加一倍。试算一下，其结果肯定为 34 898.80 美元，恰好是 1 000 美元投资所得终值的两倍。总之，任何一笔钱在年利率 10% 的条件下，投资 30 年后其本金将增加到原来的 17.449 倍。如果想进一步见识复利计算结果的巨大，可以试着增加一下利率。

8.2 现值

事实上，利用终值计算公式，可以对其中的每个变量求解。对于之前的例子，我们也许想反过来计算现值。如果问题重新设置为：在年利率 10% 的前提下，如果要得到 1 210 美元的终值，那么最初投资额应该是多少？此时，终值为已知，而需要计算的是现值。

这里，只要将终值数学公式（8-2）做一下变换就可得到现值计算公式：

$$PV = \frac{FV_N}{(1+i)^N} \qquad (8\text{-}3)$$

当然，我们已经知道答案一定是 1 000 美元：

$$PV = \frac{1\,210}{(1.10)^2} = 1\,000$$

在 Excel 中，可以利用其内置的 **PV** 函数来处理此类问题：

$$\textbf{PV}\,(\textbf{\textit{RATE}}, \textbf{\textit{NPER}}, \textbf{\textit{PMT}}, \textbf{\textit{FV}}, \textit{TYPE})$$

PV 函数中的参数与 **FV** 函数中的参数相同，但 **PV** 与 **FV** 发生了替换。在这个例子中，需要将如图 8-2 所示的资料输入工作表的单元格区域 D1:E5 中。

	A	B	C	D	E
1	终值计算			现值计算	
2	现值	1 000.00		终值	1 100.00
3	年数	1		年数	1
4	利率	10%		利率	10%
5	终值	1 100.00		现值	

图 8-2　单笔现金流的现值

在单元格 E5 中输入公式"=PV(E4,E3,0,−E2,0)"。同理，需要将终值设为负值，以保证现值为正。计算结果为 1 000 美元，正是所要的结果。

在图 8-2 中，我们有意将终值计算和现值计算并排放置，以此来说明现值计算和终值计算的函数刚好相反。变动工作表中的数据就能更明确地说明这一点。这里，我们将现值计算函数中的引用与终值函数中所用的单元格链接起来。这样，通过改变终值参数就可以改变现值参数。为此，先选中单元格 E2，输入"=B5"，再在单元格 E3 中输入"=B3"，接着在单元格 E4 中输入"=B4"。现在，不管工作表中终值计算一栏中的内容如何变化，现值就肯定等于单元格 B2 中的值。此外，可以尝试对单元格 B2、B3 和 B4 中的数字做一些变动。不管如何变动，所计算出的现值（单元格 E5 中）总是与单元格 B2 中所输入的现值相同，其中的原因在于现值函数与终值函数互为反函数。

8.3 年金

至此，我们分析了单笔现金流（也称整笔款项）的现值和终值。这些概念对于我们处理更为复杂的现金流十分有用。年金（annuity）就是一段时间内一系列名义金额相等的收付款项。关于年金的例子举不胜举，如汽车分期付款和按揭还款，或者你将来可能拥有的退休年金。图 8-3 中描述的金流量就是关于年金的又一个例子。

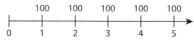

图 8-3 年金现金流的时间线图

那么，如何计算如图 8-3 所示的系列现金流的价值呢？问题的答案涉及价值叠加原则（principle of value additivity）。按照该原则，系列现金流的价值等于单个现金流价值之和。只要这些现金流发生在同一时间，那么就可以直接加总。因此，如果能将每一现金流转换为任意同一时期的价值，那么就可以进行加和，从而求出在该时期的价值。现金流可以通过复利和贴现计算而随时转换成其他时期的价值。

8.3.1 年金的现值

计算年金现值的方法之一就是找出每个现金流的现值，然后进行求和。式（8-4）总结了这种方法：

$$PV_A = \sum_{t=1}^{N} \frac{Pmt_t}{(1+i)^t} \tag{8-4}$$

式中，PV_A 为年金的现值；t 为期间；N 为年金的支付次数；Pmt_t 为 t 期的支付金额；i 为贴现率。

当然，该公式适用于任何年金（或者任何系列现金流）价值的计算，但若年金支付次数较多，那么计算就会相当烦琐。设想一下要计算 300 期按揭还款的现值，就可知道有多烦琐了。通过求总和，我们就可得到一个闭合式计算公式（上述公式为开放式计算公式，因加和的次数为无限）：

$$PV_A = Pmt \left[\frac{1 - \dfrac{1}{(1+i)^N}}{i} \right] \tag{8-5}$$

这里，各项目的定义与之前的定义相同。请注意，我们取消了下标 t，因为这种计算方法并不分别计算各期的现值。相反，因为每期付款相同，所以可以一次性地计算全部现金流的价值。

下面来计算图 8-3 中现金流的现值。假设现金流的贴现率为 8%，那么计算结果为：

$$PV_A = 100 \times \left[\frac{1 - \dfrac{1}{1.08^5}}{0.08} \right] = 399.27$$

这就是说，如果你今天在账户里存入 399.27 美元，且每年支付 8% 的利息，那么每年年底可以支取 100 美元，5 年后的账户余额为 0。

之前在讨论单笔现金流量时，我们说到可以用 Excel 内置的 **PV** 函数来计算现值。**PV** 函数的定义为：

$$\textbf{PV}(\textbf{\textit{RATE}}, \textbf{\textit{NPER}}, \textbf{\textit{PMT}}, \textbf{\textit{FV}}, \textbf{\textit{TYPE}})$$

在处理单笔现金流量时，我们将 **PMT** 和 **TYPE** 设为 0。这两个参数只用于计算年金价值时，可将 **PMT** 设置为每期付款的金额；**TYPE** 则是一个二元变量（0 或者 1），用于控制 Excel 对付款时期的设定，期末付款为 0，期初付款为 1。这里，我们临时设定所有年金的付款时间均在期末，即普通年金。

创建一个工作表并将图 8-4 中的数据输入单元格区域 A1:B5。为了在单元格 B5 中显示图 8-3 所示年金的现值，这里应输入公式 "=PV(B3,B4,B2,0,0)"。请注意，因为所输入的付款额为正值，所以显示结果为 -399.27 美元。该结果表示，如果今天存款（现金流出）399.27 美元，那么你可以在 5 年内每年取款（现金流入）100 美元。如果把单元格 B2（付款）

图 8-4 年金的现值

设为负值，那么现值结果就为正的 399.27 美元了。虽然除了符号所得结果一模一样，但其含义不同。这里的含义是，如果今天贷款 399.27 美元（现金流入），那么为还清贷款，你需要在接下来的 5 年中每年还款 100 美元（现金流出）。

此外，我们可以更换参数来进行更多练习。例如，假设不是分 5 次、每次取 100 美元，而是分 10 次、每次取 50 美元，而且要 10 次取完账户中的金额，那么该存入账户多少金额呢？将单元格 B4 中的取款次数改为 10，单元格 B2 中的付款额改为 50。完成这些改变后，就可知道只要存入账户 335.50 美元就能实现目标。

现在，回到我们最初的例子，将付款额恢复为 100，取款次数恢复为 5。如果首次取款为今天，而非一年后的今天，那么又该存入多少金额呢？（年金立即支付的情况被称为即付年金。）要回答这一问题，首先要明白我们唯一改变的是首次取款时间。取款次数仍然为 5 次，每次仍然为 100 美元，但是每次取款时间为期初。为此，在单元格 B5 中将变量 *TYPE* 由 0 改为 1，那么公式就变成 "=PV(B3,B4,B2,0,1)"。计算结果为 -431.21 美元，表示由于首次取款即时发生，所以需要增加初次存款额度。注意，因为在首次取款前，你尚未获得首年度的利息，因为不得不增加存款数量。

对此也可换一个角度来思考。显然，只要实际存入 331.21 美元（431.21 美元减去 100 美元的即时取款），就可保证今后每次 100 美元的 4 次取款。此时，应将 **PV** 公式恢复到原初形式（*TYPE* 为 0），期数变为 4。这样计算得到的现值为 331.21 美元，与之前计算结果完全一致。

8.3.2 年金的终值

假设你最近开始筹划退休事宜。比较有吸引力的计划之一就是建立传统的个人退休账户（IRA）。该账户的最大优势就是：如果每年存入最多不超过 5 500 美元，且在 59.5 岁后开始提取，那么该投资收益就可享受免税。此外，根据个人的具体情况，IRA 账户存款还能降低应纳税收入。

为了计算退休时个人退休账户中所积累的金额，你需要弄清楚年金终值这一概念。根据之前介绍的价值叠加原则，我们可以直接得出到退休时每年投资的终值，再将每年的终值相加即可。数学等式为：

$$FV_A = \sum_{t=1}^{N}\left[Pmt_t\left(1+i\right)^{N-t} \right] \tag{8-6}$$

类似地，这里也可以用闭式计算公式来计算终值：

$$FV_A = Pmt\left[\frac{\left(1+i\right)^N - 1}{i}\right] \tag{8-7}$$

假设你计划在 30 年后退休，每年向 IRA 存入 5 500 美元且年均收益率为 7.5%，那么 30 年后你的账户金额为多少呢？虽然两个公式都可采用，但因存入的数额较大，所以采用式（8-7）会更容易些。计算结果为：

$$FV_A = 5\ 500 \times \left[\frac{1.075^{30} - 1}{0.075}\right] = 568\ 696.71$$

通常，可用 Excel 内置终值计算函数来解决上述问题。之前，我们常常用 **FV** 函数来计算单笔资金的终值。现在，同样可以用它来计算年金的终值。**FV** 函数的用途与 **PV** 函数完全一致，唯一的区别就是用 **PV** 来替代 **FV**。按照图 8-5 创建一张新的工作表。

在单元格 B5 中输入公式"=FV(B3,B4,−B2,0,0)"。计算结果为 568 696.71 美元，与按公式计算的结果完全一致。如果最终金额少于最初的预期数，那该怎么办呢？办法之一就是今年开始投资，而不是等到下一年，即在时期初而不是在时期末进行投资。要想知道这一改变的影响，只需

	A	B
1	年金的终值	
2	付款额	5 500
3	利率	7.50%
4	期数	30
5	终值	

图 8-5　年金的终值

将变量 *TYPE* 参数改为 1，那么公式就变成"=FV(B3,B4,−B2,0,1)"。投资策略的小小改动将使你在退休时净增 42 652 美元的额外退休金。更好的方法也许就是冒点险（假设你足够年轻，这样做具有实际意义）投资股票共同基金，30 年的年均回报率将达到 10%。在这种情况下，同样假设你现在开始投资，那么在退休时可获得 995 188.84 美元。这样的结果明显要好得多。每年增加的 2.5% 的回报率将使你的退休金增加 400 000 美元。这正是复利计算的魔力所在。

8.3.3　计算年金付款

假设要在数年后积蓄一定数额的资金，我们想知道必须存入账户多少资金。例如，假设你计划 5 年后购买一套住房。你现在是一名学生，故计划从今天开始每年储蓄，以便存足 10 000 美元的首付。假设储蓄资金的年收益率为 4%，那么每年该储蓄多少资金呢？图 8-6 对该问题进行了图解说明。

在本例中，要求计算的是每年应支付的金额数。这里，已知年金终值，因此 **FV** 函数就

不适用了。其实，这里需要使用 Excel 的 **PMT** 函数：

$$PMT(RATE, NPER, PV, FV, TYPE)$$

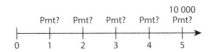

图 8-6　为 5 年后有 10 000 美元而每年需要储蓄的金额

PMT 函数的参数与 **PV** 函数和 **FV** 函数相似，区别在于 **PMT** 函数的参数包含 **PV** 和 **FV**。

创建一个新的工作表并将图 8-7 中的资料输入单元格区域 A1：B6 中。在单元格 B6 中输入 **PMT** 函数 "=PMT(B5,B4,−B2,B3,0)"。结果显示，如果每年储蓄 1 846.27 美元，那么 5 年后就可积满首付所需的 10 000 美元。

PMT 函数需要输入 **PV** 值和 **FV** 值。在上例中，我们假设 **PV** 值为 0。然而，如果假设你最近从叔父那里获得 3 000 美元的礼金，而且想用这笔钱作为首付款。按照 4% 的利率，

图 8-7　*PV* 或 *FV* 已知情况下的年金支付金额

3 000 美元 5 年后只能增加到 3 649.96 美元（这一点可通过图 8-1 所创建的工作表来证明），所以你每年仍需储蓄一定量的金额。那么，你每年需要储蓄多少呢？为得到答案，将单元格 B2 中的现值更改为 3 000 美元，并保持其他值不变。这笔初始款项使得你只需要储蓄 6 350.04 美元就够了。这样，你每年所需的储蓄额实际上就降低为 1 172.39 美元。

8.3.4　计算年金的付款期数

计算年金的现值、终值和付款额相当简单，这是因为相关公式直接而且易于应用。不过，计算年金的付款期数 N 从数学上讲就不那么简单了。为了计算年金的付款期数，必须掌握对数知识。如果已知年金现值，那么求解式（8-5）就可得到：

$$N = \frac{\ln\left(1 - \frac{iPV_A}{Pmt}\right)}{-\ln(1+i)} \tag{8-8}$$

式中，ln（·）为自然对数。如果终值已知，那么通过式（8-7）就可以推出以下结果：

$$N = \frac{\ln\left(1 + \frac{iFV_A}{Pmt}\right)}{\ln(1+i)} \tag{8-9}$$

回到我们储蓄购房首付款的例子上来。根据前面的计算，假如没有首笔投资，那么每年需储蓄 1 846.27 美元，5 年后才能支付首付款。为此，创建如图 8-8 所示的工作表。

运用式（8-9）和 Excel 内置的 **LN** 函数就可解决这个问题。[2]

$$LN(NUMBER)$$

为此，在单元格 B6 中输入公式" =LN(B5*B3/B4+1)/LN(1+B5)"。其计算结果正如我们所期望的那样为 5 年。

此外，Excel 提供的内置 **NPER** 函数可直接解决此类问题，它也可以计算付款总额。NPER 函数的定义为：

NPER(*RATE, PMT, PV, FV, TYPE*)

	A	B
1	计算年金支付期数 *N*	
2	现值	$0
3	终值	10,000.00
4	年付款额	1,846.27
5	利率	4.00%
6	期数	

图 8-8 *PV* 或 *FV* 已知情况下的年金付款期数

这里，所有参数的定义与之前的定义相同。使用该函数时，必须知道年付款额、每期利率以及年金现值或终值（或二者皆为已知）。

为计算付款期数，在单元格 B6 中插入 **NPER** 函数" =NPER(B5,-B4,-B2,B3,0)"。请注意，这里的现值和每期付款额都为负值，这同样是现金流标记惯例的原因使然。在本例中，我们希望能取出终值（现金流入取正值），存入现值和年付款额（现金流出取负值）。计算结果为 5 年，与预期相一致。如果在单元格 B2 中输入 3 000 美元，那么只要 3.39 年就可以储蓄满首付款。

8.3.5 计算年金的利率

与现值、终值、每期付款额以及付款期数不同，年金利率并没有闭合解。因此，求解的唯一途径是利用试错法，如牛顿 – 雷扶生法（Newton-Raphson）或二分法（bisection method）。[3]

Excel 提供了一种内置函数，可以用来计算利率。**RATE** 函数的定义为：

RATE(*NPER, PMT, PV, FV, TYPE, GUESS*)

其中的参数与前面一致，*GUESS* 是你选择的对正确答案的第一次猜测。一般地，*GUESS* 变量可完全省略。

假设你有机会购买某项投资，10 年内每年可带来 1 500 美元的现金流，且购买该项投资的成本为 10 500 美元。如果另有一个同等风险的投资机会，每年可以产生 8% 的利息，那么你会选择哪一个呢？

实际上，解决此类问题有好几种方法可选。其中一种方法就是将利息 8% 看作机会成本。因此，8% 就应当被用作贴现率。运用图 8-4 中创建的工作表，可以得到该投资机会的现值仅为 10 065.12 美元（对你而言现在所值）。因为购买价格（10 500 美元）高于现值，所以应该拒绝购买该项投资，转而选择另一个投资机会。[4]

解决此类两难问题的另一个办法就是对比不同投资所产生的收益（复合年收益）。如果其他条件都相同，那么就应选择收益最高的投资项目。如前所述，投资选择之一的年收益为 8%，但新的投资机会的收益是多少呢？

为此，这里先创建新的工作表，然后输入如图 8-9 所示的数据。请注意，单元格 B2 中输入的是现值，取负值的目的是使函数在现金流方向任意的情况下均能运行。有了这样的灵

	A	B
1	计算年金的利率	
2	现值	-10,500
3	终值	0
4	年付款额	1,500
5	期数	10
6	年利率	

图 8-9 年金收益

活性，用户就可以在不用编辑函数的情况下改变工作表中的数字。因此，所用符号必须正确。

在单元格 B6 中输入公式"=RATE(B5,B4,B2,B3,0,0.1)"，所得的结果为年利率 7.07%。显然，你不应该接受这个新的投资机会，而应选择具有 8% 年收益率的那个机会。这一结果与我们用现值方法计算所得的数据相同。以后，我们将经常遇到这类互相排斥的例子。[5] 需要注意的是，为完备起见，这里包含了猜测值 10% 的情形。不过，这一点通常并不要求，毕竟省去之后仍可得到相同结论。

8.3.6　递延年金

并非所有年金在上述分析的当期就进行支付。例如，假设你正在为未来退休做准备，那么很可能就需要安排退休后每年的收入。不过，你现在还是一名学生，离退休还有很多年时间。这里，直到退休后才会有的收入就是一种年金。这种年金被称为递延年金（deferred annuity）。那么，该如何确定递延年金的价值呢？

假设你有一台时光机（用超强的未来金属制作，可抵挡太空黑洞的引力），通过它你可以到达你所选择的任何时光。如果我们用时光机将你送到退休前的一刻，那么衡量你的退休收入的价值就简单多了，只要运用 Excel 的 **PV** 函数就行。现在，将初次取款的前一年设置为 0，将退休第一年设置为 1，以此类推。图 8-10 描述的就是这一时间转换方法。

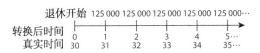

图 8-10　解决递延年金问题的第一步：转换时间

在构建图 8-10 时，我们假设你从现在开始 30 年后退休，且退休期间每年需要有 125 000 美元的收入。再进一步假设你需要退休收入能维持 35 年，且预期年收益为 6%。为取得这样的退休收入，30 年后你积累起的资金应该为 1 812 280.80 美元。换言之，1 812 280.80 美元是退休后 35 年里、每年取得 125 000 美元且利率为 6% 情况下的 30 年后的现值。你可以利用根据图 8-10 所创建的工作表来检验这些数据。[6]

如图 8-10 所示，虽然已知 30 年后每年所需要的资金，但并不知道今天该储存多少金额。Excel 中的 **PV** 函数或式（8-5）应被视为变形函数，即它将一系列付款改为一次性付款。然后，将该一次性付款额（本例中的 1 812 280.80 美元）设为初次付款前一时段。在前述例子中，年金开始支付时间为第 1 时段末，因此现值就是 0 时段的价值（第 1 时段的前一时段）。本例中，现值是指第 30 时段的价值，同样是指首次付款前一时段。

为了确定今天应该投资的额度，必须将退休时所需储蓄视为终值。这一数额必须贴现为 0 时段的数额。例如，假设退休前我们每年可以有 8% 的收益，那么，今天我们需要投资 180 099.63 美元才能实现退休时的目标。

利用图 8-11 给出的这一简单的工作表，我们就可以确定今天所需要投入的金额以便退休后能获得一定的收入。为此，创建一张新的工作表，并输入图 8-11 中的数据和标记。

为完成这张退休工作表，需要在单元格区域 B7:B9 中输入函数。如前所述，这里的第一步是要确定退休收入在第 30 时段的现值。为此，在单元格 B7 中输入现值计算函数

"=PV(B6,B4,−B2,0,0)"。计算结果为 1 812 280.80 美元，表明要想在单元格 B4 所示年限内获得单元格 B2 所示的收入，你需要储存 1 812 280.80 美元。接着，为确定当前所需的投资额度（一次性付款总额），你需要确定单元格 B7 所示金额在 0 时段的现值。为此，我们在单元格 B8 中输入公式"=PV(B5,B3,0,−B7,0)"。如前所述，今天所需投资金额为 180 099.63 美元。

	A	B
1	退休工作表	
2	年退休收入需求	125 000
3	距离退休时间	30
4	退休期间时长	35
5	退休前的收益率	8.00%
6	退休期间的收益率	6.00%
7	退休时所需储蓄额	
8	当前所需投资额	
9	每年所需投资额	

图 8-11　退休计划

退休计划工作表的另一个特点就是可用于计算实现退休收入目标所需的年储蓄额。为了用 Excel 来计算该储蓄额，这里需要使用 **PMT** 函数。为此，在单元格 B9 中输入公式"=PMT(B5,B3,0,−B7,0)"。计算结果为 15 997.79 美元，表明：如果能在未来 30 年里每年储蓄 15 997.79 美元，且保持收益率为 8%，那么就能实现退休收入目标。虽然有些困难，但比今天一次性付款投资要容易得多。

在此工作表中，我们没有考虑通货膨胀和税收对个人退休计划的影响。不过，如果假设单元格 B9 显示的储蓄金额属于延税账户，那么所得的结果将更加贴近实际。对此，不妨用 Excel 加以检验。如何储蓄好一份合意的退休收入，其中的难度会令你大吃一惊。

8.4　分段年金

前面我们将年金定义为一系列固定期限内的等额现金流。然而，并不是所有年金都具有等额现金流。例如，当今人们常常会在今天一次性投资某个总额度，为的是换取将来一系列的收益，而且要求该收益不断增加以保持购买力不变。保险公司就有可能为那些关心未来通货膨胀的退休人员提供此类投资机会；一些博彩公司也提供每年递增的"年金"式奖金。

返回上一节的例子。你的既定目标是在 35 年的时间里每年获得 125 000 美元，作为退休后的花费来源。可是，如果你的收入不能做到逐年递增，那么 35 年后你的购买力将大大降低。实际上，如果年均通货膨胀率为 3%，那么退休后第 35 年的购买力仅仅相当于退休后第 1 年 44 423 美元的购买力（仅为所需要的 1/3）。显然，如果退休收入能够按年通货膨胀率增长，那么对你就会十分有利。

8.4.1　分段年金的现值

假设退休期间的年通货膨胀率预期为 3%，那么你必须对退休收入做一下调整，从而使你的退休收入每年增长 3%。图 8-12 显示了调整后的现金流时间图。

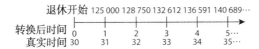

图 8-12　退休收入每年增长 3% 情况下的现金流时间线图

这里，该如何计算此类现金流量的现值呢？显而易见，我们不能使用 **PV** 函数了，因为该函数假设每期的现金流量相等。这样，我们又得使用价值叠加原则，即分别计算各部分现金流的现值，然后加和得到总的现值。为此，需要创建一张工作表以列出所有的现金流量，并运用式（8-4）进行计算。

所幸的是，如果能假设现金流量保持固定增长，就像在本例中那样，当首次支付发生在现在起的第 1 时段时，分段年金的现值就会存在一个闭合解：

$$PV_{GA} = \frac{Pmt_1}{i-g}\left[1-\left(\frac{1+g}{1+i}\right)^N\right] + \frac{FV}{(1+i)^N} \tag{8-10}$$

式中，Pmt_1 为第 1 次现金流；FV 为终值；i 为利率；g 为增长率；N 为现金流次数。通常，如在本例中，$FV=0$，所以可以省略：

$$PV_{GA} = \frac{125\,000}{0.06-0.03}\left[1-\left(\frac{1.03}{1.06}\right)^{35}\right] = 2\,641\,257.55$$

如前所述，如果假设退休期间的年收益率为 6%，款项提取保持与通货膨胀一致的 3% 的增长，那么为满足收入目标就必须累计储蓄到 2 641 257.55 美元。

这里可以用 **PV** 函数来计算相同结果，但需要对利率进行调整。就分段年金而言，有两种比率：贴现率和增长率。这两个比率的作用恰好相反，所以我们也许以为最好的办法就是采用净利率。在本例中，净利率为 6%–3%=3%。但考虑到利率的复合性，这样做也不恰当。换言之，它们之间是乘积关系而非叠加关系。因此，这里需要采用更为复杂的公式：

$$净利率 = \frac{(1+i)}{(1+g)} - 1 \tag{8-11}$$

除了减法之外，这里还必须做除法。在本例中，净利率为：

$$净利率 = \frac{1.06}{1.03} - 1 \approx 0.029\,13$$

还必须做最后一个调整：必须将 **PV** 函数的结果除以（1+g）。事实上，通过这一调整，第 1 期的付款额变成了第 0 期按通货膨胀率调整后的值了。

这里，可以通过修改如图 8-12 所示的退休计划工作表来处理存在通货膨胀假设的情况。先复制该表，然后选中第 5 行并插入新的一行。在单元格 A5 中输入标记"预期通货膨胀率"，再在单元格 B5 中输入"3%"。之后，需要将单元格 B8 中的公式改为" =-PV((1+B7)/(1+B5)-1,B4,B2/(1+B5))"。计算结果为 2 641 257.55 美元，与之前结果一致。而且，单元格 B9 和单元格 B10 中的结果会根据假设情况而自动更新。显然，退休前你每年需要储蓄 23 315.53 美元，较原计划大约要多出 7 318 美元，但正是这样才使你退休后具有相同的购买力。图 8-13 给出了新的退休计划工作表。

在本例中，年金在某个时期后才开始支付。这种类型的现金流通常被称为应付分段年金。不过，就许多情形（如博彩）而言，首次现金流往往立刻发生。这种现金流被称为分段到期年金（graduated annuity due）。这里，可运用价值叠加原则来修改式（8-10），然后来处理现金流即时发生的情况。

	A	B
1	收入递增的退休计划工作表	
2	年退休收入需求	125,000
3	距离退休年限	30
4	退休期间时长	35
5	预期通货膨胀率	3.00%
6	退休前的收益率	8.00%
7	退休期间的收益率	6.00%
8	退休时所需储蓄额	$2,641,257.55
9	当前所需投资额	$262,481.13
10	每年所需投资额	$23,315.53
11		
12	使用 **PV** 函数	$2,641,257.55

图 8-13　根据通货膨胀而调整的退休计划

不难发现，我们可以将应付分段年金视为付款次数少一次外加一次当天付款的普通分段年金。

$$PV_{GAD} = Pmt_0 + \frac{Pmt_0(1+g)}{i-g}\left[1 - \left(\frac{1+g}{1+i}\right)^{N-1}\right] \tag{8-12}$$

式中，Pmt_0 为即时发生的现金流。同样，在 **PV** 函数中，我们采用根据式（8-11）得出的调整利率。在本例中，我们必须采用调整利率，而且将 *TYPE* 参数设置为 1。因此，若计划从退休开始日开始提取，就要把单元格 B8 中的公式改为"=-PV((1+B7)/(1+B5)-1,B4,B2,0,1)"。因为首次提取较之前提前了一年，所以为了在退休时积累到 2 799 733 美元，每年也就需要储蓄更多的资金。

因为式（8-10）和式（8-12）都较为复杂，所以我们需要编写加载函数来进行计算。加载函数与前面提到的内置函数相类似，但必须安装并启用加载件。[7]**FAME_PVGA** 函数的定义为：

FAME_PVGA(*RATE*, *GROWTHRATE*, *NPER*, *PMT*, *FV*, *BEGEND*)

其中，***GROWTHRATE*** 为每个期间现金流的增长率，其他参数与 *PV* 函数相同；*BEGEND* 为选择变量，用来规定现金流发生在某时段的始端（取数值 1）还是终端（取数值 0）。（请注意，本函数中 *BEGEND* 与内置 **PV** 函数中 *TYPE* 参数的功能相类似。）

运用这一加载函数，我们就可以将单元格 B8 中的公式替换为"=FAME_PVGA(B7,B5,B4,-B2,0,0)"。显然，所得答案相同，但运用加载函数要简单得多。

8.4.2　分段年金的终值

根据价值叠加原则，我们可以通过将现金流移动到特定时段然后再进行加总的方式来计算系列现金流的价值。从经济意义上讲，加和总额应与原始系列现金流等价。根据这一事实（下一节将做进一步说明），我们可以推导出分段年金终值的计算公式。具体而言，先用式（8-10）计算出现值，然后乘上 $(1+i)^N$。分段年金终值的计算公式为：

$$FV_{GA} = \frac{Pmt_1(1+i)^N}{i-g}\left[1 - \left(\frac{1+g}{1+i}\right)^N\right] + PV(1+i)^N \tag{8-13}$$

例如：假设你明年计划投资 1 000 美元，其后 4 年计划按每年 6% 的比例增加投资额度。如果每年可获得 8% 的投资额收益，那么到第 5 年年末你累计投资了多少钱？

利用式（8-13）所计算出的结果为 6 555.12 美元：

$$FV_{GA} = \frac{1\,000 \times 1.08^5}{0.08 - 0.06}\left[1 - \left(\frac{1.06}{1.08}\right)^5\right] = 6\,555.12$$

如前所述，我们也可通过创建如下用户自定义函数来进行计算：

FAME_FVGA (*RATE*, *GROWTHRATE*, *NPER*, *PMT*, *PV*, *BEGEND*)

该函数中的所有参数与前面 **FAME_PVGA** 函数中的情况完全一致。

8.4.3 分段年金的支付

前面刚讨论了如何计算分段年金现值和终值问题。接着，我们来讨论如何计算支付金额。为此，可以通过对式（8-10）或式（8-13）进行求解而得出金额。两种方式的计算公式都是：

$$Pmt_1 = \frac{\left(PV_{GA} - \dfrac{FV_{GA}}{(1+i)^N}\right)(i-g)}{1 - \left(\dfrac{1+g}{1+i}\right)^N} \tag{8-14}$$

利用式（8-14），我们可以求出前面例子中的支付金额。这里，我们来看一个新的例子：假设你是 AssureCo 保险公司的业务员，目前有潜在客户提出咨询。该客户现有资金 500 000 美元，想购买 15 年期、年收益为 2% 的即付固定年金。假设 AssureCo 保险公司的年收益率为 5%，首次支付在 1 年后，那么该首次支付金额是多少？

利用式（8-14），且注意到 *FV*=0，可以求得首次支付金额为 42 539.40 美元：

$$Pmt_1 = \frac{500\,000 \times (0.05 - 0.02)}{1 - \left(\dfrac{1.02}{1.05}\right)^{15}} = 42\,539.40$$

同样，我们创建如下用户自定义函数来进行计算：

FAME_PMTGA(*RATE*, *GROWTHRATE*, *NPER*, *PV*, *FV*, *BEGEND*)

该函数中的所有参数与前面定义的情况完全一致。借此函数很快就可证明：如果首次支付发生在今天，那么其金额为 40 513.71 美元。

8.5 不均衡现金流

从现金流角度来看，年金显得非常有规律。然而，大多数投资所产生的每期现金流多不相同。这种每期金额不同的现金流被称为不均衡现金流（uneven cash flow stream）。虽然同属现金流概念，但对这种现金流的处理可不容易。

按照价值叠加原则，只要现金流发生在同一时期，我们就可以通过将各部分相加来确定其综合值。该原则适用于任何一个时段，并不只是适用于 0 时段。这样，为确定不均衡现金流的价值，方法之一是先分别确定每个现金流的现值，然后将各部分加和。该方法同样适用于不均衡现金流终值的计算，即先计算每个现金流的终值，然后将各部分加总。

Excel 的 **PV** 函数和 **FV** 函数不适用于不均衡现金流的计算，因为这两个函数设定的是等额（年金）支付或者总付款。这里，通过创建如图 8-14 所示的工作表来看看需要完成哪些内容。

	A	B
1	不均衡现金流	
2	年	现金流
3	1	1.000
4	2	2.000
5	3	3.000
6	4	4.000
7	5	5.000
8	利率	11.00%
9	现值	
10	终值	

图 8-14　不均衡现金流量的现值和终值

首先，我们来计算单元格区域 B3∶B7 中现金流的现值。为此，我们需要运用净现值（NPV）函数。该函数对第 12 章的资本预算非常有价值。**NPV** 函数的定义为：

$$NPV(RATE, VALUE1, VALUE2, ...)$$

其中，**RATE** 代表每期的收益率（贴现率）；**VALUE1** 代表第 1 个现金流（或现金流范围）；**VALUE2** 代表第 2 个现金流，依此类推。Excel 工作表中可以容纳 255 个现金流。为计算现金流的现值，在单元格 B9 中输入 "=NPV(B8,B3∶B7)"。[8] 请注意，这里所输入的现金流为一个范围，而非一个单一值。这两种情况 Excel 都可以接受，但输入现金流范围要简便得多。这里的计算结果为 10 319.90 美元。为验证这个结果，不妨计算年利率 11% 时每个现金流的现值及其总和。

计算不均衡现金流的终值有些困难，因为 Excel 没有内置函数可用于此项运算。然而，按照价值叠加原则，可以先将所有现金流转换到同一时段，再加总。之后，将该加总金额转换到预期时段。图 8-15 描述的就是这一方法。

首先，需要计算不均衡现金流的现值。为此，可应用 **NPV** 函数。然后，计算该现金流现值的终值。在 Excel 中应用这一方法的最简便方法就是在 **FV** 函数中嵌套 **NPV** 函数。嵌套函数（nested function）是指作为其他函数中投入变量的函数。为此，在单元格 B10 中输入 "=FV(B8,A7,0,−NPV(B8,B3∶B7),0)"。终值计

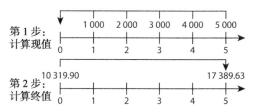

图 8-15　计算不均衡现金流的终值

算结果为 17 389.63。请注意，我们在 **FV** 函数中应用了 **NPV** 函数。当然，也可以采用其他方法。因为已经计算出了现值，我们也可以键入 "−B9" 来代表现值，所得结果完全一样。尽管公式显得更为复杂，但嵌套函数常常因所用单元格减少而简化工作表。

计算不均衡现金流的收益

在进行财务分析时，我们常常需要决定在价格和现金流已知条件下的投资收益。例如，前面我们已经介绍了通过比较收益大小来选择不同投资机会的方法，第 12 章将给出更多的例子。这里，我们可以运用 **RATE** 函数来处理年金和一次性投资，而且方法非常简单。那么，该如何处理具有不均衡现金流的投资呢？这里我们采用如图 8-16 所示的工作表来进行计算。

为找出此类问题的收益，我们需要利用 **IRR** 函数。所谓内部报酬率（IRR）是指能使未

来现金流的现值与投资成本（本例中的 10 319.90 美元）相等的报酬率。在 Excel 中，**IRR** 函数的定义为：

$$IRR\ (VALUES, GUESS)$$

其中，**VALUES** 代表现金流（包括成本）范围，**GUESS** 代表对正确利率的初次猜测。第 12 章将就该函数进行深入探讨，但这里仅为应用该函数而已。

在具体求解之前，需要注意工作表的几点事项。因为现金流为分开列示，所以我们不能像应用 **FV** 函数、**PV** 函数和 **PMT** 函数那样来应用 **IRR** 函数。此外，要将投资成本当作现金流量之一来考虑。为计算投资的报酬率，需要在单元

	A	B
1	不均衡现金流的收益	
2	年	现金流
3	0	(10.319.90)
4	1	1.000
5	2	2.000
6	3	3.000
7	4	4.000
8	5	5.000
9	收益	

图 8-16　不均衡现金流的收益

格 B9 中输入 "= IRR(B3：B8,0.10)"。计算结果为 11%，表明如果选择该项投资，那么可获得年均复利率为 11% 的报酬。

在单元格 B9 中我们应用了 **IRR** 函数的一种形式，而另一种形式就是省去其中的 *GUESS* 项（即本例中的 0.10）。就本例而言，两种形式都可以使用。不过，有时如果没有明确的 *GUESS* 项，那么 Excel 就无法得出结果。请记住，从本质上讲这是一个试错过程，有时 Excel 的确需要一些帮助方能获得结果。

在应用 **IRR** 函数时，有个别情况会导致错误。其一就是我们刚提到的 Excel 无法得出结果的情况。在本例中，通过在 Excel 中输入不同的 *GUESS* 值，常常可找出答案。其二就是没有负现金流的情况。例如，如果将购买价格变更为正的 10 319.90，那么 Excel 显示的将是错误信息提示 "#NUM！"，表明这中间出现了问题。其实，这里的问题是报酬为无限。其三就是函数中出现多于 1 项的负值变量。通常，解决问题的一个方法就是改变现金流的符号。在本例中，我们只需改变一个符号就可，即在初次购买后，将负值改为正值。

8.6　非年度复利计算期

不管怎样，我们必须将投资分析限于按年支付收益的情况。不过，不少投资项目都是按半年期、按月、按天甚至以更频繁的次数来进行支付的。这里只要进行一些小的改动，那么之前所学过的内容就仍然适用。

如前所述，基本的货币时间价值公式（8-2）为：

$$FV_N = PV\ (1+i)^N$$

最初，我们定义 i 为年利率，N 为年数。实际上，i 为期利率，N 为总期数。例如，i 可以为周利率，而 N 可以为我们持有投资的总周数。因为利率通常是按简单年利率而不是按复利来报价的，所以上述基本公式可重新表述如下：

$$FV_N = PV\left(1+\frac{i}{m}\right)^{Nm} \tag{8-15}$$

式中，i 为年利率；N 为年数；m 为每年包括的期数。因为每年有 52 周（m=52），所以我们可以通过将年利率除以 52 来获得周利率。同理，总周数应该是年数（年数也可以为小数）乘以 52。

Excel 能像处理年度复利计算那样来处理非年度复利计算，而所要做的仅仅是输入按照复

利计算期进行调整的利率和期数。

例如，假设你正在选择银行以开设一个新的储蓄账户。在开设账户时，不难发现每家银行都提供同样的年利率，但复利计算期并不相同。

为便于决策，可创建如图 8-17 所示的工作表。

不难发现，这些银行对外公布的年利率都为 10%。唯一的区别在于它们按怎样的频率来计算你的利息（复利的频度）。从经济理性的角度来看，你应该选择年终账户存款余额最多的银行。为计算年终账户结余，在单元格 B7 中输入终值计算公式"=FV($B$3/B6,$B$4*B6,0,−$B$2)"。之后，将该公式从单元格 B7 复制到单元格 B10 和 B13 中。请注意，这里我们又一次使用了嵌套函数。在本例中，计息率等于年利率除以每年的期数，而期数等于年数乘以每年的期数。

这样，答案就很清晰了。你应该选择第三国民银行，因为该银行能使你的账户拥有最多的年末余额（1 104.71 美元）。如果其他条件相同，显然复利计息频次越高，所得终值就越多。不妨创建如图 8-18 所示的工作表，这样就可看得更清楚。

要完成该工作表，在单元格 C6 中输入终值公式"=FV(B3/B6,B6*$B$4,0,−B$2)"，然后将该公式复制到其他单元格中。这里插入美元符号很重要，因为这样可以使复制时对现值和利率的引用保持固定。

如前所述，复利计息频次越高，所得终值就越多。此外，随着复利计息期数的增加，计息率就不断下降，终值也会增加。通过创建终值图，我们对此就可更为清楚。这里，选中单元格区 A5：A14 中的标记以及单元格区域 C5：C14 中的数据。（请记住，可通过按住 Ctrl 键拖动鼠标的方法来选中非连续的项目。）值得注意的是，之所以多选择一行是因为以后要在该工作表中增加更多的资料。最后，点击"插入"标签。此时，所创建的柱状图应如图 8-19 所示。

图 8-17 非年度复利计算期

	A	B
1	非年度复利计算工作表	
2	原始投资	$1,000.00
3	简单年利率	10.00%
4	投资期（年）	1
5	第一国民银行	
6	每年的期数	1
7	终值	$1,100.00
8	第二国民银行	
9	每年的期数	2
10	终值	$1,102.50
11	第三国民银行	
12	每年的期数	12
13	终值	$1,104.71

图 8-18 非年复利计算期的比对

	A	B	C
1	非年度复利计算期		
2	现值	1,000	
3	年利率	10.00%	
4	年数	1	
5	频次	每年期数	终值
6	年度	1	
7	半年度	2	
8	季度	4	
9	双月度	6	
10	月度	12	
11	每两周	26	
12	每周	52	
13	每天	365	

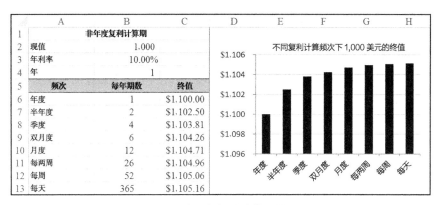

图 8-19 非年度复利计算的结果

有效年利率的计算

对于复利频次的改变，了解其结果的另一种方法就是计算有效年利率（effective annual interest rate，EAR）。有效年利率是指当复利频次较一般情况多时实际所赚取的利率。其计算公式是：

$$EAR = \left(1 + \frac{i}{m}\right)^m - 1 \tag{8-16}$$

式中，i 为名义年利率；m 为按年计算的用于计算复利的期数。

在图 8-17 有关三家国民银行的例子中，这些银行都承诺了 10% 的利率。第二国民银行的利率按半年度计算复利，所以其有效年利率为 10.25%：

$$EAR = \left(1 + \frac{0.10}{2}\right)^2 - 1 = 0.102\ 5$$

Excel 提供了计算有效年利率的 **EFFECT** 函数：

EFFECT(*NOMINAL_RATE*, *NPERY*)

其中，***NOMINAL_RATE*** 为名义年利率；***NPERY*** 为按年计算的计算复利的期数。为了计算第二国民银行提供的有效年利率，返回工作表，输入公式" =EFFECT($B$3,B9)"。所得结果与上面的结果相同，为 10.25%。按相同方法计算第三国民银行提供的有效年利率，所得结果为 10.47%。

有时，有效年利率为已知，用户需要计算的是简单年利率或名义年利率。此时，用户可以采用 **NOMINAL** 函数：

NOMINAL(*EFFECT_RATE*, *NPERY*)

其中，***EFFECT_RATE*** 为有效年利率。将该公式用于前面计算的三家国民银行的有效年利率，所得的名义年利率均为 10%。

连续复利的计算

如前所述，复利计息频次越高，所得终值就越大。然而，我们的例子只是将复利计算频次拓展到每天，其实我们还能以每半天、每小时，甚至每分、每秒的频次来计算复利。这种复利计算就是所谓的连续复利计算（continuous compounding）。

连续复利计算是对之前所介绍的复利计算形式的拓展。为了加以完善，先回顾一下我们前面对基本 **FV** 函数所做的改进：

$$FV_N = PV\left(1 + \frac{i}{m}\right)^{Nm}$$

复利计算频次越高，m 值就越大。例如，当按半年度计算复利时，m 值就为 2，但若以天为单位计算复利，那么 m 值就为 365。如果将 m 设为无限大，那么结果会如何呢？因为 i/∞ 实际值趋向于零，所以我们无法实际计算。为此，这里求当 m 趋向无限大时的极限。此时，可以得到：

$$\lim_{m \to \infty} FV_N = PVe^{iN} \tag{8-17}$$

式中，e 为自然对数的底数，其数值约为 2.718。

对于连续复利的计算，Excel 并没有提供相应的现值或者终值计算函数。不过，我们可以通过 **EXP** 函数来创建公式。这里，**EXP** 函数是关于 e 的幂次方。[9] 该函数的定义为：

$$EXP(NUMBER)$$

针对图 8-19 中的工作表，我们可以在单元格 C14 中添加 "=B2*exp(B3*B4)"。因为本例中我们假设投资期为 1 年，所以指数函数的幂就是利率。在单元格 A14 中添加标记 "连续"，此时该工作表就完整了。请注意，与以天为单位计算复利相比，连续复利计算并不产生明显的增幅。随着投资额的增加，其获利空间会扩大，但只有在投入金额巨大时，才会产生较为明显的变化。当运用 **EFFECT** 函数，且 *NPERY* 数很大时，就可得到较理想的连续复利近似值。为验证这一点，将单元格 C14 中的公式改为 " =B2(1+EFFECT(B3,100 000))"，所得结果就基本相同。

此外，我们可以计算连续复利总额的现值，所要做的就是求解式（8-18）中的 *PV*：[10]

$$\lim_{m \to \infty} PV = FV_N e^{-iN} \tag{8-18}$$

本章小结

本章探讨了货币时间价值这一概念。现值是指为了能在将来取得一笔或一系列现金流而在今天所需投入的价值。终值是指按已知现金流和利率进行投资到未来某个时间所能积累到的资金额。此外，本章还探讨了各种类型的现金流。年金就是每隔相等时间就发生的相等金额的现金流。分段年金与普通年金类似，只是现金流量每期都会有一定量的增加。不均衡现金流是指每期发生的现金流都不相等。

在进入后续章节学习之前，必须熟悉这些概念。为此，不妨通过变动本章所给工作表来加强练习，从而培养自己完成同类计算的能力。

本章介绍的函数列于表 8-1 中。

表 8-1　本章介绍的函数

用途	函数
计算终值	**FV**（*RATE, NPER, PMT, PV, TYPE*）
计算现值	**PV**（*RATE, NPER, PMT, FV, TYPE*）
计算年金付款额	**PMT**（*RATE, NPER, PV, FV, TYPE*）
计算期数	**NPER**（*RATE, PMT, PV, FV, TYPE*）
自然对数	**LN**（*NUMBER*）
计算年金收益	**RATE**（*NPER, PMT, PV, FV, TYPE, GUESS*）
计算分段年金的现值	**FAME_PVGA**（*RATE, GROWTHRATE, NPER, PMT, FV, BEGEND*）
计算分段年金的终值	**FAME_FVGA**（*RATE, GROWTHRATE, NPER, PMT, PV, BEGEND*）
计算分段年金的支付金额	**FAME_PMTGA**（*RATE, GROWTHRATE, NPER, PV, FV, BEGEND*）
计算不均衡现金流的现值	**NPV**（*RATE, VALUE1, VALUE2,...*）
计算不均衡现金流的收益	**IRR**（*VALUES, GUESS*）
计算有效年利率	**EFFECT**（*NOMINAL_RATE, NPERY*）
计算名义年利率	**NOMINAL**（*EFFECT_RATE, NPERY*）
决定指数函数的幂	**EXP**（*NUMBER*）

练习题

1. 你决定花 225 000 美元买一栋房子，目前正在考虑抵押方案。假设你的首付款为购买价格的 20%，需要按月付款，且首次付款在距今一个月之后。

（1）你需要多少抵押借款？

（2）如果采用 30 年的抵押借款，且每年的利率为 4.50%，那么你每个月的还款金额是多少？

（3）假设银行向你提供 15 年的抵押借款，且每年的利率为 4.25%，那么你每个月的还款金额是多少？

（4）在两种抵押方式下，总还款金额分别是多少？在抵押借款期间，哪种方式成本更低？

2. 假设你大学一毕业就开始工作，现在就面临着如何投资 401K 退休计划的选择。有四种选择来进行投资：

- 投资于历史年收益率为 0.50% 的货币市场基金
- 投资于年均回报率为 4.0% 的长期债券基金
- 投资于年收益为 6.0% 的稳健型共同股票投资基金
- 投资于年收益为 9.0% 的进取型共同股票投资基金

（1）假设你在今后 35 年里每年投资 5 500 美元。如果购买以上基金，那么每种基金可积累多少资金？

（2）改变工作表使其能够接受少于一年期的投资（如按月度、每两周等）。虽然年度投资额总额不变，但将被分割成更少的份额、更多的次数。

（3）创建方案分析工作表，以便分析当按季度、月度、双周和周为期进行投资时每种基金所能为你积累的资金价值。对分析结果进行方案汇总。

（4）投资频次与终值之间有什么样的关系？创建各种结果的柱状图以便更为清晰地说明频次增加所产生的结果。

3. 假设有以下现金流：

期数	现金流（美元）
1	65 000
2	60 000
3	55 000
4	50 000
5	45 000

（1）如果要求报酬率为每年 9%，那么上述现金流的现值和终值分别为多少？

（2）假设有另一个投资机会可选。该机会除了现金流顺序颠倒外（现金流 1 为 45 000，现金流 2 为 50 000，其他依此类推），其他完全一样。那么，新投资机会的投资价值比原来的是大还是小？为什么？

（3）如果你已为原来的投资支付了 200 000 美元，那么年均报酬率是多少？如果现金流顺序颠倒，那么年均报酬率又是多少？要求使用 **IRR** 函数。

（4）假设要求报酬率仍然为每年 9%，你将如何选择这两项投资？请解释原因。

4. 你 5 岁的女儿表示，她以后想上大学。大学理事会报告显示，公立院校 2015 ～ 2016 学年的学费、食宿费以及其他项目的平均花费总计为 19 548 美元。[11] 去年，这些花费增长了 3.3%。你相信通过投资可以获得 8% 的收益，从而可以满足学费需要。

（1）如果这些花费年增长率仍为 3.3%，那么 13 年后第一年的学费将会是多少？

（2）假设你想通过 13 年的储蓄来攒够 4 年大学的所有费用，那么到你女儿上大学时应积累多少钱？请注意，这里的学费、食宿费等都为按 3.3% 增长的分段年金，且假设在每学年开始付清。

（3）如果计划通过一次投资来获得女儿大学的学费，那么总投资额应该是多少？

（4）如果计划按年投资，那么每年的投资额该是多少？假如计划按月投资，那么每月的投资额又该是多少？

（5）假设你刚刚继承了 10 000 美元，并计划将这资金投资到女儿的教育中。那么，除了这部分资金来源外，每年还需要投资多少钱？

5. 你决定投资一小型商务办公楼，此楼只有一个承租人。按照原来与承租人的合约，在接下来的 3 年里承租人每年需要支付 15 000 美元的租金。不过，在 3 年到期后，你希望将以后 7 年的年租金按 4% 递增。此外，你计划在 10 年后按 250 000 美元的价格出售该办公楼。

（1）假设下次租金在今天起 1 年后支付，要求创建工作表以说明该投资的预测现金流。

（2）假设你要求该投资的年报酬率为 9%，那么你愿意为该办公楼支付的最高价格是多少？要求使用 **NPV** 函数。

（3）不难发现，该投资前 3 年的现金流为普通年金，之后 7 年的现金流则为分段年金，第 10 年还产生一笔一次性款项。利用价值叠加原则计算现金流的现值。

（4）假设该办公楼现所有者对该楼的报价为 250 000 美元。如果你按此价购买了该楼，那么该项投资的年报酬率是多少？该按此价格购买吗？

6. 恭喜啦！你中了国家彩票大奖。奖金总额为 2.45 亿美元，按每年等额支付，30 年内付清，且当下即开始支付。年金的支付额由所公布的总额除以支付期数而定。你有 60 天时间决定是按现金还是按年金领取奖金。

（1）如果选择领取年金化奖金，那么你每年可领取多少奖金？

（2）现金奖金相当于年金支付额的现值。如果年利率是 2.5%，在选择现金支付时，你可获得多少税前资金？

（3）现假设年金化现金流奖金按每年增长 3% 支付，从而与通货膨胀率保持对应。其实，许多彩票大奖都按这种方式支付。不过，总额仍为 2.45 亿美元。这样，今天所能拿到的初次付款奖金额为 5 149 718.53 美元。如果改领现金奖金，那么税前可领取多少资金？

注释

1. 参数 *TYPE* 可提示 Excel 现金流是发生在期末（0）还是期初（1）。

2. 对数工具很有用。Excel 提供了对数函数。除了 **LN** 函数，其他对数函数包括 **LOG10** 和 **LOG**。前者以 10 为底数，后者则以任意数为对数的底数。

3. 这些工具对于解决此类问题特别有用。简言之，二分法就是针对答案提出两种猜测，其中必定包含正确答案。每一次成功的猜测都介于上面包含正确答案的两种猜测之中。牛顿－雷扶生方法需要利用微积分知识，但这已超出了本书的范围。更多相关知识，请参阅相关数值法教材。

4. 请注意，这里只将投资成本与预知收益（现值）进行简单比较。如果成本大于收益，就取消该项投资。后续章节将继续探讨该方法。

5. 相互排斥的投资机会是指你只能二者选一而不能二者全选的情况。换言之，选择一个就意味着放弃另一个。

6. 每年 125 000 美元看起来是一大笔钱，但这只是在假设按当前需要 50 000 美元的情况下所得出的结果。这里，我们按年均 3% 的通胀率将该数额调整到了 125 000 美元。实际上，这个数额还不够，因为退休后通货膨胀仍在继续。因此，退休后收入仍然需要每年增加一定数额以便跟上通货膨胀。

7. 可从官方网站 www.cengagebrain.com 下载 Famefncs.xlam 插件。本书第 1 章及其附录描述了如何安装该插件。

8. 如果熟悉净现值概念，那么应该知道 Excel 的 **NPV** 函数并不像通常所定义的那样用于计算 NPV。相反，**NPV** 函数仅用于计算现金流的现值。第 12 章将对此做深入探讨。

9. 这里，e 为自然对数的底数。因此，指数函数 exp（·）是对数函数 ln（·）的反函数。换言之，$\exp(\ln(x)) = x$。

10. 很多同学会发现，如果对连续复利计算函数稍做改动就会很容易记。设 P 为现值，F 为终值，r 为年利率，T 为年期数（可以是分数），那么经改动后，式（7-14）就变成：$F = Pe^{rT}$，式（7-15）就变成：$P = Fe^{-rT}$。显然，这些等式具有可"读"性了。例如，式（7-14）可读为 Pert。

11. 若需要完整数据，请访问 trends.collegeboard.org/college_pricing。

第 9 章

普通股估价

通过本章学习，应能：

- 区分"价值"的各种定义并能解释内在价值在财务决策中的重要性
- 解释如何通过考察现金流的规模、时机和所感知的风险来计算其内在价值
- 解释要求回报率概念并能运用资本资产定价模型计算要求回报率
- 运用若干贴现现金流模型来对普通股进行估价
- 运用相关估价模型来对不符合贴现现金流模型假设的现金流（特别是股票）进行估价

　　金融资产的估价对于投资者和公司经营者都很重要。显然，没有人愿意所付价格超过资产所值，不然就会使回报减少。虽不明显但也同样重要的是，根据所观察到的资产价格，我们可得出一些很有价值的结论。对于其中的一个结论，我们将在第 11 章中做详细分析，到时我们就要运用公司证券的市场价值来决定投资的要求回报率。

　　本章主要考察若干用于决定普通股或优先股价值的模型。

9.1　何谓价值

　　"价值"这一术语有多方面的含义，具体含义取决于所运用的环境。就本书而言，对价值的理解主要有四种类型。

　　通常，价值是指有意愿并有能力的购买者向有意愿并有能力的卖出方购买一项资产所支付的金额。为确定某项资产的价值，买卖双方必须都是出于自愿并都具有能力。不然，所发生的交易就可能不合理甚至不合法。因此，如果没有自愿交易，那么价值就无法确定。请注意，这里并不认为资产的价值总是等于价格。其实，价值和价格虽然相关，但概念上还是有区别的。资产的价格可能高于其价值（资产被高估），也可能低于其价值（资产被低估），当然也有可能两者相等（公允估价）。

　　账面价值（book value）等于资产的原始购买价格减去累计折旧。折旧是对资产在其使用寿命期内的减值进行系统的会计处理。由于折旧具有不同的系统特征（按预先确定的某种公式计算），所以资产的账面价值并不一定能合理反映资产的实际市场价值。正因为这一点，外加导致价值被歪曲的其他因素，才产生了众多的价值投资者。价值投资者寻求的是在他们看

来那些被低估的公司的股票，并预期这些股票的真实价值最终将被市场发现。

内在价值（intrinsic value）指的是某项资产对特定投资者的价值。资产内在价值的确定，就是根据特定投资者的要求回报率来计算预期未来现金流的现值。因为计算中使用了投资者的要求回报率，而且每个投资者有不同的偏好和看法，所以内在价值会因具体投资者而异。如果没有这些内在价值差异，那么市场就无法平稳运行。

市场价值（market value）指的是资产在竞争市场上的价格。市场价格指的是边际投资者愿意支付的价格，而且该价格在整个交易日可能发生很大的波动（有时甚至很剧烈）。当资产的市场价值低于其内在价值（资产被低估）时，投资者就会买入这些资产；当资产的市场价值高于其内在价值（资产被高估）时，投资者就会卖出这些资产。对于在公开市场交易的证券而言，这些证券的市场价值往往很容易确定。不过，要确定很多其他类型资产的市场价值就并不这么容易了。例如，房屋的交易很稀少，所以很难确定其真正的市场价值。此时，我们就得依赖专家（估值师）来估计市场价值了。

除非另有变动或上下文明显有特定所指，否则此后所提到的任何"价值"一词均为个体的内在价值。

9.2 估价的基本原理

如前所述，资产的内在价值就是资产所产生的预期未来现金流的现值。计算内在价值的数学公式为：

$$V = \sum_{t=1}^{N} \frac{Cf_t}{(1+i)^t}$$ （9-1）

式中，Cf_t 为 t 时期的预期现金流；i 为投资者计算所用的要求回报率。[1] 如果 N 为无限，那么最后一笔现金流应当包括资产的预期销售价格。

影响价值的最重要因素可能就是预期现金流的大小和发生的时间。预期现金流越大且获得的时间越早，那么价值就越大。换言之，预期现金流的大小与价值之间存在正相关关系，而获得现金流所需的时间与价值之间则存在负相关关系。

影响价值的另一个因素为投资者的要求回报率。要求回报率由其他投资工具的回报率和该投资的风险程度决定。例如，如果债券的回报率比股票高，那么可以预期股票的价格会下跌（而债券的价格会上升），因为投资者会卖出股票，转而买入债券。之所以发生这样的情况，是因为投资者发现持有债券比持有股票风险低，从而要求股票具有更高的要求回报率。既然要求回报率的增加会导致价值降低，所以投资者就会卖出股票，从而驱使股票价格下降。这样，股票价格下跌、债券价格上升的过程就会一直持续到两者的预期回报重新取得平衡。

要决定证券的价值，首先必须明确以下三方面内容：

（1）预期现金流有哪些？

（2）现金流会在什么时候发生？

（3）特定现金流的要求回报率是多少？

在讨论证券估价方法时，必须时刻牢记这些关于证券估价的基本原理。

9.3 要求回报率的决定

如前所述，决定任何现金流要求回报率大小的因素之一就是投资者所察觉的这些现金流的风险。当然，对于该部分内容，我们将在第 13 章中做深入讨论。不过，这里我们先假定证券的风险是已知的。

一般而言，根据投资者对风险的偏好程度，我们将投资者划分为三类：

（1）风险厌恶者（risk averse）。当回报率一定时，风险厌恶类投资者会选择风险较小的投资。只要预期回报率能达到合理的补偿水平，那么风险厌恶类投资者就有可能通过激励而接受任何层次的风险。换言之，他们必须有偿接受风险。

（2）风险中性者（risk neutral）。风险中性类投资者并不在意风险大小。无论风险大小，风险中性类投资者的要求回报率不变。

（3）风险偏好者（risk lover）。当风险增大时，风险偏好类投资者会降低其要求回报率。换言之，风险偏好类投资者愿意为额外的风险买单。

在一般情况下，我们假定所有的投资者都是风险厌恶者。如果风险增加，那么他们就要求有更高的回报率。不过，我们必须明白即使投资者被归为同一风险类别，仍然会有不同的风险偏好。因此，两名风险厌恶类投资者对同一资产很可能会有不同的要求回报率。

图 9-1 描述了两名风险厌恶类投资者的预期风险 – 收益比较。两条直线的正斜率表明，两名投资者都属于风险厌恶类。这里，证券 B 的风险性比证券 A 大，所以两名投资者对证券 B 的期望回报率都比证券 A 高。不难发现，投资者 I_1 的风险厌恶倾向比投资者 I_2 大，因为其风险 – 收益直线的斜率更陡。换言之，投资者 I_1 的风险溢价比投资者 I_2 的风险溢价要增长得快。

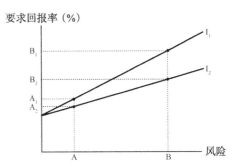

图 9-1　针对两名风险厌恶类投资者的风险 – 收益比较

9.3.1 简单风险溢价模型

假定图 9-1 所描述的风险 – 收益关系为恒定不变，那么我们就可以用一种简单的方法来计算证券的要求回报率。此时，资产的期望回报率就等于基准利率（y 轴截距）加上证券的风险溢价。可用公式表示为：

$$E(R_i) = 基准利率 + 风险溢价$$

式中，$E(R_i)$ 为证券 i 的预期回报率；基准利率为一些基准证券的回报率；风险溢价则由主观因素决定（风险溢价必须大于零）。

该模型的问题就在于它完全建立在主观因素上，所选择的提供基准利率的证券和风险溢价都是由采用这个模型的个体所确定的。例如，某个人也许会选择把他所在公司发行债券的回报率作为基准利率，而另一个人也许会选择用 AAA 级公司债券的平均回报率作为基准利率。更进一步而言，由于个体间存在风险偏好差异，每个人对风险溢价可能有不同的价值评判。显然，我们需要的是一种更为客观的估价方法。

9.3.2 更具科学性的资本资产定价模型

资本资产定价模型（CAPM）为我们确定预期回报率提供了一种更为客观的简单风险溢价模型。为便于应用，我们可以将资本资产定价模型看作一个简单的风险溢价模型，其中的变量得到了更为严格的界定。资本资产定价模型可用以下等式来定义（第 13 章将探讨如何推导出这一等式）：

$$E\,(R_i)= R_f+\beta_i\,\left[\,E\,(R_m)-R_f\right]\tag{9-2}$$

式中，R_f 为无风险利率；β_i 为证券 i 相对于市场组合的风险衡量指标；$E\,(R_m)$ 为市场组合的期望收益率。

在资本资产定价模型中，R_f 相当于基准利率，被定义为无风险证券的回报率。有时，R_f 也被看作"纯粹的资金时间价值"，或者说是"在不需要承担任何风险情况下延迟消费所获得的回报率"。因为是无风险的，所以可提前知道 R_f 的确定值。一般地，R_f 被假定等于到期时间与该证券的预期持有时间相一致的美国政府公债的回报率。之所以选择政府公债回报率来替代理论上的无风险利率，是因为它们不存在违约的风险，因此是所有证券中与真正的无风险证券最相近的。

资本资产定价模型中的第二项是相对比较难理解的风险溢价。市场组合投资是一个包含全部风险资产的组合。由于没有这样的组合存在，所以通常用股票指数来代替，如标准普尔 500 股价指数。该指数常常被当作衡量其他投资组合的基准。从预期的市场回报率中减去无风险回报率就能得到预期的市场风险溢价。β 为系统性风险衡量指标，[2] 衡量的是相对于市场组合的特定证券的风险。如果 β 值为 2，那么可以认为该股票的风险是市场组合的两倍。这样，按照常识和资本资产定价模型，该股票的风险溢价应为市场组合的两倍。同样，如果股票的 β 值为 0.5，那么股票的风险溢价仅仅为市场组合的一半。

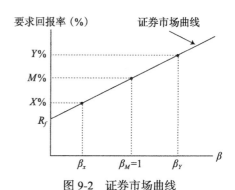

图 9-2 证券市场曲线

因此，资本资产定价模型是风险溢价模型的高级版本。据此，就可以绘制出如图 9-2 所示的风险 – 收益曲线，即所谓的证券市场曲线。

下面通过举例来考察资本资产定价模型的实际应用：

作为杜威 – 奇塔姆 – 豪律师证券公司（Deway，Cheatham & Howe）的证券分析师，你正在编写报告，准备详细阐述你所在公司对两只股票未来一年的预期。报告应包括这些股票的期望回报率，并要用图表来说明预期的风险 – 回报情况。

该证券公司的其他分析师告诉你，公司预期标准普尔 500 指数在这一年的回报率为 11%，无风险利率为 5%。根据评级机构晨星（Morningstar）的估计，股票 X 和股票 Y 的 β 值分别为 0.5 与 1.5。那么，这两只股票的预期回报率是多少？

在解答之前，先来创建一个新的工作簿并输入数据。这样，所创建好的工作表应如图 9-3 所示。

	A	B	C	D	E
1		证券市场曲线			
2		无风险	X	市场	Y
3	β	0.00	0.50	1.00	1.50
4	预期回报率	5.00%		11.00%	

图 9-3   用资本资产定价模型计算预期回报

这里，必须先弄清楚这些输入变量和数据。在本例中，市场组合或无风险资产的 β 值并没有被提到。那么，我们如何知道无风险资产的 β 值是零呢？如前所述，β 衡量的是相对于市场而言的资产的风险性。顾名思义，无风险资产没有任何风险，所以无论怎样计量其风险都应该为零。再按照定义，市场的 β 值为 1.0，因为它是相对于市场本身来衡量的。

为完成本例中的问题，这里需要将资本资产定价模型的式（9-2）输入单元格 C4 和 E4 中。为此，在单元格 C4 中输入公式"= $B$4+C3*($D$4-$B$4)"。之后，将该公式复制到单元格 E4 中。此时，可看到证券 X 有 8% 的期望回报率，证券 Y 有 14% 的期望回报率。值得注意的是，证券 X 的期望回报率并不是市场的一半。同样，证券 Y 的期望回报率也不比市场的高出 50%。相反，证券 X 的风险溢价则是市场的一半，证券 Y 的风险溢价则是市场上的 1.5 倍。显然，来自延迟消费的期望回报率（无风险利率）对两种证券是一致的。

最后，我们可用这些数据绘制证券市场曲线。选择单元格区域 B3：E4，然后点击"插入"标签中的"散点图"按钮，选择"带直线的散点图"。此时，第一行中的 β 值就会自动出现在 X 轴上。

这里，可以通过改变预期回报率或无风险利率来练习绘制证券市场曲线。不难发现，随着市场风险溢价的变化，证券市场曲线的斜率也会发生变化。换言之，当市场参与者的风险厌恶或偏好发生变化时，证券市场曲线的斜率就会跟着发生变化。至此，所创建的工作表应如图 9-4 所示。

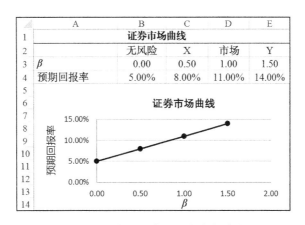

图 9-4   预期回报率和证券市场曲线

9.4 普通股的估值

进行证券估价时所要问的第一个问题是：预期现金流有哪些？就普通股票而言，其现金流有两类：股利以及出让所获价格。

假设你有意购买 XYZ 公司的普通股股票。XYZ 公司最近一次所分股利为每股 2.40 美元。按照你的预期，公司在可预见的未来仍会继续发放股利。此外，你相信（原因将会越来越明了）3 年内可按每股 20 美元卖出股票。如果你的要求回报率为每年 12%，那么你最多愿意按多少价钱来购买 XYZ 公司的普通股？

为便于阐述这个问题，这里用时间线图来加以说明。图 9-5 给出的就是时间线图。

简单讲，计算该股票的价值就是要计算其现金流（参见式（9-1））的现值。因为要求回报率为 12%，所以其内在价值为：

图 9-5　XYZ 公司普通股的时间线图

$$V = \frac{2.40}{1.12} + \frac{2.40}{1.12^2} + \frac{2.40 + 20}{1.12^3} = 20$$

当然，我们也可以利用 **PV** 函数来计算这里的内在价值。不过，因为股利通常并不固定，而且未来的出售价格通常也无法知道，所以利用 **PV** 函数的方法在其他情况下并不合适。

如果该股票的现行卖价（市场价）为 24 美元，那么你会买入该股票吗？显然不会，因为该股票的市场价格比其内在价值高 4 美元。如果真的买入了该股票，而且预期现金流也得到了实现，那么你的年平均回报率将低于要求回报率。

当然，XYZ 公司这个例子多少有点主观，毕竟任何人都没有办法确切知道公司未来会分配的股利以及股票的售价将是多少。就股利而言，可能问题还不大，因为每家公司基本上会有一定稳定性的股利分配政策。不过，股票的售价就不是那么回事了。别说要确切知道今后 3 年的市场价格，就算要知道明天的市场价格也是相当困难的。

9.4.1　股利恒定增长的贴现模型

为解决前面提及的这些问题，这里先来设置一些假设。首先，假设股利以一个恒定的速率增长。[3] 这样，只要知道最近的股利（D_0），就相当于知道未来所有的股利。此外，假设我们是无限期地持有这只股票。换言之，我们永远都不会卖出该股票，所以我们就不需要去预测其售价。虽然第二个假设听起来有些荒唐，但告诉我们可以用数学方法来建立模型。

根据这些假设我们就可得到一种普通股估值模型，即平常所说的股利恒定增长的贴现模型（DDM）或戈登股利增长模型（Gordon growth model）。前面我们曾定义普通股的价值就是未来股利的现值加上售出价格的现值。既然股票是无限期持有，不会被售出，所有其估值模型就变成：

$$V_{CS} = \frac{D_1}{\left(1 + k_{CS}\right)} + \frac{D_2}{\left(1 + k_{CS}\right)^2} + \frac{D_3}{\left(1 + k_{CS}\right)^3} + \cdots + \frac{D_\infty}{\left(1 + k_{CS}\right)^\infty}$$

式中，V_{CS} 为普通股的价值；D 为每个时期的股利；k_{CS} 为要求回报率。[4] 因为股利以恒定的速率增长，所以都可以用最近一次所支付的股利（D_0）来表达。这样，就有：

$$V_{CS} = \frac{D_0\left(1 + g\right)}{\left(1 + k_{CS}\right)} + \frac{D_0\left(1 + g\right)^2}{\left(1 + k_{CS}\right)^2} + \frac{D_0\left(1 + g\right)^3}{\left(1 + k_{CS}\right)^3} + \cdots + \frac{D_0\left(1 + g\right)^\infty}{\left(1 + k_{CS}\right)^\infty}$$

运用闭合形式，上述等式就可改写为：

$$V_{CS} = \frac{D_0(1+g)}{k_{CS}-g} = \frac{D_1}{k_{CS}-g} \tag{9-3}$$

回到前面的例子中，XYZ 公司的股利增长率为 0（股利没有增长）。这样，公司股票的价值为：

$$V_{CS} = \frac{2.40 \times (1+0)}{0.12-0} = 20$$

不难发现，该结果刚好与假设知道今后 3 年股票价值时的结果相同。

为了弄明白何以知道未来 3 年内股票的价值是 20 美元，我们将再次用到图 8-10 所介绍的时间转换方法。请看下面这个例子。

假设你有意购买 ABC 公司的普通股股票。ABC 公司最近没有派发股利，且在未来 3 年内也不会分配股利。不过，可以预期 ABC 公司将在第 4 年每股分配 1.50 美元的股利。之后，股利分配将以每年 7% 的速率增长。如果你每年的要求回报率为 15%，那么你最多愿意按多少价钱来购买 ABC 公司的普通股？

为了决定 ABC 公司普通股今天（0 时间）的价值，我们首先得知道未来时期内股票的价值。股利恒定增长的股票贴现模型可用于任何时期，而且总是可以通过计算得到股利分配之前那个时期股票的价值：

$$V_N = \frac{D_{N+1}}{(k_{CS}-g)} \tag{9-4}$$

就这一特定问题而言，只要所选时期为 3 时期或之后的时期（时期 3 最为简单），那么这里所选择的未来时期某种程度上是任意的。下面，我们用时期 4 的股利来计算股票在时期 3 的价值（见图 9-6）。

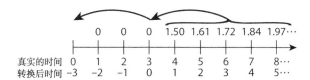

图 9-6　用时间转化法估值 ABC 公司的普通股

$$V_3 = \frac{D_4}{(k_{CS}-g)} = \frac{1.50}{0.15-0.07} = 18.75$$

由此我们知道从现在起该股票在第 3 年的价值是 18.75 美元。请记住，股票的价值指的是现金流的现值，本例中只有一个相关的现金流就是第 3 年的价值（包括了未来所有的股利）。因此，股票在今天的价值为：

$$V_0 = \frac{18.75}{1.15^3} = 12.33$$

同样，我们也可以从估计时期 5（或任何其他时期）的股票价值开始。在本例中，时期 5 的价值为（用时期 6 的股利）：

$$V_5 = \frac{1.72}{0.15-0.07} = 21.50$$

下一步就是找出所有未来现金流的现值（本例中的 D_4、D_5 和 V_5）：

$$V_0 = \frac{1.50}{1.15^4} + \frac{1.61 + 21.50}{1.15^3} = 12.35$$

两次计算所发生的 0.02 美元差额是因为四舍五入的缘故。顺便说一下，如果只是贴现到时期 3，那么在该时间的价值就为 18.75 美元。

之前我们曾说过，持有期限无限长的假设并不像听上去那么荒唐。这里，我们对该假设做一个更为详细的分析。为此，先建立一个新的工作表，之后输入有关标记。这样，所创建的工作表应如图 9-7 所示。

	A	B	C	D	E
1		永久持有假设			
2	时期	股利	现值	增长率	7%
3	1	0.00		要求回报率	15%
4	2	0.00			
5	3	0.00			
6	4	1.50			
7	5	1.61			
8	6	1.72			
9	7	1.84			
10	8	1.97			

图 9-7　验证永久持有假设的工作表

请注意，单元格区域 A3：A122 中的数字表示时期 1 一直到时期 120。为简化这些数字的输入，在单元格 A3 中输入 1，然后单击"开始"标签上"编辑"组中的"填充"按钮，再选择下拉菜单中的"序列"选项。在数组对话框中，设置步长值为 1，终止值为 120。当然，也需要将序列"类型"设置为"等差序列"，"序列产生在"设置为"列"。图 9-8 描述的就是序列对话框。

这里，我们要运用其中所包含的各种股利数据来计算股票价值。根据例题，我们知道 ABC 公司将会在时期 4 首次每股发放股利 1.5 美元，之后股利将按每年 7%（单元格 E2）的速率增长。在继续之前，先在工作表中输入如下股利数据：首先，将前三个时期的股利输入为 0；在单元格 B6 中输入时期 4 的股利 1.50；在单元格 B7 中，输入计算

图 9-8　序列对话框

时期 5 股利的公式"=B6*(1+E$2)"。接着，将该公式复制到单元格区域 B8：B122。为确保复制成功，不妨验证一下单元格 B122 中的值是否为 3 842.46（复利的力量）。

现在，我们要计算单元格区域 C3：C122 中股利的现值。股利现值的计算需采用 **NPV** 函数。为此，在单元格 C3 中输入公式"=NPV(E$3,B$3：B3)"。这里，美元符号 $ 实际上冻结了第一个单元格引用，所以如果将该公式向下复制，那么单元格区域就会扩大。这里，我们将该公式复制到单元格区域 C4：C122。此时，如果选定所包含的股利，那么工作表的 C 列就会显示股票的价值。例如，如果只考虑前面 18 期的股利，那么显示在单元格 C20 中的股票价值为 8.15 美元。同样，单元格 C50 中的 11.85 美元就是考虑前 48 期股利时的股票价值。

请注意，如果计算中所考虑的股利期越来越多，那么股票的现值就会收敛到股票的价值 12.33 美元。其实，没有必要考虑超过 120 期的股利，因为超过该期数部分股利的现值实质上为零。创建"股利期数 – 股票价值"图表就很容易明白这一点。为此，选中单元格区域

A3：A122 和 C3：C122，点击"插入"标签并选择"带直线型散点图"。

至此，所创建工作表应如图 9-9 所示，除了所加的用来表示已知股票价值（12.33 美元）的虚线。如果你也想加上同样的虚线，请记住只需确定两点就能确定一条直线。为此，选择工作表的空白区，比如说单元格区域 D6：E7。在单元格 D6 中输入"0"，在单元格 D7 中输入"120"。这些单元格代表该线条在 X 轴上的两个值。在单元格 E6 中输入计算股票价值的公式"=B6/(E3−E2)/(1+E3)^3"。因为该直线在 Y 轴的值是一样的（保持水平），所以要在单元格 E7 中输入"=E6"。

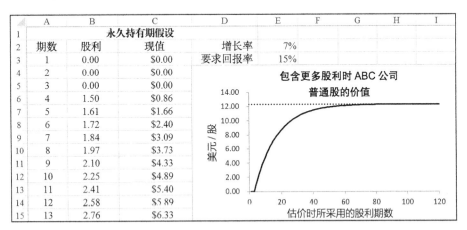

图 9-9　简化的永久持有期假设

这里可以用两种方法在图中添加这条新的线。方法一：鼠标右击图表并选择"选择数据"选项，再单击"添加"按钮，选取单元格区域 D6：D7 为 X 轴上的值，选取单元格区域 E6：E7 为 Y 轴上的值。方法二：复制单元格区域 D6：D7，再选择图形，接着通过"选择性粘贴"（个人电脑上的 Ctrl+Alt+V 快捷键或 Mac 上的 ⌘+Option+V 快捷键）将新的数组粘贴到图中。不难发现，在图 9-9 中，我们对图做出了改动，隐去了不必显示的数据。

9.4.2　两阶段增长模型

从数学的角度来看，假设股利永远以恒定的速率增长的确很方便。不过，现实情况并非如此。为此，人们开发了其他更为实际的基于股利的估值模型。例如，两阶段增长模型（two-stage growth model）就适用于前一阶段的股利超常增长，而后一阶段的股利则恒定增长的情况。[5] 此外，还有三阶段模型，即通过修正两阶段模型而使模型也适用于恒定增长阶段后发生持续下降的情况。这两种模型都比恒定增长模型复杂，但作为现值计算方法，唯一改变的就是未来现金流的计算模式。

两阶段估值模型允许若干股利期按某个速率增长，之后则按慢一点的速率增长（通常要求增长，但并不必须是增长）。这样，估值模型就实际得多了。毕竟，公司股利虽有可能快速增长，但不太可能做到永远增长。不管怎样，所有的公司最终都会走向成熟期，其盈利增长会放慢，公司的股利增长率当然也会相应降低。两阶段模型假定的股利增长率在未来某个时点会即刻发生改变。

假设 g_1 表示阶段 1 到 n 的股利增长率，g_2 表示剩下阶段的股利增长率，且假设 $D_0 \neq 0$，

$g_1 \neq k_{cs}$，$g_2 < k_{cs}$，那么估值模型为：

$$V_{CS} = \frac{D_0(1+g_1)}{k_{CS}-g_1}\left[1-\left(\frac{1+g_1}{1+k_{CS}}\right)^n\right] + \frac{\dfrac{D_0(1+g_1)^n(1+g_2)}{k_{CS}-g_2}}{(1+k_{CS})^n} \quad (9\text{-}5)$$

不难注意到，式（9-5）中的第一项就是按 g_1 速率增长的前 n 个阶段股利的现值（参见分段年金等式（8-10）），第二项为剩下的所有按 g_2 速率增长的股利的现值。这与之前估价 ABC 公司普通股的过程完全一样，不同之处在于这里该公司不仅有两个增长率（0 和 7%），而且从一开始就支付股利。[6] 请注意，如果 $g_1=g_2$，那么式（9-5）就可简化成式（9-3）。

为了说明如何应用该模型，请看下面这个例子。

奥维多纸业公司（Oviedo Paper, Inc.）是生产纸产品的大公司。鉴于公司新的文具产品深受市场欢迎，分析师们预期该公司的盈利和股利在未来 5 年每年都会以 15% 的速率增长。分析师们还估计 5 年后该公司的增长率会降低到历史水平，即每年 8%，因为竞争对手可能推出类似产品。假设奥维多纸业公司最近一次发放的股利为每股 0.35 美元（D_0），且你的要求回报率为 12%。那么，该公司股票在今天的价值是多少？

为了得到这个价值，用式（9-5）可得：

$$V_{CS} = \frac{0.35 \times 1.15}{0.12-0.15}\left[1-\left(\frac{1.15}{1.12}\right)^5\right] + \frac{\dfrac{0.35 \times 1.15^5 \times 1.08}{0.12-0.08}}{1.12^5} = 12.68$$

虽然公式很长，但我们仍可以通过公式 "=B2*(1+B3)/(B6−B3)*(1−((1+B3)/(1+B6))^B5)+((B2*(1+B3)^B5*(1+B4))/(B6−B4))/(1+B6)^B5" 来验证其价值为每股 12.68 美元。此外，也可以利用 **PV** 函数来对第一个阶段的股利进行估值。当然，这样做并不一定能使这里的情况有所简化，毕竟我们仍然需要借助公式来对稳定增长阶段进行估值。

因为上述等式很烦琐，而且 Excel 又没有该模型的内置函数，所以只好编写用户自定义函数来完成这一计算。为此，须确保计算机已安装了 FameFncs.xlam 加载件，以便调用这个函数。现在，我们返回原始工作簿并创建一个新的工作表。这里我们采用的自定义函数为 **"FAME_TWOSTAGEVALVE"**，其定义为：

FAME_TWOSTAGEVALUE(***DIV1***, ***REQRATE***, ***GROWTHRATE1***, ***GROWTHRATE2***, ***G1PERIODS***)

其中，***DIV1*** 为阶段 1 结束时支付的股利；***REQRATE*** 为要求回报率；***GROWTHRATE1*** 和 ***GROWTHRATE2*** 为两个增长率；***G1PERIODS*** 为第 1 个增长阶段的时间长度。

这里，所创建的新的工作表应如图 9-10 所示。为计算出单元格 B8 中的值，需要使用 "插入函数" 对话框。选择 "用户自定义"，然后从列表中选择 "**FAME_TWOSTAGEVALUE**"。在插入函数对话框中输入正确地址后，单元格 B8 中所显示的函数应该为 "=FAME_TWOSTAGEVALUE(B2*(1+B3),B6,B3,B4,B5)"。请注意，为得出第一阶段的股利（***DIV1***），需要将阶段 0 的股利除以第一个增长率（1+B3）。此时，单元格 B8 中所显示的答案应与使用式（9-5）的计算结果相等。

	A	B
1	**对奥维多纸业公司的估值**	
2	股利 0	0.35
3	增长率 1	15%
4	增长率 2	8%
5	时期 1 的长度	5
6	要求回报率	12%
7		
8	股票的两阶段价值	$ 12.68

图 9-10 两阶段增长模型

　　如前所述，如果两个增长率相等（有恒定的单一增长率），那么该模型的结果就会与使用式（9-3）所得到的值一样。这里，我们假设长期增长率为 8%，将单元格 B3 中的值改变为 8%，就可发现股利恒定增长下的股票价值为 9.45 美元。显然，由于前阶段股利的初始增长率较高，所以股票价值增加了每股 3 美元多。

9.4.3 三阶段增长模型

　　就股利而言，其增长阶段可以分为任何多个。不过，实践中的阶段数还是有限制的。本节考察三个不同的三阶段模型，它们之间的微小差异主要在于有关增长率变化方面的假设。三阶段增长模型与两阶段增长模型在概念上非常相似。两者的不同之处在于：两阶段模型假定股利增长率是立刻改变的，而三阶段模型则假定增长率在某些时期呈分步下降之势。显然，这一假设更符合实际。图 9-11 将三阶段增长模型的假设与两阶段增长模型进行了对比。

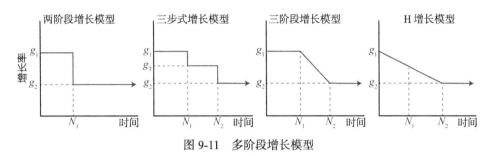

图 9-11　多阶段增长模型

1. 三步式模型

　　三步式模型与两阶段模型很相近，除了前者有一个具有恒定增长率的过渡阶段（通常介于 g_1 与 g_2 之间，但增长率可以是任意情况）。因此，三步式模型包括三步：两个时期的分段年金之后出现的是恒定增长率的永续年金，而这也是股票的估值方法。假设 $D_0 \neq 0$，$g_1 \neq k_{CS}$，$g_T \neq k_{CS}$，且 $g_2 < k_{CS}$，那么三步式模型的数学等式为：

$$V_{CS} = \frac{D_0\left(1+g_1\right)}{k_{CS}-g_1}\left[1-\left(\frac{1+g_1}{1+k_{CS}}\right)^n\right] + \frac{D_0\left(1+g_1\right)^n\left(1+g_t\right)\left[1-\left(\frac{1+g_t}{1+k_{CS}}\right)^T\right]}{\left(k_{CS}-g_t\right)\left(1+k_{CS}\right)^n}$$
$$+ \frac{D_0\left(1+g_1\right)^n\left(1+g_t\right)^T\left(1+g_2\right)}{\left(k_{CS}-g_2\right)\left(1+k_{CS}\right)^{n+T}} \qquad (9\text{-}6)$$

式中，g_t 为转换期增长率；T 为转换期时间长度；其他变量与之前所定义的相同。虽然式（9-6）显得令人生畏，但它只是计算特定类型现金流的现值。

　　同样，鉴于式（9-6）很长，我们可以通过编写如下自定义函数来完成计算：

FAME_THREESTEPVALUE(*DIV1*, *REQRATE*, *GROWTHRATE1*, *TRANSGROWTHRATE*, *GROWTHRATE2*, *G1PERIODS*, *TRANSPERIODS*)

其中，除了包含另一个增长函数的参数 *TRANSGROWTHRATE* 以外，其他参数与 **FAME_TWOSTAGEVALVE** 的参数相同。

　　现在，对工作表做一些改变，假设转换期为 3 年且每年的增长率为 10%。在工作表的第

4 行之上插入新的一行。之后，在单元格 A4 中输入"转换期增长率"，在单元格 B4 中输入"10%"；接下来，在第 7 行之上插入新的一行，再在单元格 A7 中输入"转换期时间长度"；然后，在单元格 B7 中输入"3"，在单元格 A11 中输入标记"三步式股票价值"。

在单元格 B11 中输入函数" FAME_THREESTEPVALUE(B2*(1+B3),B8,B3,B4,B5,B6,B7)"。不难发现，利用这一函数所计算出的股票价值为每股 13.27 美元，较两阶段模型下的每股价值高 0.59 美元，原因在于平均增长率提高了。

2. 三阶段模型

三阶段模型与三步式模型的区别在于三阶段模型假定股利增长率在转换期的每一年呈线性下降。因此，如图 9-11 所示，转换期的增长率每年不同，而不是保持同一增长率。

增长率下降这一特征使得三阶段模型变得复杂，原因在于我们必须计算转换期的每一次股利。三阶段模型的数学等式为：

$$V_{CS} = \frac{D_0(1+g_1)}{k_{CS}-g_1}\left[1-\left(\frac{1+g_1}{1+k_{CS}}\right)^n\right] + \sum_{t=n+1}^{n+T}\frac{D_{t-1}(1+g_t)}{(1+k_{CS})^t} + \frac{D_{n+T}(1+g_2)}{(k_{CS}-g_2)(1+k_{CS})^{n+T}} \tag{9-7}$$

式中，全部变量的定义与之前给出的相同，转换期从年 $n+1$ 期到年 $n+T$ 期。需要注意的是，T 为转换阶段的期数。转换阶段的增长率按如下等式计算：

$$g_t = g_1 - (g_1-g_2)\frac{(t-n)}{T}$$

鉴于转换阶段的增长率在不断变化，如果不采用自定义函数，那么该模型在电子表格中很难应用。因此，这里给出如下函数：

FAME_THREESTAGEVALUE(*DIV1*, *REQRATE*, *GROWTHRATE1*, *GROWTHRATE2*,
**   *G1PERIODS*, *TRANSPERIODS*)**

其中，除了 ***TRANSPERIODS*** 表示转换阶段的时期长度之外，所有变量与 **FAME_TWOSTAGEVALUE** 函数中的变量相同。

我们的电子表格中已经给出了全部所需信息，故这里只需要添加标记和计算。在单元格 A12 中输入标记"三阶段股票价值"，在单元格 B12 中输入函数" =FAME_THREESTAGEVALUE (B2*(1+B3),B8,B3,B4,B5,B6,B7)"。利用这一函数所计算出的股票价值为每股 13.38 美元，较三步式模型下的每股价值稍高一些。

3. H 增长模型

鉴于三阶段模型（以及三步式模型）的复杂性，Fuller 与 Hsia 开发了相类似的 H 增长模型。[7]H 模型假定股利增长率从第 1 期到恒定增长阶段开始呈线性下降。其中的" H"指现在与恒定增长阶段之间的"中途点"。H 增长模型的数学等式为：

$$V_{CS} = \frac{D_0}{k_{CS}-g_2}\left[(1+g_2)+(n+T/2)(g_1-g_2)\right] \tag{9-8}$$

式中，H 常常以 $(n+T/2)$ 项代替。

不难发现，式（9-8）与股利恒定增长式（9-3）看上去非常相似，但不同之处在于这里没有使用单一的增长率。H 增长模型中的带中括号项表示恒定增长模型必须乘上的因子，以反映最初较高的股利增长率。

显然，H 增长模型的平均增长率要高于两阶段模型的平均增长率。正因为这样，H 模型给出的估值总会比两阶段模型给出的估值稍高些。当然，究竟高出多少将取决于增长率转换所用的时间长短，但大体上接近于三步式模型和三阶段模型所得的值（有时稍高些，有时稍低些）。

下面再来分析奥维多纸业公司这一例子。根据之前所知道的信息，我们假定股利增长率在 3 年间将从 15% 下降为 8%。这样，第一阶段的时间为 5 年（n），转换期的时间 T 为 3 年。根据式（9-8），可以得到股票的价值为：

$$V_{CS} = \frac{0.35}{0.12 - 0.08} \times \left[1.08 + (5 + 3/2) \times (0.15 - 0.08) \right] = 13.43$$

类似于其他模型，这里编写了一个用户自定义函数来进行 H 模型的计算。该函数的定义为：

FAME_HModelValue(*DIV1*, *REQRATE*, *GROWTHRATE1*, *GROWTHRATE2*, *G1PERIODS*,

**   *TRANSPERIODS*)**

该函数的所有变量与之前给出的相同。请注意，虽然式（9-8）中用了 D_0，但我们建立了求 D_1 的函数，以便与其他自定义函数保持一致。

在单元格 A13 中输入标记"H 模型股票价值"。在单元格 B13 中，利用插入函数对话框输入函数。（务必注意，需要向下滚动对话框才能输入最终的参数。）所输入的函数为"FAME_HModelValue(B2*(1+B3),B8,B3,B5,B5,B6,B7)"。如图 9-12 所示，与两阶段模型的结果相比，引入 3 年转变期后，股票的价值增加了 0.75 美元。

最后，必须记住：所有这些普通股估值模型都是现值函数。虽然每一模型所运用的股利增长假设不同，但采用的都是现值计算方法。如果遇到与任一模型的假设不相符合的情况，就直接根据合适的增长假设来预测未来的股利，然后用 **NPV** 函数来计算股利的现值。本章前面就是这样来估算 ABC 公司普通股的价值的。

	A	B
1	对奥维多纸业公司的估值	
2	股利 0	0.35
3	增长率 1	15%
4	转换期增长率	10%
5	增长率 2	8%
6	时期 1 长度	5
7	转换期长度	3
8	要求回报率	12%
9		
10	两阶段模型下的股票价值	$ 12.68
11	三步式模型下的股票价值	$ 13.27
12	三阶段模型下的股票价值	$ 13.38
13	H 模型下的股票价值	$ 13.43

图 9-12　多阶段股利增长模型的结果

9.5　其他现金流贴现模型

如前所述，股票的价值取决于未来现金流的现值。这里，现金流就是公司支付的股利。不过，通过重构这些估值模型，我们可以对估值过程有更多的了解。本节所介绍的两个模型就是这样的。

9.5.1　盈利模型

假设一家公司将盈利 100% 用于发放股利。在这种情况下，股利就等同于每股收益。此时，公司的增长率为 0，因为其投资（通过折旧费用）只够维持公司现有的资产。根据股利恒定增长贴现模型（其中 $g=0$）之式（9-3），普通股的价值为：

$$V = \frac{EPS_1}{k}$$

如果公司不再投资，也就不会再增长，那么这就是股票的价值。然而，大多数公司还是会将部分盈利用于投资，所以股票的价值应等于其不再增长时的价值加上未来增长机会的现值（PVGO）。

$$V = \frac{EPS_1}{k} + PVGO \tag{9-9}$$

未来盈利增长率将由回报率决定，而回报率则由再投资收益（净资产收益率）决定。如果设定 b 为留存比率，r 为净资产收益率，那么此时的增长率 g 为：[8]

$$g = br \tag{9-10}$$

顺便提一下，我们在第 3 章中对计算净资产收益率（ROE）的杜邦法进行了拓展讨论。按照该方法，除了取决于股利支付比率以外，增长率还取决于营业利润率、债务利息率、所得税率、企业资产的经营效率以及企业的负债规模。因此，股票的价值总是取决于企业的经营的良好程度。

只有当公司的净资产收益率 r 大于要求回报率 k 时，股票的价值才会增长。换言之，当公司产生正的净现值时，股票的价值才会增长。[9] 因此，增长机会的现值等于再投资收益（RE）所产生的未来净现值的现值。如果假定净现值为永续的且按恒定增长率 g 增长，那么增长机会的现值就为：

$$PVGO = \sum_{t=1}^{\infty} \frac{NPV_t}{(1+k)^t} = \frac{NPV_1}{k-g} \tag{9-11}$$

这样，任何一年的净现值就等于投资收益的现值减去投资成本。其数学公式为：

$$NPV_1 = \frac{RE_1 \cdot r}{k} - RE_1$$

将上式代入式（9-11），就可得到增长机会的现值为：

$$PVGO = \frac{\frac{RE_1 \cdot r}{k} - RE_1}{k-g} = \frac{RE_1 \left(\frac{r}{k} - 1 \right)}{k-g} \tag{9-12}$$

再现将式（9-12）代入式（9-9），就可得到进行普通股估值的盈利模型：

$$V = \frac{EPS_1}{k} + \frac{RE_1 \left(\frac{r}{k} - 1 \right)}{k-g} \tag{9-13}$$

这个模型非常重要，因为它直接将公司的净资产收益率和股票的价值联系了起来。具体而言，只有当 $r > k$ 时，股票的价格才会上涨。事实上，当 $r < k$（公司所赚低于要求回报率）时，股票的价值就会下降。请看下面的例子：

分析师预计阿罗拉食品公司（Aurora Foods）下一年的每股收益为 1.40 美元，每股发放的股利为 0.49 美元。该公司以前的净资产收益率为 15%，要求回报率为 12%。那么，该公司股票的价值是多少？

我们知道，$RE_1 = EPS_1 - D_1$，即每股 0.91 美元。公司的留存比率为 65%，所以公司的增长率为：$0.65 \times 0.15 = 0.0975$。这样，根据式（9-13），可得股票价值为：

$$V = \frac{1.40}{0.12} + \frac{0.91 \times \left(\dfrac{0.15}{0.12} - 1 \right)}{0.12 - 0.097\,5} = 11.67 + 10.11 = 21.78$$

这里，通过创建工作表就可以很方便地变动其中的假设条件。图 9-13 给出了所创建的工作表。

单元格区域 B2:B5 中给出的是例子中的有关资料。单元格区域 B7:B9 给出了采用盈利模型前需要先计算的数据。在单元格 B7 中，用公式"=B2-B3"计算出留存收益；在单元格 B8 中，用公式"=1-B3/B2"计算出留存比率，增长率计算公式为"=B4*B8"。

为了强调起见，这里选择将价值按构成在单元格 B11 和单元格 B12 中分别显示。在单元格 B11 中，输入公式"=B2/B5"。在单元格 B12 中，输入增长机会的价值公式"=B7*(B4/B5-1)/(B5-B9)"。这样，股票的总价值就等于单元格 B11 与单元格 B12 之和。计算结果为 21.78 美元，与我们之前所得到的结果完全一致。

	A	B
1	对阿罗拉食品公司的估值	
2	每股收益	1.40
3	股利	0.49
4	净资产收益率	15.00%
5	要求回报率	12.00%
6		
7	留存收益	0.91
8	留存比率	65.00%
9	增长率	9.75%
10		
11	未增长时的价值	$ 11.67
12	增长机会的价值	$ 10.11
13	股票的价值	$ 21.78

图 9-13 盈利模型

这里，你也可以借助这一工作表来试验其他假设条件。特别地，如果改变净资产收益率，使其小于要求回报率，那么就会发现增长机会的价值为负。例如，如果将净资产收益率改为 10%，那么增长机会的价值就变成 -2.76 美元，股票的总价值将减少至 8.91 美元。这表明单纯的增长并没有经济意义，只有那些具有盈利的增长机会（$r > k$）才值得投资。

下面来讨论数据表的应用问题。

为了把握盈利模型的工作原理，除了在电子表格中随机加入数据以外，我们也可以利用 Excel 的数据表（data table）功能。从本质上讲，数据表可以通知 Excel 将各种数据插入模型，然后重新计算结果。为了了解其工作原理，这里来创建数据表，以计算净资产收益率变化时的增长率和股票价值。

在单元格 D2 中输入标记"净资产收益率"，再在单元格区域 D3:D8 中输入 10% ～ 20% 且按 2% 逐一增加的数据组。在单元格区域 E2:F2 中，输入 Excel 采用的用于计算净资产收益率变化所引起结果的公式。因为之前已经建立了模型，这里可以直接引用增长率和股票价值。为此，在单元格 E2 中输入"=B9"，在单元格 F2 中输入"=B13"。对名称应用自定义序号格式。这样，Excel 就会在单元格 B4 中插入新的净资产收益率，同时将单元格 B9 和单元格 B13 中的值记录到模拟运算表中。当然，这一切不会影响最初的模型。

为了创建数据表，选中单元格区域 D2:F8（数据表区域），点击"数据"标签中的"假设分析"按钮，再选中"模拟运算表"。因为净资产收益率按列呈现，所以这里将单元格 B4 作为"输入引用列的单元格"。点击"确定"按钮后，呈现的数据表就会显示所有计算结果，如图 9-14 所示。

不难注意到，在股利增长率超过要求回报率之前，随着净资产收益率的增加，股票价值不断增加。一旦股利增长率超过要求回报率，模型就会失效，显示的股票价值为负。

	D	E	F
2	净资产收益率	增长率	股票价值
3	10%	6.50%	8.91
4	12%	7.80%	11.67
5	14%	9.10%	16.90
6	16%	10.40%	30.63
7	18%	11.70%	163.33
8	20%	13.00%	(49.00)

图 9-14　反映当净资产收益率变化时股利增长率和股票价值变化的数据表

最后，不难发现该模型等价于股利恒定增长的贴现模型。在本例中，公司下一年将分配每股 0.49 美元的股利，增长率为 9.75%，因此股票的价值为 21.78 美元。

$$V = \frac{0.49}{0.12 - 0.097\,5} = 21.78$$

9.5.2　自由现金流模型

按照定义，自由现金流等于税后营业现金流总额减去维持公司增长所需的营业资产再投资。[10] 根据第 3 章关于经济利润的讨论，可将税后净营业利润（net operating profit after tax，NOPAT）定义为：

$$NOPAT = EBIT(1 - 税率)$$

这样，税后经营现金流（after-tax operating cash flow）可定义为：

$$税后经营现金流 = 税后净经营利润 + 非现金费用$$

式中，非现金费用指折旧费用、摊销费用或其他非现金支出。税后经营现金流就是可供企业进行资产再投资或支付投资者（利息、资本、股利和股份回购）的现金流。因此，经营现金流共属于公司的债权人和股东。

正如之前提到过的，所有公司都必须通过投资来维持正的增长率。为计算必要的经营性资产投资，首先需要预测下一经营期所需的经营性资产水平（参见第 5 章），然后计算这些资产的现有水平，两者的差额就是必要的经营性资产投资：

$$\Delta 经营性资产 = \Delta NOWC + \Delta 经营用固定资产$$

式中，NOWC 为净经营性营运资本（等于现有经营性资产减去现有经营性负债）。不难发现，这里提到的经营性资产在第 3 章中已有定义。因此，计算时需要排除非经营性资产和流动负债（如可上市交易的证券和应付票据）。关于非经营性项目的会计处理，我们将在后面解释。

从营业现金流中扣除必要的经营性资产投资，就可以得到自由现金流（FCF）：

$$自由现金流 = 经营现金流 - \Delta 经营性资产 \tag{9-14}$$

自由现金流属于公司所有的资本提供者。因此，公司经营性资产的价值是将公司预期未来自由现金流按公司加权平均资本成本进行贴现而得到的现值。在计算时，非经营性资产被省去了。不过，这些资产也是有一定价值的。正是出于这个原因，我们又将非经营性资产与自由现金流的现值相加，从而得到整个公司的价值。[11]

$$V_F = \sum_{t=1}^{\infty} \frac{FCF_t}{(1 + WACC)^t} + 非经营性资产 \tag{9-15}$$

式中，WACC 为公司的加权平均资本成本。至此，正如之前所讨论的模型那样，假设自由现金流会永远按恒定速率 g 增长，那么整个公司的最终价值（V_F）为：

$$V_F = \frac{FCF_t}{(WACC-g)} + 非经营性资产 \tag{9-16}$$

请注意，我们对自由现金流增长模型还可以做其他的假设。例如，我们可以预测未来五年每年的自由现金流，再假设其后为恒定增长的。此时，我们就可以用之前建立的一般性非恒定增长模型。或者，我们也可以假设自由现金流在两个或三个阶段是增长的。此时，对于式（9-16）的前一项，我们就可以用两阶段或三阶段模型来找出现值，而不是使用单阶段的恒定增长模型。

当然，我们的最终目的是要确定普通股的每股收益。这样，整个公司的价值为：

$$V_F = V_D + V_P + V_C \tag{9-17}$$

式中，V_D 为债券的市场价值；V_P 为优先股权的价值；V_C 为普通股的价值。不难发现，式（9-17）反映的就是常见的资产负债表等式：

$$资产总额 = 负债总额 + 所有者权益总额$$

不过，两者的区别在于式（9-17）是按当前市场价值而不是按账面价值进行计算的。

将式（9-16）代入式（9-17）中，就可求出 V_C 值，从而得到自由现金流模型：

$$V_C = \frac{FCF_1}{(WACC-g)} + 非经营性资产 - V_D - V_P \tag{9-18}$$

式（9-18）给出了普通股权的全部市场价值。不过，通常我们想知道的是每股价值。因此，我们需要用发行在外的股票数量去除 V_C 值。

这里，我们通过举例来说明这一点。

根据分析师的预测，Front Range 登山用品公司下一年的税前经营利润为 160 000 美元。公司的折旧费用为 40 000 美元，税率为 30%。公司管理层告诉分析师，公司计划下一年在经营性资产方面进行 30 000 美元的净投资。公司拥有的可上市证券的账面价值为 25 000 美元，公司债券的市场价值为 450 000 美元。分析师认为，公司的加权平均资本成本为 12%，自由现金流能以每年 7% 的增长率增长。如果公司发行在外的普通股为 350 000 股，那么每股的内在价值为多少？

首先，可得出公司的 NOPAT：

$$NOPAT = 160\,000 \times (1-0.30) = 112\,000$$

将 NOPAT 与折旧费用相加，我们就可得到税后经营现金流：

$$经营现金流 = 112\,000 + 40\,000 = 152\,000$$

接着，从经营现金流中减去经营性资产总额的变化，就可得到公司的自由现金流：

$$自由现金流 = 152\,000 - 30\,000 = 122\,000$$

根据式（9-18），加上可上市证券的账面价值并减去债券的市场价值后，公司权益的市场价值总额为：

$$V_C = \frac{122\,000}{0.12-0.07} + 25\,000 - 450\,000 = 2\,015\,000$$

最后，用发行在外的普通股数量去除公司权益的市场价值总额，就可得到股票的每股价值：

$$V_C = \frac{2\ 015\ 000}{350\ 000} = 5.76$$

图 9-15 给出了进行估值的一个工作表。单元格区域 A3：B11 中的数据直接取自例子。输入完标记和数据后，公式就相当简单了。正如之前所做的那样，先在单元格 B13 中输入计算税后净经营利润的公式"=B3*(1-B5)"。之后，在单元格 B14 输入计算经营现金流的公式"=B13+B4"，再在 B15 中输入计算自由现金流的公式"=B14-B6"。

整个公司的价值，包括负债，等于自由现金流的现值加上非经营性资产的价值。因为假设自由现金流永远以恒定速率增长，所以在单元格 B17 中输入公式"=B15/(B9-B10)+B7"。在单元格 B18 中计算公司股权的价值时，需要扣除负债，所以该单元格中输入的公式为"=B17-B8"。最后，要在单元格 B19 中计算每股股票的价值，需要将权益的市场价值总额除以所有发行在外的股票数量，计算公式为"=B18/B11"。最后结果为每股 5.76 美元，与之前用公式求得的值完全一致。

	A	B
1	**Front Range 登山用品公司**	
2	**自由现金流估值模型**	
3	息税前利润	160.000
4	折旧费用	40.000
5	税率	30%
6	经营资本的变化	30.000
7	非经营性资产	25.000
8	债券的市场价值	450.000
9	加权平均资本成本	12%
10	自由现金流的增长率	7%
11	发行在外的股份	350.000
12		
13	税后净经营利润	112.000
14	经营现金流	152.000
15	自由现金流	122.000
16		
17	公司价值	2 465.000
18	权益价值	2.015.000
19	每股价值	5.76

图 9-15　自由现金流估值模型

这里，我们假定公司处于恒定比率增长阶段。不过，对于尚未成熟的公司而言，这一假定或许并不准确。如果那样，分析师一般会就未来五年的情况给公司建立一个模型，然后再假定以后年度是恒定增长的。此时，就要用到非恒定增长模型。这个方法与图 9-6 中的方法相似。区别在于，这里是用自由现金流的估计数来代替股利，所得出的是整个公司的价值而非个别股票的价值。与前面做法相同的是，在计算权益的市场价值时，需要加上非经营性资产的现行价值，再扣除债券的现行价值。

9.6　相对价值模型

前面所介绍的模型通常被称为现金流贴现模型（discounted cash flow，DCF）。虽然这些模型常常为分析师所使用，但其主要依赖的是对未来现金流的预测，而这种预测常常具有不确定性。当然，借助于情景分析，采用若干可供选择的具有不同范围值的增长率，就可以在一定程度上减轻这方面的影响。不过，我们也可以使用另一个完全不同的模型，即相对价值模型（relative value model）。

相对价值模型通过市盈率（price to earning，P/E）等比率来评估某种股票相对于其他类似股票的价值。这些模型有两个主要优点：一是使用简单；二是可用于评估那些无法用自由现金流进行估值的股票。例如，对于当前甚至在可预见的未来也不会发放股利的股票，虽然很难用股利贴现模型来估值，但只要公司有正的盈余，那么就可以用市盈率模型。当然，如果公司为亏损状态，则可以运用市销率（price to sale，P/S）或市净率（price to book value，P/B）模型。（不过，仍然要谨慎使用。）

市盈率被定义为现行股票价格与下一年的预期每股收益之比：

$$市盈率 = \frac{每股价格}{每股收益} \tag{9-19}$$

市盈率主要反映的是投资者愿意为每 1 美元的预期盈利花多少成本。因此，我们所需要的仅仅是估计的盈利与合适的市盈率。对于两家完全一样的公司，市盈率也应该完全相同。虽然不可能有完全相同的公司，但只要具有相似性（如同属一个行业且具有其他相同特征），那么其市盈率也应该相近。合适的市盈率通常可通过计算所有可比公司的市盈率平均值来得到。在采用市盈率模型进行估值时，只需要将合适的市盈率与预期盈利相乘即可：

$$V = EPS_1 \cdot PE \tag{9-20}$$

市盈率的任何差异应当可以用可感知风险差异或增长率差异来解释。如果将式（9-3）代入式（9-19）中，不难发现增长率和要求回报率（受各种渠道风险的影响）对市盈率的影响：

$$P/E = \frac{D_1/(k_{CS} - g)}{EPS_1} \tag{9-21}$$

由该式可见，公司的风险越高，要求回报率就越高，导致市盈率越低。同样，公司的增长率越高，市盈率也就越高。通过比较公司市盈率与行业平均市盈率的高低，我们就能判断公司是否被高估或低估。如果公司的市盈率高于行业平均市盈率，而且这种高市盈率与低风险或高增长无关，那么就可以认为该股票相对于其他股票被高估了。此外，我们也可以通过与公司的历史平均市盈率相比较，来判断公司股票较过去被低估或高估。

现在，我们假设公司没有任何盈利。此时，负的市盈率就没有什么意义，所以也就无法使用市盈率模型了。不过，我们可以采用市销率模型或市净率模型。当然，除了这些模型之外，还有一些其他模型可供使用。例如，企业价值与息税前利润比率就常常被分析师们所采用，尤其是当计算公司的收购价时。所谓企业价值（enterprise value）是指公司权益的市场价值（股票价格乘以发行在外的股份数）加上负债的市场价值再减去资产负债表上的现金及其等价物。换言之，企业价值就是按现价购买企业所发生的净现金支出。

近来，相对价值模型被分析师们广泛采用。不过，该模型也是有缺点的。第一个缺点就是无法知道合适市盈率的绝对数字。毕竟，这是一种相对模型。因此，如果将公司与其他若干被高估的股票相比，那么所得值就会很高。另一个缺点就是，因为没有两家公司会完全相同，所以很难判断其价值差异是否来自风险预期差异或增长率差异，或者两种都有。最后，盈利增长、风险和市盈率之间的关系并不明确，并且有可能随着时间的变化而变化。但不管怎样，只要谨慎使用，相对价值模型可以用来验证自由现金流分析的结果。

9.7 优先股的估值

优先股是一种混合证券。像普通股那样，优先股表示对公司资产的一种所有权。不过，与债券一样，优先股的持有者不享有公司盈利增长部分，一般来说也不具有公司的选举权。更进一步而言，优先股与债券一样通常每期可获得固定的股利。当然，优先股还是像普通股那样，没有固定的到期日，所以优先股股份实际上可能会永久持有。

鉴于优先股的这些复杂特征，人们会很自然地认为优先股的价值肯定是很难估计的。但是，正如下面所要介绍的那样，优先股的估价实际上是相当简单的。为了更好地理解推导优先股估值公式的过程，先来看下面的例子。

XYZ 公司已发行了面值 50 美元的优先股，每年发放的股利为面值的 10%。如果投资优先股的要求回报率为 12%，那么你最多愿意按每股多少钱来购买 XYZ 公司的这种优先股？

通常，对优先股估值的第一步是决定现金流。就 XYZ 公司的这种优先股而言，现金流为按面值 10% 发放的股利，且期数无限。换言之，投资者可获得永续年金，且每年均为 5 美元。图 9-16 描述的就是 XYZ 公司优先股的预期现金流。

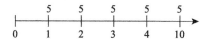

图 9-16 XYZ 公司优先股的时间线图

要得出优先股价值的估值公式，就必须知道优先股的现金流类似于普通股。与普通股一样，优先股也发放股利，而且同样不存在到期时间。唯一的区别是，就现金流而言，优先股的股利保持不变。换言之，其现金流的增长率为零。因此，我们可以说优先股的价值为：

$$V_P = \frac{D_0(1+g)}{k_P - g}$$

不过，因为增长率为零，所以上述等式可以简化为：

$$V_P = \frac{D}{k_P} \tag{9-22}$$

不难发现，股利的下标没有了，这是因为所有的股利都是一样的。

此外，这里也可以将优先股看作永续年金，然后利用式（8-5）来对优先股进行估值。这样，可以得到：

$$V_P = D\left[\frac{1 - \dfrac{1}{(1+k_P)^\infty}}{k_P}\right] = D\left[\frac{1 - \dfrac{1}{\infty}}{k_P}\right]$$

因为任何正无穷的倒数趋近于零，所以上述等式又可简化为：[12]

$$V_P = \frac{D}{k_P}$$

其实，上式与式（9-22）完全一样。因此，如果只是为了估价，那么不管是将优先股看作普通股，还是永续年金，最终所得的估值公式都是一样的。这样，在决定所持有的优先股的价值时，只需将股利除以要求回报率即可。因此，XYZ 公司优先股的价值是：

$$V_P = \frac{5}{0.12} = 41.66$$

这里，可以通过重新创建如图 9-9 所示的工作表并将所有的股利设置为 5 来验证这个等式。

本章小结

估值方法对于财务经理和投资者都很重要。通过后面几章的学习，我们会逐渐了解到估值方法对于企业进行可靠财务决策的重要性。

通过本章学习，我们知道证券的价值由以下几个因素决定：①预期现金流的大小；②预期现金流所需的取得时间；③预期现金流的可感知风险。

一旦确定了现金流和要求回报率，就可以通过计算未来现金流的现值来为证券估值。就本章所介绍的三种股利贴现模型而言，它们的区别在于预期股利增长的模式不同。三种股利贴现模型都可以归纳为是计算支付给股东的未

来现金流的现值的。

此外，本章也推导出了盈利模型。该模型也很重要，它告诉我们：如果要使股价上升，那么公司必须进行生产性投资（$r > k$）。按照自由现金流模型，公司的总价值等于预期未来营业现金流的现值减去预期的投资。

最后，本章考察了相对价值模型。这些模型并不依赖于现金流现值，至少不直接与现金流现值相关。相对价值模型主要用于对类似"住房"之类股票的估值。估值方法是先分析"可比"股票，然后假设具有相似的估值模型，当然有些方面需要做一些调整。

本章用到的公式汇总于表9-1中。

表9-1　公式汇总

模型	公式
恒定增长普通股估值模型	$V_{CS} = \dfrac{D_0(1+g)}{k_{CS}-g} = \dfrac{D_1}{k_{CS}-g}$
两阶段增长普通股估值模型	$V_{CS} = \dfrac{D_0(1+g_1)}{k_{CS}-g_1}\left[1-\left(\dfrac{1+g_1}{1+k_{CS}}\right)^n\right] + \dfrac{\dfrac{D_0(1+g_1)^n(1+g_2)}{k_{CS}-g_2}}{(1+k_{CS})^n}$
H型普通股估值模型	$V_{CS} = \dfrac{D_0}{k_{CS}-g_2}\left[(1+g_2)+(n+T/2)(g_1-g_2)\right]$
盈利模型	$V = \dfrac{EPS_1}{k} + \dfrac{RE_1\left(\dfrac{r}{k}-1\right)}{k-g}$
自由现金流模型	$V_C = \dfrac{FCF_1}{(WACC-g)} + 非经营性资产 - V_D - V_P$
优先股估值模型	$V_P = \dfrac{D}{k_P}$

本章介绍的函数列于表9-2中。

表9-2　本章介绍的函数

用途	函数
二阶段模型	**FAME_TWOSTAGEVALUE**(*DIV1, REQRATE, GROWTHRATE1, GROWTHRATE2, G1PERIODS*)
三步式模型	**FAME_THREESTEPVALUE**(*DIV1, REQRATE, GROWTHRATE1, TRANSGROWTHRATE, GROWTHRATE2, G1PERIODS, TRANSPERIODS*)
三阶段模型	**FAME_THREESTAGEVALUE**(*DIV1, REQRATE, GROWTHRATE1, GROWTHRATE2, G1PERIODS, TRANSPERIODS*)
H模型	**FAME_HModelValue**(*DIV1, REQRATE, GROWTHRATE1, GROWTHRATE2, G1PERIODS, TRANSPERIODS*)

练习题

1. Bob's Rawhide 公司的股利分配率为65%。预期下一年公司的每股盈利为1.25美元，权益回报率为114%。股东的要求回报率是8%。
（1）计算公司每股收益的增长率。

（2）根据盈利模型计算公司股票的价值。

（3）如果净资产收益率从 10% 到 30% 按 1% 增长，要求用数据表来说明盈利增长率和股票价值的变化。现在，通过绘制散点图来说明股票价值与净资产收益率之间的关系。它们具有线性关系吗？该模型在什么位置失效？

（4）用股利恒定增长贴现模型计算股票的价值。

2. 作为 Churnem & Burnem 证券公司的分析师，你负责向公司客户推荐普通股股票。通过收集家具生产公司（Furniture Factory）的资料，你发现该公司的股利一直按每年 3% 的速率增长，到目前为止已增长到每年每股 1.25 美元（D_0）。股票现在的售价是每股 30 美元。你坚信该股票合适的要求回报率为每年 12%。

（1）如果你预期在可预见的未来公司股利仍将按 3% 的速率增长，那么你建议客户购买该普通股的最高价格是多少？

（2）假设近期内公司新的产品线将给公司带来更快的增长率。现在，你重新预期该公司在未来 3 年间每年的增长率将达到 12%，之后将直接下降到过去 3% 的增长率。根据这些假设，用两阶段股利增长模型来计算股票的价值。

（3）现在，你发现增长率将逐渐从 12% 降到 3%，而不是突然间降下来。假设你预计转变期会持续 5 年，那么今天股票的价值会是多少？要求用三阶段增长模型和 H 增长模型。

（4）对于上面各小题的答案，用 IF 语句来说明股票估值过低、过高或合理的情况。

（5）通过创建数据表来计算当长期增长率从 0% 到 10% 按 1% 增长时，利用上述模型得到的股票价值。利用散点图来具体说明所得的结果。

3. 自动车辆公司（Autonomous Vehicles）的一些新产品有望在近期内实现一个较高的增长率。下表给出了分析师对未来 3 年的预测：

	2017	2018	2019
折旧费用（美元）	30 375	42 525	54 675
息税前利润（美元）	253 125	293 625	334 125
经营性资产投资（美元）	70 500	51 000	22 500

公司拥有现行市场价值为 900 000 美元的负债和 75 000 美元的有价证券。公司发行在外的普通股 500 000 股。预期税率为 35%，加权平均资本成本估计为 10%。

（1）计算未来 3 年每年的自由现金流。

（2）2019 年后，预期公司每年的自由现金流增长率将永久性地降到 7%，那么现在公司股票的价值是多少？

（3）如果没有新产品，那么 2017 年公司的自由现金流为 100 000 美元，而且永久保持每年 7% 的增长速度。计算在无新产品引入的情况下，公司股票的价值。

在线练习

通过雅虎财经网（finance.yahoo.com）可获得 Intel 公司过去 5 年的股利情况以及目前的股票价格。为获取该公司数据，可在页面顶端的报价框中输入公司代码 INTC，然后选择 Intel 公司。记录当前的股票价格。现在，单击历史价格链接，此时，就可得到之前的股利表。选择表中的"仅限于股利"选项，将起始日期设置为今天之前 5 年，然后点击"应用"按钮，再下载该数据文件。你需要选择是保存文件还是直接在 Excel 中打开。直接在 Excel 中打开该文件很方便。如果不打开，那么就要用 .csv 的后缀名来保存文件，然后再在 Excel 中打开。该数据文件不需要再进行格式处理。现在，你就有了工作表所需的股利资料了。

（1）由于 Intel 公司按季度发放股利，计算股利的季度百分比变化。接着，用 GEOMEAN 函数计算股利的季度复合增长率。

（2）现在，将股利的季度增长率换算成年度增长率。

（3）根据 10% 的要求回报率和上面计算出的年度增长率，计算股票的内在价值。计算时，以最近 4 次股利之和作为 D_0 值。

（4）假设 Intel 公司的股利增长率在未来 5 年将保持不变，但随后下降到现有股利增长率的 75%。利用两阶段股利贴现模型计算股票的价值。

（5）如果股利增长率在 20 年间（15 年的转换期和开始的 5 年）立即从当前水平降低到其长期水平，那么按照 H 增长模型计算所得的股票价值为多少？按三阶段模型计算所得的股票价值为多少？利用与（4）中相同的假设。

（6）将计算出的股票的内在价值与市场价值做比较，会得出什么结果？用 **IF** 语句来说明该股票是被低估、高估或是处于合理地位。按照目前的行情价，你会购买吗？

注释

1. 这里，假设所有的未来现金流是确定的。第 13 章将分析未来现金流不确定时的情况。

2. CAPM 模型涉及两种风险：系统性风险和非系统性风险。系统风险与市场相关并会影响所有的资产。例如，利息率发生预料之外的变化。非系统性风险是指公司特有的风险，如罢工、失去一份重要合同等带来的风险。第 13 章会介绍到通过适当的分散投资，投资组合中的非系统性风险可被消除。

3. 请注意，股利始终增加并不是一个假设。当股利逐渐减少时，增长率就为负。更进一步而言，当股利恒定不变时，增长率就为零。

4. k_{CS} 与 i 含义一样。不过，该模型中常用这个符号。正如后面所介绍的，我们常常用这个符号来区分投资者对公司所发行的各种证券的要求回报率。

5. 实际上，第一阶段的增长率可能低于长期的固定增长率。

6. 在这个例子中我们不能使用式（9-5），因为这里的 D_0 等于 0.00。如果插入 $D_0 = 0.00$，那么就会得到公司股票的价值为 0.00。

7. R. J. Fuller and C.-C. Hsia, " A Simplified Common Stock Valuation Model, " *Financial Analysts Journal*, September–October 1984, pp. 49–56.

8. 请注意，如果 $b=0$（派息比率为 100%），那么 g 必定为 0。

9. 第 12 章将就净现值进行详细讨论。

10. 自由现金流并非公认会计准则下的财务指标，因此关于自由现金流的定义五花八门，有些很复杂，有些则十分简单。例如，晨星将自由现金流定义为"经营活动现金流减去资本支出"。这两类数据均可从现金流量表中直接获取。

11. 请注意，非营业资产的价值就是其未来现金流的现值。然而对于短期投资而言，资产负债表上的价值与市场价是非常相近的。

12. 实际上，我们不能除以正无穷，相反，可以求趋近正无穷的极限。

第 10 章

债券估价

通过本章学习，应能：
- 运用公式和内置函数计算债券的价值
- 描述决定债券价格的因素
- 在 Excel 中计算各种债券的收益率
- 运用互联网实时数据绘制美国国债的收益曲线
- 理解并证明马尔基尔的五条债券定价法则
- 计算债券的久期和凸度及其在投资决策中的运用

　　长期以来，固定收益债券一直是政府和企业资本的重要来源，同时也是个人和机构投资者（如养老基金、共同基金和保险公司等）的一种相对安全的投资品。对投资者而言，债券之所以安全是因为债券是发行者的契约债务。以公司债券为例，公司债券比其普通股更为安全，因为在破产清算时，债券所有者可优先于股票持有者而得到赔偿。

　　虽然本章重点介绍的是债券，但应该明白，本章中的许多内容也适用于任何类型的现金流。例如，我们也可以计算抵押借款或普通股的久期。

10.1　债券的估值

　　债券是一种带息证券，发行人有义务向债券持有人定期支付利息并在到期时偿还本金。折扣证券通常为不支付利息的短期债务。[1]不过，这些债券以低于面值折价出售，到期时则按面值全额偿付。对债券和折扣证券的估值方法与对其他大多数证券的估值方法相同。换言之，债券的价值是其未来现金流的现值。

　　债券的现金流包括定期支付（通常为每半年一次）的利息和到期偿还的本金。因此，债券到期时的现金流就包括最后一期支付的利息以及偿还的本金。债券的本金（常被称为面值）通常但并不总是 1 000 美元。图 10-1 给出了每半

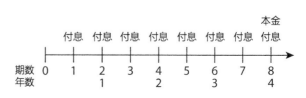

图 10-1　每半年付息一次的四年期债券的时间线图

年付息一次的四年期债券的时间线图。

如图 10-1 所示，债券由两类现金流量构成：年金（支付的利息）和一整笔款项（本金）。根据第 8 章所介绍的价值叠加原则，我们知道，对这种现金流的估值可以通过将各组成部分的现值加总而得到。因此，债券的价值（V_B）可以表示为：

$$V_B = Pmt \left(\frac{1 - \dfrac{1}{\left(1 + k_B\right)^N}}{k_B} \right) + \frac{FV}{\left(1 + k_B\right)^N} \tag{10-1}$$

式中，Pmt 为定期支付的利息；k_B 为债券每期的要求回报率；N 为债券的期数；FV 为债券的面值。式（10-1）中的第一项为定期支付利息的现值，第二项为本金的现值。请特别注意，该式只适用于利息支付日期（息票日期）的债券估价。为此，后面很快就将讨论如何进行必要的调整以解决这一问题。

请看以下例子：

纳米材料公司（Nanoterials，Inc.）发行了面值为 1 000 美元、票面利息率为 8% 的 20 年期债券。如果你对该债券的要求回报率为 9% 且每半年付息一次，那么该债券的价值是多少？

在求解之前，先需要了解一些定义。历史上，债券曾经用华丽精美的纸张印刷，其边缘附有可撕下的小息票。在领取定期支付的利息时，这些息票须交给发行人。正因为这一传统，利息支付一直被称为息票支付（coupon payment），而发行机构承诺支付的利率被称为息票利率（coupon rate）。债券年利息可由面值（本金）乘以息票利率而得到。对于每年利息支付次数多于一次的债券，每期支付的利息等于每年支付的利息除以每年的支付次数。通常，债券利息是每年支付两次，所以每次支付的利息等于每年支付的利息除以 2。

就纳米材料公司发行的债券而言，每年支付的利息为 80（= 0.08 × 1 000）美元，则每半年支付的利息为 40（= 80 ÷ 2）美元。此外，由于该利息每年支付两次，所以还必须将要求回报率和期数调整至半年期。由于年要求回报率为 9%，所以半年期的要求回报率为 4.5%（= 0.09 ÷ 2）。因为债券还有 20 年才到期，也就是说有 40（= 20 × 2）个半年才到期。因此，债券的价值为：

$$V_B = 40 \times \left(\frac{1 - \dfrac{1}{1.045^{40}}}{0.045} \right) + \frac{1\,000}{1.045^{40}} = 907.99$$

正如你可能会猜想到的，我们可以用 Excel 的 **PV** 函数来计算该债券的价值。我们知道，**PV** 函数可用于计算年金和终值的现值。现在，先创建如图 10-2 所示的工作表。

请注意，这里在第 5 行添加了利息支付的频次。这样，就可以在必要时将债券的付息频次按每年、每季或每月进行修改。在完成该工作表时，需要在单元格 B8 中输入公式" =PV(B4/B5,B2*B5,−B3*B6/B5,−B6)"。

	A	B
1	**债券的估值**	
2	离到期时间（年）	20
3	票面利率	8.00%
4	要求回报率	9.00%
5	频次	2
6	面值	$ 1.000
7		
8	价值	

图 10-2 利用 **PV** 函数进行债券估值

请注意，这里已经根据每年两次的付息频次进行了调整。具体而言，上述公式中已经将要求回报率和利息支付除以了付息频次，将到期时间乘以了付息频次。此外，付息数额和面值都取了负值，以确保所计算出的债券价值为正数。正如所料，计算结果为 907.99 美元。

10.1.1　两个息票日期间债券的估值

如前所述，式（10-1）仅适用于息票日期的债券估价。（当然，每年两次并没有错！）产生这一问题的原因在于应计利息。具体而言，债券在两个息票日期间的利息并不是按复利计算的，而是按天平均计算的。例如，如果三个月为一个付息期间，那么纳米材料公司债券的应计利息（已计提但尚未支付）应为每半年付息额的一半，即 20 美元。

这里，我们先来计算第一期末的债券价值。第一期过后，该债券离到期只剩下 39 期。此时，债券的价值为：

$$V_B = 40 \times \left(\frac{1 - \dfrac{1}{1.045^{39}}}{0.045} \right) + \frac{1\,000}{1.045^{39}} = 908.85$$

不难发现，债券价格已经上升了 0.86 美元（约 0.095%），但每期的要求回报率仍然为 4.5%。余下的回报哪去了呢？你已经获得 40 美元的利息，所以你的总回报是 40.86 美元，或 4.5%（=40.86÷907.99）。式（10-1）假定债券的价值是在利息支付后即刻估计的。因此，在第一期末投资的总价值为 948.85 美元，包括了所获得的利息。请注意，这里也可以用终值计算公式得出这个价格：

$$907.99 \times 1.045^1 = 948.85$$

这一计算过程为我们进行两个息票日期间债券的估值提供了必要的线索：先就前一个息票日期对债券进行估值，然后将该估值按已经过去的时间向前推进，就能得出债券的总价值。这就是所谓的债券的应付价格（发票或含息价格），即支付给债券前所有者的包含应计利息的实际数额。不过，债券经销商的报价不包含应计利息（净价或牌价）。如果从应付价格（948.85 美元）中减去应计利息，就可得到第一期末的报价（908.85 美元）。

如果离上期利息支付已经过去了两个月，那么纳米材料公司债券的价值又是多少呢？该债券的含息价格（$V_{B,\,Invoice}$）为：

$$V_{B,\,Invoice} = \left[40 \left(\frac{1 - \dfrac{1}{1.045^{40}}}{0.045} \right) + \frac{1\,000}{1.045^{40}} \right] \times 1.045^{1/3} = 921.41$$

从上述结果中减去应计利息，就可得到报价为：

$$V_{B,\,Quoted} = 921.41 - \frac{1}{3} \times 40 = 908.08$$

请注意，如果将工作表中的剩余期限改为 39 2/3（19.833 33 年），就会得到错误结果（908.27 美元，超了 0.19 美元）。对此，可通过修改工作表来校对该错误。复制债券估值工作表并将单元格 A2 中的标记改为"离到期时间（期数）"。在单元格 B2 中输入"39 2/3"（Excel 中显示为 39.666…）。将年数转成期数，计算就会相对简单一些。

在输入公式之前，先需要讨论 ROUNDUP 函数。该函数向上舍入数字位数，其定义为：

ROUNDUP (*NUMBER*, *NUM_DIGITS*)

其中，***NUMBER*** 为需要向上舍入的任意实数，***NUM_DIGITS*** 是舍入后的数字位数。如果 ***NUM_DIGITS*** 是负数，则 ***NUMBER*** 将被四舍五入为 10 的该负数次幂位。例如，$10^0=1$，如果 ***NUM_DIGITS*** 是 0，那么 ***NUMBER*** 将被四舍五入到最接近的整数。如果 ***NUM_DIGITS*** 为 -1，那么 ***NUMBER*** 将被四舍五入到下一个最高的整数 10，依次类推。不妨用这个函数进行练习，直到明白它是如何运行的。

现在，将单元格 A8 中的标记改为"应付价格"。之后，在单元格 B8 中输入公式"=PV(B4/B5,ROUNDUP(B2,0),−B3*B6/B5,−B6)*(1+B4/B5)^(ROUNDUP(B2,0)−B2)"。这一公式看起来很复杂。不过，这里的 ROUNDUP 函数是用来调整期数的，等于上一计息期后的剩余期数。在本例中，39 2/3 被四舍五入为 40，这样得到的应付价格就为 921.41 美元。

接下来，先在单元格 A9 中输入标记"应计利息"，再在单元格 B9 中输入公式"=(ROUNDUP(B2,0)−B2)*B3*B6/B5"。这里，公式的第一部分计算的是剩余期数的分数部分，然后乘以定期应付票面利息。（注：若要了解更多有关应计利息的信息，请访问网页 www.tvmcalcs.com/calculators/apps/calculate-accrued-interest-on-a-bond-in-excel-3-ways。）最后，在单元格 D10 中输入公式"−B8−B9"即可获得债券报价。最终结果为 908.08 美元，与之前得出的结果一样。至此，所创建的工作表应如图 10-3 所示。

上述刚创建的工作表似乎很复杂，但实际上是非常简单的。在现实世界中，我们需要关注的是确切的日期，而不是抽象的期数。虽然这会带来一些额外的麻烦，而且工作表往往无法处理，但所幸的是，Excel 具有无须借助复杂公式就能处理这些情况的函数。

	A	B
1	债券的估值	
2	离到期时间（期数）	39 2/3
3	票面利率	8.00%
4	要求回报率	9.00%
5	频次	2
6	面值	$ 1.000
7		
8	应付价格	$ 921.41
9	应计利息	13.33
10	债券报价	908.08

图 10-3　两个息票日期间债券的估值

10.1.2　运用 Excel 中先进的债券函数

为计算附息债券的价值，Excel 提供了 PRICE 函数。请注意，不同于 PV 函数或式（10-1），即便不是在利息支付日，PRICE 函数依然起作用，可以给出债券的报价。PRICE 函数的定义为：

PRICE(*SETTLEMENT*, *MATURITY*, *RATE*, *YLD*, *REDEMPTION*, *FREQYENCY*, *BASIS*)

其中，***SETTLEMENT*** 表示货币与证券实际转手日，[2]***MATURITY*** 表示最后一期票面利息支付和本金偿还日。Excel 使用 Windows 系统日期格式来确定输入的是否为日期。如有必要，可在控制面板中更改 Windows 系统日期格式，但大多数用户都接受自己国家的默认值。在美国，默认的是月 / 日 / 年的格式，这样 Excel 就能识别出，比如说 2/4/2017，就是 2017 年 2 月 4 日，从而将该数字按日期处理。当然，你也可以把这个日期输入为"Feb 4, 2017"，之后 Excel 会把它转化为日期格式，对于不能识别的日期格式就按文本字符串处理。日期转化为数字，该数字所代表的天数从 1900 年 1 月 1 日开始算（苹果电脑则从 1904 年 1 月 1 日开始算）。按 1900 日期制，序号 1 对应的是 1900 年 1 月 1 日。按照 1904 日期制，序号 1 对应的是 1904 年 1 月 2 日（1904 年 1 月 1 日对应的序号是 0）。如果要显示实际序号，可使用普通数字格式。在将文件从 PC 机向苹果电脑传输时，日期制之间的差异就很重要。运用序号就可以使日期运算十分简单。例如，通过简单的减法，就可以确定两个日期间的天数。[3] 此外要注意的是，日期序号与所应用日期格式无关。

RATE 是债券的年利息率，*YLD* 是债券的年要求回报率。在 Excel 函数中，输入利息率时总是采用十进制形式，这一点不同于财务计算器的惯例做法。如果票面利息率为 10%，那么你必须键入 0.10，尽管 Excel 会把带百分比符号的数字转换成十进制形式。百分比符号的作用是让 Excel 将前面的数字除以 100。

REDEMPTION 是指当债券赎回时每 100 元面值所能获得的金额。必须认识到的是，赎回价格可能与债券面值不同。例如，如果债券发行者要赎回，那么就有可能出现这种情况。赎回所发行债券的目的类似于抵押融资，发行者通常希望以更低的利率再次发行债券。通常，赎回债券时需要向债券持有者支付溢价，此时债券的赎回价格就是溢价与债券面值之和。如果债券发行时规定有 4% 的赎回溢价，那么赎回价格（*REDEMPTION*）将被设定为 104。对于不可赎回的债券，赎回价格设定为 100。

FREQUENCY 是指每年应付利息的次数。最常见的是 2 次，当然也有其他各种可能。如果频次是 1、2 或 4（年度、半年度或季度）以外的值，那么 Excel 就会返回 "#NUM！错误"。请注意，虽然债券按月支付利息的情况不多，但也的确存在。[4] 不过，*FREQUENCY* 函数不适用于这样的债券。

BASIS 是指关于一个月和一年中的天数的假设。历史上，不同的金融市场就一个月和一年的天数提出了不同的假设。在美国，公司债券、政府部门债券和地方市政债券的定价都会假设每月 30 天，每年 360 天（银行业年度）。国债通常会假定按每年 365 天（闰年为 366 天）和每月的实际天数进行定价。[5] 天数计算的容许值如表 10-1 所示。

表 10-1　天数计算的容许值

天数计算基准	基准参数的代码[①]
月 30 天 / 年 360 天	0 或省略
月实际天数 / 年实际天数	1
月实际天数 / 年 360 天	2
月实际天数 /365 天	3
欧盟标准 30/360 天	4

① 任何其他数字都将返回错误值。

在美国，公司债券和地方市政债券的基准参数采用 0，国债的基准参数采用 1。

如果应用月实际天数 / 年实际天数和 30/360 的天数计数方法，那么很容易确定出两个日期间的天数。我们知道，Excel 所储存的日期是一串数字，表示自 1900 年 1 月 1 日（苹果电脑为 1904 年 1 月 1 日）以来的天数。因此，我们可以通过简单的减法来计算出任何两个日期间，甚至是闰年的实际天数。对于 30/360 这一天数计算基准，Excel 规定的 **DAYS360** 函数为：

$$\textbf{DAYS360}(\textbf{\textit{STRAT\_DATE}}, \textbf{\textit{END\_DATE}}, \textit{METHOD})$$

其中，前两个参数的含义很清楚，*METHOD* 是一个可选参数，用来明确是否使用美国（0 或省略）或欧洲（1）的天数计算标准。通过输入两个至少间隔几个月的不同日期，就可以了解月实际天数 / 年实际天数和月 30 天 / 年 360 天两种计数方法的区别。对于我们所分析的例子，天数计算标准对计算所得的价格可能并不重要。不过，如果债券的交易量很大，那么天数计算标准就很重要了。

为了了解 **PRICE** 函数的作用，我们可以打开一张新的工作表，并在工作表中输入如图 10-4 所示的资料。在结算日中应该输入最简单的日期形式。如前所述，Excel 能将它自动识别为一个日期。以纳米材料公司 20 年到期的债券为例，我们已经假设其结算日是 2/15/2017，到期日是 2/15/2037。在实际操作中，债券到期日可以查阅契约、咨询经纪人或查阅美国证券交易委员会 Edgar 数据库中相关的 424B2 表。[6]

现在，在单元格 B10 中输入函数 " =PRICE(B2, B3,B4,B5,B6/B6*100,B7,B8)/100*B6"，就可得到债券的现行价值。因为 **PRICE** 函数按债券面值的百分比来给出结果（90.799），所以必须先除以 100，然后

	A	B
1	债券的估值	
2	结算日	2/15/2017
3	到期日	2/15/2037
4	票面利率	8.00%
5	要求回报率	9.00%
6	面值	1.000
7	频次	2
8	天数计算标准	0
9		
10	价值	$ 907.99

图 10-4　利用 **PRICE** 函数的债券估值
工作表

乘以面值才能转换成美元金额。这里的计算结果是 907.99 美元，与手工计算结果一致。请注意，我们并未对债券每半年付息一次的情况做任何调整。Excel 会根据频次参数自动进行调整。

债券在结算日之后两个月时的价值是多少呢？前面我们已经得到债券的报价是 908.08 美元，但需要使用复杂的计算公式，同时要使用 **PV** 和 **ROUNDUP** 函数。Excel 的 **PRICE** 函数能自动计算出两个付息日间的报价，而我们需要做的仅仅是在单元格 B2 中输入结算日期 4/15/2017。与前面所计算的结果一致，这里的结果也是 908.08 美元。

10.2　债券收益的测量

在大多数情况下，投资者不会仅仅因为债券价格低于所计算的内在价值而决定购买债券。相反，他们会分析各种可供选择的投资品，对债券所提供的收益进行比较。人们可以用多种方法来计算债券所提供的收益。本节主要介绍测量债券收益的三种方法，另外还将介绍两种用于折扣债券的测量方法。

这里，先对工作表做些修改。为此，在单元格 A11 中输入标记"收益测量"，以便与之前的计算有所区分。

10.2.1　当前收益率

按照定义，当前收益率（current yield）为债券年利息收入与债券当前价格的比率：

$$CY = \frac{年度\ Pmt}{V_B} \qquad （10-2）$$

当前收益率被看作对下一年度赚取收益情况的一个粗略测量。之所以说是粗略测量是因为当前收益率没有考虑复利因素，也没有考虑债券生命期内价格可能变化的因素。作为利息收益率指标，当前收益率类似于股票的股利收益率指标，但忽视了资本利得因素。

Excel 没有计算当前收益率的内置函数。不过，自己编写计算公式也很简单。在工作表中，将光标移动到单元格 A12 中并输入标记"当前收益率"。接着，在单元格 B12 中输入

"=(B4*B6)/B10"。在上面所举的例子中，当前收益率为 8.81%，即如果来年投入 907.99 美元并可获得 80 美元的利息，那么获得的投资回报率就是 8.81%。然而，如果来年利率保持不变，那么债券的价值将增加到 909.75 美元。在当前收益率的计算中，1.76 美元的资本利得并没有被考虑。请注意，当债券按低于面值折价发行时，那么，当前收益率会低估总体收益情况。反之，如果债券是溢价发行的，那么当前收益率会高估总体收益情况。

10.2.2 到期收益率

如果债券持有至到期，那么到期收益率（yield to maturity）就是可预期的复合年均回报率。作为反映投资回报的一个指标，到期收益率并非没有问题。不过，到期收益率指标比当前收益率指标要好些，因为它兼顾了利息和资本利得。当然，到期收益率的计算也更为复杂。

实质上，到期收益率是通过假定债券价格为已知，再对要求回报（k_B）估值等式进行求解而得到的。[7] 当然，目前还没有直接求解到期收益率的方法。我们可以通过试错法来得出收益率，但这种方法有点烦琐。借助于 Excel 内置的 **YIELD** 函数，就很容易计算出收益率。**YIELD** 函数的定义是：

YIELD (*SETTLEMENT*, *MATURITY*, *RATE*, *PR*, *REDEMPTION*, *FREQUENCY*, *BASIS*)

除了 **PR** 外，所有变量的定义与前面一致。债券价格 PR 以其面值的百分比表示。

计算时，先在单元格 A13 中输入标记"到期收益率"。之后在单元格 B13 中输入计算公式"=YIELD(B2,B3,B4,B10/B6*100,B6/B6*100,B7,B8)"。请注意，与 **PRICE** 函数的唯一区别是我们把 **YLD** 中的当前价格替换为债券面值的一个百分比。为此，我们必须将单元格 B10 中的债券价格转换为面值的百分比，所以需要乘以 100 再除以面值。正如所预期的那样，计算结果应该为 9%。

请注意，我们也可以利用 **RATE** 函数（参见第 8 章）来计算到期收益率，只要假定债券结算日也是其利息支付日。如果不知道确切的结算日和到期日，且要计算的是债券支付日的收益，那么这一方法就特别合适。这里直接在单元格 B14 中插入 **RATE** 函数而不是替换 **YIELD** 函数，这样就能比较结果。在单元格 A14 中输入标记"用 RATE 函数计算收益率"，在单元格 B14 中输入函数"=RATE(YEARFRAC(B2,B3,B8)*B7,B4*B6/B7,−B10,B6)*B7"。

为了使用这个函数，我们需要嵌入一些计算。对于期数计算，可以使用 **YEARFRAC** 函数，该函数采用合适的日期计数制来计算两个日期间的天数并换算成年。该函数的定义为：

YEARFRAC(*START_DATE*, *END_DATE*, *METHOD*)

YEARFRAC 函数计算得到的年数介于结算日和到期日之间。将该年数乘以支付频次就可以得到期数。简单而言，付款金额等于票面利率乘以面值（赎回值）再除以 2。不难发现，如果乘以 2（因为债券利息每半年支付 1 次）而将结果转化成按年计算后，那么所得结果与之前的一样，都为 9%。同样要牢记的是，**RATE** 函数仅仅适用于支付日。如果债券的支付发生在两个支付日之间，那么就得使用 **YIELD** 函数。

正如前面所提到的，到期收益率指标也可能有些问题。到期收益率计算中隐含若干主要假设：①持有至到期；②将债券剩余持续期产生的现金流按到期收益率进行再投资。请注意，如果市场回报率有所变化，那么债券有可能在到期前就被出售，这样所得的销售价款就会与

期望有差异。这就是所谓的价格风险（price risk）。此外，如果市场利率发生变化，那么进行
再投资的现金流的收益率也会与期望有差异，即产生
所谓的再投资风险（reinvestment risk）。当购买债券
后，任意一种或这两种风险因素都能使你所获得的实
际回报与所计算的到期收益有差别。因此，价格风
险和再投资风险被统称为利率风险（参见本章后面的
内容）。

至此，所创建的工作表应如图 10-5 所示。

	A	B
1	债券的估值	
2	结算日	2/15/2017
3	到期日	2/15/2037
4	息票率	8.00%
5	要求回报率	9.00%
6	面值	1.000
7	频次	2
8	天数计算标准	0
9		
10	价值	$ 907.99
11	收益指标	
12	当前收益率	8.81%
13	到期收益率	9.00%
14	利用 RATE 函数计算收益率	9.00%

图 10-5 当前收益率和到期收益率

10.2.3 赎回收益率

赎回收益率（yield to call）是另一个测量收益情
况的常用指标。如前所述，如果对发行者有利，那么
许多债券发行者会保留回购所出售的债券的权利。在
大多数情况下，如果市场利率大幅下跌，那么公司为了节约资金就有可能将债券赎回，因为
公司可以按更低的利率进行再融资。如果在计算到期收益率时假设债券在第一时间赎回，那
么我们就得计算赎回收益率。如果提前赎回债券，那么发行人通常有法定义务支付超过面值
的溢价。对此，计算时必须加以考虑。请注意，赎回日程表会明确规定确切的赎回日期（通
常一年一次，为周年纪念日）和赎回日的溢价。

计算时，需要给工作表多增加几行。首先，在第 4 行上面插入一行。为此，先选中第
4 行，单击"开始"标签中的"插入"按钮。之后，在单元格 A4 中输入标记"第一个赎回
日"，表明公司有权在该日期选择赎回债券。在单元格 B4 中输入"2/15/2022"。该日期表明
第一个赎回日通常是在发行日后数年的某一日期（假设第一个赎回日也是结算日）。接下来，
在第 8 行上面插入一行，并在单元格 A8 中输入标记"赎回价格"。单元格 B8 中的数字将是
债券赎回的价格。本例中的赎回价格为面值的 105%，所以应该输入"1050"。在单元格 A17
中输入标记"赎回收益率"。

最后，在单元格 B17 中输入公式" =YIELD(B2,
B4,B5,B12/B7*100,B8/B7*100,B9,B10)"以计算赎回
收益率。除了必须将到期日变为赎回日并将偿还价值
变为赎回价格外，该公式与到期收益率计算公式完全
一样。值得注意的是，赎回溢价加上先前收到的面值
使赎回收益率达到了 11.23%。当然，在这种情况下，
发行者就永远不会赎回债券，因为债券利息率较最初
发行时已经上升了。至此，所创建的工作表应如图
10-6 所示。

下面来简单讨论基于整体考虑的提前赎回补偿条
款（make-whole call provision）。

上面说明的债券赎回属于普通赎回，常见于过去

	A	B
1	债券的估值	
2	结算日	2/15/2017
3	到期日	2/15/2037
4	第一个赎回日	2/15/2022
5	票面利率	8.00%
6	要求回报率	9.00%
7	面值	1.000
8	赎回价格	1.050
9	频次	2
10	天数计算标准	0
11		
12	价值	$ 907.99
13	收益指标	
14	当前收益率	8.81%
15	到期收益率	9.00%
16	利用 RATE 函数计算收益率	9.00%
17	赎回收益率	11.23%

图 10-6 赎回债券估值工作表

20 年。不过，近来发行的大量可赎回公司债券都带有基于整体考虑的提前赎回补偿条款。[8] 就普通赎回而言，债券通常以低于市价赎回，毕竟利息率出现了下降。这样，与债券没有赎回相比，投资者遭受了损失。相反，就基于整体考虑的提前赎回而言，赎回补偿条款明确规定投资者可获得全部余下现金流的现值或债券面值。显然，这里的补偿都要大于普通赎回时的补偿。具体计算所采用的贴现率为现行国债利率，而且国债的到期日应该等于债券的剩余存续时间加基差（通常为 15 ～ 50 个基点，具体大小取决于信用评级情况）。债券发行时的合同中规定有该基差的大小。

这样，投资者就不会因发行方的赎回而受损。鉴于这种提前赎回补偿条款增加了发行人的赎回成本，所以发行人一般不会进行赎回。不过，这种债券可以在任何时候赎回，而且只需要临时通知即可，完全不是一年一次。

对于带有基于整体考虑的提前赎回补偿条款的债券，虽然赎回收益率并不很有用，但其计算可以采用 **YIELD** 函数。其中的 **REDEMPTION** 变量可用 **PRICE** 函数来计算；**YLD** 变量等于国债利率加基差。（注：更多关于带有基于整体考虑提前赎回补偿条款的债券赎回价格的计算，请访问 www.tvmcalcs.com/calculators/apps/make_whole_call_provision_in_excel。）

10.2.4 折扣债务证券的收益率

并非所有的债务工具都是如上所述的债券类型。货币市场证券就是高质量的短期债务工具，常常采用折扣销售。换言之，它们不支付利息，而且按低于面值的价格发行。因为到期时会按全部面值归还给投资者，所以债券面值和购买价格之间的差额就是利息。这类债券包括美国国库券、商业票据、银行承兑汇票、短期地方市政债券等。

折扣债务证券的收益率通常按银行折扣率报价。银行折扣率（BDR）的计算公式为：

$$BDR = \frac{FV-P_0}{FV} \cdot \frac{360}{M} \tag{10-3}$$

式中，FV 为证券的面值；P_0 为购买价格；M 为持有至到期的天数。例如，假设你以 985 美元购买了一份 6 个月期（181 天）的国库券，那么银行折扣率就为：

$$BDR = \frac{1\ 000-985}{1\ 000} \times \frac{360}{181} = 0.029\ 83 = 2.983\%$$

在 Excel 中，可以利用 **DISC** 函数来计算银行折扣率。该函数的定义为：

$$DISC(\textbf{\textit{SETTLEMENT}}, \textbf{\textit{MATURITY}}, \textbf{\textit{PR}}, \textbf{\textit{REDEMPTION}}, \textit{BASIS})$$

其中，所有变量与之前所定义的都一样。为弄明白该函数的作用，这里先在工作簿中插入一张新的工作表，然后输入如图 10-7 所示的数据。

请注意，虽然也可以输入实际价值，但这里将偿还价值和购买价格按面值的百分比进行输入。在单元格 B8 中输入 **DISC** 函数，公式为"=DISC(B2,B3,B5,B4,2)"。另外，我们将"天数计算标准"设置为 2，因为式（10-3）使用的是"实际天数/360"这一计数依据。计算结果为 2.983%，与利用式（10-3）所得到的计算结果完全一致。

折扣证券的市场报价采用银行折扣率方法。然而，这

	A	B
1	**折扣证券**	
2	结算日	2/15/2017
3	到期日	8/15/2017
4	偿还价值	100
5	购买价格	98.50
6	持有至到期的天数	181
7		
8	银行折扣率	2.983%

图 10-7 银行折扣率的计算

种方法仍然存在两个问题：①该方法以票面价值为依据来计算收益率，但实际支付的是购买价格，而不是票面价值；②该方法假设一年为 360 天，而不是 365 天（闰年为 366 天）。对于这些问题，通过计算债券等值收益率就可以得到解决：

$$BEY = BDR \cdot \frac{FV}{P_0} \cdot \frac{365}{360} = \frac{FV - P_0}{P_0} \cdot \frac{365}{M} \qquad (10\text{-}4)$$

债券等值收益率（bond equivalent yield）仅仅是一个"固定"的银行折扣率版本：按购买价格来计算收益率，同时将"天数计算标准"改为"实际天数 / 实际天数"。这样，我们就可以将折扣证券的收益率与付息债券的收益进行比较。在本例中，债券等值收益率为：

$$BEY = 0.029\,83 \times \frac{1\,000}{985} \times \frac{365}{360} = \frac{1\,000 - 985}{985} \times \frac{365}{180} = 0.030\,71 = 3.071\%$$

如你所料，Excel 也有一个内置函数可供计算债券等值收益率。该函数的定义为：

YIELDDISC(*SETTLEMENT*, *MATURITY*, *PR*, *REDEMPTION*, *BASIS*)

计算时，先在工作表的单元格 A9 中输入标记"债券等值收益率"，再在单元格 B9 中输入公式"=YIELDDISC(B2,B3,B5,B4,1)"。请注意，本例中所采用的"天数计算标准"为 1(实际天数 / 实际天数)。计算所得的结果为 3.071%，与用等式计算出来的结果一致。

10.3 美国国债的收益率曲线

收益率曲线（yield curve）是反映债券在不同到期时间下收益率情况的图线。收益率曲线对于投资者了解当前市场上可获收益率信息非常有用。根据美国国债收益率曲线以及各类债券收益率基差方面的信息，专业人士就可确定他们所要估值债券的要求收益率。[9]

对于各种类型的证券（如国债、公司债券、地方市政债券等），我们都可以创建收益率曲线。需要引起注意的是，除了到期日外，用于构建收益率曲线的债券尽可能要少一些差异。基于这个目的，美国政府国债是最理想的选择，因为它们没有违约风险。本节将介绍如何利用互联网上提供的免费数据来构建美国国债的收益率曲线。

Excel 提供了可以直接从数据库、文本文件或网站上获取数据的工具。为了达到我们的目的，我们采用 Excel 的"获取外部数据"工具来收集网站上表格中的数据。具体而言，我们可以利用该工具从美国财政部获得美国国债的收益数据。该工具可刷新以便从网站上获得最新的数据。

打开一个新的工作簿，点击"数据"标签，然后点击"获取外部数据"组中的"新建查询"按钮。[10] 在"从其他来源"菜单中选择"自网站"项。此时，就会弹出"新建 Web 查询"对话框，从而可以粘贴网页地址。这里，我们输入网址" http://www.treasury.gov/resource-center/data-chart-center/interest-rates/Pages/TextView.aspx?data=yield"并点击"确认"。如图 10-8 所示，在浏览器中选择表格 0，点击"导入"按钮。

至此，用户已经创建了该表的链接，可随时通过点击"数据"标签中的"刷新"按钮来完成刷新。此外，用户现在还可以得到"获取外部数据"中功能强大的查询编辑工具。例如，用户可以通过点击"查询"标签中的"编辑"按钮来改变查询，从而获得最近的收益数据。

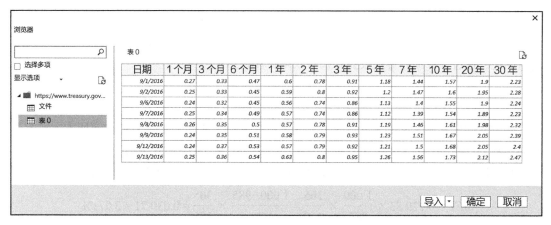

图 10-8 Web 查询对话框下的"获取外部数据"功能

现在，我们可以设置表格格式并创建收益率曲线图。为了使表中数据标在图中的恰当位置，需要将期限从文本格式（如 1 个月）转化为数字格式。因为不能将公式放入查询结果（单元格区域 A1:L9）中，所以我们将图线所需数据创建在查询结果的右侧。在单元格区域 O3:P13 中输入年数，例如在单元格 O3 中输入"0.0833"，因为 1 个月等于 0.083 3 年。其他到期日的证券也进行同样的操作（如 6 个月等于 0.5 年）。在单元格区域 P3:P13 中，我们将计算今天的收益率。所以，在单元格 P3 中输入" =B7/100"，同时将结果设置为百分比格式，并将其复制到其他单元格区域中。

最后，选中单元格区域 O3:P13，并插入带坐标轴和记号的散点图。为创建图线标题，在单元格 P1 中输入文本函数" ="美国国债收益率曲线"&CHAR(10)&TEXT(A7,"m/dd/yyyy")"。插入图线标题，再加以选中，然后点击单元格 P1。至此，所创建的图表应如图 10-9 所示。

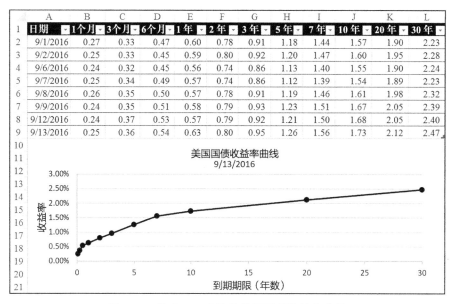

图 10-9 基于 Web 查询的美国国债收益率曲线

10.4 债券价格的敏感度

我们应该清楚，债券价值函数包含以下变量：票面利率、面值、到期日和要求回报率。因此，很有必要知道这些变量的变化会使债券价格发生怎样的变化，毕竟它们之间的关系会影响投资决策的选择以及公司资本结构的决策。

伯顿·马尔基尔（Burton Malkiel）提出并严格证明了关于债券定价的五条法则。这些法则有助于我们了解债券价格对环境变化有何反应。[11] 这些法则是：

（1）债券价格与利率呈反方向变化。

（2）对于一定的收益率变化，长期债券价格的变化大于短期债券价格的变化。

（3）随着到期期限的延长，债券价格对收益率变化的敏感性会增大，但增大的速度不断下降。

（4）对于一定的收益率变化，债券价格将呈非对称变化。换言之，收益率下降时债券价格上升的幅度大于收益率上升时债券价格下降的程度。

（5）高附息债券对收益率变化的敏感性低于低附息债券的敏感性。

本节将详细介绍这些债券定价法则。

10.4.1 要求回报率的变化

因为债券的价值是其未来现金流的现值，所以人们或许认为随着利率下降债券价值就会增加，反之亦然。其实，这个观点是正确的。下面对这个观点进行探讨以加深记忆，同时要指出一个可能没有被注意到的因素。

返回到债券估值工作表（见图 10-6）。先在该工作表中创建一个新的区域，以便显示各种利率情况下的债券价值。选择单元格 A20 并输入标记"到期收益率"，同时在单元格 B20 中输入"债券价值"。从单元格 A21 开始，使该列显示从 1% 变化到 15% 的利息率，每次递增 1%（0.01）。使用"开始"标签中的"填充系列"命令创建该数据系列。在单元格 B21 中，我们需要使用 1% 的要求回报率来计算债券的价值。为此，需要使用 **PRICE** 函数，其计算公式为"=PRICE(B$2,B$3,B$5,A21,B$7/B$7*100,B$9,B$10)/100*B$7"。该公式与之前在单元格 B12 中所使用的公式一样，除了用单元格 A21 中的值来替代 **YLD** 变量。此外，公式中还增加了符号 $ 以固定大多数的单元格引用，这样在将公式向下复制时它们就不会发生改变。因为我们想让利息率在每行都有所变化，所以利息率并没有被固定。之后，我们将该公式复制到单元格区域 B22:B35。

如果创建的是横轴表示收益率、纵轴表示债券价值的散点图，那么此时的工作表应如图 10-10 所示。这里对图表进行了适当的修饰，从而能显示当前价格和要求回报率。如果想添加相同的虚线，那么要记住的是只要两点就能确定一条直线。这里，我们需要两条直线，一横一纵。为此，选择工作表中的空白区域，如单元格区域 E20:F24。在单元格 E21 中输入 0，再在单元格 E21 中输入"=B6"。这两个单元格代表水平轴上的两个 X 值。在单元格区域 F21:F22 中输入"=B12"（当前价格）作为 Y 坐标。以同样的方式在单元格区域 E23:F24 中创建垂直线上的点。最后，右键单击图表，选择"数据选取"，再点击"添加"按钮，并用新输入的数据为每条直线添加数据系列。我们也可以复制数据，再利用图中的"选择性粘贴"项。

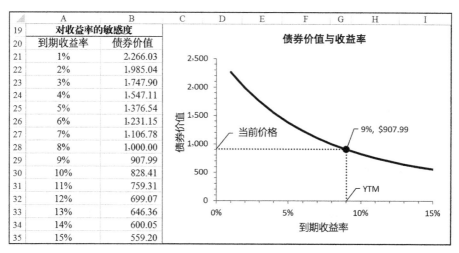

图 10-10　各种要求回报率下的债券价值

如果想要复写图 10-10 中图线的数据标记，就直接单击新数据系列，再点击数据系列的一端，如此就可选定线条的一个点。右击该点，选择"添加数据标记"（用户不必从弹出菜单中进行第二次选择）。接着，右击数据标记，并选择"标记选项"下的"数据标记格式"。在"数据标记格式"中，就可以选择希望显示的选项。需要注意的是，"指向线"是指把数据点连接到标记的线条。

显然，债券价格与要求回报率呈反向关系，从而证实了马尔基尔的第一条法则。另外，这种关系并非线性关系，而是凸向原点的。正如下面所要介绍的，这种非线性关系（凸性）也证明了马尔基尔的第四条法则。

将该图表右移，以便空出 C 列。在单元格 C20 中输入标记"变化值"。在单元格区域 C21：C35 中输入债券价格相对于当前价格的变化值。换言之，如果在你购买债券后，利率由最初的 9% 变化为 A 列中的值，那么该单元格区所显示的就是盈利或损失。在单元格 C21 中输入公式"=B21-$B$29"，这样就能固定公式中被减去的单元格 B29 中的价格。现在将公式向下复制到整个区域。

图 10-11 显示的是债券价格的变化情况。仔细检查工作表中的单元格区域 C21：C35。特别要注意到价格变化是不对称的。例如，如果收益率下降 4%（下降到 5%），那么价格会上升 468.55 美元。然而，如果收益率上升 4%（上升到 13%），那么价格仅仅下降 261.63 美元。换言之，收益率下降使得价格上升的金额超过收益率上升相同数量使得价格下降的金额。这正好证明了马尔基尔的第四条法则。

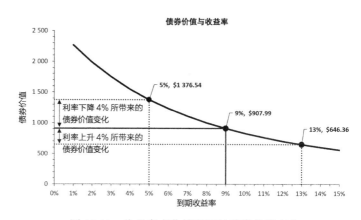

图 10-11　收益率变化情况下的债券价值变化

10.4.2 到期期限的变化

当债券接近到期日时，其价格必定接近债券面值（忽略应计利息）。因为债券可以溢价销售（高于面值）、按面值销售或折价销售（低于面值），所以投资者必须清楚：如果将债券持有至到期日，那么他们的投资是盈利还是亏损，或是没有盈亏。

为了弄清楚债券价格是如何随着到期日的日益接近而变化的，将光标移到单元格 A37 并输入标记。此时，所创建的工作表应类似于图 10-12 中的工作表。在单元格区域 A39:A59 中创建 20 至 0 的数据序列。为此，可通过"数据填充"命令并设置每一步骤减去 1 来完成。请注意，这里另一列所创建的是第二只债券的数据序列。将单元格区域 B2:B11 中的原始数据复制到单元格区域 C2:C11。这两只债券的唯一区别是要求回报率不同。对于第二只债券，将要求回报率设置为 7%，此时所显示的该债券的价格为 1 106.78 美元。这样做的目的是便于我们比较溢价发行债券和折扣发行债券的价格与到期期限之间的变化关系。[12]

在单元格 B39 中，输入第一只债券的 **PRICE** 函数，且仅允许到期时间可变。具体公式为 "=PRICE(B$2,EDATE(B$2,$A39*12),B$5,B$6,B$7/B$7*100,B$9,B$10)/100*B$7"。因为第二个参数是到期日，所以必须按照单元格 A39 中给定的年数进行计算。

这里需要使用 **EDATE** 函数，该函数返回的是一个日期，代表起始日期 START_DATE 之后的月数：

$$\text{EDATE}(\textbf{\textit{START\_DATE}}, \textbf{\textit{MONTHS}})$$

在本例中，我们将结算日设为起始日 **START_DATE**，起始日之后的月数等于持有至到期日的剩余年数乘以 12 以使其转化为月数。将该公式复制到单元格 C39 以便计算出第二只债券的价格，随后将它们向下复制到余下的单元格区域。请注意，当到期期限为 0 时，**PRICE** 函数将返回一个 #NUM! 错误。因此，在单元格 B59 和单元格 C59 中输入公式 "=B$7" 以便计算票面价值。至此，工作表中的数字应与图 10-12 中的一样。

值得注意的是，随着到期期限的减少，第一只债券的价格会缓慢增加。相反，随着到期期限的减少，第二只债券的价格则会缓慢下降。当然，这个例子假设未来 20 年收益率保持恒定不变。现实中，要求回报率每天都会有变化，所以价格变化将不会如工作表中所显示的那样呈平滑状态。

为了更清楚地了解这一点，这里选中单元格区域 A38:C59 中的数据，并以此来创建一张散点图。创建完成后，可以根据需要调整 Y 轴上的刻度。为此，右击 Y 轴，并选择"设置坐标轴格式"。现在，在编辑框中将"最小值"设置为 850。

	A	B	C
37	债券价格对到期时间的敏感度		
38	到期年数	债券 1	债券 2
39	20	907.99	1,106.78
40	19	909.75	1,104.21
41	18	911.67	1,101.45
42	17	913.77	1,098.50
43	16	916.06	1,095.34
44	15	918.56	1,091.96
45	14	921.29	1,088.34
46	13	924.27	1,084.45
47	12	927.52	1,080.29
48	11	931.08	1,075.84
49	10	934.96	1,071.06
50	9	939.20	1,065.95
51	8	943.83	1,060.47
52	7	948.89	1,054.60
53	6	954.41	1,048.32
54	5	960.44	1,041.58
55	4	967.02	1,034.37
56	3	974.21	1,026.64
57	2	982.06	1,018.37
58	1	990.64	1,009.50
59	0	1,000.00	1,000.00

图 10-12 债券价格与到期时间

这样，Y 坐标轴的初始值就为 850，从而可以有效放大我们关注的图标区域。请注意，这里还增加了一条表示债券面值的直线。在单元格 D39 中输入 "1000"，同时将其复制到余下的单元格区域。现在，右击图表，并选中 "选择数据"。之后，单击 "添加" 按钮，并将单元格区域 A39:A59 的数据添加为 X 坐标轴的值，同时将单元格区域 D39:D59 添加为 Y 坐标轴的值。最后，给图表添加完成标记。至此，所创建的工作表应如图 10-13 所示 。

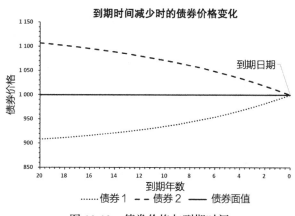

图 10-13　债券价格与到期时间

10.4.3　两种不同到期日债券的比较

如果投资者决定购买债券，那么他们就会有无数的选择，包括各种组合的到期日及票面利率。根据马尔基尔的第二条法则，当收益率变化时，长期债券价格变化幅度会大于短期债券价格变化幅度。为弄清楚这一点，从工作表中复制单元格区域 A1:C12 并将其粘贴到一张新的工作表中。

这里的第一个目标是要创建工作表以使两只债券完全一样。然后，我们来改变第二只债券的到期日。之前，两只债券的唯一区别是要求回报率不同。所以，在单元格 C6 中将第二只债券的要求回报率改为 9%。接着，将单元格 C3 中的第二只债券的到期日改为 2/15/2027，这样第二只债券就属于 10 年期债券，而第一只债券为 20 年期债券。创建完其余部分后，工作表应如图 10-14 所示。

在单元格区域 B15:C16 中，我们将根据单元格区域 A15:A16 中给出的收益率计算这两只债券的价格。这样，我们就能看到在不同收益率水平下债券价格是如何变化的。在单元格 B15 中输入公式 "=PRICE(B$2,B$3,B$5,$A15,B$7/B$7*100,B$9,B$10)/100*B$7)"，并将其复制到其他单元格中。

	A	B	C
1	**债券的估值**		
2	结算日	2/15/2017	2/15/2017
3	到期日	2/15/2037	2/15/2027
4	第一个偿还日	2/15/2022	2/15/2022
5	票面利率	8.00%	8.00%
6	要求回报率	9.00%	9.00%
7	偿还价值	1,000	1,000
8	赎回价格	1,050	1,050
9	频次	2	2
10	天数计算标准	0	0
11			
12	价值	$ 907.99	$ 934.96
13			
14	**收益率**	**债券 1**	**债券 2**
15	9%		
16	12%		
17	价格变化		
18	变化百分比		

图 10-14　不同到期日的债券价格变化

在单元格区域 B17:C17 中，我们要计算债券价格的变化。为此，需要在单元格 B17 中输入 "=B16−B15" 并将其复制到单元格 C17 中。最后，在单元格 B18 中输入计算价格变化百分比

的公式 "=B16/B15−1"，然后将该公式复制到单元格 C18 中。

请注意，与前相同，这里的起始收益率为 9%。如果你购买任何一种债券，然后收益率即刻上升到 12%，那么债券价格将分别下降 208.92 美元（−23.01%）和 164.36 美元（−17.58%）。前面提到，除了到期期限不同外，两只债券完全相同。债券 1 的价格下降得更多是因为它是更为长期的债券。现在，将单元格 A16 中的收益率改变为 6%，这样债券价格就会上升。不难发现，与预计结果一样，债券 1 的价格上升幅度大于债券 2 的价格上升幅度。

现在，将债券 2 的到期日变为 2/15/2022，这样该债券只有 5 年就到期了。请观察当债券 2 的到期期限低于之前的 10 年时，其价格是如何变化的。这正如马尔基尔第二条法则所指出的那样：当债券收益率出现变化时，长期债券价格的百分比变化会大于短期债券价格的百分比变化。

根据马尔基尔的第三条法则，随着到期期限的增加，债券价格对收益率变化的敏感性将增大，但增大的速度不断下降。这就意味着，比如说，与 20 年期债券相比，30 年期债券对收益率变化的敏感性就不如 20 年期债券。不过，收益率变化致使 20 年期债券价格的敏感性变化要远大于 10 年期债券价格的变化。

对此，借助工作表就很容易明白。这里，将债券 1 作为比较对象。首先，将债券 2 的到期日改为 2/15/2027，那么可以注意到，当其收益率从 9% 下降到 6% 时，价格将上升 22.87%。与债券 1 的 35.59% 相比，债券 2 还有 10 年的到期期限。这里的差距约为 12.72%。

现在，将债券 2 的到期日（在单元格 C3 中）改为 2/15/2047。不难发现，价格变化了 42.37%。与债券 1 相比，只有 6.78% 的差距。最后，将到期日改为 2/15/2057，那么计算结果就如表 10-2 所示。

表 10-2　收益率从 9% 下降到 6% 时的债券价格变化

到期日（期限）	价格变化（%）	与 20 年期债券的差距（%）
2/15/2027（10）	22.87	12.72
2/15/2037（20）	35.59	0.00
2/15/2047（30）	42.37	6.78
2/15/2057（40）	45.94	10.35

这也证明了马尔基尔的第三条法则。当收益率变化时，虽然长期债券价格变化更多，但随着到期期限的增加，其敏感度下降。因此，30 年期债券与 40 年期债券之间的利率敏感度差距要小于 10 年期债券与 20 年期债券之间的差距。

10.4.4　两种不同票面利率债券的比较

根据马尔基尔的第五条法则，高附息债券对收益率变化的敏感度低于低附息债券的敏感度。这里通过对工作表的略加修改，就可以来证明这个法则。复制以前的工作表并将债券 2 的到期日重新设置为 2/15/2037，再将债券 2 的票面利率改为 4%。这样，两种债券除了债券 2 的票面利率低一些外，其他都相同。

同样，我们通过改变单元格 A16 中的收益率来观察收益率变化是如何影响不同票面利率债券的价格的。在单元格 A16 中输入 12%，不难发现债券 2（较低的票面利率）较债券 1（较高的票面利率）有更大百分比的损失。现在，将单元格 A15 中的收益率改为 6%，可以发现债券 2 较债券 1 有更大百分比的收益。图 10-15 显示了这一结果。

在这两个例子中，如果按美元计算，债券 1
实际上变化较大。不过，这其实具有误导性，因
为债券 2 有更低的票面利率，所以是以更低的价
格起算的（仅为 539.96 美元）。这里真正关键的还
是百分比变化。显然，这里的百分比变化值确认
了马尔基尔的第五条法则。

	A	B	C
1	债券的估值		
2	结算日	2/15/2017	2/15/2017
3	到期日	2/15/2037	2/15/2037
4	第一个偿还日	2/15/2022	2/15/2022
5	票面利率	8.00%	4.00%
6	要求回报率	9.00%	9.00%
7	偿还价值	1,000	1,000
8	赎回价格	1,050	1,050
9	频次	2	2
10	天数计算标准	0	0
11			
12	价值	$ 907.99	$ 539.96
13			
14	收益率	债券 1	债券 2
15	9%	907.99	539.96
16	6%	1,231.15	768.85
17	价格变化	323.16	228.89
18	百分比变化	35.59%	42.39%

图 10-15　不同票面利率下的债券价格变化

10.5　债券的久期与凸度

至此，我们已经证明了长期债券和低票面利
率债券对收益率变化的敏感度要强于短期债券和
高票面利率债券。这一结论给债券投资者指明了
交易策略：如果认为利率将上升，那么就买进高
票面利率的短期债券；如果认为利率将下降，那
么就买进低票面利率的长期债券。

投资者经常依据利率预测进行这样的双向交易。然而，票面利率和到期期限存在多种组
合。假设你有两种债券可供选择：高票面利率的长期债券和低票面利率的短期债券。如果利
率上升，哪种债券损失较少呢？如果利率下降，哪种债券收益更多呢？换言之，哪种债券的
利率风险最大呢？

10.5.1　久期

如果没做过实际计算，那么就很难回答这些问题。不过，弗雷德里克·麦考利（Frederick
Macaulay）在 1938 年提出了能回答这些问题的利率风险测量方法。[13] 久期（duration）是指收到
按现值计量的现金流所需等待的加权平均时间。

久期综合反映了到期日、票面利率和收益率的影响。借助久期指标，我们就可以来测量
债券对利率变化的敏感度。久期越长，债券的利率风险就越大。正如你所想象的，假定投资
者对未来利率变动的期望不变，那么他们就可以根据久期指标立即决定哪种债券更适合其投
资组合。以数学方式表示，麦考利的久期计算公式为：

$$D_{Mac} = \frac{\sum_{t=1}^{N} \frac{Pmt_t}{(1+YTM)^t}(t)}{V_B} \qquad (10\text{-}5)$$

式中，Pmt_t 为第 t 期的现金流；YTM 为每期到期收益（通常为半年）；V_B 为当前价格。分数部
分为每个现金流的现值，该现值占债券价值的百分比作为加权平均计算中的权重，t 是直到收
回现金流的期数。与式（10-1）一样，该公式仅适用于计算付款日期的久期。

这里我们来计算之前例子中债券 1 的麦考利久期（D_{Mac}）：

$$D_{Mac} = \frac{\frac{40}{1.045^1}(1) + \frac{40}{1.045^2}(2) + \frac{40}{1.045^3}(3) + \cdots + \frac{40}{1.045^{40}}(40)}{907.99} = 19.67（期）$$

这里，半年期付款额为 40 美元，半年期收益率为 4.5%（=9%/2），债券的当前价格为907.99 美元。这样计算出来的久期为 19.67 个半年期。实际中，久期采用年来表示，所以必须将计算结果除以支付频次。因此，债券 1 的麦考利久期为 9.83 年。

Excel 也有内置的 **DURATION** 久期函数可调用，其定义为：

DURATION(*SETTLEMENT, MATURITY, COUPON, YLD, FREQUENCY, BASIS*)

这里我们利用图 10-15 中的工作表来计算这两种债券的久期。为此，在单元格 A20 中输入标记"麦考利久期"并在单元格 B20 中输入公式"=DURATION(B2,B3,B5,B6,B9,B10)"。之后，将该公式复制到单元格 C20 中，就可计算出债券 2 的久期。

只有当收益率的变化很小时，所计算出的久期才精确。因此，将单元格 A16 中的收益率改为10%，这样收益率的变化就只有 1%。债券 1 的久期为 9.83 年，债券 2 的久期为 11.45 年。请注意，这两种债券的唯一区别仅仅是票面利率不同。在本例中，债券 2 有更长的久期，所以它对利率变化较债券 1 更为敏感。如果注意一下图 10-16 中第18 行中的百分比变化，不难发现债券 2 的百分比变化大于债券 1。

如果改变一下债券的票面利率和到期日，那么就可以看到久期是如何变化的。特别要注意的是，久期较长的债券通常价格变化百分比也较大。所以，对于投资者进行利率风险测量而言，久期显然是一个有用的工具。

	A	B	C
1		债券的估值	
2	结算日	2/15/2017	2/15/2017
3	到期日	2/15/2037	2/15/2037
4	第一个偿还日	2/15/2022	2/15/2022
5	票面利率	8.00%	4.00%
6	要求回报率	9.00%	9.00%
7	偿还价值	1,000	1,000
8	赎回价格	1,050	1,050
9	频次	2	2
10	天数计算标准	0	0
11			
12	价值	$ 907.99	$ 539.96
13			
14	收益率	债券 1	债券 2
15	9.0%	907.99	539.96
16	10.0%	828.41	485.23
17	价格变化	(79.58)	(54.73)
18	百分比变化	-8.76%	-10.14%
19			
20	麦考利久期	9.83	11.45

图 10-16　麦考利久期的计算

10.5.2　修正久期

如果细心观察之前的练习，那么你可能已经注意到了麦考利久期与债券价格的百分比变化在数字上很接近。在我们最初的例子中，当单元格 A16 中的收益率由最初的 9% 变化为10% 时，债券 1 的价格变化了 -8.76%。显然，这与 9.83 年的久期相比没有太大的不同。所以，我们可用久期来估计当利率变化 1% 时债券价值变化的百分比。

我们可以用修正久期（modified duration，D_{Mod}）来计算债券价格百分比变化的近似值：

$$D_{Mod} = \frac{D_{Mac}}{1 + \dfrac{YTM}{m}} \tag{10-6}$$

式中，m 为支付频次。在本例中，债券 1 的修正久期为：

$$D_{Mod} = \frac{9.83}{1 + \dfrac{0.09}{2}} = 9.41$$

Excel 有 **MDURATION** 函数以计算修正久期。该函数的定义为：

MDURATION(*SETTLEMENT, MATURITY, COUPON, YLD, FREQUENCY, BASIS*)

这里，所有的参数都与 **DURATION** 函数中的定义相同。下面，我们将该函数添加到工作表中。为此，先在单元格 A21 中插入标记"修正久期"，然后在单元格 B21 中输入公式"=MDURATION(B2,B3,B5,B6,B9,B10)"。这样所得的结果与之前用等式所计算出来的结果一样。最后，我们把该公式复制到单元格 C21 中。

这样所得的结果虽然非常接近收益率变化 1% 时债券价格的百分比变化，但仍然不够精确。原因在于只有当收益率变化非常小时，近似计算结果才接近于精确数字（非线性函数的线性近似值）。对于很小的收益率变化，我们就可以用下面的公式计算出非常近似的结果：

$$价格变化百分比 \approx -D_{Mod} \cdot \Delta YTM \tag{10-7}$$

如果收益率变动 0.10%（比如说从 9% 变为 9.1%），那么债券 1 的价格将变化：

$$价格变化百分比 \approx -9.41 \times 0.001 = -0.009\ 4 = -0.94\%$$

这个计算结果非常接近于价格的实际变化"−0.934%"。运用工作表，我们可以很清楚地看到这一点。首先，将单元格 A16 中的收益率变为 9.10%。接着，在单元格 A22 中输入标记"预计的百分比变化"，并在单元格 B22 中输入公式"=−B21*($A16−$A15)"。将该公式复制到单元格 C22 中，然后观察单元格区域 B22：C22 中的近似值与单元格区 B18：C18 中的精确值的近似程度（见图 10-17）。

	A	B	C
14	**收益率**	**债券 1**	**债券 2**
15	9.0%	907.99	539.96
16	9.1%	899.51	534.09
17	价格变化	(8.48)	(5.87)
18	百分比变化	−0.93%	−1.09%
19			
20	麦考利久期	9.83	11.45
21	修正久期	9.41	10.96
22	预计的百分比变化	−0.94%	−1.10%

图 10-17　运用修正久期计算债券价格的百分比变化

10.5.3　预计价格变化的可视化

修正久期是价格 / 收益率函数的斜率（位于现行价格与收益率之处）除以债券价格。在微积分中，这个公式可以写为：

$$D_{Mod} = \frac{\partial P}{\partial Y} \cdot \frac{1}{P} \tag{10-8}$$

也就是说，修正久期等于价格函数关于收益率的偏导数除以价格。价格与收益率曲线在任何点处的斜率都可由式（10-8）中的第 1 项来表示。这里，将修正久期与债券价格相乘就可得到斜率：

$$斜率 = D_{Mod} \cdot P = \frac{Rise}{Run} \tag{10-9}$$

按照数学上的定义，线条的斜率是指"向上倾斜的程度"。不难发现，式（10-9）给出了如何通过图表来可视化修正久期的线索。这里，只需要简单地创建一张价格 / 收益率关系曲线图，然后在图中添加一条具有相同斜率且与该曲线相切的直线，切点处所对应的分别是债券的当前价格与收益率。式（10-9）给出了切线的斜率，所以我们可以按照该斜率简单地构建一条通过与现行价格和收益率相对应点的直线。该条直线可给出任何所选择收益率水平上的预计债券价格。

之前我们已创建了价格 / 收益率函数图（见图 10-10）。回到图 10-10 中的工作表并加以复制，目的是在该图表中添加一条直线。我们知道，只要有两点，就能确定一条直线。不过，在这个例子中，有第三个点也是很有用的。如果将中点取在现行价格和收益率对应点之间，那么两个端点将对称地位于其两端。将如图 10-18 所示的文本输入起自单元格 H1 的区域。

在单元格 I2 中，我们可以用式（10-9）计算预期价格变动线的斜率。为此，输入公式"=MDURATION(B2, B3,B5,B6,B9,B10)*B12"。X 轴的值，就是 I 列中的三个收益率值。单元格 I3 中的"最高点"值等于债券收益率减去 6%，即"=B6-0.06"。这里 6% 的偏移是将直线向左延伸任意数。同样，在单元格 I5 中输入"=B6+0.06"，使直线向右延伸。接着，在单元格 I4 中输入"=B6"作

	H	I	J
1	预期的价格变动线		
2	斜率	8 544.09	
3	最高点	3%	1 420.64
4	中点	9%	907.99
5	最低点	15%	395.35

图 10-18　切线数据

为中点。工作表 J 列中的数值作为直线的 Y 值。接下来，在单元格 J3 中输入公式"=($I$4−I3)*$I$2+$B$12"并加以复制。这样，我们就可得到该直线上的价格，而其斜率则在单元格 I2 中计算。

在添加这条直线时，右键单击图表并选中"选择数据"。把单元格区域 I3∶I5 中的数据设置为 X 轴值，把单元格区域 J3∶J5 中的数据设置为 Y 轴值。所得结果应如图 10-19 所示。

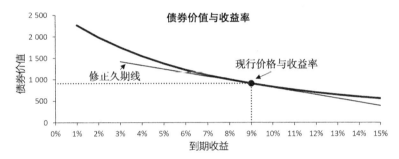

图 10-19　收益率变化带来的预计价格变化

现在，通过改变收益率，就可以观察收益率是如何影响直线斜率的。例如，减少单元格 B6 中的收益率，那么直线斜率将增大。因此，当收益率下降时，修正久期（与麦考利久期）就会增加。相反，如果收益率增加，那么该直线就会变得平坦，也就意味着修正久期变小。

10.5.4　凸度

如前所述，式（10-7）只适用于收益率变化较小时的情况。原因在于式（10-7）是对非线性函数的线性近似估计而已。如图 10-19 所示，价格 / 收益率函数为凸函数。更为具体地说，价格 / 收益率函数是凸向原点的。不难发现，当收益率发生较大变化时，图中的直线偏离价格 / 收益率函数曲线的程度加大。凸度（convexity）就是测量这种弯曲程度的一个指标，当然我们也可以利用凸度来完善对价格变化的近似估计。在支付日，凸度可按下列公式计算：

$$C = \frac{\dfrac{1}{\left(1+YTM\right)^2}\left[\displaystyle\sum_{t=1}^{N}\frac{Pmt_t}{\left(1+YTM\right)^t}\left(t^2+t\right)\right]}{V_B} \qquad (10\text{-}10)$$

请注意，与往常一样，YTM 为每期到期收益率。根据式（10-10），债券 1 的凸度为：

$$C = \frac{\dfrac{1}{1.045^2}\times\left[\dfrac{40}{1.045^1}\times\left(1^2+1\right)+\dfrac{40}{1.045^2}\times\left(2^2+2\right)+\cdots+\dfrac{1040}{1.045^{40}}\times\left(40^2+40\right)\right]}{907.99} = 545.92$$

与久期一样，我们需要将凸度换算为年凸度。为此，需要将计算出的凸度除以支付频次的平方。所以，债券 1 的年凸度就为：

$$C = \frac{545.92}{2^2} = 136.48$$

那么，该数字有何含义呢？从数学上讲，凸度是债券价格函数关于收益率的二阶导数再除以债券价格。因此，凸度可以被看作债券久期的变化率。在实际操作中，凸度只用来测量价格 / 收益率函数的弯曲程度。凸度越大，函数曲线就越弯曲。

虽然 Excel 中并没有计算凸度的内置函数，但我们可以利用以下公式中的 **PRICE** 函数来进行近似计算：[14]

$$凸度近似值 = \frac{Price_{Yld+h} + Price_{Yld-h} - 2Price_{Yld}}{h^2 \cdot (Price_{Yld} + 应计利息)} \tag{10-11}$$

式中，$Price_{Yld}$ 为采用到期收益率的 **PRICE** 函数；h 为收益率的很小变化（如 0.000 01）。该近似计算的优点在于可应用于任何日期，而不必借助用户自定义函数。在利用该近似计算时，用户需要输入公式 "=((PRICE(B2, B3, B5, B6+0.00001, B7/10, B9, B10)+PRICE(B2, B3, B5, B6-0.0001, B7/10, B9, B10)-2*B12/10)/(0.00001^2*(B12/10)))"。这里近似到小数点后 4 位，结果与之前相同，所以近似效果很好。

为了计算凸度的精确值，Excel 的 Famefncs.xlam 加载件中带有 **FAME_CONVEXITY** 函数。该函数可用于计算支付日的凸度，其定义为：

FAME_CONVEXITY(*SETTLEMENT*, *MATURITY*, *COUPON*, *YLD*, *FREQUENCY*, *BASIS*)

其中，所有参数与 **MDURATION** 函数中的参数相同。

回到图 10-17 中所创建的工作表。选中工作表中的第 22 行，然后插入新的一行，再在单元格 A22 中输入标记"凸度"。之后，将公式 "=FAME_CONVEXITY(B2,B3,B5,B6,B9,B10)" 输入单元格 B22 中并复制到单元格 C22 中。这样，所计算出的债券 1 的凸度为 136.48，债券 2 的凸度为 174.52。

因为凸度反映的是价格 / 收益率函数的弯曲程度或曲率，所以可以利用凸度来完善对债券价格百分比变化的近似估计。为此，需要将式（10-7）做如下调整：

$$价格变化百分比 \approx -D_{Mod} \cdot \Delta YTM + \frac{1}{2} C \cdot \Delta YTM^2 \tag{10-12}$$

调整工作表中单元格 B22 内的公式为 "=-B21*($A16-$A15)+ 0.5*B22*($A16-$A15)^2"，并将该公式复制到单元格 C22 中。请注意，这里将结果近似保留到小数点后两位。对于收益率变化较大的情况，只有运用修正久期才能显著提高近似值的接近程度。例如，将单元格 A16 中的收益变为 10%，注意观察近似值是如何接近于精确值的（见图 10-20）。

凸度对于完善债券价格百分比变化的估计很有用。但坦率地讲，借助计算机我们很容易计算出准确的变化值。当然，对于比较两种具

	A	B	C
14	收益率	债券 1	债券 2
15	9.0%	907.99	539.96
16	10.0%	828.41	485.23
17	价格变化	(79.58)	(54.73)
18	百分比变化	−8.76%	−10.14%
19			
20	麦考利久期	9.83	11.45
21	修正久期	9.41	10.96
22	凸度	136.48	174.52
23	凸度近似值	136.48	174.52
24	预期百分比变化	−8.73%	−10.09%

图 10-20 运用凸度来完善债券价格变化的估计

有相同或相近久期的债券来说，凸度的确非常有用。如果收益率变化，那么凸度越大的债券往往收益越多或损失越少。因此，凸度大的债券优于凸度小的债券。

本章小结

根据本章介绍，债券价值是债券到期期限、票面利率、要求回报率和债券面值的函数。具体而言，与其他证券一样，债券价值就是其未来现金流的现值。要求回报率相对于票面利率的大小决定了债券是否按面值、折扣或溢价销售。本章还介绍了如何运用 **PV** 函数和 **PRICE** 函数来确定支付日或非支付日债券的价值。

债券的期望回报率可采用多种方法加以计算。当前收益率仅仅考虑了收益中的收入部分，而到期收益率则同时考虑了收入和资本利得（或损失）。因此，在大多数情况下，到期收益率比当前收益率更为合理。对于发行者可赎回的债券，赎回收益率反映的是债券在下一个赎回日所能获得的收益。

利率风险由价格风险和再投资风险构成。如果收益率上升，那么债券价格就会下降。然而，收益率上升也意味着所支付的利息能以更高的收益率进行再投资。久期用来测量债券价值对利率变化的敏感度。久期越长，债券价格随利率变化的波动越大。为确定利率敏感度，久期指标考虑了到期期限、票面利率和收益率因素。

凸度所测量的是价格/收益率函数的曲率或弯曲程度。就两种具有相同久期的债券而言，债券的凸度越大则风险越小。对于收益率变化时的债券价格变化的估计，我们可以运用凸度来提高精确性。

本章的公式汇总于表 10-3 中。

表 10-3　公式汇总

名称	公式
票息日债券价值	$V_B = Pmt \left(\dfrac{1 - \dfrac{1}{(1+k_B)^N}}{k_B} \right) + \dfrac{FV}{(1+k_B)^N}$
当前收益率	$CY = \dfrac{\text{年度 } Pmt}{V_B}$
银行折扣率	$BDR = \dfrac{FV - P_0}{FV} \cdot \dfrac{365}{M}$
债券等值收益率	$BEY = BDR \cdot \dfrac{FV}{P_0} \cdot \dfrac{365}{360} = \dfrac{FV - P_0}{P_0} \cdot \dfrac{365}{M}$
麦考利久期	$D_{Mac} = \dfrac{\displaystyle\sum_{t=1}^{N} \dfrac{Pmt_t}{(1+YTM)^t}(t)}{V_B}$
修正久期	$D_{Mod} = \dfrac{D_{Mac}}{1 + \dfrac{YTM}{m}}$
基于修正久期的债券价格的百分比变化	价格变化百分比 $\approx -D_{Mod} \cdot \Delta YTM$
凸度	$C = \dfrac{\dfrac{1}{(1+YTM)^2} \left[\displaystyle\sum_{t=1}^{N} \dfrac{Pmt_t}{(1+YTM)^t}(t^2 + t) \right]}{V_B}$
基于凸度的债券价格的百分比变化	价格变化百分比 $\approx -D_{Mod} \cdot \Delta YTM + \dfrac{1}{2} C \cdot \Delta YTM^2$

本章介绍的函数列于表 10-4 中。

表 10-4 本章所介绍的函数

用途	函数
向上舍入数字（0 除外）	**ROUNDUP**(*NUMBER*, *NUM_DIGITS*)
债券估值	**PRICE**(*SETTLEMENT*, *MATURITY*, *YLD*, *REDEMPTION*, *FREQYENCY*, *BASIS*)
按 30/360 方法计算天数	**DAYS360**(*STRAT_DATE*, *END_DATE*, *METHOD*)
计算债券的到期收益率	**YIELD**(*SETTLEMENT*, *MATURITY*, *RATE*, *PR*, *REDEMPTION*, *FREQUENCY*, *BASIS*)
按天数计数方法换算不足一年部分	**YEARFRAC**(*START_DATE*, *END_DATE*, *METHOD*)
计算银行折扣率	**DISC**(*SETTLEMENT*, *MATURITY*, *PR*, *REDEMPTION*, *BASIS*)
计算债券等值收益率	**YIELDDISC**(*SETTLEMENT*, *MATURITY*, *PR*, *REDEMPTION*, *BASIS*)
找出指定日期后某个月的日期	**EDATE**(*START_DATE*, *MONTHS*)
计算麦考利久期	**DURATION**(*SETTLEMENT*, *MATURITY*, *COUPON*, *YLD*, *FREQUENCY*, *BASIS*)
计算修正久期	**MDURATION**(*SETTLEMENT*, *MATURITY*, *COUPON*, *YLD*, *FREQUENCY*, *BASIS*)
计算支付日的凸度	**FAME_CONVEXITY**(*SETTLEMENT*, *MATURITY*, *FV*, *COUPON*, *YLD*, *FREQUENCY*)

练习题

1. 你正在考虑投资购买 Front Range 电气公司的债券。该公司债券每个季度付息一次，15 年后到期，票面利率为 4.5%，面值为 1 000 美元。该债券现在的销售价格是 950 美元。

   （1）如果该风险等级下你的要求回报率为 4.80%，那么你愿意支付的最高价格是多少？（注意：使用 **PV** 函数。）

   （2）这些债券的当前收益率是多少？

   （3）如果按现行价格购买这种债券，那么到期收益率是多少？（注意：使用 **RATE** 函数。）

   （4）如果你将该债券持有一年而且利息率不变，那么你所赚取的总回报率是多少？为什么计算结果不同于现行收益率和到期收益率？

   （5）如果该债券三年内可按超过面值 4% 的溢价赎回，那么赎回收益率是多少？（注意：使用 **RATE** 函数。）

   （6）现假设你购买债券的结算日为 7/30/2017，到期日为 7/30/2032，第一个赎回日为 7/30/2020。要求使用 **PRICE** 函数和 **YIELD** 函数重新计算上面（1）（3）和（4）题的答案。

   （7）如果市场利率保持不变，那么你认为三

   年内该债券会被赎回吗？为什么？

   （8）创建一张反映债券价格与你的要求回报率之间关系的图表。计算时，要求回报率的范围为 0 ～ 15%。

2. 你最近获得了一些奖金，所以决定增加投资组合中的债券。你已将选择范围缩小到以下债券（假设每半年付息一次）。

	债券 A	债券 B	债券 C
结算日	2/15/2017	2/15/2017	2/15/2017
到期日	8/15/2027	5/15/2037	6/15/2047
票面利率（%）	4.00	6.25	7.40
市场价格（美元）	975	1 062	1 103
面值（美元）	1 000	1 000	1 000
要求回报率（美元）	4.35	5.50	6.50

   （1）使用 **PRICE** 函数计算每种债券的内在价值。哪种债券目前被低估了？对于每种债券，你需要支付多少应计利息？

   （2）计算每种债券的现行收益率。其等于每年所能赚取的总的收益率吗？如果收益不变，那么你会在意吗？

   （3）使用 **YIELD** 函数计算每种债券在当前市场价格下的到期收益率并与现行收益率进行比较。

（4）计算每种债券的久期和修正久期。创建图表来反映这些指标与到期时间之间的关系。久期与到期时间变化呈线性关系吗？

（5）利用凸度近似公式计算每种债券的凸度。再用 **FAME_Convexity** 来计算每种债券的凸度。两种计算的结果相同吗？

（6）如果预期市场利率在两种债券的到期期限内会下降 2%，那么你更愿意购买哪种债券？如果利率将上升 2%，你又会购买哪种呢？为什么？

3. 假设美国政府于 2016 年 9 月下旬发行了 3 种国债。之前在 2016 年 9 月 15 日已发行了 1 年期国债。

	4 周	**13 周**	**26 周**	**52 周**
发行日	9/29/2016	9/29/2016	9/29/2016	9/15/2016
到期日	10/27/2016	12/29/2016	3/30/2017	9/14/2017
面值（百美元）	100	100	100	100
价格（百美元）	99.987 556	99.936 806	99.787 667	99.363 000

（1）运用本章中给出的公式和 **DISC** 函数计算各种债券的银行折扣率。

（2）运用本章中给出的公式和 **YIELDDISC** 函数计算各种债券的等值收益率。

（3）访问 www.treasurydirect.gov/instit/annceresult/annceresult.htm 并找出最近销售的国债结果。对这些国债重新进行（1）和（2）中的计算。

在线练习

1. 访问 finra-markets.morningstar.com/BondCenter/Screener.jsp?type=advanced 并运用 FINRA 先进的债券搜索工具找出一种到期期限至少为 12 年的 AAA 级不可提前赎回的公司债券。点击相关链接以便获得该债券更为详细的信息，然后创建了一个工作表来回答下列问题。注意，因为这里使用的是公司债券，所以其天数计算标准为 0（30/360）。

（1）根据已知信息，用 **PRICE** 函数计算债券价值。

（2）根据已知信息，计算当前收益率。

（3）根据已知信息，用 **YIELD** 函数计算到期收益率。

（4）用 **DURATION** 函数计算债券久期并用 **MDURATION** 函数计算修正久期。如果利率上升 1%，那么债券价格将变化多少？

注释

1. 折扣证券种类很多，如国债、商业票据、定期大额存单和银行承兑汇票。绝大多数折扣证券的到期时间短于 1 年。

2. 结算日一般为交易后 3 个营业日。这一政策被称为 T+3。按计划，2017 年第三季度起实施 T+2。政府证券采用 T+1 结算。

3. 作为对日期序列号和自定义显示格式作用的有趣证明，不妨考虑以下问题：为准确确定自己的年龄，可在工作表的空白单元格 A1 中输入出生日，在单元格 A2 中输入公式 "=TODAY()−A1"。**TODAY**() 函数返回当前日期的序列号。现在，选择数字格式对话框中的自定义类别，并在"类型"框中输入以下格式："y" 年数、"m" 月数和 "d" 天数。点击确定。

4. 例如，约克水务公司有一只利率为 5%、按月支付票息、到期日为 2040 年 10 月 1 日的债券。该债券的 CUSIP 交易代码为 987184AA6。发行月度付息债券的绝大多数为金融服务行业的企业。

5. 更多关于天数计算标准的资料，可参见 J.J. Lynch, Jr. and J.H. Mayle (1986), *Standard*

Securities Calculation Methods. New York: Securities Industry Association。

6. 该网站的网址为 www.sec.gov/edgar/searchedgar/companysearch.html。选择感兴趣的公司并在搜索区的类型填充框中输入 424B2。请注意，系统中可能不存在以往的债券。

7. 应当指出，对大多数情况而言，"要求回报率"和"到期收益率"这两个术语往往能互换使用。然而，两者之间仍有很细微但又很重要的区别。具体而言，要求回报率是针对投资者而言的，所以会因投资者不同而不同。到期收益率则不受投资者控制，相反，它只是当前债券价格和既定的债券现金流的函数。因此，不管由谁来计算，到期收益率总是一样的。

8. 更多具体分析可参见 S.V. Mann and E.A. Powers, "Indexing a Bond's Call Price: An Analysis of Make-Whole Call Provisions," *Journal of Corporate Finance*, Vol. 9, 2003, pp. 535–554。

9. 从技术上讲，我们应该利用现有的美国国债收益率来创建一条曲线。该数据可从《华尔街日报》网站 online.wsj.com/mdc/public/page/

2_3020-tstrips.html 上获得。利用该资源时，需要花费大量时间进行数据转换。

10. 苹果电脑没有"获取外部数据"功能。不过，用户可以利用"获取外部数据"功能中"来自 HTML"项。

11. B.G. Malkiel, "Expectations, Bond Prices, and the Term Structure of Interest Rates," *Quarterly Journal of Economics*, Vol. 76(2), May 1962, pp. 197–218.

12. 请注意，这属于人为安排的情况。根据"一价定律"，相同风险水平下完全相同的现金流必然有相同的价格和收益。如果这种情况确实存在，那么套利者就会买进债券 1（促使其价格上升）并卖出债券 2（促使其价格下降），直到价格一样。

13. F.R. Macaulay (1938), *Some Theoretical Problems Suggested by the Movements of Interest Rates, Bond Yields and Stock Prices in the United States Since 1856*. New York: National Bureau of Economic Research.

14. 这里的结论是根据对价格 / 收益公式二次求导的中央差分近似值并除以全价而得出的。

第 11 章

资本成本

通过学习本章，应能：

- 解释最低可接受回报率并能说明它与公司加权平均资本成本的关系
- 运用账面价值权重和市场价值权重计算加权平均资本成本
- 计算包括发行成本和税金的资本成本构成
- 解释公司的加权平均成本随总资本需求变化而变化的原因
- 用 Excel 计算公司边际加权平均资本成本曲线的拐点并能用 Excel 绘制该曲线

　　假设有一个回报率为 8% 的投资机会，但你对此类投资的要求回报率是 10%。对此，你会选择这项投资吗？显然不会。尽管从会计意义上讲你可获得盈利，但仍然达不到你愿意投资的要求回报水平。当然，你很可能有其他投资机会，而且风险水平与前者相似，但能达到你的要求回报率。这样，10% 就是你所拥有的资金的机会成本，对于回报率低于 10% 的投资机会你就不会接受。这种回报率也被称为资本成本，而且公司在日常投资决策时常常用到这一概念。

　　如果管理者想要在企业资金使用方面做出恰当的决策，那么必须了解公司的资本成本。如果缺乏这方面的知识，那么就可能做出使股东财富减少的不当的投资决策。通过本章的学习，你应能理解并计算资本成本。

11.1　适当的最低可接受回报率

　　公司对投资的要求回报率常常被称为最低可接受回报率（hurdle rate），毕竟所有的投资项目必须取得比这一回报率高得多的回报率。否则，即使项目能赚取可抵补经营费用和利息费用的会计利润，但也许仍不足以抵补其权益成本。这样，公司的经济利润就为负，从而会减少股东的财富。那么，在评估投资机会时，究竟该采用怎样适当的回报率呢？请看以下例子。

　　落基山汽车公司（Rocky Mountain Motors，RMM）的管理者正在考虑购置一块价格为 10 000 美元的土地，且公司计划将该土地持有一年。落基山公司的现行资本结构为：40% 的负债、10% 的优先股和 50% 的普通股。因为该资本结构被认为是最优的，所以任何新的投资项目必须按该比例进行融资。这样，落基山汽车公司必须按表 11-1 筹集新的资金。

表 11-1　落基山汽车公司为购买土地进行的融资

资金来源	资金数量（美元）	成本（美元）	税后资本成本（%）
负债	4 000	280	7
优先股	1 000	100	10
普通股	5 000	600	12
合计	10 000	980	9.8

在做投资决策之前，落基山汽车公司的管理者必须确定怎样的要求回报率能同时符合所有资本供给者的要求。那么，能实现这一目标的最低回报率是多少呢？

分析表 11-1 中的第三列，不难发现该项目总的融资成本为 980 美元。因此，该投资项目必须取得至少为 980 美元的回报，方能补偿融资成本。这里，9.8% 就表示 10 000 美元投资的要求回报率。表 11-2 给出了三种不同投资回报率下的结果。

表 11-2　落基山汽车公司的各种回报率方案

回报率	8%	9.8%	11%
可获得总收益（美元）	10 800	10 980	11 100
减：负债成本（美元）	4 280	4 280	4 280
减：优先股成本（美元）	1 100	1 100	1 100
普通股股东可获得的收益（美元）	5 420	5 600	5 720

如前所述，落基山汽车公司普通股股东对出资 5 000 美元购买土地的要求回报率为 12%，也就是说他们希望获得至少 5 600 美元的收益。如果落基山汽车公司只有 8% 的收益率，那么普通股股东只能获得 5 420 美元，比要求收益少 180 美元。假设该公司普通股股东有另一个风险相同但回报率为 12% 的投资机会。此时，因为公司投资方案的回报率只有 8%，所以公司管理者的最佳决策是让普通股股东继续持有资金。换言之，公司应放弃购买土地这一投资项目。

另外，如果该投资项目的预期回报率为 9.8%，那么普通股股东所获得的收益刚好与其要求回报率相同。如果回报率达到 11%，那么普通股股东就会更满意。在这两种情况下，该投资方案就会得到认可，因为此时股东财富的增加额或是刚好等于要求收益（600 美元），或是超过了要求收益（720 美元）。[1]

11.1.1　加权平均资本成本

这里仍需决定的是什么样的要求回报率总体上能同时满足公司所有利益相关者的要求回报率。如前所述，落基山汽车公司有 40% 的资本来自负债。因此，最低要求回报率中有 40% 的收益将归债权人所有。同样，最低要求回报率中有 10% 的收益将归优先股股东所有，有 50% 则要归普通股股东所有。

一般地，最低要求回报率应是各种资本个别要求回报率的加权平均值。因此，这种最低要求回报率被称为加权平均资本成本（WACC）。加权平均资本成本可通过以下方式计算得到：

$$WACC = w_d k_d + w_p k_p + w_{cs} k_{cs} \tag{11-1}$$

式中，w_d、w_p、w_{cs} 表示不同渠道取得资金的权重；k_d、k_p、k_{cs} 表示各种资金的成本，也就是各种资金的要求回报率。在落基山汽车公司的例子中，加权平均资本成本为：

$$WACC = 0.40 \times 0.07 + 0.10 \times 0.10 + 0.50 \times 0.12 = 0.098 = 9.80\%$$

显然，9.80% 恰好与之前得到的结果相吻合。

11.1.2 权重的确定

显然，计算加权平均资本成本时所用的权重会影响最终结果。因此，这里就产生了一个重要问题：权重该如何确定？实际上，对此问题可有两种答案。最直接的方法也许就是从资产负债表上找出权重。

资产负债表权重通常又被称为账面价值权重（book-value weight），可按照以下步骤得到该权重。先找出长期负债总额、优先股权益总额和普通股权益总额；然后，将它们相加，从而得出长期资本总额；最后，分别计算三种不同来源资本占长期资本总额的百分比。表 11-3 汇总了落基山汽车公司的这些计算。

表 11-3　落基山汽车公司账面价值权重的计算

资金来源	账面价值总和（美元）	占总体百分比（%）
长期负债	400 000	40
优先股	100 000	10
普通股	500 000	50
总计	1 000 000	100

以账面价值为权重的缺点是它只能反映证券初始入账时的价值。换言之，账面价值权重反映的是历史权重。如果采用现实权重（present weight），那么计算出的加权平均资本成本就能更好地反映现实情况。因为市场会对公司证券进行持续的再评估，而且假设资本市场是有效的，这样我们就能运用证券的市场价值来计算出权重。

确定市场价值权重（market-value weight）的方法与确定账面价值权重的方法相似。首先，确定各种类型证券的市场价值，然后将结果相加求总价值，最后将各种债券价值分别除以它们的总价值以得到各种证券的权重。

表 11-4 给出了按市场价值计算的落基山汽车公司的现行资本结构。不难发现，如果按市场价值计算，那么其普通股权益所占的百分比有明显的增加，而负债和优先股权益所占的百分比则有所下降。如果按该种权重计算，那么落基山汽车公司的加权平均资本成本为：

$$WACC = 0.311\ 4 \times 0.07 + 0.086\ 1 \times 0.10 + 0.602\ 5 \times 0.12 = 0.102\ 7 = 10.27\%$$

表 11-4　落基山汽车公司市场价值权重的计算

资金来源	单价（美元）	数量	总市场价值（美元）	所占百分比（%）
负债	904.53	400	361 812	31.14
优先股	100.00	1 000	100 000	8.61
普通股	70.00	10 000	700 000	60.25
总计			1 161 812	100.00

计算权重的第三种方法就是所谓的目标资本结构权重（target capital structure weight）。如果管理层认为现有的资本结构并非最优，那么可能意味着管理层心目中有个最优选择。随着时间的推移，管理层可能会筹集资金以便最终实现其目标资本结构。这些目标权重最适合于计算加权资本成本，毕竟最应该关注的是项目整个生命期内的资本成本。

在这个例子中，按账面价值权重计算的加权平均资本成本与按市场价值权重计算的加权平均资本成本十分接近。不过，情况并非总是如此。如果有可能，尽量采用目标资本结构权重或市场价值权重来计算加权平均资本成本。

11.2 用 Excel 计算加权平均资本成本

对于表 11-4 中的加权平均资本成本，我们可以通过创建工作表而轻松计算出来。为此，将表 11-4 中的数据复制到新建的工作表中。复制时，应该从单元格 A1 中的标题开始。

这里，我们在 D 列中计算证券的市场总价值。市场总价值等于市场价格乘以发行在外的证券数量。为此，在单元格 D2 中输入"=B2*C2"，然后将该公式往下复制到单元格 D3 和单元格 D4 中。单元格 D5 中要显示的是所有证券的市场总价值，所以输入计算公式"=Sum（D2:D4）"。在 E 列中，我们要计算各种证券的市场价值占市场总价值的百分比。这些百分比将是我们用来计算加权平均资本成本的权重。现在，在单元格 E2 中输入"=D2/D\$5"并将其往下复制到单元格 E3 和单元格 E4 中。为检验计算结果的正确性，我们在单元格 E5 中计算权重的总和。

接下来，我们需要用一列来计算各种资本的税后成本和加权平均资本成本。为此，在单元格 F1 中输入标记"税后成本"。之后，将表 11-1 中各种证券的税后成本输入单元格区域 F2:F4 中。接着，我们在单元格 F5 中输入"=E2*F2+E3*F3+E4*F4"以计算加权平均资本成本。更为简单的方法就是用 **SUMPRODUCT** 函数。**SUMPRODUCT** 函数的定义为：

$$\text{SUMPRODUCT}(\textbf{ARRAY1}, \textbf{ARRAY2}, \cdots)$$

其中，***ARRAY1***、*ARRAY2* 等最多可达 255 个。**SUMPRODUCT** 函数将各数组的相关数值相乘，然后再加总。正如这里所应用的，**SUMPRODUCT** 函数对于计算加权平均值特别合适。在单元格 F5 中我们用公式"=SUMPRODUCT(E2:E4, F2:F4)"来计算加权平均资本成本。[2]

图 11-1 为完成后的工作表。不难发现，所得的加权平均资本成本与之前计算的完全相同。作为练习，建议读者通过改变证券的市场价格来观察权重和加权平均资本成本的变化。

	A	B	C	D	E	F
1	资金来源	价格	数量	总市场价值	占总市场价值百分比	税后成本
2	负债	$ 904.53	400	$　361,812	31.14%	7.00%
3	优先股	100.00	1,000	100,000	8.61%	10.00%
4	普通股	70.00	10,000	700,000	60.25%	12.00%
5	合计			$　1,161,812	100.00%	10.27%

图 11-1　计算落基山汽车公司加权平均资本成本的工作表

11.3 资本成本构成的计算

到目前为止，资本成本的构成都是给定的。但在现实中，这些成本并不是给定的，而是不断变化的。本节所要讨论的就是如何计算这些构成成本。

首先，确定要求回报率的最直接方法就是询问资本提供者对其所持有证券的要求回报率。除非与公司关系非常密切，不然这种方法几乎是天方夜谭，所得的很可能都是一些奇怪回答。不过，我们可以通过其他途径——分析证券的价格，来取得相同的结果。

正如第 9 章所介绍的，证券的市场价值等于该证券对边际投资者的内在价值。更进一步而言，如果投资者是理性的，那么当证券的预期回报率高于（低于）其要求回报率时，他们就会买入（卖出）证券。因此可以说，公司投资者对公司的资本成本问题会"用钱投票"。这一规律适用于所有市场。[3] 所以，在任何给定时间，证券价格都会反映该证券的总体要求回报率情况。这样，我们所要做的就是找到某种方法，将所观察到的证券的市场价格转化为要求回报率。

之前我们已经讨论过证券（普通股、优先股和债券）的估值并且知道其中的核心变量就是投资者的要求回报率。正如后面所要讨论的，我们可以将市场价值当作已知，然后用估值公式倒推出要求回报率。

11.3.1 普通股成本

鉴于现实世界的复杂性，所以公司普通股的成本并不总能直接获得。在这一节里，我们将介绍两种解决方法。其实，这两种方法之前已有介绍，只是形式不同而已。

1. 运用股利贴现模型（DDM）计算普通股成本

如前所述，普通股属于永久性证券，而且我们假定这种永久性证券会定期带来不断增长的现金流。根据之前的介绍，这种现金流的现值可用式（9-3）来计算：

$$V_{CS} = \frac{D_0(1+g)}{k_{CS}-g} = \frac{D_1}{k_{CS}-g}$$

这里，需要假设该证券为永久持有且现金流为恒定增长。

如果已经知道股票的现行市场价值，那么我们就可以据此求出普通股股东的要求回报率。通过简单的代数运算，得到的要求回报率为：

$$k_{CS} = \frac{D_0(1+g)}{V_{CS}} + g = \frac{D_1}{V_{CS}} + g \qquad (11-2)$$

请注意，式（11-2）表明普通股的要求回报率等于股利收益率加股利增长率。当然，我们也可以采用其他估值模型（参见第 9 章）来计算要求回报率，但计算过程会稍复杂一些。

2. 运用资本资产定价模型（CAPM）计算普通股成本

并非所有的普通股都能满足股利贴现模型的假设要求。特别地，有些公司根本不分配股利。此时，可以利用资本资产定价模型来计算普通股成本。

如果知道无风险利率、市场风险溢价以及证券相对于市场组合的风险程度（β 值），那么运用资本资产定价模型就可得到证券的期望回报率。如你所知，资本资产定价模型反映的就是证券市场线等式：

$$E(R_i) = R_f + \beta_f + \beta_i(E(R_m) - R_f)$$

假定股东都是价格接受者，那么他们的预期回报率就与公司的要求回报率相同。[4] 因此，我们可以用资本资产定价模型来确定股票的要求回报率。

11.3.2 优先股成本

就估值而言，优先股可以被看成一种特殊的普通股，所不同的是优先股股利的增长率为零。这样，我们就可以根据这一思想来求出优先股股东的要求回报率。我们知道，优先股价值的计算式（9-22）为：

$$V_P = \frac{D}{k_P}$$

与计算普通股成本一样，如果已知市场价格，那么通过简单的代数运算，我们就可以得到计算要求回报率的等式：

$$k_P = \frac{D}{V_P} \tag{11-3}$$

11.3.3 债务成本

计算债务成本要比计算优先股和普通股的成本更为困难，这是因为债务成本的计算没有固定公式（简单情况除外），所以我们必须通过运算来解决这一问题。运算过程与之前相似：先找出证券的市场价值，然后求出使预期未来现金流的现值等于当前价格的贴现率。这一贴现率与到期收益率相同（参见第 10 章）。不过，我们无法直接计算出贴现率，必须通过反复试错来找出答案。

根据第 10 章的有关内容，计算债券价值的等式为：

$$V_B = Pmt\left(\frac{1 - \dfrac{1}{(1+k_d)^N}}{k_d}\right) + \frac{FV}{(1+k_d)^N}$$

由上述等式可见，这里的关键是要求出 k_d，并能使上述等式的两边相等。如图 11-1 所示，假设落基山汽车公司债券的现值为 904.53 美元，票面利率为 10%，面值为 1 000 美元，且债券将在 10 年后到期。如果该债券是每年付息一次，那么可得到以下等式：

$$904.53 = 100 \times \left(\frac{1 - \dfrac{1}{(1+k_d)^{10}}}{k_d}\right) + \frac{1\,000}{(1+k_d)^{10}}$$

这里，我们对到期收益率进行初次合理猜测。因为债券是低于面值的折价出售的，所以到期收益率（k_d）应高于票面利率。这样，初次猜测应为大于 10%。如果选择 12%，那么我们会发现所计算出的价格为 886.99 美元，低于实际价格。所以，第一次的猜测值是错误的，不过，现在我们知道取值范围应该为 10% ～ 12%。接下来的合理选择应该是两者的中值 11%。用 11% 来替代等式中的 k_d，我们可得到价格为 941.11 美元，略高于实际价格。接着我们再次取中值 11.5% 并作为 k_d 值代入等式，计算所得到的价格为 913.48 美元。重复这一试算过程，最终我们得到的 k_d 值为 11.67%。[5]

当然，正如后面所要讨论的，计算税前债务成本时可以采用 Excel 中的 **RATE** 函数或 **YIELD** 函数，而不必像上面那样计算。

如果存在税收因素，那么又该如何调整呢？

请注意，这里所计算出的债务成本为 11.67%，与图 11-1 中所列出的债务成本并不一样。

其中的原因在于利息支出属于可抵扣税费用，利息支付对公司而言成本要小于须全额支付的费用。在本例中，如果落基山汽车公司支付的利息为 116.70 美元，边际税率为 40%，那么公司实际上只需支付 70.02（=116.70 ×（1−0.40））美元。不难发现图 11-1 中所列出的其实就是税后债券成本 7%（=70.02 ÷ 1 000 ≈ 0.07 或 7%）。

一般地，我们需要调整债务成本以便反映利息费用的抵扣程度，方法就是用税前债务成本（到期收益）乘以（1−t），这里 t 为边际税率。[6]请注意，我们对普通股和优先股的成本并没有进行调整，因为股利不能抵扣税收。

11.4 用 Excel 计算资本的构成成本

在构建工作表模型时，遵循的原则一般就是尽可能由 Excel 来完成相关计算。现在，我们要对图 11-1 中的工作表做些改变，以便由 Excel 来完成构成成本的计算。

11.4.1 税后债务成本

如果不增加一些额外的资料，那么就无法在工作表中计算资本的构成成本。为此，首先应输入计算税后债务成本所需的资料。为此，先在单元格 A7 中输入标记"其他债券数据"，然后将表 11-5 中的信息输入工作表。为了简化起见，我们假设债券每年付息一次。

输入以上数据后，我们需要一个函数来计算债务成本。我们之前已接触过 Excel 的两个内置函数：RATE 函数和 YIELD 函数，用它们可以计算出债券成本。因为 YIELD 函数（参见第 10 章）所需要的资料超出了本例中提供的资料（如确切的日期），所以这里采用 RATE 函数。我们已经知道，RATE 函数只适用于支付日的计算。此时，我们可以用 RATE 函数来计算年金形式现金流的收益率。当然，RATE 函数允许不同的现值和终值。RATE 函数的具体定义为：

表 11-5　计算落基山汽车公司债务成本的其他数据

其他债务数据	
税率（%）	40
票面利率（%）	10
面值（美元）	1 000
期限（年）	10

$$RATE(NPER, PMT, PV, FV, TYPE, GUESS)$$

其中，PV 和 FV 为已知。具体而言，PV 为债券现价，FV 为债券的面值。在单元格 F2 中输入 RATE 函数 "=RATE(B11, B9*B10, −B2, B10)"。计算结果为 11.67%，表示税前债务成本。请记住，我们必须根据税收做出相应调整，所以需要再乘以（1−t）。单元格 F2 中的最终公式为 "=RATE(B11, B9*B10, −B2, B10)*(1−B8)"，其计算结果为 7.00%。如果知道结算日和到期日，那么选用 YIELD 函数就更好些，因为该函数可用于计算任何日期的债务成本。增加债券信息后，所创建的工作表应如图 11-2 所示。

11.4.2 优先股成本

与计算税后债务成本相比，计算优先股成本要简单得多。此时，只需增加一个数据，即优先股股利。为此，先在单元格 C7 中输入标记"其他优先股数据"，接着在单元格 C8 中输入"股利"，最后在单元格 D8 中输入"10"。

	A	B	C	D	E	F
1	资金来源	价格	数量	总市场价值	占总价值百分比	税后成本
2	债务	$ 904.53	400	$ 361,812	31.14%	7.00%
3	优先股	100.00	1,000	100,000	8.61%	10.00%
4	普通股	70.00	10,000	700,000	60.25%	12.00%
5	合计			$ 1,161,812	100.00%	10.27%
6						
7		其他债务数据				
8	税率	40%				
9	票面利率	10%				
10	面值	$ 1,000				
11	期限	10				

图 11-2　债务数据增加后的落基山汽车公司工作表

根据式（11-3）可知，我们需要将优先股股利除以股票现价。因此，在单元格 F3 中应输入公式"=D8/B3"。

11.4.3　普通股成本

为计算普通股成本，我们需要知道股票的市场价格、最近的股利和股利增长率。为此，在单元格 E7 中输入标记"其他普通股数据"，在单元格 E8 中输入"股利 0"，在单元格 F8 中输入"3.96"。接着，在单元格 E9 中输入标记"增长率"，在单元格 F9 中输入"6%"。最后，在单元格 F4 中我们用式（11-2）来计算普通股成本。因为已知最近股利（D_0），所以需要再乘以（$1+g$）。这样，在单元格 F4 中输入的公式为"=(F8*(1+F9))/B4+F9"。计算结果为 12%，与之前得到的相同。

当然，我们还没有完成对落基山汽车公司所有构成成本的计算。这里，尚有一重要内容留待下节讨论。至此，你所创建的工作表应如图 11-3 所示。

	A	B	C	D	E	F
1	资金来源	价格	数量	总市场价值	占总价值百分比	税后成本
2	债务	$ 904.53	400	$ 361,812	31.14%	7.00%
3	优先股	100.00	1,000	100,000	8.61%	10.00%
4	普通股	70.00	10,000	700,000	60.25%	12.00%
5	合计			$ 1,161,812	100.00%	10.27%
6						
7		其他债券数据		其他优先股数据		其他普通股数据
8	税率	40%	股利	$ 10.00	股利 0	$ 3.96
9	票面利率	10%			增长率	6%
10	票面价值	$ 1,000.00				
11	到期期限	10				

图 11-3　落基山汽车公司资本成本工作表

11.5　发行成本的影响

公司的任何行为都会发生成本。到现在为止，所有的计算都暗含证券发行不需要成本的假设。不过，实际情况并非如此。向公众直接发行证券程序复杂，通常需要经历漫长的管理时间和投资银行的服务。投资银行（investment bank）是联系公众和发行公司的中介，而且通常按折扣价（承销价差）从发行公司买入证券。除了组成销售证券的承销团以外，投资银行也向公司提供咨询服务。投资银行通常向公司提供证券发行定价服务并负责向美国证券交易委员会（SEC）提供注册申明。

投资银行所提供服务的成本以及其他发行费用被称为发行成本（flotation cost）。（该术语源自这样的事实，即销售新证券的过程通常被称为发行新证券。）这些发行成本增加了公司新发行证券的总成本。因此，我们得相应地增加资本成本。

发行成本的会计处理通常有两种方法。最常用的方法是资本成本调整法（cost of capital adjustment）。按照这一方法，新发行证券的市场价格按单位发行成本降低。这样，我们就可得到公司通过证券销售所获得的净收入。之后，我们就可以按通常的方法计算出构成成本。不过，计算等式中所用的是净收入而不是市场价格。

第二种方法叫投资成本调整法（investment cost adjustment），但没有第一种方法那么常用。根据这种方法，我们通过增加项目的原始支出来处理总发行成本。之后，我们按照之前的方法计算构成成本。这种方法的最大缺点在于因为它把所有发行成本计入一个项目，这就暗含这样的假定，即一旦项目结束，那么为该项目融资的证券就应退市。[7]

资本成本调整法较为常用而且其假设也更加符合实际，所以我们采用这种方法。因为要考虑发行成本，计算构成成本的等式需要进行相应调整（见表 11-6）。

表 11-6　含发行成本的资本成本计算等式

资本成本的构成	公式[①]
新发行普通股成本	$k_{CS} = \dfrac{D_0(1+g)}{V_{CS}-f} + g = \dfrac{D_1}{V_{CS}-f} + g$
优先股成本	$k_P = \dfrac{D}{V_P-f}$
税前债务成本（求 k_d）	$V_B - f = Pmt\left(\dfrac{1-\dfrac{1}{(1+k_d)^N}}{k_d}\right) + \dfrac{FV}{(1+k_d)^N}$

① 在这些等式中，发行成本（f）为证券的单位成本。当然，发行成本也常常按单价的百分比表示。

11.5.1　将发行成本添加到工作表

我们可以很容易地把发行成本添加到工作表中。为此，我们要做的就是把公式中对当前价格的引用改成对"当前价格减单位发行成本"的引用。表 11-7 给出了这些成本。

把表 11-7 中的资料输入工作表。在"其他数据"区的最后一栏分别输入每种证券的信息。例如，在单元格 A12 中输入"发行"，在单元格 B12 中输入"1%"，它表示债券的发行成本。类似地，我们可以输入优先股和普通股的资料。

表 11-7　按落基山汽车公司发行价格百分比计算的发行成本

证券	发行成本（%）
债券	1
优先股	2
普通股	5

为了处理发行成本，所输入的计算公式应改为：

单元格 F2　　=RATE(B11, B9*B10, -B2*(1-B12), B10)*(1-B8)

单元格 F3　　=D8/(B3*(1-D9))

单元格 F4 　　=(F8*(1+F9))/(B4*(1−F10))+F9

通过这些改变, 可以发现每种证券的成本都有所增加。由于考虑了发行成本, 所以总的加权资本成本由 10.27% 增加到了 10.51%。至此, 所创建的工作表应如图 11-4 所示。

	A	B	C	D	E	F
1	资金来源	价格	数量	总市场价值	占总价值百分比	税后成本
2	债务	$ 904.53	400	$ 361,812	31.14%	7.10%
3	优先股	100.00	1,000	100,000	8.61%	10.20%
4	普通股	70.00	10,000	700,000	60.25%	12.31%
5	合计			$ 31,161,812	100.00%	10.51%
6						
7	其他债券数据		其他优先股数据		其他普通股数据	
8	税率	40%	股利	$ 10.00	股利 0	$ 3.96
9	票面利率	10%	发行成本	2%	增长率	6%
10	面值	$ 1,000.00			发行成本	5%
11	到期期限	10				
12	发行成本	1%				

图 11-4　含发行成本的资本成本工作表

11.5.2　留存收益成本

至此, 我们已经介绍了投资者购买新发行普通股、优先股和债券的要求回报率。此外, 公司还有一种长期资本来源: 留存收益。那么, 这种内部资金的取得是否有成本呢? 对于此类内部资金, 管理者通常有两种处理方法: 一是再投资于可获利项目, 二是以股利或股票回购的形式返还给股东。因为这些资金只属于普通股股东, 所以 "可获利项目" 是指至少可以获得普通股股东要求回报率的项目。如果再投资所获达不到这一最低要求回报率, 那么应当将留存收益返还给普通股股东。因此, 内部资金也存在成本 (机会成本), 即普通股成本。

请注意, 留存收益 (内生普通股权益) 与新发行普通股的唯一区别是公司必须为新发行普通股支付发行成本。因为留存收益不需要支付发行成本, 所以留存收益成本的计算可运用不含发行成本时的方法, 即

$$k_{RE} = \frac{D_0(1+g)}{V_{CS}} + g = \frac{D_1}{V_{CS}} + g \qquad (11\text{-}4)$$

计算留存收益机会成本的思想很重要。最为重要的原因是使管理者意识到放在手上的钱不一定是 "免费的"。如你所知, 留存收益也有成本, 决策时必须考虑这一成本。此外, 如果能正确衡量留存收益的成本, 那么一些表面上盈利的项目实际上可能并不盈利。如果接受了这样的项目, 那么就会违背实现股东财富最大化的原则, 其结果是公司股价的下跌。

11.6　边际加权平均资本成本曲线

公司的加权平均资本成本并不是恒定不变的, 而导致其发生变化的原因很多。随着公司所筹集新资本的增加, 公司的加权平均资本成本很可能会因公司证券供给相对于对公司证券需求的增加而增加。此外, 随着所筹集资本的增加, 发行总成本也会增加。更进一步而言, 公司所能拥有的回报率大于资本成本的项目不可能无限多, 因此新资本的投资风险会增加, 不盈利的概率也会上升。

经过下一章学习，我们将了解到加权平均资本成本对于公司最优资本预算的决定非常重要。本章的余下部分将重点讨论不同总资本水平下的加权平均资本成本。

11.6.1　拐点的确定

通过阶梯函数（step function）我们可以建立关于公司边际加权平均资本成本曲线的模型。如果用图形表示，阶梯函数就像阶梯一样。通常，阶梯函数可用于对非线性函数进行线性（尽管是非连续的）近似估计。随着阶梯数目的增加，近似估计的准确度就随之提高。

对边际加权平均资本成本（边际资本成本）曲线的估计可分为两个步骤：

（1）确定边际加权平均资本成本预计将增加时的总资本水平。这些点被称为拐点。

（2）确定每个拐点处的边际加权平均资本成本。

图 11-5 描述了落基山汽车公司可能的边际加权平均资本成本曲线。需要注意的是，拐点是按公司的总资本金额来衡量的。在这一节里，我们将估计这些拐点可能出现在什么样的总资本水平上，同时还要决定拐点处的加权平均资本成本。

经向公司的投资银行咨询，落基山汽车公司的管理者决定公司可以按表 11-8 所示的成本筹集新的资本。现在，打开一个新的工作表，再将表 11-8 中的数据依次导入工作表中（从单元格 A1 开始）。其中，"占总价值百分比"这一栏的数据引用自图 11-4 所创建的工作表。

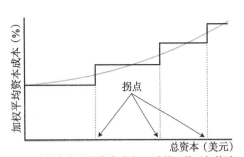

图 11-5　作为阶梯函数的边际加权平均资本成本曲线

表 11-8　落基山汽车公司的有关资料

来源	占总价值百分比	可销售金额	边际税后成本
普通股	60.25%	至多 100 000	12.31%
		介于 100 001 ~ 500 000	15.00%
		超过 500 000	17.00%
优先股	8.61%	至多 50 000	10.20%
		超过 50 000	13.00%
负债	31.14%	至多 250 000	7.10%
		超过 250 000	8.00%

值得注意的是，这里只要输入"可销售金额"一栏中的数据即可。你可以采用自定义格式，这样数字就可以与文本一起显示，而且我们仍可以用数字进行接下来的计算。例如，可以设置第一个单元格的格式为"Up to"#,# #0，这样数据会像表中那样显示。第二个数字（500 000）的格式可以设置成"100 001 to"#,# #0，这样就会像表中那样显示。

落基山汽车公司认为公司目前的资本结构是最优的，所以任何新的资金都会按照该比例进行筹集。例如，如果公司决定筹集 200 000 美元总资本，那么其中 120 500（=200 000×60.25%）美元来自普通股，62 280（=200 000×31.14%）美元来自负债，17 220（=200 000×8.61%）美元来自优先股。

根据表 11-8 中的资料，我们就可以确定落基山汽车公司边际加权平均资本成本曲线的拐点。为此，我们首先要知道拐点应发生在某种来源资本的成本发生变化之处，因为这一变化会导致加权平均资本成本曲线上升。例如，发行价值 100 000 美元的普通股就会出现拐点。但我们在之前说过，拐点是以总资本金额来衡量的，所以我们接下来要做的是如何将 100 000 美元的普通股转换为占总资本的百分比。

因为所有的资本都是按固定比例筹集的，所以我们可以按以下公式进行计算：

$$总资本 = \frac{普通股价值}{普通股所占百分比} \tag{11-5}$$

在本例中，如果落基山汽车公司通过发行普通股筹集了 100 000 美元，那就意味着公司肯定筹集了 165 973 美元的总资本。运用式（11-5）可得：

$$165\,973 \approx \frac{100\,000}{0.602\,5}$$

我们可以利用以上信息得出：如果落基山汽车公司发行普通股的价值为 100 000 美元，那么公司同时要通过负债筹集 51 648（=165 973 × 0.311 4）美元，通过发行优先股筹集 14 290（=165 973 × 0.086 4）美元。

为了确定拐点，我们只要找出各种来源资本发生变化的点，然后把它们转换成对应的总资本金额。根据表 11-8 中的资料，表 11-9 描述的就是如何确定拐点。

在工作表的单元格 E1 中输入标记"拐点"。这样，第一个拐点就与价值 100 000 美元的普通股水平相联系。在单元格 E2 中输入公式"=C2/B\$2"，计算结果为 165 973 美元，与表 11-9 中的结果完全相同。接

表 11-9　求解落基山汽车公司边际加权平均资本成本曲线中的拐点

资金来源	计算[1]	拐点（美元）
普通股	100 000 ÷ 0.602 5	165 973
普通股	500 000 ÷ 0.602 5	829 866
优先股	50 000 ÷ 0.086 1	580 906
负债	250 000 ÷ 0.311 4	802 773

[1] 这里的权重精确到小数点后 4 位。实际计算中可采用图 11-4 中计算出的权重。

着，把该公式复制到单元格 E3 中。在单元格 E5 中输入公式"=C5/B\$5"，在单元格 E7 中输入"=C7/\$B\$7"。不难发现，这里的分母值是随着各种来源资本拐点的变化而变化的。

下一步要确定的是各拐点处的加权平均资本成本。为此，先将各拐点转换为构成资本，然后确定各构成资本的成本。在工作表中，我们可以通过多种方法来解决这一问题。因为我们最终想要绘制出边际加权平均资本成本图，所以所创建的工作表应能显示资本总额、各构成资本的成本以及该资本总额水平下的加权平均资本成本。

这里，首先在单元格区域 A10：E10 中输入标记。在单元格 A10 中输入"资本总额"。在单元格 B10 中输入"普通股成本"。在单元格 C10 中输入"优先股成本"。在单元格 D10 中输入"债务成本"。在单元格 E10 中输入"加权平均资本成本"。之后，在单元格 A11 中输入 0。在单元格 A12 中，我们要输入第一个拐点。当然，我们可以引用单元格 E2，它包含最小拐点。不过，一旦权重或其他数据发生改变，那么原先的最小拐点可能不是最小的了。为了确保单元格 A12 中一直包含最小拐点，这里必须使用 **SMALL** 函数：

$$\mathbf{SMALL}(\boldsymbol{ARRAY}, \boldsymbol{K})$$

其中，**ARRAY** 为一组数据，**K** 为所要返回的位置。在单元格 A12 中输入计算最小拐点的公式"=SMALL(E2：E7, 1)"。在单元格 A13 中输入"=SMALL(E2：E7, 2)"，以便计算出第二小拐

点，依此类推。在单元格 A16 中输入 "=ROUNDUP(MAX(E2:E7), −5)"，这样就可得到四舍五入后的整数值。通过上述公式，最大拐点就不会超过下一个 100 000 美元。

接下来，我们需要确定各总资本水平下的各构成资本的成本。在单元格 B11 中，我们要确定总资本为 0 时的权益成本。为方便之后的复制，这里需要创建嵌套式 **IF** 语句。本例中的公式为 " =IF(All*\$B\$2<=\$C\$2,\$D\$2,IF(All*\$B\$2<=\$C\$3,\$D\$3,\$D\$4))"。用语言表达就是：如果总资本（单元格 A1）乘以普通股所占比例（单元格 B2）低于或等于 100 000 美元（单元格 C2），那么成本就是 12.31%（单元格 D2）；如果少于或等于 500 000 美元，那么成本为 15%（单元格 D3），否则，成本为 17%（单元格 D4）。

这里，我们可以用类似但更简单一些的公式来确定不同总资本水平下优先股和债务的成本。对于优先股成本，在单元格 C11 中输入公式 " =IF(All*\$B\$5<=\$C\$5,\$D\$5,\$D\$6)"；在单元格 D11 中输入 "=IF(All*\$B\$7<=\$C\$7,\$D\$7,\$D\$8)"，就可以计算出对应的债务成本。此时，各种来源资本的成本都处于最低水平。

最后，在单元格 E11 中输入公式 " =\$B\$2*B11+\$B\$5*C11+\$B\$7*D11"，就可计算边际加权平均资本成本。该公式计算的是之前在单元格区域 B11:D11 中所计算成本的加权平均值。这里，必须保证输入的公式与给出的公式相一致，然后将它们复制到单元格区域 B12:E16 中。至此，所创建的工作表应如图 11-6 所示。

	A	B	C	D	E
1	资金来源	占总价值百分比	最大水平	税后成本	拐点
2	普通股	60.25%	至多 100,000	12.31%	165,973
3			介于 100,001～500,000	15.00%	829,866
4			超过 500,000	17.00%	
5	优先股	8.61%	至多 50,000	10.20%	580,906
6			超过 50,000	13.00%	
7	债务	31.14%	至多 250,000	7.10%	802,773
8			超过 250,000	8.00%	
9					
10	资本总值	普通股成本	优先股成本	债务成本	加权平均资本成本
11	0	12.31%	10.20%	7.10%	10.51%
12	165,973	12.31%	10.20%	7.10%	10.51%
13	580,906	15.00%	10.20%	7.10%	12.13%
14	802,773	15.00%	13.00%	7.10%	12.37%
15	829,866	15.00%	13.00%	8.00%	12.65%
16	900,000	17.00%	13.00%	8.00%	13.85%

图 11-6　各拐点处的加权平均资本成本

11.6.2　边际加权平均资本成本图的绘制

之前，边际资本成本图是通过阶梯函数来近似绘制的。为绘制该图，我们需要之前计算出的加权平均资本成本和拐点。选中单元格区域 A10:A16，之后按住 Ctrl 键并选中单元格区域 E10:E16，插入带直线的散点图。[8] 这里，我们不需要给图加标志点。

请注意，图 11-7 并不像图 11-5 那样给出了标准的阶梯函数。不过，只要稍做变动，就可以将它变成标准的阶梯函数。

首先，必须清楚我们希望每一个拐点处的线条都是垂直的。为使线条垂直，那么每一特定的 x 值（资本总额）必须有两个对应的 y 值（加权平均资本成本）。不过，如果同一拐点使用两次，那么计算所得的加权平均资本成本也相同。要使加权平均资本成本增加，我们只需少量增加拐点值。为了说明这一点，我们可以选定第 13 行，再插入一个新行。接下来，我们在单元格 A13 中输入公式" =A12+0.01"，然后将第 12 行的其他公式复制到第 13 行。请注意，现在单元格 E13 中的加权平均资本成本要比单元格 E12 中的值大。观察图表，不难发现你已经绘制了第一个拐点的阶梯。如果把图放得足够大，那么就会发现阶梯稍有些倾斜，但在正常尺寸下是无法辨认出来的。

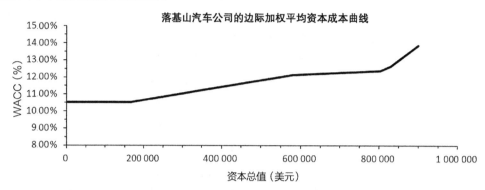

图 11-7　落基山汽车公司的边际加权平均资本成本曲线

就另外 3 个拐点重复上述步骤。最后，所创建的图表应如图 11-8 所示。

	A	B	C	D	E
10	资本总值	普通股成本	优先股成本	债务成本	加权平均资本成本
11	0	12.31%	10.20%	7.10%	10.51%
12	165,973	12.31%	10.20%	7.10%	10.51%
13	165,973	15.00%	10.20%	7.10%	12.13%
14	580,906	15.00%	10.20%	7.10%	12.13%
15	580,906	15.00%	13.00%	7.10%	12.37%
16	802,773	15.00%	13.00%	7.10%	12.37%
17	802,773	15.00%	13.00%	8.00%	12.65%
18	829,866	15.00%	13.00%	8.00%	12.65%
19	829,866	17.00%	13.00%	8.00%	13.85%
20	900,000	17.00%	13.00%	8.00%	13.85%

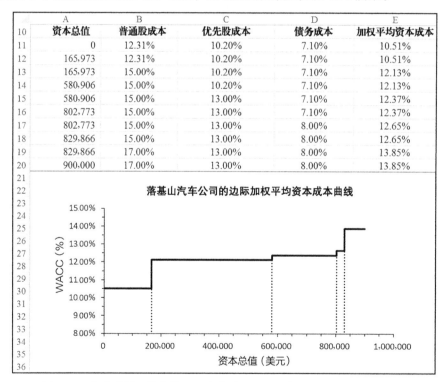

图 11-8　作为阶梯函数的落基山汽车公司的边际加权平均资本成本曲线

本章小结

本章首先讨论了公司稀缺资本资源估值中　　所用的适当的要求回报率。之后，本章证明了各类资本的加权平均资本成本应能同时满足所有资本提供者的需要。此外，本章还介绍了各类资本的成本（包括发行成本但不包括留存收益）可简单地通过倒推第 9 章和第 10 章中的估值等式而得到。最后，我们发现公司的边际加权平均资本成本随总资本的变化而变化，并介绍了如何确定拐点位置以及如何绘制边际加权平均资本成本曲线。

本章介绍的函数列于表 11-10 中。

表 11-10　本章介绍的函数

用途	函数
计算相关单元格乘积并求和	**SUMPRODUCT(*ARRAY1*, *ARRAY2*, ...)**
返回某区域中的第 *K* 个最小数字	**SMALL(*ARRAY*, *K*)**

练习题

1. 陈氏巧克力公司（Chen Chocolate Company）2016 年的每股收益为 1.25 美元，而 2011 年为 0.75 美元。公司的股利分配率为 50%，且股票的现价为 37.75 美元。发行新股的发行成本为 15%。预计 2017 年公司的净收入预期为 18 000 000 美元。

根据投资银行的估计，该公司可以发行息票利率为 5% 的 10 年期、每半年付息一次的债券。债券的面值为 1 000 美元，发行费用占 1%。公司债务和普通股的市场价值权重分别为 25% 和 75%。

（1）基于前 5 年的经营记录，该公司每股收益的增长率是多少？预计 2017 年的股利为多少？

（2）计算该公司留存收益的成本以及新发行普通股的成本。

（3）计算与留存收益相关的拐点。

（4）计算公司新债的税后成本。

（5）公司留存收益的加权平均资本成本为多少？新发行普通股的加权平均资本成本为多少？

（6）创建散点图以说明作为阶梯函数的该公司的边际加权平均资本成本。*X* 轴的值应该不下 20 000 000 美元。图中标记必须全面，包括反映拐点值的箭头指引线的数据标记。

2. 目前，TRM 咨询公司的资本结构如下：

资本来源	账面价值（美元）	数量
普通股	25 000 000	1 250 000
优先股	5 000 000	100 000
负债	8 600 000	8 600

公司新发行的债务在 2047 年 6 月 30 日到期，息票利率为 6.5%，且按 1 000 美元的面值平价发行。该债券每半年付息一次，发行费用为发行价格的 2%，发行日为 2017 年 6 月 30 日。

公司优先股的现价为每股 64.30 美元，且每股每年支付 3 美元的股利。优先股的发行成本为销售价格的 4%。

公司普通股可按每股 32.00 美元购买。一直以来，普通股股利的年增长率为 6%。预计明年公司将支付每股 1.45 美元的股利。新发行普通股的发行成本为 8%。普通股的 β 值为 1.25，无风险利率为 3%，预期的市场风险溢价为 6%。

此外，公司预计的留存收益为 150 000 美元。假设该公司的边际税率为 35%。

（1）创建一个工作表、输入本题数据并美化数据区格式。

（2）计算各类资本的账面价值权重。

（3）计算各类资本的市场价值权重。

（4）计算各类资本构成的成本（债务、优先股、留存收益以及普通股）。在计算税后债务成本时要求采用 **YIELD** 函数。要求运用资本资产定价模型（CAPM）来求得留存收益成本，用股利恒定增长模型来计算新发行普通股的成本。

（5）按市场价值和账面价值权重分别计算留存收益和新发行普通股的加权平均资本成本。

3. 假设 TRM 咨询公司与其投资银行讨论了公司的资本需求问题。该投资银行预测按以下条件 TRM 咨询公司可在资本市场上筹集新资金。

资金来源	范围	税后成本
留存收益	至多 150 000	10.50%
普通股	至多 1 000 000	10.93%
	介于 1 000 001 ~ 3 000 000	11.26%
	超过 3 000 000	11.85%
优先股	至多 200 000	4.86%
	超过 200 000	6.25%
债务	至多 1 000 000	4.33%

（续）

资金来源	范围	税后成本
债务	介于 1 000 001 ~ 2 000 000	4.86%
	超过 2 000 000	5.12%

（1）根据上题所获得的资料，计算各拐点（包括考虑留存收益因素的拐点）。
（2）按照市场价值权重绘制 TRM 咨询公司的边际加权平均资本成本曲线。请确保图像符合阶梯函数。

在线练习

通过雅虎财经网（finance.yahoo.com）获取 PPG 实业公司（纽约证交所：PPG）的当前股票价格以及公司过去 5 年的股利情况。运用第 9 章在线练习所介绍的方法来收集数据。另外，从雅虎财经网上公司介绍中获取该公司的 β 值以及 5 年期美国国债的收益率情况（代码为 ^FVX）。请注意，需要将指数值除以 100 才能得到收益率。

（1）按第 9 章所介绍的相同程序并根据过去 5 年的股利资料计算年化股利增长率。
（2）根据股票的现值、股利和增长率资料计算 PPG 实业公司的留存收益成本。
（3）假设未来 5 年平均市场收益率为 8%，用资本资产定价模型计算留存收益成本。计算时，在模型中运用实际 β 值和 5 年期国债的收益率（无风险收益率）。
（4）通过求（2）和（3）中结果的平均值，确定留存收益成本的最终估计值。

注释

1. 普通股股东所获得的收益和要求获得的收益之间的差额被称为净现值。这一概念将在第 12 章中给予进一步阐述。
2. 我们可以采用数组公式 "SUM(E2:E4*F2:F4)"，但在输入公式时，必须同时按 Ctrl+Shift+Enter 键。
3. 如仍有疑问，不妨查阅太阳爱迪生公司（SunEdison）和共和航空（Republic Airways）公司的股价历史。在公司破产前，这些公司的经营早就开始下跌。
4. 价格接收者无法通过个人买卖行为来实质上影响资产的价格。这种情况在股票市场上普遍存在，因为与公司普通股的市场价值相比，大多数投资者属于小投资者。
5. 这一方法又被称为二分法。简单而言，这种方法就是先确定结果的范围，然后取之前结果的中间值，再来确定下一个更精确的近似值。如果先取的值比较合理，那么利用这种方法就可很快找到答案。
6. 这只是一种近似计算，但与大多数结果相吻合，毕竟资本成本本身也是估计值。如果等式中采用的是税后现金流，那么结果会更准确。这样，不需要进行额外的调整，就可以得到税后债务成本，不过会与之前给定值略微有些差异。不过，因为未来税率具有不确定性，所以这种方法仍然缺乏准确性。
7. 关于这两种方法的更多信息，请参考 E. F. Brigham and L. C. Gapenski, "Flotation Cost Adjustments," *Financial Practice and Education*, Vol. 1, No. 2, Fall/Winter 1991, pp. 29–34。
8. 绘制该图表过程中最常见的问题就是选错了 *XY* 散点图类型。如果选用平滑线段绘制散点图，那么图像会过于平滑。尝试绘制该图，不难发现，采用直线散点图无法得到标准的阶梯函数。

第12章

资本预算

通过本章学习，应能：

- 识别资本预算中的相关现金流
- 说明如何运用 Excel 计算各类决策方法中所用的数据——税后现金流
- 运用直线法和加速折旧法计算折旧费用
- 比较六种主要资本预算决策方法（投资回收期、折现回收、净现值、盈利能力指数、内部回报率和修正的内部回报率）
- 阐述情景分析法并展示如何在 Excel 中操作此方法
- 运用规划求解器来确定公司在一定资本限额内的最优资本预算

　　资本预算（capital budgeting）这一术语用以描述公司如何将有限的资本资源配置到可选的长期投资机会的过程。其中，有些投资机会预计可以盈利，而有些则不会。因为公司的目标是实现股东财富的最大化，所以财务经理有责任仅仅选择那些预计可以增加股东财富的投资机会。换言之，资本预算就是对成本和收益进行比较，且只采纳那些收益等于或超过成本的项目。

　　本章所介绍的方法在公司资产管理之外的领域中具有广泛的适用性。租赁分析、债券偿还决策、并购分析、公司重组以及新产品决策都是运用这些方法的实例。对个人而言，有关抵押贷款、租房还是买房以及信用卡选择等的众多决策也都会用到这些方法。

　　从表面上看，资本预算决策并不难做。如果收益超过成本，那么就接受项目，否则，就放弃项目。遗憾的是，要直接量化成本和收益并不容易。本章将主要介绍这个过程，而第13章将就在不确定条件下的决策问题做进一步分析。

12.1　现金流的估计

　　在确定一项投资是否可以增加股东财富之前，我们需要估计该项目所能产生的现金流。虽然通常是说起来容易做起来难，但我们还是要记住几条一般性准则。在我们的分析中，现金流必须符合以下两个重要条件才可被考虑。

　　现金流必须是：

（1）增量现金流（incremental）。这里的现金流必须是公司已有基础上增加的现金流。例如，假设某家公司正在考虑新增一条产品线。但新产品可能会导致一些现有顾客放弃本公司的其他产品，转而选择新产品。在这种情况下，我们必须同时考虑新产品带来的现金流增加和现有产品的现金流减少。换言之，这里只考虑现金流的净增加。

（2）税后现金流（after-tax）。这里考虑的现金流必须是税后的。股东并不关心税前现金流，因为只有当税费都上缴以后，剩余的现金流才能被再投资或者向股东派发股利。请记住，这里用到的相关税率是边际税率，因为我们只评估增加的现金流。

不过，这里不考虑以下几种现金流：

（1）沉没成本（sunk cost）。不管采用何种投资决策，过去已经发生且不可收回的现金流就是沉没成本。因为价值被定义为预计未来现金流的现值，所以只需要关注未来现金流。因此，沉没成本与资本预算并不相关。

（2）融资成本（financing cost）。在分析过程中，融资成本显然很重要。但是，它已经暗含在用来评估此项目盈利能力的折现率中。如果再将融资成本（例如，额外的利息费用）包含在现金流中，那么就会导致重复计算。举例来说，假定你发现某项投资肯定有 15% 的回报。如果你筹集资金进行投资的借款利率是 10%，显然这样做是合乎逻辑的，因为扣除成本后你将获得 5% 的回报。请注意，利息成本的金额已经暗含在内，因为你必须获得至少 10% 的回报来补偿融资成本。

记住以上这些要点之后，接着我们就可以讨论相关现金流的估计。如图 12-1 所示，这里将所有的现金流划分为三类中的一类。

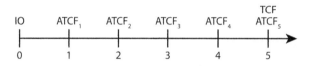

图 12-1　说明项目现金流的时间线图

12.1.1　初始投资

初始投资（图 12-1 中的缩写 IO）是指项目的净预先投入成本（net up-front cost）。尽管我们会假定初始投资都发生在 0 期间（今天），但在许多情况下，也许是在大部分情况下，项目成本会分摊在若干期内。例如，在大型建设项目中，承包商一般会在项目开始时获得按一定比例预先支付的部分款项，之后随着工程达到不同的完成阶段而再行获得其余的款项。此外，项目的分析阶段与其实施阶段之间通常有一个时间上的延迟。所以，从严格意义上讲，初始投资事实上发生在未来最近的若干期内。

初始投资由若干现金流组成。虽然无法列举出所有可能项目的全部现金流组成，但我们可以给出几条基本原则。最显而易见的部分就是购买项目所需的现金投资，如一台机器设备或一幢房子的价格就是明显的例子。不过，除了以上例子，还有其他组成部分。任何运输费用、安装机器的人工费用或者员工初始培训支出都应该包括在内。项目的启动成本与运转费用被统称为折旧基数（depreciable base），因为这些就是要在项目寿命期内进行折旧的金额。

当然，有可能存在一些能减少初始投资的现金流。举例来说，在做一项替代决策时（如用新机器替换现有机器），旧机器常常存有一定的残值。从初始投资中可以扣除这笔金额。不过，出售旧的设备会发生相关税费。只要资产的出售价格不同于账面价值，那么就会有税收影响。如果此项资产以高于其账面价值的价格出售，那么公司所应缴纳的相关税费就按两者之间的差额计算。如果此项资产以低于其账面价值的价格出售，那么两者之间的差额就可抵减公司的应税所得，即成为节税项。这些额外的税费（节税）将会增加（减少）初始投资。

最后，还有一些根本不为人注意的花费。例如，假定某家公司正在考虑投资一台新的机器，而新机器的运行速度较目前使用的型号有大幅的提高。因为运行速度提高了，公司发现必须增加对原材料的投资。用公司长期资金购买的额外原材料的成本应被视作初始投资的增加项，因为如果没有发生此项目，那么公司也不需要购买额外的原材料。这项成本被称为净营运资本（net working capital）的变动。

初始投资可以按如下等式进行汇总和计算：

初始投资 ＝ 项目的价格 ＋ 运输费 ＋ 安装费 ＋ 培训费 － （残值 － 残值税）＋ 净营运资本的变动

这里需要再次明确的是，项目各不相同。以上给出的等式仅仅只是对初始投资的可能组成部分进行归纳。需要集中关注的是项目寿命开始之时的任何非营业现金流。

12.1.2　年度税后现金流

虽然初始投资的计算看起来复杂，但与准确计算年度税后现金流量（ATCF）相比，就显得相对简单些。原因就在于我们不能确定未来的现金流。目前，暂且假定我们完全清楚未来现金流到底会是多少，在第 13 章中，我们将考虑不确定因素的复杂性。

通常，年度税后现金流由五部分组成，但这五部分并不一定同时存在：

（1）额外的收入（additional revenue）。新产品以及某些生产过程可以带来新的收入净额。请记住，这里只应考虑收入增加额。

（2）成本节约（cost saving）。投资某个项目也可能带来一些成本节约。例如，公司可能决定将一台手工操作的机器更新为全自动设备。一部分成本节约可能来自支付给旧机器操作人员的工资和福利的减少。其他的成本节约可能来自维修费用、能源消耗或者废品损失的减少。

（3）额外的费用（additional expense）。如果不购买一台全自动的机器，那么公司可以选择劳动力更为密集的生产工序。这样，公司就能更加灵活地适应市场的变化，但在确定现金流时必须考虑额外的劳动力成本。

（4）净营运资本投资（investment in net working capital）。如果预计销售额每年都会增长，那么净营运资本也很有可能每年都增长。这些投资代表负现金流且必须包括在内。

（5）额外的折旧收益（additional depreciation benefit）。每当公司的资产组合发生变化，折旧费用金额也很有可能发生变化。因为折旧费用是一项非现金费用，可以起到抵减税费的作用。所以，我们需要考虑由折旧带来的节税或额外的税费。

我们必须记住只有那些税后和增加的现金流才是唯一的相关现金流。根据这条规则，我们对税后现金流就可以按如下等式进行归纳和计算：

$$税后现金流量（ATCF）＝（收入变动 ＋ 成本节约 － 费用）\times（1 - 税率）＋$$
$$（折旧费用变动 \times 税率）－ 净营运资本变动$$

该等式也可以表述为下面这个等式：

$$税后现金流量（ATCF）=（收入变动－净费用变动－折旧费用变动）\times$$
$$（1－税率）+折旧费用变动－净营运资本变动$$

上述两个等式的差别在于是直接或是间接地处理折旧的节税效益。第二个等式除了净营运资本变动这一项之外，类似于利润表。鉴于这一原因，我们称它为经营现金流量表（operating cash flow statement）。在第 13 章的图 13-4 中，我们将介绍这一方法。

12.1.3　剩余现金流

剩余现金流（terminal cash flow）由只发生在项目最终阶段的非经营现金流组成。通常，在此期间也会有经营现金流发生，但是我们已经将它们归入最终阶段的税后现金流。剩余现金流包括诸如新机器的预计残值、与出售机器相关的税收效果、任何净营业资本投资的回收以及可能的停产成本。

$$剩余现金流（TCF）=净营运资本投资变动的回收－\left[停产成本\times（1－税率）\right]+$$
$$残值－新机器设备残值的税收$$

12.1.4　现金流的估计：实例

贯穿本章始终，我们将用以下实例来说明相关概念。

至尊鞋业公司（Supreme Shoe Company）正在考虑购买一台新的全自动机器来替换手工操作的旧机器。被替换的机器已使用了 5 年，原本预期寿命为 10 年，用直线法从 40 000 美元的原值折旧到 0。目前，该机器能以 22 000 美元的价格售出。该台机器需要一个人来操作，支付的工资和福利是 29 000 美元。旧机器每年的维修成本和废品损失分别为 6 000 美元和 4 000 美元。公司正在考虑购买的新机器的价格为 75 000 美元，预计 5 年使用寿命过后的残值为 15 000 美元。运费和安装费总计为 6 000 美元。因为新机器的运行速度会大大提高，所以净营业资本总计会增加 3 000 美元。公司预计新机器每年的维修成本为 5 000 美元，而废品损失为 2 000 美元。

在考虑这个项目之前，公司对现有设施进行了一次工程分析，以确定购入新机器是否需要在其他方面做些变动。该项调查花费 5 000 美元，并确定现有设施无须改变就可以支持新机器的运作。为了购买这台新机器，公司得按 10% 的借款利息借入一笔新款项 30 000 美元。这样，公司每年增加了 3 000 美元的利息费用。该项目的要求回报率为 15%，且公司的边际税率为 34%。此外，公司管理层决定收回该投资的最长可接受时间为 3 年。那么，公司应接受该项目吗？

对于此类问题，通常最为简单的方法就是把重要数据从文字中分离出来。无论你是手工还是借助数据表程序来处理问题，都应该这样做。当然，数据表具备许多优点，我们稍后会做研究。现在，打开一张新的工作表，然后输入如图 12-2 所示的资料。

需要注意的是，我们在创建图 12-2 时直接列示了至尊鞋业公司实例中的所有相关数据。其中，也输入了一些次要的计算资料。请记住，这里必须创建工作表，这样 Excel 就可以帮助你完成可能的计算。利用这点，我们就可以更方便地用不同的数值或者通过改变假设条件来做试验（执行"假设分析"）。

	A	B	C	D
1		至尊鞋业公司		
2		资产置换分析		
3		旧机器	新机器	差额
4	买价	40,000	75,000	
5	运费和安装费	0	6,000	
6	初始寿命	10	5	
7	现有寿命	5	5	
8	初始残值	0	15,000	
9	现有残值	22,000	0	
10	账面价值	20,000	81,000	
11	净营业资本的增加	0	3,000	
12	折旧费用	4,000	13,200	(9,200)
13	工资	29,000		29,000
14	维修成本	6,000	5,000	1,000
15	废品损失	4,000	2,000	2,000
16	边际税率	34.00%		
17	要求回报率	15.00%		

图 12-2　至尊鞋业公司的相关现金流

这里，我们也不考虑工程调查的成本。因为 5 000 美元在我们的分析开始之前就已经支出了，所以此项支出应被视作一项沉没成本。也就是说，已经没有办法去收回这笔钱了，所以它与任何未来的决策不相关。如果把这项成本加入项目成本，那么对该项目显然是不公平的。此外，我们一直没有考虑每年需要支付的 3 000 美元额外利息费用。融资该项目所花费的财务费用也必须忽略，因为我们会在要求回报率中考虑这笔费用。另外，至尊鞋业公司已决定将借款时间定为 10 年，比新机器的预期寿命要长。因此，把所有的利息费用全部归于此项目也是不正确的。

我们在单元格 B10 中计算现有机器的账面价值，因为账面价值和残值两个数据共同决定了出售此机器后的纳税义务。账面价值是折旧基数和累计折旧之间的差额。在本例中，折旧基数由单元格 B4 和单元格 B5 加总可得。累计折旧由每年的折旧费用乘以机器原本寿命中已经使用的年数来决定。在我们的工作表中，累计折旧等于 " B12*(B6-B7)"。所以，单元格 B10 中的公式应为 " =B4+B5-B12*(B6-B7)"。出于报告的需要，我们将该公式复制到单元格 C10 中。

差额一列显示了新机器所能带来的节约。其计算公式就是现有机器的费用和所选机器的费用之差。为此，在单元格 D12 中输入公式 " =B12-C12"，然后复制该公式到单元格区域 D13：D15 中。为了避免引起混淆，这里只计算相关单元格的差额。至此，你所创建的工作表应如图 12-2 所示。

1. 按直线法计算折旧费用

至尊鞋业公司在分析中采用了直线折旧法。直线折旧法将折旧费用均匀分摊在项目的预期使用寿命内，具体计算公式如下：

$$\frac{折旧基数 - 残值}{使用寿命}$$

Excel 具有内置函数，可按 5 种方式来计算折旧费用：直线法（SLN）、双倍余额递减法（DDB）、固定余额递减法（DB）、年数总和法（SYD）以及可变余额递减法（VDB）。下一节要

介绍如何用 **VDB** 函数计算加速折旧法（MACRS）下的折旧。因为至尊鞋业公司采用直线法折旧，所以这里要用到 **SLN** 函数，其定义为：

$$SLN(COST, SALVAGE, LIFE)$$

其中，***COST*** 为资产的折旧基数；***SALVAGE*** 为预计残值；***LIFE*** 为指资产的折旧期限。

如前所述，折旧基数包括资产的价格加上运费和安装费。对于旧机器，我们在单元格 B12 中输入"=SLN(B4+B5,B8,B6)"。因为新机器每年的折旧使用相同的计算方法，所以只要把单元格 B12 中的公式复制到单元格 C12 即可。

2. 按加速折旧法计算折旧费用

可以替代直线法计算折旧的另外一种方法是加速折旧法（modified accelerated cost recovery system，MACRS）。顾名思义，与直线法相比，加速折旧法旨在加速提取折旧额。按照加速折旧法，公司就能更迅速地从折旧中获得节税，从而提高项目的盈利能力，激励企业的投资行为。

与直线折旧法不同，加速折旧法并不直接采用资产的经济寿命来确定回收期，而是参考由美国国家税务局（IRS）提供的关于各种类型资产所归属的回收期指导。[1]同时，所有资产都折旧至终值为零，所以对加速折旧法而言，没有必要预计残值。

对于回收期为 10 年或以下的项目，加速折旧法按直线法折旧率的两倍开始折旧。对于15～20 年这一类项目，则按直线法折旧率的 150% 进行折旧。当然，如果直线法的折旧率变得更有利，那么加速折旧法就转变为直线折旧法。这里，半年期惯例情况较为复杂。按照半年期惯例，不管资产购进的确切时间如何，都假设资产是在每年的年中购入的。这就表示第一年的折旧仅仅是用其他方法计算的一半，且在此类资产寿命结束时，会多出半年的折旧额。换言之，资产其实是按比原有寿命多一年进行折旧的。

表 12-1　按资产分类使用年限列示的加速折旧百分比

年数	3 年期	5 年期	7 年期	10 年期
1	33.33%	20.00%	14.29%	10.00%
2	44.45%	32.00%	24.49%	18.00%
3	14.81%	19.20%	17.49%	14.40%
4	7.41%	11.52%	12.49%	11.52%
5		11.52%	8.93%	9.22%
6		5.76%	8.92%	7.37%
7			8.93%	6.55%
8			4.46%	6.55%
9				6.56%
10				6.55%
11				3.28%

如表 12-1 所示，美国国家税务局编制了计算每年折旧的百分比表格。我们可以用 **VLOOKUP** 函数来确定适用的百分比并计算指定年度的折旧。该函数在表格中的首列查找对应值，并由此返回表格中当前行中指定列的值。**VLOOKUP** 函数的定义为：

$$VLOOKUP(LOOKUP\_VALUE, TABLE\_ARRAY, COL\_INDEX\_NUM, RANGE\_LOOKUP)$$

其中，***LOOKUP_VALUE*** 为表格第一列中需要查找的数值，***TABLE_ARRAY*** 为表格中数据的地址，*COL_INDEX_NUM* 表示结果应从该列获得，而 *RANGE_LOOKUP* 为一个可选参数，指希望此函数查找到精确的或者近似的结果。例如，假设表 12-1 所在的单元格区域为 A2：E12，我们希望能找到使用寿命为 7 年的项目在第 3 年时的百分比。此时，我们可以采用函数" =VLOOKUP(3, A2：E12, 4)"。先找到第一列中的值 3，然后返回同一行中第 4 列的值 17.49%。随后，我们就可以把搜索到的百分比乘以折旧基数以确定折旧额。

如果运用 Excel 的 **VDB** 函数，那么可以更为简便并更为精确地计算出折旧（不需要用到表格）。这里，**VDB** 代表"可变余额递减"。运用该函数，我们既能明确指出折旧基数注销时的折旧率，同时也能在使用直线法折旧更加有利时转为使用直线法。**VDB** 函数的定义是：

VDB(*COST*, *SALVAGE*, *LIFE*, *START_PERIOD*, *END_PERIOD*, *FACTOR*, *NO_SWITCH*)

其中，**COST**、**SALVAGE**、**LIFE** 等参数与 **SLN** 函数中的参数相同。对于 *START_PERIOD* 和 *END_PERIOD*，我们必须加以具体说明，因为该函数还可以用于计算这段起始和截止期间的累计折旧。*FACTOR* 指余额递减速率（1 表示直线法，2 表示双倍余额递减法等），*NO_SWITCH* 为一个可选参数，用来规定是否转用直线法。

对于加速折旧法而言，*SALVAGE* 永远为 0，*LIFE* 等于其分类使用年限，*FACTOR* 为 2（对 15 或 20 年的类别为 1.5），这里我们忽略 *NO_SWITCH* 这个参数。对于半年期惯例，起始期间和截止期间的确定有些复杂。第一年，进行折旧计算的起始期间必须是 0，而截止期间必须是 0.50。最后一年，进行折旧计算的起始期间是年数减去 1.50，而截止期间就是其分类使用年限。第一年到最后一年期间的任何一年，进行折旧计算的起始期间是年数减 1.50，而截止期间就是年数减 0.50。例如，第二年的起始期间为 0.5，而截止期间就是 1.5。

这里暂时假定实例项目采用加速折旧法中 3 年期这一类别进行折旧。为此，输入图 12-3 中所列示的数据。

	H	I	J	K	L	M
8			加速折旧计算			
9	类别	3				
10	折旧基数	81,000				
11	**年数**	1	2	3	4	5
12	MACRS	27,000	36,000	12,000	6,000	0

图 12-3 根据加速折旧法的计算

在按加速折旧法计算第一年的折旧时，先在单元格 I12 中输入公式" =VDB($I$10,0,$I$9, MAX(0,I11−1.5),MIN($I$9,I11−0.5),2)"。请注意，这里可以用 **MAX** 函数来计算起始期间。第一年它返回 0，第二年返回 0.5，如此等等。我们可以用 **MIN** 函数来计算截止期间。它会返回分类使用年限与年数减去 0.5 两者之间的较低者。这样，我们只要把公式复制到每一年的单元格里，就可以得到每年正确的折旧。

如果把公式复制到单元格 M12 中，第 5 年其实已经超过了分类使用年限。此时，公式就会返回错误值" #NUM！"。在资产折旧达到足额之后，如果还想计算折旧，那么 **VDB** 函数就会返回一个错误值。这里，可以把此函数套入 **IFERROR** 函数中，即可绕过这个问题。**IFERROR** 函数可以用于测试计算中的错误。如果没有发现错误，它就会返回计算结果。否则，它将返回之前所指定的计算结果为错时要返回的值。**IFERROR** 函数的定义为：

IFERROR(VALUE, VALUE_IF_ERROR)

在本例中，资产折旧达到足额后，我们希望函数返回的数值是 0。为此，在单元格 I12 中输入 " =IFERROR(VDB($I$10,0,$I$9,MAX(0,I11−1.5),MIN($I$9,I11−0.5),2),0)"。现在，将公式复制到单元格区域 J12：M12 中。至此，所得结果就如图 12-3 所示。试着将公式拓展到更多的单元格中，同时改变单元格 I9 中的加速折旧类别。

因为上述公式较难记住，这里提供一个用户自定义函数，即 Famefncs.xlam 插件中的 **FAME_MACRS** 函数。运用该函数，我们就可以计算使用年限为 3 ~ 20 年的资产类别的加速折旧法下的折旧。该函数的定义是：

FAME_MACRS(*COST*, *MACRSCLASS*, *YEAR*, *TABLE*)

其中，*TABLE* 为可选参数项，指希望此函数采用精确计算还是表格中的百分比。与 **VDB** 函数一样，超过分类使用年限时该函数就会返回一个错误值。如果安装了插件，就可以将 I12 中的公式替换为 " =IFERROR(FAME_MACRS($I$10, $I$9, I11, 0), 0)"。

因为至尊鞋业公司在评估项目时采用的是直线折旧法，所以本章的余下部分将围绕这种折旧方法来展开。

12.2 相关现金流的计算

现在，我们再回到实例上来，有关数据都列示在图 12-2 中。这里，我们将运用这些数据来计算现金流，而且在评估潜在项目时也需要用到这些现金流。

初始投资包括新机器的采购价、运费和安装费、旧机器的残值以及出售旧机器可能产生的相关税费。在单元格 B19 中，计算初始投资的公式为 " =−(C4+C5−B9+(B9−B10)*B16+C11)"。其实，公式没有看起来那么复杂。前三项就是新机器的总成本减去旧机器的残值。公式接下来的部分计算了因出售旧机器而需缴纳的税费。请注意，如果账面价值小于残值，此公式就会加上一个负值以减少初始投资。需要再次强调的是，在工作表中创建公式很重要。那样的话，任何改变都能自动反映到所计算的值中。最后，我们加上了净营业资本的增加部分，因为此项投资增加在没有购入新机器的情况下并无必要性。

接下来，我们要来计算该项目的年度税后现金流。这里，我们分开计算折旧税收收益与其他现金流，因为了解由折旧费用的增加所产生的节税对我们很有帮助。（同时也是因为与其他现金流相比，折旧税收收益是风险相对较低的现金流。对于这一点，我们将在第 13 章中解释。）在单元格 B20 中，我们输入计算年度税后节约的公式 " =SUM(D13：D15)*(1−B16)"。我们在这里用到了 **SUM** 函数，因为这比将 3 个单元格地址一个个加起来简单得多。同样，如果我们之后发现任何其他的节约额（或者额外的成本），我们可以将它们插入单元格区域中，而且公式会自动体现这些变化。请注意，本实例中的项目对总收入不会产生任何影响。

折旧的税收收益表示因为发生额外折旧费用而带来的税收支出的节约。请记住，折旧是一项非现金费用，所以折旧费用增加的唯一结果就是减少税费从而增加现金流。在单元格 B21 中输入计算折旧税收收益的公式 " =−D12*B16"。这里，折旧金额被定为负值，是因为单元格 D12 中的折旧变动是负的（表示额外费用）。在单元格 B22 中，我们将年度税后节约额和折旧税收收益加总，求和公式为 " =SUM(B20：B21)"。

最后，剩余现金流只包括发生在项目最终阶段的非营业现金流。对至尊鞋业公司的项目而言，额外的现金流就是税后残值和对原材料投资的回收。在本例中，新机器的残值为15 000 美元，但它并不产生税收效果，因为其值恰好等于其账面价值。不过，这里仍进行了计算，因为之后我们可能会进行调整。输入单元格 B23 的公式为 "=C8-(C8-(SUM(C4:C5)-C12*C6))*B16+C11"。

请记住，剩余现金流只是第 5 年总现金流中的非经营现金流部分。在分析项目盈利能力之前，必须加上第 5 年的年度税后现金流（经营现金流）。至此，所创建的工作表应如图 12-4 所示。

	A	B
18	现金流	
19	初始投资	(62,680)
20	年度税后节约额	21,120
21	折旧税收收益	3,128
22	总税后现金流	24,248
23	剩余现金流	18,000

图 12-4 至尊鞋业公司的现金流

12.3 做出决策

现在，我们要就该项目的盈利能力进行决策。财务经理可从多种工具中自主选择一些来评估公司的盈利能力。下面要研究的就是其中的 6 种工具。在开始分析之前，我们先来看一下图 12-5 中给出的时间线图。图 12-5 汇总了有关至尊鞋业公司置换决定的现金流。

图 12-5 至尊鞋业公司置换决定的时间线图

12.3.1 投资回收期法

投资回收期法（payback method）所要解决的问题是：需要多久才能收回初始投资？如果给出的答案小于或者等于最长允许时间，那么可以考虑接受此项目。如果投资回收期超出可接受范围，那么项目就会被否决。请注意，这里的投资回收期起到类似于盈亏平衡期的作用，因此可提供有关所分析项目流动性的信息。

计算投资回收期的方法有两种。最简单的方法适用于现金流为年金的情况，我们可以用这种方法来解答至尊鞋业公司的问题。在计算此类现金流的投资回收期时，我们只需把初始投资除以年金支付金额即可：

$$投资回收期 = \frac{初始投资}{年金支付}$$

对至尊鞋业公司而言，现金流并不是严格意义上的年金，除了最初的 4 年。如果投资回收期小于 4 年，我们就可以采用这种方法。对于此项目，投资回收期的计算如下：

$$投资回收期 = \frac{62\ 680}{24\ 248} = 2.58（年）$$

根据至尊鞋业公司的要求，项目的最长投资回收期为 3 年，所以按照这条标准，置换的机器是可以接受的。在单元格 A25 中输入标记"投资回收期"；在单元格 B25 中输入公式"=−B19/B22"。这样，所得到的结果应该是 2.58 年。

计算投资回收期的另一种方法，就是从初始投资中扣除现金流直到收回全部投资。在现金流并不是年金的情况下，我们就要采用这种方法。直接演示这种方法比描述简单得多，所以我们就用这种方式来回答至尊鞋业公司的问题。表 12-2 说明了这一计算过程。

表 12-2　投资回收期的计算

	计算	说明	累计回收期
	62 680	初始投资	
−	24 248	减：第一笔现金流	1 年
=	38 432	待回收额	
−	24 248	减：第二笔现金流	2 年
=	14 184	待回收额	2 年＜回收期＜3 年

现在，我们知道投资回收期必定是在 2 ～ 3 年，其余的部分将会在第 3 年收回。假定第 3 年的现金流是在一年里均匀获得的，我们只要把尚未收回的投资除以第 3 年的现金流，就能得到收回这部分金额所需要的时间占一年的比例。在本例中，所需要的时间为 0.58（=14 184 ÷ 24 248）年。将该值与之前已经计算出的 2 年相加，就可得到 2.58 年。这一结果与前一种方法的计算结果一模一样。

我们可以用系列 **IF** 语句来进行如表 12-2 所示的逻辑计算。不过，我们首先得创建现金流量表并插入一列以帮助开展某些初步计算。在单元格区域 C18∶D24 中，输入如图 12-6 所示的数据。在输入现金流量时，要确保所引用的是原始计算。例如，在单元格 D19 中输入的公式应当是“=B19”，单元格 D20 中输入的是“=B$22”，等等。最后，单元格 D24 中的公式应当是“=B22+B23”。下面我们来完成帮助列（E 列）的资料输入。

	C	D	E
18	期数	现金流	回收期
19	0	(62,680)	
20	1	24,248	
21	2	24,248	
22	3	24,248	
23	4	24,248	
24	5	42,248	

图 12-6　计算回收期用的现金流

用于单元格区域 E20∶E24 的 **IF** 语句会重复验证截至当前期的现金流之和是否大于零。如果大于零，那么我们就知道已经超过了回收期。此时，计算的回收期数等于回收期年之前的期数数目减去剩余期数，再除以下一年的现金流。在单元格 E20 中输入的 **IF** 语句为“=IF(SUM(D$19∶D20) ＞ 0，COUNT(D$19∶D19)+ ABS(SUM(D$19∶D19))/D20−1”，再将其向下复制到其余的单元格中。需要注意的是，这里减去了 1，从而不会把第 0 期计算在内。最后的结果应当如图 12-7 所示。

	C	D	E
18	期数	现金流	回收期
19	0	(62,680)	
20	1	24,248	FALSE
21	2	24,248	FALSE
22	3	24,248	2.58
23	4	24,248	3.42
24	5	42,248	4.81

图 12-7　计算回收期用的帮助列

回收期应该是单元格区域 E20∶E24 中最小的那个数；具体可以用 **MIN** 函数来求得。该函数不考虑任何显示的布尔值，原因在于没有为 **IF** 语句赋予第三个参数。在单元格 E25 中，重新输入公式“=MIN(E20∶E24)”，不难发现结果为 2.58 年，与之前得到的结果一样。

尽管从直觉上讲投资回收期很有道理，但也不是没有问题。具体而言，最主要的问题就是投资回收期方法忽视了资金的时间价值。根据第 8 章关于时间价值的讨论，我们知道不能把发生在不同时期的现金流简单相加。此外，显而易见的是当公司的要求回报率（加权平均资本成本）下降时，大部分投资项目逐渐变得越来越有吸引力；相反，当要求回报率上升时，其吸引力就减小了。尽管如此，投资回收期并不会因为加权平均资本成本的变动而变动。对此，我们稍后将做详细讲解。

投资回收期的第二个问题是它并没有考虑所有的现金流。正因为它忽略了所有超出投资回收期的现金流，所以就可能导致决策者做出不太理想的决定。例如，假定至尊鞋业公司项目第 5 年的现金流量是 −100 000 美元，而不是原来的 42 248 美元。此时，公司的投资回收期仍旧是 2.58 年，意思是应该接受该项目。然而，任何人即使只是粗略地看过公司的现金流情况，也会立即否决这个项目。对第二个问题，我们可通过接下来讲到的净现值、盈利指数、内部回报率、修正的内部回报率等工具来补救。

12.3.2 折现回收期法

我们可以运用折现回收期法（discounted payback period）来解决时间价值之类的问题。此种方法与一般的投资回收期法基本相同，唯一的不同之处在于我们用的是现金流现值而不是名义值。由于现值永远都小于名义价值，所以折现回收期就会永远长于一般的投资回收期。

对于至尊鞋业公司，折现回收期为 3.53 年。计算折现回收期会比计算一般的投资回收期稍微复杂一点，因为现金流的现值在每段期间内都是不同的。为此，我们必须运用表 12-2 中所示的方法以及 **IF** 语句来计算折现回收期。

由于 Excel 并没有回收期函数，所以我们在 Famefncs.xlam 插件中设计了这样一个函数。[2] 该插件包含有一个名为 **FAME_PAYBACK** 的函数。一旦启用该插件，其使用方法与其他任何一项内置函数相同。该函数的定义为：

FAME_PAYBACK(*CASHFLOWS*, *RATE*)

其中，**CASHFLOWS** 为相邻两个现金流，*RATE* 为用于计算现金流现值的任选的折现率。如果 *RATE* 漏掉没填，那么系统就默认折现率为 0，函数就会计算一般的投资回收期。这里要注意的是，初始投资（列表中的第一笔现金流）必须为负，否则你会得到不可预测的结果。其他现金流可正可负。

在运用 **FAME_PAYBACK** 函数时，我们需要在单元格区域 D19:D24 中创建一张现金流表。为此，在单元格 B26 中输入公式 "=FAME_Payback(D19:D24，B17)"。计算出的折现回收期为 3.53 年，超出最长允许回收期。对此结果，可用笔算进行验证。需要注意的是，这里也可以采用用于计算常规投资回收期的 **IF** 语句，前提是将单元格区域 D19:D24 的值替换为现金流的现值，或是用现值创建一个新的单元格区域。[3]

此例中以 3 年为基准并不是正确的，因为 3 年是在假定使用常规投资回收期法的前提下确定的。鉴于折现回收期永远长于常规投资回收期的事实，我们必须给予一定的宽裕度。假定公司管理层决定可接受的折现回收期为小于等于 3.75 年。按照这一新的标准，项目在两种方法下都是可接受的。

但是，折现回收期方法的优点就在于项目的可接受性会随着要求回报率的变动而变动。如果要求回报率上升到 18%，那么折现回收期就会上升到 3.80 年，此时项目就会被否决。虽然常规投资回收期法忽略了时间价值,而不管回报率如何,但显示的结果仍然表明项目是可接受的。试着改动一下单元格 B17 中的要求回报率,不妨自己验证一下结果如何。

请注意,折现回收期法仍旧忽略了投资回收后产生的现金流。接下来我们要介绍的方法全部被视为更好的方法,因为它们不仅确认资金的时间价值,而且在分析中会考虑所有的现金流。

12.3.3 净现值法

从经济学角度来看,常规投资回收期法和折现回收期法都不是正确的决策标准。即使使用折现回收期法,我们还是忽略了回收期后的现金流。那么,财务分析人员怎样才能做出正确决策呢? 在这一小节里,我们要介绍净现值决策标准。从理论上来讲,净现值决策方法是最为正确的一种方法。

大部分人都会认同以低于其实际价值的价格购买一项资产是一笔不错的交易。此外,以等同于其实际价值的价格购买一项资产也不算糟糕。大部分人最不想做的就是以高于其实际价值的价格购买一项资产。[4] 如果我们定义价值为未来现金流的现值(见第 9 章),那么净现值(NPV)就代表购买一项资产而获得的超额价值(经济利润)。具体而言,净现值为:

$$NPV = PVCF - IO = 价值 - 成本$$

如果用更为确切的数学形式,那么:

$$NPV = \sum_{t=1}^{N} \frac{CF_t}{(1+i)^t} - IO \tag{12-1}$$

对于净现值分析法,必须注意几个要点。最重要的是,由于价值可能大于、等于或小于成本,所以相应的净现值也会大于、等于或小于 0。如果价值小于成本,净现值就小于 0,项目就会被否决。不然,项目就被接受,因为价值大于(或者等于)成本。对于后一种情况,股东财富会因为接受此项目而得到增加(或者至少保持不变)。所以,净现值的确反映了决定接受项目之后股东财富的变动。由于管理层的目标是实现股东财富的最大化,所以他们必须接受所有净现值大于或者等于 0 的项目。

为什么净现值就能反映股东财富的变动呢? 要了解这个要点,我们必须记住现金流超过支出的部分最终都会由公司的普通股东受益。因此,只要项目产生的现金流足够弥补其成本,那么都会使股东的财富增加。考虑以下的例子:

休伊(Huey)和卢伊(Louie)正在考虑购买一个可在夏天经营的柠檬汁摊位。他们要花100 美元来搭建和经营这个摊位。但是他们自己只有 50 美元(普通股权益),所以他们必须从别处筹集资金。休伊的父亲同意借给他们 30 美元(负债),并且与他们达成了默契,就是在夏末他能收回 33 美元。剩下的 20 美元可通过向邻居家的小孩发行优先股的方式筹得。优先股是在二人向认购者保证夏末支付 3 美元股利的条件下售出的。休伊和卢伊必须至少赚 10 美元才能补偿他们付出的时间、努力以及投入的钱。假设这个摊位在夏末会被拆除,所有资金可以收回,那么他们是否应该接下这个项目呢?

这个问题的答案取决于休伊和卢伊期望柠檬汁摊位到底可以产生多少现金流。注意,加权平均资本成本为 16%:

$$WACC = 0.30 \times \frac{3}{30} + 0.20 \times \frac{3}{20} + 0.50 \times \frac{10}{50} = 0.16$$

表 12-3 描述了这三种情况的三种可能结果。

表 12-3 柠檬汁摊位可能出现的情况

	情况 1 16% 的回报率	情况 2 20% 的回报率	情况 3 8% 的回报率
扣除营业费用和税费之后的总流入现金流	$116	$120	$108
减：债务成本	（33）	（33）	（33）
减：优先股成本	（23）	（23）	（23）
减：普通股成本	（60）	（60）	（60）
留给普通股股东的部分（净现值）	0	4	−8

不难发现，每一种情况下每位利益相关者的要求回报率都维持不变。唯一的可变量是扣除营业费用和税费之后的流入现金流（税后净营业利润）。在第一种情况下，所有出资者恰好获得要求的回报，甚至连休伊和卢伊也如期赚得 10 美元。因此，项目可被接受，净现值为 0（剩余部分）。在第二种情况下，每一方都得到了满意的报酬，而且额外的 4 美元直接归休伊和卢伊（所有者）所有。这就是一个净现值为正的例子。

最后，在第三种情况下，债权人和优先股股东得到了满意的报酬，但是 8 美元的差额会使休伊和卢伊的回报降为 2 美元。请注意，在最后这种情况下，普通股股东的回报是正的（他们收回 52 美元），但是低于要求回报。这是一个净现值为负的例子，并最终会促使休伊和卢伊否决这个项目。[5]

让我们再回到至尊鞋业公司的实例。我们可以将税后现金流的现值减去初始投资来确认项目的净现值。在此例中，手工计算并没有多大困难。不过，Excel 可以同样很方便地计算净现值，而且也便于我们之后进行检验。在第 8 章中，我们已经运用了内置 NPV 函数。当时，我们并没有完全摸清楚此函数误导性的本质，而且该函数实际上并不像它所定义的那样计算 NPV。相反，它是从第一笔现金流产生前一期开始计算现金流的现值。在运用此函数之前，理解这一点是至关重要的。

在运用 NPV 函数求解本题时，在单元格 B27 中输入公式 " =NPV(B17,D20：D24)+B19"。请注意，我们并不把初始投资包括在 NPV 函数的区域中。相反，我们运用 NPV 函数来确定现金流的现值，然后加上（负的）初始投资。净现值的计算结果为 27 552.24 美元，所以该项目可被接受。

另一种方法是将初始投资包括在内，之后调整结果。在此例中，现值相当于 −1 期间时的值，所以乘以 "（1+ 加权平均资本成本）" 就可以调整到 0 期间。因此，按照这种方法，我们在单元格 B27 中输入公式 " =NPV(B17,D19：D24)*(1+B17)"。利用这个公式可算出相同的结果。

12.3.4　盈利能力指数

净现值的一个最大优点就是它反映了接受项目后股东财富的增加量。很多时候，这当然符合我们的心意，但可惜会产生一个问题。对于经营过程中所投入资本固定的公司而言，如果比较不同规模的项目，结果就会有误导性。假设两个项目都可接受且两者互相排斥，那么规模大的项目很可能有一个较高的净现值。盈利能力指数（profitability index，PI）是衡量每一单位成本所产生效益的指标（花最少的钱取得最佳效果）。盈利能力指数可通过以下公式计算：

$$PI = \frac{效益}{成本} = \frac{\displaystyle\sum_{t=1}^{N} \frac{CF_t}{(1+i)^t}}{IO} = \frac{PVCF}{IO} \qquad (12\text{-}2)$$

如式（12-2）所示，效益是税后现金流的现值，而成本是初始投资。显然，如果盈利能力指数大于或者等于 1，项目就可被接受，因为效益大于或者至少等于成本。如果效益小于成本，那么项目就会被否决。需要指出的是，决定接受还是否决一个项目，盈利能力指数永远和净现值得出一样的结论。

在 Excel 中计算盈利能力指数有两种方法。最直接的方法就是先用 **NPV** 函数，再将所得出的结果除以初始投资。换言之，在单元格 B28 中输入" =NPV(B17,D20：D24)/-B19"。得出的结果是 1.439 6，表明该项目是可接受的。另一种方法是运用以下关系：

$$NPV = PVCF - IO$$

或者，移项后可得：

$$PVCF = NPV + IO$$

所以，根据在单元格 B27 中算出的净现值，我们可以通过以下公式计算盈利能力指数" =(B27-B19)/-B19"。运用这种方法可以节约少许时间，因为 Excel 不需要重新计算现值。除非计算工作量很大，否则感觉不到电脑计算速度的加快。不管怎样，这种方法对手工计算很有帮助。

12.3.5 内部回报率

内部回报率（interal rate of return，IRR）是衡量项目复合平均年回报率的指标。如果一个项目的内部回报率等于或者超过要求回报率，那么项目就可以接受。由于该指标衡量的是百分比的回报率，相对于之前讨论过的其他方法，许多分析师更喜欢采用内部回报率。不过，内部回报率也存在着问题。

内部回报率就是净现值等于零时的折现率。另一种等同的定义是，内部回报率是使现金流现值等于初始投资的折现率。换言之，内部回报率就是使以下等式成立的折现率：

$$IO = \sum_{t=1}^{N} \frac{CF_t}{(1+IRR)^t} \qquad (12\text{-}3)$$

遗憾的是，在大多数情况下，并不存在求解内部回报率的闭式方法。求解这个方程的主要方法就是进行重复不断的试错。尽管这种方法听起来很烦琐，但若发挥一点聪明才智，通常试三四次就可找到答案。尽管如此，我们并不需要采用这一方法，因为 Excel 有一个内置函数可执行此项操作。

Excel 内置的 **RATE** 函数可用于计算当现金流为年金形式时的内部回报率，但不适用于不均匀的现金流。为了处理各年不均匀的现金流，Excel 提供了 **IRR** 函数，其定义为：

$$\textbf{IRR}(\textbf{\textit{VALUES}}, \textit{GUESS})$$

其中，*VALUES* 为现金流相关区，*GUESS* 为可选择参数，是对实际内部回报率的初始猜测。请注意，现金流中至少必须包括一笔负现金流，否则内部回报率就会趋于无限大。（为什么？）由于求解内部回报率是一个重复不断的试错过程，Excel 有可能找不出答案。如果发生这种情况，Excel 会在单元格中显示"#NUM！"而非答案。如果发生此种错误，一种解决的途径就是改变 *GUESS* 直到 Excel 找出解答。

为计算至尊鞋业公司实例中的内部回报率，在单元格 B29 中输入"=IRR(D19:D24)"。计算结果为 30.95%，大于 15% 的加权平均资本成本。所以，项目可以接受。

现在，为了验证我们对内部回报率的定义，我们来做个试验。回想一下，内部回报率被定义为净现值等于零时的折现率。为了证明这一点，暂时把单元格 B17 中的数字改成"=B29"。请注意，单元格 B27 中的净现值变成 0.00 美元，刚好证明了这点。请同时注意，盈利能力指数变成 1.00。在继续后文之前，请把要求回报率改回原值 15%。

12.3.6 内部回报率的问题

内部回报率是一项颇受欢迎的盈利能力测量指标。因为采用百分比指标，所以内部回报率指标不仅易于理解，而且也便于与要求回报率进行比较。尽管如此，内部回报率因为自身存在若干问题而有可能导致无法做出最佳决策，在此小节内，我们将讨论这些问题以及可能的解决办法。

之前，我们提到根据净现值我们几乎总能做出从经济学角度看来正确的决策。遗憾的是，当投资项目相互排斥以致只能选择其中一个时，内部回报率和净现值这两种方法并不一定会得出一致的结论。互斥项目（mutually exclusive）是指那些如果选择其中一个就会导致另一个不能入选的项目。如果所比较的为互斥项目，那么净现值和内部回报率之间就会产生排序冲突。[6] 换言之，净现值法建议可选择项目 A，但内部回报率法建议选择项目 B。如果你无法同时选择两个项目，那么你会相信哪一种盈利衡量指标呢？

产生这类问题的原因有两个：①项目规模差别巨大；②现金流产生的时间不同。为了进一步了解规模大小的影响，请分析以下问题：你是情愿选择投资 10 美元获得 100% 回报率的项目，还是选择投资 1 000 美元获得 10% 回报率的项目？显然，大部分人会更关心金额的大小，所以会选择回报率为 10% 的项目，因为 10% 的回报是 100 美元，大于另一个项目产生的10 美元。解决这个问题的方法其实相当简单。如果你能筹到 1 000 美元来投资项目 B，那么我们要进行比较的不是项目 A 和项目 B，而是比较项目 B 与项目 A 加上选择项目 A 所剩余的 990 美元进行的任何投资（暂且称为项目 C）。如果项目 C 可产生 10% 的收益，那么同时投资项目 A 和项目 C，就可以获得 109 美元的收益，比投资项目 B 更佳。

现金流发生的时间则更难解决。假设你接受了评估如表 12-4 所示两个互斥项目的任务，且假设要求回报率为 10%。

表 12-4　因现金流产生时间不同而引起的排序冲突

期数	项目 A	项目 B	项目 C（=A-B）
0	（1 000）	（1 000）	0
1	0	400	（400）
2	200	400	（200）

（续）

期数	项目A	项目B	项目C（=A-B）
3	300	300	0
4	500	300	200
5	900	200	700
净现值	$291.02	$248.70	$42.32
内部回报率	17.32%	20.49%	12.48%

你会选择哪一个呢？这里显然存在冲突，因为按净现值标准应该选择项目A，而按内部回报率标准则应选择项目B。运用规模问题中所用到的相似逻辑，我们可以判断净现值是正确的标准。如果选择项目B，我们必须否决项目A和现金流差额项（项目C）。如果现金流差额项产生一个正的净现值，那么这两个项目就不应该被否决。实际上，这里争论的焦点就是项目A是否与项目B加上现金流差额等量。所以，在这些项目中进行选择实质上就是要决定现金流差额项是否能盈利。简单地讲，我们实际上需要做的就是接受净现值最高的项目。请注意，只要折现率低于12.48%，项目A就更受青睐。但当折现率提高时，项目B就更受青睐。回答这些问题的一个有用工具就是本章后面要介绍的净现值曲线图。

然而，内部回报率的另一个问题是可能存在不止一个内部回报率。具体而言，因为内部回报率的一般等式是 N 次多项式，所以答案也可能多达 N 个。在一般情况下，如果第一笔现金流出之后跟着有几笔现金流入，我们只会得到一个答案。但是，如果在之后的期间内，有净现金流出（非正常现金流），那么我们有可能得到不止一个答案。特别要指出的是，在现金流符号只改变一次的期限内，真正的内部回报率解只有一个。[7]

以图 12-8 所示的现金流为例。求解此例中的内部回报率可以得到三个值：207.82%、-31.54% 以及 -76.27%。Excel 计算出的答案取决于你提供的初始猜测值。如果没有输入猜测值，那么所得的结果就是 -31.54%。任何等于或高于 11.8% 的猜测值会得到答案 207.82%，而 -68.35% 的猜测值会得到答案 -76.27%。这里无法确定哪一个答案是正确的，因为如果把它们用作折现

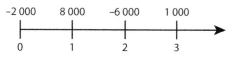

图 12-8　产生多重内部回报率的现金流

率，都会使净现值等于 0。（自己试一下！）所以，即使以上这些内部回报率从数学角度来看都是正确的，但没有任何经济意义。所以只要所得出的答案不止一个，那么就应该忽略内部回报率。

12.3.7　修正的内部回报率

对于内部回报率所存在的问题，简单的解决办法就是用净现值法代替。但是，这种方法并不能让每个人都满意。尽管内部回报率存在问题，但管理人员仍旧采用内部回报率多过净现值，因为内部回报率的百分比形式可便于与公司资本成本比较。要明白如何运用内部回报率类方法且仍能计算出正确的答案，那么必须先了解产生内部回报率问题的根本原因。

在内部回报率的计算过程中，暗含了这样的假设，即现金流将按内部回报率进行再投资。换言之，内部回报率法假设收到的每一笔现金流，都会在项目剩余寿命期间按内部回报率进

行再投资。[8] 对于内部回报率很高或很低的项目，内部回报率的这一假设就可能不成立。如果把现金流按其他回报率进行再投资，那么实际平均年回报率就会不同于内部回报率。为了说明此项假设的影响，再次考虑至尊鞋业公司项目。如图 12-9 所示的时间线图就包含将现金流按 30.945% 的内部回报率进行再投资的假设。

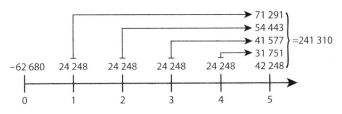

图 12-9　至尊鞋业公司按内部回报率对现金流进行再投资

假设现金流每年按 30.945% 进行再投资，那么到第 5 年年末，至尊鞋业公司将从 62 680 美元的初始投资累计到 241 310 美元。此时，复合平均年回报率为：

$$\sqrt[5]{\frac{241\,310}{62\,680}}-1 \approx 30.945\%$$

不难发现，该计算结果与内部回报率完全一样。请注意，在此例中我们用到了第 1 章介绍的几何平均式（1-1）。当然，这里也可以采用 **RATE** 函数。

看起来至尊鞋业公司不可能在 5 年内获得那么高的回报率。如果将再投资的回报率改为更为合理的 15%（加权平均资本成本），那么我们就可得到如图 12-10 所示的时间线图。

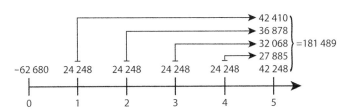

图 12-10　至尊鞋业公司按 15% 的回报率对现金流进行再投资

在此例中，至尊鞋业公司在第 5 年年末只能累计到 181 489 美元。按 15% 的回报率进行再投资时的复合平均年回报率为 23.69%。

$$\sqrt[5]{\frac{181\,489}{62\,680}}-1 \approx 23.69\%$$

显然，计算结果大大低于 30.95% 的内部回报率。当再投资率不同于内部回报率时，我们计算的平均年回报率就被称作修正的内部回报率（modified internal rate of return，MIRR）。对至尊鞋业公司而言，修正的内部回报率为 23.69%，大于 15% 的要求回报率，所以项目应该被接受。

Excel 有一个内置函数可以用于计算修正的内部回报率。该内置函数的定义为：

MIRR(_VALUES_, _FINANCE_RATE_, _REINVEST_RATE_**)**

其中，_**VALUES**_ 为现金流单元格区域，_**FINANCE_RATE**_ 为要求回报率，而 _**REINVEST_ RATE**_ 为现金流的再投资回报率。在至尊鞋业公司的工作表中，在单元格 B30 中输入计算修正的内部回报率的公式" =MIRR(D19：D24, B17, B17)"。与之前的计算结果完全一样，这里的答案也是 23.69%。在此例中，我们所用的要求回报率与再投资回报率相同。这样的假设常常是合理的（该假设与净现值计算中的内含假设相同）。不过，如果其他信息表明应采用其他再投资回报率，那么就应采用其他再投资回报率。

另一种计算方法反映了盈利指数（以及因此而引起的 NPV）与内部回报率之间的关系：[9]

$$MIRR = \sqrt[N]{PI} \times (1+WACC) - 1 = \sqrt[N]{\left(\frac{NPV}{IO} + 1\right)} \times (1+WACC) - 1 \qquad （12\text{-}4）$$

这样，本题的计算结果为：

$$MIRR = \sqrt[5]{1.4396} \times 1.15 - 1 = 0.2369$$

如果存在非正常的现金流，那么根据我们给出的 PI 的定义（参见式（12-2）），利用这种方法所得的结果与用 Excel 的 **MIRR** 函数所得的结果不同。原因是如果初始支出后还出现现金流出，那么就存在多种方法来计算 MIRR 和 PI。Excel 计算 MIRR 就是要找出使流出现金流现值等于流入现金流终值的折现率。

式（12-4）中所采用的方法不同于 Excel 所采用的方法。这一方法要找出的是使初始流出现金流等于所有其他现金流终值的折现率，而不论现金流是流入还是流出。虽然不同，但这种方法不仅有效，而且也为一些企业所采用。这两种方法都可得出同样的接受或拒绝的决策（尽管非正常现金流存在数字方面的差异）。而且当现金流为正常情况时，利用这一等式的结果与利用 Excel 的 **MIRR** 函数所得的结果相同。

12.4 敏感度分析

运用电子数据表程序的最大益处就是允许我们利用数据进行"假设"试验。换言之，我们可以用不同的数字做试验，以此来确定如果假设有变化，那么结果又会如何变化。

12.4.1 净现值曲线图

我们可以采用的一种很有用的方法就是净现值曲线，即各种折现率水平下的净现值曲线。分析师只要看一眼就可以确定净现值对假设折现率的敏感度。为创建净现值曲线图，我们需要创建折现率数据区并进行净现值计算，然后绘制一张曲线图。

为创建至尊鞋业公司的净现值曲线图，先设置折现率的范围：从 0 到 35%，按 5% 递增。然后选定单元格 A36 并输入"0"。在设置折现率范围时，选中单元格区域 A36：A43，随后点击"开始"标签中的"填充"，接着选择"系列"。在对话框中，将"步长值"改为"0.05"（也可以键入 5%），然后点击"确定"。至此，我们就有了一列从 0 到 35% 的折现率。我们在计算净现值时会用到这些比率。

为计算不同折现率下的净现值，在单元格 B36 中输入" =NPV(A36,D$20：D$24)+D$19"。请注意，这里的公式与单元格 B27 中的公式完全一样，除了这里加上了几个美元符号以此来冻结引用并将折现率改成引用单元格 A36。复制此公式到单元格区域 B37：B43 中，就可计算各折现率所对应的净现值。请注意，因为内部回报率为 30.95%，所以折现率在 30% 与 35% 之间时净现值就变成了负值。最后，为了创建曲线图，选中单元格区域 A36：B43，插入带直线的散点图。至此，所创建的工作表应如图 12-11 所示。

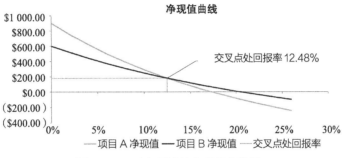

图 12-11 至尊鞋业公司的净现值曲线

请注意，上述净现值曲线图清楚表明内部回报率刚刚超过 30%。这个点就是净现值曲线图中的净现值曲线与横轴的交点。此外，对任何低于 30% 的折现率而言，显然项目的净现值都是正值，所以可接受。事实上，对任何合理的折现率，项目显然是可以接受的。

通常，净现值曲线图被用来比较两个互斥项目。只要存在排序冲突，两条净现值曲线就会相交于一点。在这个点上，不管选择哪个项目，对公司的影响一样。如要就此进行试验，不妨输入表 12-4 中项目 A 和项目 B 的相关数据并创建这两个项目的净现值曲线图（见图 12-12）。

净现值曲线

$1 000.00
$800.00
$600.00
$400.00
$200.00
$0.00
（$200.00）
（$400.00）

交叉点处回报率12.48%

0%　5%　10%　15%　20%　25%　30%

——项目 A 净现值　——项目 B 净现值　······交叉点处回报率

图 12-12 两个项目的净现值曲线图

这个"交叉点处回报率"，即两个项目净现值相等时的比率，可以由计算两个项目的现金流差额的内部回报率得到。在单元格区域 B2：C7 中输入两个项目的现金流量，那么"交叉点处回报率"就可以用公式"=IRR(B2：B7−C2：C7)"计算出来。请注意，这里计算出来的回报率就是位于表 12-4 右下角的值。

12.4.2 情景分析

Excel 有一项非常强大的工具，称作方案管理器（scenario manager），可以帮助分析不同假设的影响。我们可以用方案管理器在不同场景中来回切换工作表，也可以用方案管理器来汇总因假设条件发生变动而产生的影响。这里，我们来设置三种方案，每种方案中维修费用和废品损失的估计值都不同于预期。表 12-5 分别列示了三种方案。

表 12-5 至尊鞋业公司可能出现的三种方案

	最好方案	预期方案	最坏方案
维修费用（美元）	2 000	5 000	8 000
废品损失（美元）	1 000	2 000	5 000

在最好方案中，维修费用和废品损失都低于预期情景（相当于最初的估计值）。在最坏方案中，两者都高于预期方案。由于我们将改动维修费用和废品损失的假定值，所以首先定义这些单元格的名称会很有帮助。选中单元格 C14，然后点击"公式"标签，选择"定义名称"。指定"维修费用"为此单元格的名称，并赋予它工作表层次的作用域，然后输入对其目的的说明。现在将单元格 C15 的名称定义为"废品损失"（参见第 1 章关于定义名称域的讨论）。

方案管理器可以通过点击"数据"标签中的"模拟分析"按钮找到。由于目前还没有定义任何一种方案，所以第一次显示的对话框要求点击"添加"按钮以定义方案。在此例中，我们希望维修费用和废品损失估计值能变动，所以点击"添加"按钮，然后输入"最好方案"为方案名。打开"可变单元格"编辑框，选中单元格区域 C14:C15，然后点击"确定"按钮。

如图 12-13 所示，再次出现的对话框要求为可变单元格赋予新的值。在标记为"维修费用"的文本编辑框中输入"2000"，在标记为"废品损失"的文本编辑框中输入"1000"。请注意，这个编辑框提示你赋值单元格要用之前定义的名称。如果之前没有定义名称，那么你看到的提示就会是单元格地址而非名称。

图 12-13　方案变量值对话框

点击"添加"按钮以输入下一方案变量值。现在，就另外两种方案重复上述步骤，分别采用"预期方案"和"最坏方案"名称。同时，输入表 12-5 中对应的值。

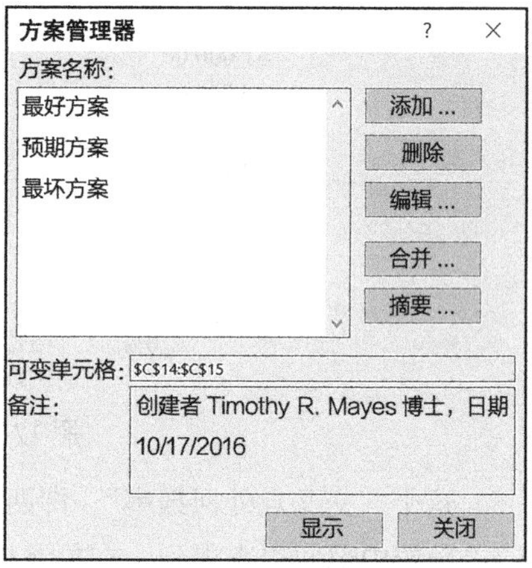

图 12-14 给出了三种方案变量值输入完成后的对话框。

现在，选中方案名称并点击"显示"按钮，这样就可以更换工作表以显示所选择的方案。例如，如果选中"最坏方案"并点击"显示"按钮，维修费用和废品损失单元格就会发生变化，而且工作表也会更新。现在，你就可以看到这些变动对现金流

图 12-14　方案管理器

和盈利能力衡量指标的影响。（例如，在最坏的方案下，净现值为 14 277.70 美元）。

选择方案名单中的"预期方案"，然后按"显示"按钮，就可以返回到原始数据。此种类型的灵活度就是工作表设计合理的一种体现。只有当能熟练运用公式而不是重新输入数据时，才能用好情景分析方法。

要是能看到各种情景的汇总情况，那就会非常有用。其实，我们可以做到这一点。但首先要退出方案管理器，同时要给单元格区域 B25:B30 的每个单元格定义名称，以方便理解输出的结果。现在，重新打开方案管理器，点击"摘要"按钮。出现"方案摘要"对话框后，选择单元格区域 B25:B30 作为"结果"单元格，然后点击"确定"。Excel 就能自动生成一张新的工作表，并显示变动值及对应的盈利能力衡量指标。图 12-15 给出了这一摘要工作表。

这里，我们定义了 3 种简单的情景方案。不过，其他问题可能需要更多的情景方案或者

可变量。根据计算机内存容量，尽可能多地确定一些情景方案，但只有前251种才会显示在情景方案汇总工作表中。另外，每种情景方案的可变单元格上限为32个。请注意，这里可以安全删除"当前值"一列，因为它显示的数据与"预期方案"相同。用默认值定义情景方案总是一个好办法。因为，这样可以很方便地使工作表返还原始值。

方案摘要				
	当前值：	最好情方案	预期方案	最坏方案
可变单元格：				
维修费用	5.000	2.000	5.000	8.000
废品损失	2.000	1.000	2.000	5.000
结果单元格：				
投资回收期	2.58	2.33	2.58	3.09
折现回收期	3.53	3.08	3.53	4.25
净现值	27.552.24	36.401.93	27.552.24	14.277.70
盈利能力指数	1.44	1.58	1.44	1.23
内部回报率	30.95%	35.85%	30.95%	23.41%
修正的内部回报率	23.69%	26.03%	23.69%	19.82%

图 12-15　至尊鞋业公司的情景方案摘要报告

12.5　最优资本预算

财务经理所面临的一个重要问题就是公司资本预算的规模应该选择多大。一种常用的解决方法是资本限额。资本限额（capital rationing）指的是对多以投资为目的的资本支出实施硬性限制。然而，资本限额从理论上讲往往有悖于公司的目标。为了使股东财富最大化，公司必须接受所有净现值为正值的项目。我们知道，净现值为正值的项目应能弥补融资成本（加权平均资本成本）。实际上，净现值为正值的项目能够自动清偿贷款，所以通过筹集所需要的资金来进行投资并没有问题。不管需要筹集多少资金，只要存在净现值为正值的项目，公司就应该继续投资直到投资成本超过将来能获取的收益。[10]

12.5.1　无资本限额的最优资本预算

根据第11章的介绍，公司的加权平均资本成本会随着所筹集资本金额的增加而增加。当不存在资本限额时，我们就可利用这一点来确定公司的最优资本预算。简单地讲，我们将所有项目按其内部回报率进行排序，然后将排序结果与边际加权平均资本成本做比较。

回想一下第11章中落基山汽车公司这一实例，同时创建一张与图11-8类似的工作表。假设落基山汽车公司有10个潜在的新的投资项目，如果按照现有的10.51%的加权平均资本成本，那么每个投资项目都会盈利。（换言之，所有投资项目的内部回报率都大于10.51%。）表12-6给出了这些项目的有关资料。

表 12-6　落基山汽车公司的投资项目

成本（美元）	累计成本（美元）	内部回报率（%）
445 529	445 529	15.02
439 207	884 736	15.87
407 769	1 292 505	16.51
396 209	1 688 714	16.16
271 477	1 960 191	15.38
201 843	2 162 034	11.69
189 921	2 351 955	13.82

（续）

成本（美元）	累计成本（美元）	内部回报率（%）
146 661	2 498 616	12.19
138 298	2 636 914	11.48
74 950	2 711 864	13.00

在落基山汽车公司工作表中输入表 12-6 中的数据。其中，先在单元格区域 A22：C22 输入标记。在单元格 B23 中输入计算累计成本的公式 "=SUM(A\$23：A23)"，之后将该公式复制到其他单元格中。确定最优资本预算的第一步就是按照项目的内部回报率将它们重新排序。选中单元格区域 A22：C32，然后点击"开始"标签上的"排序和筛选"按钮。由于我们想要按照第 3 列进行排序（不是第 1 列，第 1 列是默认的排序列），我们要从菜单中选择"自定义排序"。从"排序依据"名单中选择内部回报率，并从"次序"名单中选择"降序"。这样得到的内部回报率排序列表被称为投资机会需求（IOS）。

下一步，我们想要把项目的内部回报率加到之前创建的边际加权平均资本成本表中（见图 11-8）。要加上新数据，在图表区右击鼠标，然后在快捷菜单中选择"选择数据"。在弹出的对话框中，点击"添加"按钮以创建新数据系列。键入"投资机会需求"作为系列的名称，然后输入 B23：B32 作为 X 轴的值，C23：C32 作为 Y 轴的值。最后，请注意，边际资本成本计划表的金额最高只达到 900 000 美元，但投资机会计划需求表中的金额却已经超过 2 700 000 美元。把单元格 A20 中的数字改成 3 000 000 就可以调整这个差额。至此，所创建的工作表应如图 12-16 所示。

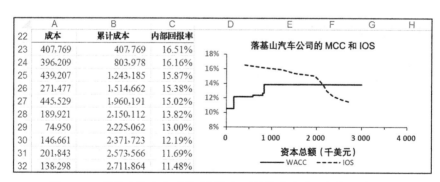

图 12-16 落基山汽车公司的边际加权平均资本成本和投资机会需求

根据第 11 章的介绍，我们可以把投资机会需求线套入阶梯函数。其过程与之前的做法完全一样：我们必须为累计成本和内部回报率加上额外的数据点，所以针对每次内部回报率的变化，我们就会有两个数据点。完成之后，我们只要鼠标右击 IOS 表，从快捷菜单中选择"选择数据"，就可以编辑数据系列。现在，编辑 X 轴和 Y 轴的数据范围。完成后，所创建的图表应如图 12-17 所示。

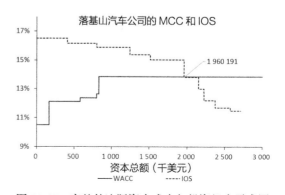

图 12-17 完整的边际资本成本与投资机会需求图

没有资本限额的最优资本预算就是边际加权平均资本成本折线和投资机会需求折线相交处的资本总额水平。在此例中，最优资本预算应该为 1 960 191 美元。换言之，我们应该选择5 个项目中内部回报率最高的那一个。

12.5.2　资本限额下的最优资本预算

尽管从技术上看是不合理的，但资本限额的确普遍存在。那么当存在资本限额时，我们该怎样确定最优资本预算呢？在这种情况下，我们所要找的项目组合应能在资本约束下实现净现值总额的最大化。

当有很多净现值为正值的项目可供选择时，这可能是一个很烦琐的过程。举例来说，假设我们有 4 个净现值为正值的项目可选。我们必须至少选择一个项目，但也可以多达 4 个。如果我们要查看这 4 个项目所有可能的组合，那我们就要研究 16 种可能的组合。随着项目数量的增长，组合的数量会以更快的速度增长。通常来说，会有 2^N 种可能的组合，其中 N 就是净现值为正值的项目数量。请注意，这里的计算不考虑净现值为负值的项目。当然，后面的分析也不考虑这种情况。原因在于我们不能通过增加一项净现值为负值的项目来提高净现值总额。[11]

Excel 提供了一个叫作规划求解器的工具，可以用于任何类型的约束最大化或最小化条件下的求解问题。我们可以在求解器所显示的对话框中指定需要优化的单元格，即可能发生变化的单元格，以及指定求解器运行所必须受到的约束。然后，规划求解器就会找到最佳解决方案。让我们来看下面这个例子。

由于市场对高压阀门的需求持续下降，美国法拉米阀门公司（FVCA）正在考虑向其他行业拓展。美国法拉米阀门公司的经理已经确定了 13 项潜在的投资项目（见图 12-18）。这些投资项目的总成本为 7 611 990 美元，但是投资总额最多只能限于 3 000 000 美元。你的工作就是要确定该公司可以选择的项目组合。

由于总共有 13 个可接受项目，所以要分析 8 192（=2^{13}）种可能的项目组合，并在控制总成本不超过 3 000 000 美元的前提下，确定哪一种组合的净现值总额最大。除非有计算机可用，否则计算这个问题的答案会耗费很多时间。这里，我们把图 12-18 中的数据输入一张新的工作表中。

为求解这一问题，我们必须找到一种方法来确定那些所选定项目的成本总额和净现值。由于每个项目只能是被选或者不被选，所以这种情况非常适合采用二进制变量。二进制变量（binary variable）是二者择一的变量，最常见的是 0 或者 1。这里，我们创建一列，输入数字 0 或 1，其中 1 表示项目被选中，而 0 表示项目被否决。至此，所创建的

	A	B	C	D
1		最优资本预算		
2		资本限额下		
3	项目	成本	净现值	包括
4	A	237,005	84,334	1
5	B	766,496	26,881	1
6	C	304,049	23,162	1
7	D	565,178	82,598	1
8	E	108,990	20,590	1
9	F	89,135	90,404	1
10	G	795,664	18,163	1
11	H	814,493	97,682	1
12	I	480,321	52,063	1
13	J	826,610	53,911	1
14	K	734,830	56,323	1
15	L	910,598	88,349	1
16	M	978,621	69,352	1
17	总计	7,611,990	763,812	13
18	限额	3,000,000		

图 12-18　美国法拉米阀门公司的资本预算问题

工作表应如图 12-18 所示。

请注意，我们一开始就已经把单元格区域 D4：D16 中的每个单元格设置成 1。此外，鉴于问题的性质，我们不能用一般的 **SUM** 函数来加总 B 列和 C 列中的金额。如前所述，我们只需计算所有被选项目的成本总额和净现值总额。虽然可采用若干计算方法，但我们要选用数组公式。[12]

数组公式（array formula）用于对某个区域的每一要素的运算，但同时又不对它们进行单独指定。所以，数组公式书写方便，且节省空间。为在单元格 B17 中计算入选项目的总成本，我们希望编写这样一个公式，它能把 B 列中的成本与 D 列中对应的值（0 或 1）相乘，然后累积统计结果。一种方法就是输入以下公式"=B4*D4+B5*D5+B6*D6…"。不过，这会是一个很长的公式，而等效的数组公式为"=SUM(B4：B16*$D4：$D16)"。显然，这个公式不仅要短得多，而且简单易懂。

Excel 无法读懂这个公式，除非以特别的方式输入。为此，必须按住 Shift+Ctrl+Enter 组合键来输入数组公式。正确输入数组公式之后，显示在编辑栏的数组公式被括于大括号"{}"内。单元格 B17 中的公式显示为"{=Sum(B4：B16*$D4：$D16)}"。请注意，这里并不需要手动键入大括号。大括号在公式编辑栏中显示仅起到指示公式为数组公式的作用。如果单元格 B17 中出现"#VALUE"错误，那么很有可能是你在按下 Enter 键的同时没有按下 Shift+Ctrl 键。接着，将公式从单元格 B17 复制到单元格 C17。至此，所得的总额应与图 12-18 中的数额一样。

这里重述一下我们所要解决的问题：在两个约束条件下，通过变动单元格区域 D4：D16 的单元格值使单元格 C17 中的净现值总额最大化。第一个约束条件就是单元格 B17 中的总成本必须小于或等于 3 000 000。此外，我们必须将单元格区 D4：D16 中的数值限制为 0 或 1，但不能取非整数值（必须是二进制值）。

从"数据"标签的"分析"组中启动规划求解器。[13] 在"设置目标单元格"编辑框中，输入"C17"。接着，点击"最大值"单选按钮，以指示规划求解器最大化单元格 C17 中的公式。请注意，在不同的情况下，我们也可以最小化此项公式或者将它设置成一个特定值。然后，我们要指示规划求解器可以通过变动哪些单元格来找到答案。在"可变单元格"编辑框中输入"D14：D16"。

解答许多优化问题的最难一步就是设置恰当的约束条件。在本题中，我们有两个约束条件，而且只需要两条程序指令就能加以充分说明。在其他情况下，可能需要不止一条程序指令对单个约束条件加以充分说明。添加约束条件时，点击"添加"按钮。在显示的第二个对话框内，我们可以输入单元格引用位置（或单元格区）和约束条件。请注意，如图 12-19 所示，对话框的正中间位置有一个下拉列表，用来描述一些可选的关系：<=、=、>=、int、bin以及 dif。最后三个属于整数约束条件，"int"指示规划求解器单元格中的数值必须为整数，"bin"则表明它们必须为 0 与 1 中的一个，而"dif"作为一类整数约束，容许用户规定范围内的所有单元格必须相异。

为添加第一项约束条件，在"单元格引用"编辑框中输入"B17"，选择"<="，然后在"约束值"编辑框中输入"B18"。这样就能确保总成本小于 3 000 000 美元这一约束条件。对于第二个约束条件，我们必须设置单元格区域 D4：D16 中单元格值为二进制（0 或 1）。添加

了这项约束条件后，题目就迎刃而解了。

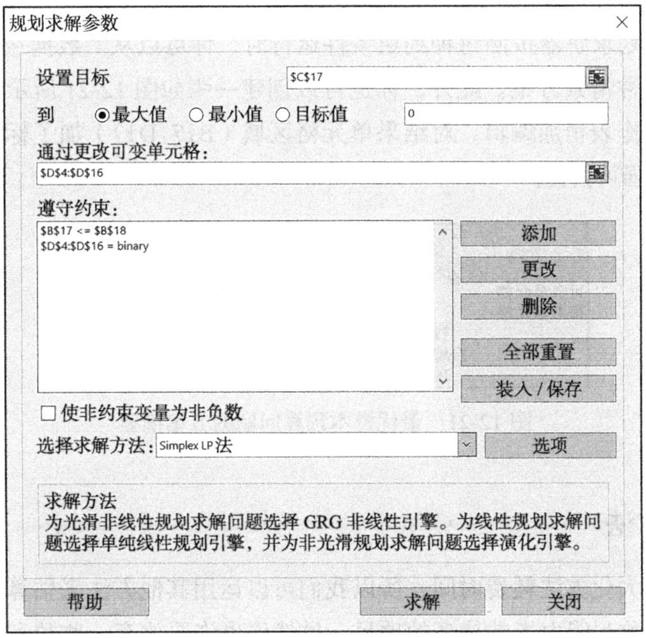

图 12-19　规划求解器对话框

由于存在许多可能的解，规划求解器的默认配置可能无法找到解，或是只能找到非最优解。在规划求解器主对话框中，选择 Simplex LP 法，毕竟这里要处理的是线性计划问题。现在，点击"选项"按钮，此时就会出现另一个对话框，其中包括你可以设置的选项。大部分选项超出了本书的内容范围。设置"最长运算时间"为至少 500 秒（如果你的计算机运行速度很慢，可以设置得更高）和"迭代次数"为至少 500 次。这两项选项用于控制规划求解器尝试解答问题的时间（它们是最大值，但一旦规划求解器找到解，就会停止）。因为这里的约束实际上为整数约束，所以不可选择"忽略整数约束"项，并将"整数优化"设定为 0。后者属于收敛差异要求，5% 的默认值太大而无法找到问题的最优解。

最后，点击"求解"按钮，这样求解器就可开始计算。一旦规划求解器找到解，就会弹出一个对话框，问你是要保存解还是返回初始值。如果你选择保存最优解，那么所建的工作表就会如图 12-20 所示。请注意，这里选定的是项目 A、C、D、F、H 以及 L，因为这些项目的"包括"列显示了整数 1。

关于规划求解器的最后一点就是，你可将约束条件 3 000 000 美元换成任一个其他值，然后再次运行规划求解器。由于规划求解器的设置是被保存的，因此不需要每次重新输入数据。

此外，一旦找到最优解，你可以将它作为一个

	A	B	C	D
1		最优资本预算		
2		资本限额下		
3	项目	成本	净现值	包括
4	A	237,005	84,334	1
5	B	766,496	26,881	0
6	C	304,049	23,162	1
7	D	565,178	82,598	1
8	E	108,990	20,590	0
9	F	89,135	90,404	1
10	G	795,664	18,163	0
11	H	814,493	97,682	1
12	I	480,321	52,063	0
13	J	826,610	53,911	0
14	K	734,830	56,323	0
15	L	910,598	88,349	1
16	M	978,621	69,352	0
17	总计	2,920,458	466,529	6
18	限额	3,000,000		

图 12-20　美国法拉米阀门公司资本预算的最优解

指定的情景方案加以保存，然后运用情景分析工具查看所有不同的情景方案。例如，我们可以用 3 000 000 美元、5 000 000 美元和 7 000 000 美元三种不同的总投资约束条件来创建不同的情景方案。当规划求解器按照每种约束条件运行时，你可以从"数据"选项卡中选择"模拟分析"来查看各种情景方案。此外，你也可以创建一张如图 12-21 所示的方案摘要表。在本例中，我们对工作表稍加编辑，对结果单元格区域（B17:D17）加了标记，并且设置可变单元格为隐藏以增强可读性。

方案摘要		限额为 $3,000,000	限额为 $5,000,000	限额为 $7,000,000
可变单元格：				
结果单元格：				
	投资总额	2,920,458	4,919,171	6,816,326
	净现值总额	466,529	641,695	745,649
	项目数量	6	9	12

图 12-21　最优资本预算问题的方案摘要

12.5.3　其他方法

由于净现值最大化方法耗费时间，所以我们可以运用其他方法来估算近似的最优资本预算。首先就是选择盈利能力指数最高的项目。虽然你也许要放弃一些盈利能力指数较高的项目，而且很有可能无法获得最大的净现值，但这样求解往往比净现值最大化方法要省时间。作为替换方法，我们也可以选择具有最高内部回报率的项目。但是，如果项目的规模差别巨大，那么就会产生误导（就像落基山汽车公司例子中那样）。

本章小结

公司财务经理最重要的职责之一就是做出资本预算。本章介绍了如何计算相关现金流以及如何通过评估现金流来确定接受此项目的盈利情况。表 12-7 汇总介绍了 6 种盈利能力指标。

表 12-7　盈利能力指标汇总

盈利能力指标	接受标准
投资回收期	≤最长允许期
折现回收期	≤最长允许期
净值	≥0

（续）

盈利能力指标	接受标准
盈利能力指数	≥1
内部回报率	≥加权平均资本成本
修正的内部回报率	≥加权平均资本成本

另外，本章介绍了 Excel 的情景分析和规划求解器工具。情景分析工具便于我们比较基于各种输入数据的结果。运用规划求解器工具，我们就能为模型中的单元格找到最优值。

本章介绍的函数列于表 12-8 中。

表 12-8　本章介绍的函数

用途	函数
计算直线法折旧额	**SLN**(*COST, SALVAGE, LIFE*)
进行纵向寻找	**VLOOKUP**(*LOOKUP_VALUE, TABLE_ARRAY, COL_INDEX_NUM, RANGE_LOOKUP*)
计算可变余额法折旧额	**VDB**(*COST, SALVAGE, LIFE, START_PERIOD, END_PERIOD, FACTOR, NO_SWITCH*)
处理错误	**IFERROR**(*VALUE, VALUE_IF_ERROR*)
计算 MACRS 法折旧额	**FAME_MACRS**(*COST, MACRSCLASS, YEAR, TABLE*)

（续）

用途	函数
计算投资回收期	**FAME_PAYBACK(*CASHFLOWS*, *RATE*)**
计算内部回报率	**IRR(*VALUES*, *GUESS*)**
计算修正的内部回报率	**MIRR(*VALUES*, *FINANCE_RATE*, *REINVEST_RATE*)**

练习题

1. 你正在考虑投资 A 和 B 两个项目。两个项目的成本均为 115 000 美元，且预计现金流情况如下表所示：

年数	项目 A（美元）	项目 B（美元）
1	7 188	51 750
2	21 562	38 812
3	40 250	28 750
4	50 315	21 563
5	57 500	14 375

（1）假设加权平均资本成本是 9.4%，计算两个项目的投资回收期、折现回收期、净现值、盈利能力指数、内部回报率以及修正的内部回报率。如果两个项目互斥，应该选择投资哪一个项目？

（2）为项目 A 和 B 创建一张净现值曲线图。两个项目交叉点处的回报率是多少？

2. 大洋城水上公园正在考虑购买一条新的急滑水槽。购买此项设备的成本为 5 000 000 美元，且还需额外花费 380 000 美元的设备安装费。此项设备的预期寿命为 6 年，且采用 7 年类别的 MACRS 折旧。公司管理层预计这条急滑水槽每天能运行 150 次，平均每次乘坐 25 名乘客。每年水上公园的运营期为 120 天。第一年，每位乘客的票价预计为 5.25 美元，且之后每年增长 4%。每位乘客的可变成本是 1.40 美元，且每年的总固定成本为 425 000 美元。6 年后，急滑水槽将被拆除，成本为 215 000 美元，而拆除的部件将以 450 000 美元的价格售出。资本成本为 8.5%，且边际税率为 35%。

（1）计算初始成本、各年的年度税后现金流以及剩余现金流。

（2）计算新设备的净现值、内部回报率以及修正的内部回报率。此项目可接受吗？

（3）创建数据表以反映净现值、内部回报率以及按照 3 年、5 年、7 年、10 年、15 年和 20 年类别 MACRS 计算的修正的内部回报率。

（4）运用"单变量求解"工具计算为使项目被接受，第一年必须收取的最低票价。

3. 艾洛易零食公司（Arroy Snackfoods）正在考虑更新原价为 50 000 美元的现有设备。该现有设备按使用寿命 10 年、残值为零进行直线法折旧，目前可按 40 000 美元的价格售出。考虑购进的新机器设备价格为 190 000 美元，预期使用寿命为 5 年，按照 5 年类别的 MACRS 法进行折旧。5 年后，该设备的残值为 20 000 美元。预计新设备的运行效率更高，燃料成本每年可节约 6 000 美元。此外，使用新设备可减少一名全薪员工，从而每年可节约 54 000 美元。公司的边际税率为 35%，加权平均资本成本为 7.5%。

（1）创建经营现金流量表并计算该更新项目的回报率、折现回报率、净现值、内部回报率以及修正的内部回报率。可以接受该更新项目吗？

（2）当折现率为多少时保留现有设备与更新现有设备两者之间没有区别？

4. 芝加哥火鸡（Chicago Turkey）正在考虑投资开办一家新的火鸡农场，为其西部地区的店铺提供货源。这些店铺目前每年需要火鸡 650 000 只，而且是从当地不同的火鸡农场以平均每只 8 美元购得。经营者相信，他们的新农场将使每只火鸡的成本降到 7 美元，同时维持每只 10 美元的平均售价。但是，由于经营活动的集中特点，运费将从原来的每只 1.00 美元上升到每只 1.25 美元。公司需要把活火鸡的存货提高 45 000 美元。购买土地将花费 150 000 美元，建造房屋和购买设备将花费 300 000 美元。此外，人工费用每年将会增加 250 000 美元。房屋和设备将用直线法按 5 年期折旧，残值为 100 000 美元。5 年后，公司将以 300 000 美元的价格将农场售出（房屋和设备 100 000 美元，土地 200 000 美元）。公司的边际税率为 35%。此外，请注意土地不能折旧。

（1）计算此项目的初始成本、税后现金流以及剩余现金流。

（2）假设加权平均资本成本为 11%，计算投资回收期、折现回收期、净现值、盈利能力指数、内部回报率以及修正的内部回报率。

（3）管理层对你分析中的几项变量还不是很确定，所以要求你提供三种情景方案。

情景方案	人工费用（美元）	房屋残值（美元）	土地残值（美元）
最好方案	200 000	150 000	300 000
预期方案	250 000	100 000	200 000
最坏方案	350 000	20 000	40 000

运用上表中的信息创建一张情景分析表并说明此项投资的盈利能力指标。（注意：房屋的残值是实际预测残值，并不是折旧所用残值。）

5. 伊顿医疗器械公司（Eaton Medical Devices）的财务总监决定来年公司的资本投资预算为 5 000 000 美元。遗憾的是，此金额并不足以支付公司所有可选项目中净现值为正值项目的成本。

项目	成本（美元）	净现值（美元）
A	922 775	106 728
B	488 486	50 524
C	1 432 913	244 053
D	892 192	77 709
E	166 844	15 277

项目	成本（美元）	净现值（美元）
		（续）
F	1 159 674	66 922
G	2 697 950	107 166
H	239 625	69 015
I	1 777 453	52 614
J	884 841	49 296

要求从上表所列示的投资项目中选择值得投资的项目。

（1）假定公司的目标是最大化股东财富，那么请运用规划求解器决定上述项目中有哪些可被列入预算？（注意：确认已选规划求解器"选择求解方法"中的"单纯线性规划"，关闭"忽略整数约束设定"。）

（2）假定财务总监通知你项目 A 和 B 为互斥项目，且二者必选其一。更改规划求解器的约束条件以包含新信息，之后求出新的解（采用上一小题中的相同选项）。

（3）不考虑（2）中的约束条件。现在财务总监通知你项目 I 对公司的生存具有重大战略意义。鉴于此原因，项目 I 必须入选。此时，哪些项目必须选择？

（4）为什么上述三个小题中的不同约束会带来不同的结果？在哪种情况下产生的总投资最大？在哪种情况下产生的总净现值最大？

（5）如果按盈利能力指数来对这些项目进行排序，并按总约束为 5 000 000 美元进行项目选择，那么所得的结果与按净现值进行优化的结果相同吗？利用 **RANK.AVG** 函数按盈利能力指数的降序来排列这些项目。

注释

1. 大多数资产属于 3 年、5 年、7 年、10 年、15 年或 20 年类别。有些资产可在更长的期间内折旧。如要了解美国国家税务局第 946 号出版物，可访问 www.irs.gov/publications/p946/ch04.html。

2. 参见第 1 章"利用用户自定义函数"部分以便了解更多有关加载函数方面的信息。

3. 如果所有名义现金流为等额（年金），那么可以用 **NPER** 函数。此项函数计算使现金流现值等于买价的年金付款总期数。如果将折现率设为 0，我们也可以运用此函数计算年金的一般投资回收期。

4. 从理论上讲，如果做决定时的资产实际价值低于价格，则没有人会购买此项资产。购买一项资产时，该项资产的成本最多与该资产对购买者个人的价值相等（假设交易属于自愿的）。

5. 值得注意的是，我们讨论的是经济成本，并不仅仅是会计成本。特别地，经济学家会考虑资本成本和任何其他机会成本。会计成本则不考虑资本成本和任何其他机会成本。所以，净现值其实就是项目所产生的经济利润。

6. 独立项目不存在这种问题，因为所有净现值为正值的独立项目（内部回报率＞要求回报率）都可以接受，换言之，并不需要进行排序。

7. 若有兴趣，建议读者学习"笛卡尔符号法则"以加深了解这方面的知识。

8. 这也可以解释为什么我们不能直接求解内部回报率：我们必须知道内部回报率才能知道再投资回报率，所以如果不知道再投资回报率，我们也就不能求得内部回报率的解。

9. 参见 T. Arnold and T. Nixon, "An Easy Method to Introduce MIRR into Introductory Finance," Advances in Financial Education, Vol 11（3013），pp. 70-74。

10. 根据经济学课程的介绍，为了使利润最大化，公司应该持续生产直到边际成本等于边际收入。此处概念相同，只是所处环境不同。此外，我们按现值评估成本和效益。此外，第 13 章将考虑风险因素。

11. 严格来讲，也不完全如此。就多期现金流约束条件下的多期资本预算方案而言，如果能在合适的时间提供需要的现金流，那么即使加入了净现值为负的项目，净现值总量仍有可能增加。

12. 我们也可以运用 **SUMIF** 函数或者 **SUMPRODUCT** 函数。

13. 如果你没有见到"规划求解"按钮，那么就需要激活求解器插件。点击"文件"标签，之后点击"Excel 选项"按钮。你可以从加载项中激活规划求解器。

第13章

风险和资本预算

通过本章学习，应能：
- 说明财务分析中常用的五个主要统计指标并能手工或用 Excel 加以计算
- 解释将风险因素融入资本预算决策中的五种方法
- 运用数据表和方案管理器进行敏感性分析和情景分析
- 通过蒙特卡罗模拟法确定一项投资的预期净现值

　　风险是一个较难定义的概念。当然，对于在鲨鱼经常出没的水域游泳之类的风险，大部分人显然能识别出来。只要对风险情形稍加考虑，就会发现所有风险具有一个共同点，那就是结果和可能损失的不确定性。很多时候，我们会面临生命和钱财的损失。不过，本章关注的主要是发生财务损失的可能性。具体地说，我们会认为损失可能性越大，风险就越大。

　　在本章中，我们首先试图衡量投资的风险性，然后考虑如何根据度量出的风险来调整决策过程。在第14章里，我们将讨论如何通过分散投资来降低风险。

13.1　若干实用统计概念的介绍

　　任何具有不确定结果的情形可以说都具有概率分布，简单说来就是一张各种可能结果的列表及其相应的概率。如果可能产生的结果数量有限，那么这种概率分布被称为离散型概率分布；如果可能产生的结果数目为无穷，那么这种概率分布就是连续型概率分布。图13-1分别描述的是连续型概率分布和离散型概率分布。如果我们有足够多的可能结果，那么离散型概率分布就会近似于连续型概率分布。为简化起见，本章的例题只考虑离散型概率分布。

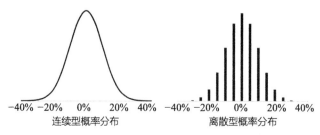

图13-1　连续型概率分布与离散型概率分布

作为概率分布类型之一，正态分布（normal distribution）具有众多特性，所以其用途特别引人瞩目。特别地，正态分布完全可以用其均值和方差来描述，而且这两个概念可帮助我们更好地理解风险。

13.1.1 期望值

某一分布的期望值（expected value）就是所有可能结果的加权平均值，其中的权重为各项结果的概率。假设我们可以进行上千次试验，那么期望值可以被看作最有可能产生的结果或者试验的平均结果。就离散型概率分布而言，其期望值可按下列等式给出：

$$E(X) = \sum_{t=1}^{N} \rho_t X_t \tag{13-1}$$

式中，$E(X)$ 为 X 的期望值或最有可能值；X_t 为第 t 种可能结果；ρ_t 为 X_t 发生的概率。就正态分布而言，期望值就是我们更为熟悉的算术平均值。

为说明期望值的计算，不妨假设你有机会参加一种赌博游戏。该游戏的规则是，你必须先出 200 美元才能参加游戏。表 13-1 给出了可能的回报情况。

为了决定是否参加这个游戏，我们必须比较期望回报和参加游戏的成本。如果期望现金流等于或者超过你的成本，那么参加游戏是明智的。这项游戏的期望现金流 $E(Cf)$ 为：

表 13-1　赌博游戏的概率分布

概率	现金流（美元）
0.25	100
0.50	200
0.25	300

$$E(Cf) = 0.25 \times 100 + 0.50 \times 200 + 0.25 \times 300 = 200$$

这样，在扣除参加游戏的成本后，你预期可做到不赢不亏。实际上，如果这项游戏只玩一次，那么在扣除参加游戏的成本后，你可能输掉 100 美元，但也有可能赢回 100 美元。尽管如此，最有可能产生的结果是净得利 0 美元。现金流的算术平均值为：

$$\overline{Cf} = \frac{100 + 200 + 300}{3} = 200$$

扣除成本后，不难发现两者相等。再者，此例中期望值和算术平均值相等，其原因在于这项游戏的结果呈对称分布。

有一点必须知道，很多时候对称分布的假设并不准确。如果是这样，那么本例中的算术平均值和期望值就不会相等。对于最大损失不超过投资额的 100% 而可能盈利却没有限制的许多投资项目来说，情况更是如此。此时的分布为一向右倾斜的分布图。对于这种情形，转换数据的方法常常很有用。例如，对于金融资产，我们通常计算的是相对价格的对数，而不是计算通常的变化百分比：

$$相对价格的对数 = \ln\left(\frac{P_1}{P_0}\right) \tag{13-2}$$

式中，ln 为自然对数；P_1 为期末价格；P_0 为期初价格。通过这一转换，倾斜变量就转换为正态分布变量，至少近似于正态分布变量。这样，我们就可以采用正态统计分布了。

13.1.2 离差的度量指标

不论何时使用期望值，了解实际结果平均偏离期望结果的程度往往很有用。如果潜在的离差（deviation）越大，那么期望结果或其近似结果实际发生的可信度就越低。换言之，与期望值的潜在离差越大，那么结果偏离期望结果的概率就越大。

回想一下之前所讲过的，发生损失概率大的地方，表明存在的风险也大。所以，在比较概率分布时，我们可以认为分布的潜在离差越大，发生损失的概率就越高，因此风险就越大。

1. 方差与标准差

为了度量风险，我们需要有某种方法来度量各个数据偏离均值的大小程度。我们可以运用的一种度量方法就是各个数据与其均值的平均离差。平均离差（average deviation）可按下式计算：

$$\overline{D} = \sum_{t=1}^{N} \rho_t \left(X_t - \overline{X} \right) \tag{13-3}$$

不过，根据上述定义，平均离差永远为 0。所以，我们需要另一种并不受这个缺陷影响的度量离差的方法。我们可以计算离差绝对值的平均值，但长期以来我们一直使用方差（variance）与标准差（standard deviation）。方差是各个数据关于均值离差平方的平均数，其计算等式为：[1]

$$\sigma_X^2 = \sum_{t=1}^{N} \rho_t \left(X_t - \overline{X} \right)^2 \tag{13-4}$$

因为对均值离差（deviations from the mean）进行了平方，而且平方的结果永远为正，所以方差一定为正数。[2] 方差越大，那么实际结果接近预期结果的可能性就越小，风险就越大。图 13-2 通过比较两种分布来说明这一点。

回到表 13-1 中的例子，我们可以计算出可能结果的方差：

$$\sigma^2 = 0.25 \times (100-200)^2 + 0.50 \times (200-200)^2$$
$$+ 0.25 \times (300-200)^2 = 5\,000$$

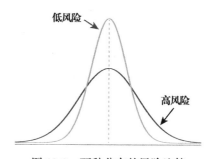

图 13-2　两种分布的风险比较

所以，可能结果的方差为 5 000。那么，这里 5 000 的单位是什么呢？在本例中，单位是美元的平方。不过，这种单位并不常见。为使这个量度更易被理解，我们通常会将方差开平方根，这样就能得到以原有单位度量的标准差：

$$\sigma_X = \sqrt{\sigma_X^2} = \sqrt{\sum_{t=1}^{N} \rho_t \left(X_t - \overline{X} \right)^2} \tag{13-5}$$

就前面所介绍的游戏一例而言，其可能结果的标准差为：

$$\sigma = \sqrt{5\,000} = 70.71$$

这一结果表明，大约有 68% 的结果将落在偏离均值一个标准差的区域内（200 ± 70.71），而大约有 95.5% 的结果将落在偏离均值两个标准差的区域内（200 ± 141.42）。此外，实际结果落在离均值 3 个标准差之外区域的概率非常小（但并不是不存在），为不到 0.30%。[3]

2. 变异系数

假设在结束最初的游戏后，你有机会再玩一次。不过，这次游戏的规模是前面的 10 倍，而玩游戏的成本也同样是前面的 10 倍。表 13-2 给出了各种可能的结果。

那么，这个游戏是否比前面的游戏具有更高的风险呢？这里的标准差为：

表 13-2　规模为之前 10 倍的相同游戏

概率	现金流（美元）
0.25	1 000
0.50	2 000
0.25	3 000

$$\sigma = \sqrt{0.25 \times (1\,000 - 2\,000)^2 + 0.50 \times (2\,000 - 2\,000)^2 + 0.25 \times (3\,000 - 2\,000)^2}$$
$$= 707.106$$

由于新游戏的标准差是之前的 10 倍，所以新游戏看起来风险更高。不过，我们知道高风险与发生高概率损失相关。在新游戏中，你遭受损失的概率保持不变（25%）。由于损失的概率不变，所以风险应该也保持不变。

显然，标准差有一个规模问题。换言之，数字越大，标准差也越大，即使相对离散程度保持不变。变异系数（coefficient of variation）通过将标准差除以均值来处理这一规模问题。所以，变异系数度量的是单位收益面临的风险：

$$\gamma_X = \frac{\sigma_X}{E(X)} \tag{13-6}$$

如果新游戏的确比之前的游戏风险更高，那么变异系数也会更高。我们来比较一下两个游戏的变异系数：

$$\gamma_1 = \frac{70.710\,6}{200} = 0.353\,5$$
$$\gamma_2 = \frac{707.106}{2\,000} = 0.353\,5$$

因为 $\gamma_1 = \gamma_2$，所以两个游戏一定具有相等的风险。如果两种分布的期望值差异较大，那么变异系数就很有用。如果不考虑期望值，标准差就没有任何意义。由于变异系数度量的是风险相对于收益的水平，所以我们可以用它来比较投资项目，而不必考虑其规模。

13.2　基于 Excel 的风险度量

明白了如何评估风险之后，我们再来分析如何通过 Excel 来简化相关计算。本节主要介绍若干 Excel 内置函数以及 FameFncs.xlam 文件所提供的用户自定义函数。在进行后续操作之前，先打开插件并创建一个新的工作表。在该工作表中，我们将输入一个关于资本预算项目实例的数据。

【实例】鲜冻鱼公司

鲜冻鱼公司（Freshly Frozen Fish Company）目前正在推销冻鱼肉及其他相关产品。在研究公司扩张策略时，公司管理层决定就增设一条冷冻鲶鱼肉生产线的可能性进行调研。为进入鲶鱼行业, 公司需要在亚拉巴马州西部购买 80 英亩[⊖]的鲶鱼渔场, 其中土地费用为 250 000 美元, 房屋和设备费用为 400 000 美元。房屋和设备按 MACRS 方法下的 20 年类别进行折旧。第 5 年年末, 管理层预计可按 550 000 美元的价格售出渔场 (其中土地 350 000 美元, 房屋和设备 200 000 美元)。

按照公司营销部门的估计, 公司第一年能以每磅 2.50 美元的批发均价售出 200 000 磅鲶鱼。之后每年的产品需求预计将以每年 8% 的速度增长。预计变动经营费用平均为销售总额的 60%, 而固定成本 (不包括折旧) 将为每年 80 000 美元。公司的边际税率为 35%, 加权平均资本成本为 10%。

在确定项目的风险情况之前, 我们必须先确定它的成本和每年的现金流。这里, 我们先将题目中的所有数据从单元格 A1 开始输入工作表中。从诸如上述题目中提取数据的最简单方法就是按照数据出现的顺序依次输入工作表。当然, 不要忘了给每一行加标记。这样, 就不容易错过任何一个重要的数据。图 13-3 所显示的正是这些数据和标记。正如后面所做的那样, 必要时可对此图进行重新排列。

我们在第 12 章中提到过, 这里的第一项工作就是确定初始投资。不过, 第 12 章的实例题为置换题, 与本章的实例题略有不同。尽管如此, 我们仍然可以采用完全相同的方法来确定现金流。只要明白项目属于全新的投资, 那么就不存在任何设备置换问题, 所以与出售旧设备相关的现金流可设置成 0。不过, 采用的方法完全相同。

在继续操作之前, 我们花些时间以便在工作表上设置计算区域。这里, 我们要明白

	A	B
1	冷冻鲶鱼肉项目	
2	土地成本	250.000
3	房屋和设备成本	400.000
4	MACRS 类别	20
5	项目寿命 (年)	5
6	土地剩余价值	350.000
7	房屋和设备剩余价值	200.000
8	第一年鲶鱼的销量 (磅)	200.000
9	每磅销售价格	2.50
10	产品销量增长率	8%
11	变动成本占销售额的百分比	60%
12	固定成本	80.000
13	税率	35%
14	加权平均资本成本	10%

图 13-3 鲜冻鱼公司的输入值

5 年里每一年的年度税后现金流都会不一样。为了使一切尽量简单化, 我们把计算设置成经营现金流的格式: 类似于利润表但只包括经营现金流。为此, 在单元格 A16 中输入标记 "冷冻鲶鱼肉项目的年度税后现金流", 并将其在单元格区域 A16:G16 内居中。接着, 在单元格 B17 中输入 "0", 再用 "自动填充" 功能将它扩展到 G17 中的 5。现在, 对该单元格区域应用自定义数字格式: "Year" 0。

我们对本例特意进行了简化, 所以这里没有发生运费、安装费、培训费或者建造费用。初始投资仅仅为土地和房屋的成本。在单元格 A18 中, 输入 "初始投资"; 在单元格 B18 中输入 "=-(B2+B3)"。这样, 我们得到的初始投资是一个负数。显示的结果为 -650 000 美元。

下一步要计算每年的年度税后现金流。如上所述, 每年的现金流并不相同, 因为销售额和变动经营费用预计每年增长 8%。另外, 每年的折旧费用也会不同, 因为这里采用的是加速折旧法折旧, 而不是采用直线法折旧。这样, 我们可以按下式来计算每年的年度税后现金流:

$$ATCF_N = (S_N - V_N - F_N - D_N)(1-t) + D_N$$

⊖ 1 英亩 = 4 046.856 422 4 平方米。

式中，S_N 为第 N 年的收入总额；V_N 为变动成本总额；F_N 为固定成本；D_N 为每年的折旧费用；t 为边际税率。上述等式除了根据本章的问题略做修改以外，与第 12 章中的等式完全一样。经营现金流表也用到了这个等式，不过采用的是纵向格式。

在单元格 A19 中输入标记"销售额"。我们在单元格 C19 中计算第一年的销售额，即产品销售量（200 000 磅）乘以销售单价（2.50 美元），所以等式为" =B8*B9"。我们得到第一年的销售收入为 500 000 美元。接下来每一年的销售额比前一年增长 8%，所以在单元格 D19 中输入" =C19*(1+$B$10)"。现在，将该公式复制到单元格区域 E19：G19 中。为核对起见，请注意在这些假设条件下第 5 年的销售额将增长到 680 244.48 美元。

接下来要计算每年的变动成本。为此，在单元格 C20 中输入" =C19*$B$11"，并将其复制到单元格区域 D20：G20 中。在单元格 A20 中输入该行的标记"变动成本"，在单元格 A21 中输入标记"固定成本"。之后，在单元格 C21 中输入" =$B$12"，并将其复制到单元格区域 D21：G21 中。

折旧费用将在第 22 行计算，所以在单元格 A22 中输入标记"折旧费用"。因为我们采用 MACRS 计算折旧，所以要运用 FameFncs.slam 插件中的 **FAME_MACRS** 函数（参见第 12 章）。如前所述，该函数的定义为：

FAME_MACRS (*COST*, *MACRSCLASS*, *YEAR*, *TABLE*)

其中，*TABLE* 是可选参数，用于告诉函数采用精确计算还是表格中的百分比。本例采用精确计算，所以在单元格 C22 中输入" =IFERROR(FAME_MACRS($B$3, $B$4, C17, FALSE), 0)"。要记住的是，对土地不可折旧，只对设备和建筑物进行折旧。请注意，这里要引用第 17 行中的年数，这也解释了为什么之前对第 17 行中要采用自定义数字格式。将单元格 C22 中的公式复制到单元格区域 D22：G22 中。这样，第 1 年的折旧费用为 15 000 美元，第 5 年的折旧费用为 22 853 美元。

现在，我们可在第 23 行计算应纳税现金流。为此，先在单元格 A23 中输入标记"应纳税现金流"。在单元格 C23 中输入公式" =C19-SUM(C20：C22)"以从销售额中扣除成本总额。然后，将该公式复制到其他列。接着，在单元格 A24 中输入标记"税费"。之后，在单元格 C24 中输入"=C22*$B$13"，并将该公式复制到单元格区域 D24：G24 中。

现在，为计算出年度税后现金流，我们必须将之前扣除的折旧费用加回来。为此，在单元格 A25 中输入标记"加：折旧"，然后再在单元格 C25 中输入" =C22"。将上述公式复制到余下的单元格中，并在单元格 A26 中输入"年度税后现金流"。最后，在单元格 C26 中输入" =C23-C24+C25"，并复制此公式到单元格区域 D26：G26 的其他单元格中。这样，可得到第 1 年的年度税后现金流 83 250 美元。

最后一笔必须计算的现金流就是剩余现金流。为此，在单元格 A27 中输入标记"剩余现金流"。根据之前的介绍，剩余现金流是发生在项目最后阶段的非经营现金流的总和。在本例中，剩余现金流包括土地和房屋的售价以及获取利得所要交纳的税费。土地不能折旧，所以出售土地获得的任何利得都应纳税。我们先在单元格 G27 中创建公式" =B6-(B6-B2)*B13"，用于计算出售土地的税后收入。

为计算出售房屋和设备的应纳税金，我们必须先确定第 5 年的账面价值，以便与残值做比较。账面价值是原始价值减去累计折旧。如果结果与残值不同，那么差额就为应纳税额。

所以，出售房屋和设备得到的现金流可由公式" =B7-(B7-(B3-SUM(C22∶G22)))*B13"计算而得。

剩余现金流为出售土地和房屋所得的税后现金流之和。所以，在单元格 G27 中输入的公式为" =B6-(B6-B2)*B13+B7-(B7-(B3-SUM(C22∶G22)))*B13"。

为汇总计算过程，这里需要增加一行。在单元格 A28 中输入"年度现金流总和"。在单元格 B28 中输入" =B18"。之后，在单元格 C28 中输入" =C26+C27"，并将其复制到余下的单元格中。对照图 13-4 检查所创建的工作表，以确保计算正确。

	A	B	C	D	E	F	G
16			冷冻鲶鱼肉项目的年度现金流				
17			第 0 年	第 1 年	第 2 年	第 3 年	第 4 年	第 5 年
18	初始投资	(650,000)					
19	销售额		500,000	540,000	583,200	629,856	680,244
20	变动成本		300,000	324,000	349,920	377,914	408,147
21	固定成本		80,000	80,000	80,000	80,000	80,000
22	折旧费用		15,000	28,875	26,709	24,706	22,853
23	应纳税现金流		105,000	107,125	126,571	147,236	169,245
24	税费		36,750	37,494	44,300	51,533	59,236
25	加：折旧		15,000	28,875	26,709	24,706	22,853
26	年度税后现金流		83,250	98,506	108,980	120,410	132,862
27	剩余现金流						543,650
28	年度总现金流	(650,000)	83,250	98,506	108,980	120,410	676,512

图 13-4　年度税后现金流量的计算

现在，我们准备计算净现值以便对此项目的优点做出初步评估。为此，在单元格 A30 中输入"净现值"，并在单元格 B30 中输入" =NPV(B14,C28∶G28)+B28"。计算所得的净现值为 91 272.55 美元，初步表明该项目是可接受的。如果计算其他盈利能力指标，那么可以得到项目的 IRR 为 13.77%，MIRR 为 12.93%，盈利能力指数为 1.14，回收期为 4.35 年，折现回收期为 4.78 年。

13.3　不确定性的引入

如果我们生活在一个具有完全确定性的世界中，那么毋庸置疑公司会接受鲶鱼肉项目。毕竟看起来股东的财富会因为此项目而增加 91 272.55 美元。遗憾的是，世界上一切都存在不确定性。即使在这个简化的例题中，很明显存在种种不确定性。例如，营销部并不真正知道公司能在第一年售出 200 000 磅的鲶鱼肉。同样，营销部也不知道是否能够以之前的假定价格每磅 2.5 美元来售出鲶鱼肉或者需求量会以每年 8% 的速度增长。客户的需求有可能远远低于预期。这样就可能导致公司遭受双重打击：不仅产品需求量低于预期，而且批发价也有可能低于每磅 2.5 美元。第一年较差的市场接受度也可能意味着之后几年较低的增长率。这些和许多其他的不确定性自然会导致预期年度现金流的不确定性，而这反过来又会导致预计净现值的不确定性。

面对着种种不确定性，有必要开发一些模型，以便我们确定净现值估算的不确定性程度。例如，我们或许希望能合理预测净现值确实小于 0 的概率。接下来的各小节将介绍如何找到这个问题的答案。

13.3.1 敏感度分析

如前所述，上述鲶鱼肉项目实例中存在许多不确定的变量。实际上，可以说几乎所有的变量都是不确定的，许多其他这里未考虑的因素也是如此。不过，有些变量对净现值的影响会大于其他变量。对每一个变量进行精确预测会耗费大量时间和精力，所以明智的办法就是专注于某个重要变量。敏感度分析这一工具可帮助我们识别出那些最为值得关注的变量。

识别的办法就是每次对一个变量做小的变动，然后观察这一变动对净现值的影响（或其他任何决策标准）。例如，我们可以将产品单价从每磅 2.50 美元降为每磅 2.25 美元（发生 −10% 的变动），然后可计算出净现值下降至 34 291.68 美元。记录这项变动，再将售价恢复为原始价格。现在，将土地的剩余价值降至 315 000 美元（发生 −10% 的变动），不难发现净现值会下降至 77 146.59 美元。显然，售价降低 10% 导致净现值的减少远远大于土地剩余价值下降的影响。所以，我们应该将更多的资源投入到如何准确确定售价上，而不是花费大量时间估算土地的价值。

上述方法存在两个问题：第一，因为只对每个变量做出一些小的变动，所以我们可能错过其中的非线性关系；第二，对每个不确定的变量都进行以上操作显得太麻烦了。我们必须每次变动一项变量，记录下净现值结果，恢复变量的原始值，再变动另一项变量，再记录下净现值结果，等等。要解决第一个问题，我们只要对每个变量多做几次变动，包括增加和减少。例如，我们可以在 −30% ～ +30% 的范围内每隔 10% 变动一次每磅的售价。但是，这只会把第二个问题的分析过程变得更加烦琐。幸运的是，Excel 提供了解决问题的途径。

1. 运用数据表

数据表是能自动执行上述过程的一种 Excel 工具。为说明其作用，我们先来设计一个简单的例子。假设我们希望知道售价从每磅 1.50 美元变动到 3.50 美元对预期净现值的影响。首先，在单元格 G5 中输入 "$1.50"，并在单元格 H5 中输入 "$2.00"。[4] 之后，用 "自动填充" 填入此列中余下单元格中的价格。接着，在单元格 F6 中输入公式。在本例中，我们关注的是净现值，所以需要输入的公式为 "=NPV(B14,C28:G28)+ B28"。

图 13-5　模拟运算表对话框

在执行数据表命令时，Excel 会自动将单元格区域 G5:K5 中的数值逐一代入模型（单元格 B9 中）并在表中记录净现值的结果。选择单元格区域 F5:K6（这是此数据表的整个区域，包括净现值公式），然后点击 "数据" 标签中的 "模拟分析" 按钮并选择 "模拟运算表"。在如图 13-5 所示的弹出对话框中，将 "B9" 输入 "输入引用行的单元格" 编辑框中。点击 "确认" 键后，所创建的工作表应图 13-6 所示。

	F	G	H	I	J	K
4				净现值对价格的敏感性		
5	单价	$1.50	$2.00	$2.50	$3.00	$3.50
6		(136,650.91)	(22,689.18)	91,272.55	205,234.27	319,196.00

图 13-6　基于不同价格的数据表

单元格区域 G6:K6 中显示的为净现值。例如，如果每磅的价格为 1.50 美元，那么净现

值为 −136 650.91 美元。同样，如果价格为 3.50 美元，那么净现值为 319 196 美元。如有必要，可以变动第 5 行中的任一或者全部的价格，而数据表会自动更新结果。

请注意，单元格 F6 中的初始净现值公式并不是数据表自身的一部分，这点很可能让人感到困惑。这里的公式只是方便 Excel 知道计算数据表时该用哪个公式。我们只要选择单元格 F6 并把字体颜色换成白色或者采用只带分号的自定义数字格式，就可以很容易地隐藏这一值。这样，数据表就更便于阅读了。

Excel 还提供除了之前所演示的数据表之外的其他种类的数据表。图 13-6 中的数据表被称作行方向单变量数据表，因为价格位于一行中。如果价格位于一列中，我们就可以创建列方向单变量数据表。创建列方向数据表时，唯一不同的做法就是要将变动单元格（B9）输入"输入引用列的单元格"编辑框中（见图 13-5）。除了表的方向不一样外，其他方面一模一样。我们也可以创建允许两个可变变量的双变量数据表。操作过程相似。如有疑问，可在线寻求帮助。

在鲶鱼肉实例中，因存在多个不确定变量，所以我们创建若干数据表。为便于比较，我们可以将上述方法稍做调整。具体而言，我们可以根据不确定变量的百分比变动创建若干数据表。这样，我们就可以很方便地比较由单位销售量变动和增长率变动所引起的两种结果。

我们从更改工作表的输入区域开始以便工作表能更好地适应此类敏感度分析。在单元格 D5 中输入"敏感度 %"，然后在单元格区域 D6：D11 的每一个单元格中输入"0%"。更改单元格 B6 使其拥有一个公式而非仅仅为一个数值。为此，在单元格 B6 中输入" =350 000*(1+D6)"。现在如果在单元格 D6 中输入"10%"，那么土地剩余价值将从 350 000 美元变动到 385 000 美元。在单元格区域 B7：B11 中也进行类似的变动，这样当我们变动其相应的百分比时，那些数值就会变动。至此，所创建的输入区域应如图 13-7 所示。请注意，我们只对 6 个变量进行敏感度分析。

	A	B	C	D
1	冷冻鲶鱼肉项目的输入值			
2	土地成本	250,000		
3	房屋和设备成本	400,000		
4	MACRS 类别	20		
5	项目寿命（年）	5		敏感度 %
6	土地剩余价值	350,000		0%
7	房屋和设备剩余价值	200,000		0%
8	第一年鲶鱼的销售量（磅）	200,000		0%
9	每磅销售价格	2.50		0%
10	销售量增长率	8%		0%
11	变动成本占销售额的百分比	60%		0%
12	固定成本	80,000		
13	税率	35%		
14	加权平均资本成本	10%		

图 13-7　敏感性分析的数值输入区域

现在，我们可以继续按类似上述的方式进行操作。首先，我们创建一张以百分比表示的数据表来计算土地剩余价值。在单元格 A38 中输入标记"土地剩余价值"。在单元格区域 B38：H38 中输入 −30% ～ +30% 的一系列数值，其间隔为 10%（−30%、−20%、−10% 等）。在单元格 A39 中，输入净现值函数公式"=NPV(B14,C28：G28)+B28"。

现在我们已经创建了表格，剩下的就是选中它，然后执行"数据表"的命令。在本例中，单元格 D6 为"输入引用行的单元格",即与土地剩余价值相对应的百分比。数据表会在单元格 D6 中代入 −30%,从而使单元格 B6 中的土地剩余价值发生变化,进而得出一个不同的净现值。接下来,数据表就会代入 −20%,依此类推。

按照相同的方法,针对每一个不确定的变量创建数据表,且每次须更改"输入引用行的单元格"(单元格 D7、D8 等)的值。最后,可得到 6 张如图 13-8 所示的数据表。请注意,正如前面所提到的那样,这里隐藏了初始的净现值公式以方便阅读。

	A	B	C	D	E	F	G	H
37				敏感度数据表				
38	土地剩余价值	−30%	−20%	−10%	0%	10%	20%	30%
39		48,895	63,021	77,147	91,273	105,399	119,524	133,650
40								
41	房屋和设备的价值	−30%	−20%	−10%	0%	10%	20%	30%
42		67,057	75,129	83,201	91,273	99,345	107,417	115,488
43								
44	第一年鲇鱼销售量(磅)	−30%	−20%	−10%	0%	10%	20%	30%
45		(79,670)	(22,689)	34,292	91,273	148,253	205,234	262,215
46								
47	每磅销售价格	−30%	−20%	−10%	0%	10%	20%	30%
48		(79,670)	(22,689)	34,292	91,273	148,253	205,234	262,215
49								
50	销售量增长率	−30%	−20%	−10%	0%	10%	20%	30%
51		66,954	74,941	83,046	91,273	99,620	108,091	116,686
52								
53	变动成本占销售额百分比	−30%	−20%	−10%	0%	10%	20%	30%
54		347,686	262,215	176,744	91,273	5,801	(79,670)	(165,141)

图 13-8　不确定变量的数据表

2. 敏感度图表

有些人只要看一眼数据表就会发现,这里最为重要的不确定变量为产品销售量、每磅价格以及变动成本占销售额的百分比。不过,另外一些人认为应该创建数据图,既可以就每个变量创建单独一张图,也可以将所有变量的数据图放在一张图中。

为了创建一张能显示所有变量的数据图,选择单元格区域 B38:H38,然后按 Ctrl 键并同时点击每个净现值系列(单元格区域 B42:H42、B45:H45 等)。创建一张散点图,并将它置于工作表中的某处。就本例中的问题而言,显示出来的有些直线会发生重叠,所以要在图中将它们区分开来不太可能。通常,情况并不总是如此。然而,即使不存在这个问题,通过给每个变量单独创建数据图,我们就会更容易判断哪个变量最为重要。特别是当存在许多变量时,单独创建数据图就更有用。

为每个变量创建一张单独的数据图往往要耗费更多的时间,而且创建时必须保证每张数据图的坐标轴刻度相一致,以便比较其斜率。这种方法的优点在于方便识别单独的数据系列。如图 13-9 所示,斜率最大的直线就是之前我们识别出的最重要的变量。

为了便于比较,每幅图中的坐标轴刻度必须一模一样。为了方便创建所有数据图,不妨复制和粘贴第一张图,然后只要更改数据区即可。要更改图中的数据系列,右击图表,然后选择"选择数据"。选择对话框中的某个数据系列并点击"编辑"按钮以更改数据区。

除了图表法之外,另一种方法就是运用 SLOPE 函数来确定每条直线的斜率。SLOPE 函数会对回归等式进行计算,然后返回斜率。SLOPE 函数的定义为:

$$\text{SLOPE}(\textbf{\textit{KNOWN\_Y'S}}, \textbf{\textit{KNOWN\_X'S}})$$

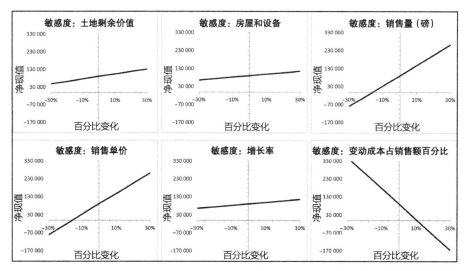

图 13-9 每个变量的敏感度图表

其中，***KNOWN_Y'S*** 和 ***KNOWN_X'S*** 分别是 *Y* 轴和 *X* 轴的数据区域。这里，*Y* 轴变量设置为净现值，而 *X* 轴变量为百分比变动。例如，用 " =SLOPE(B39：H39, B38：H38)" 可计算出土地剩余价值直线的斜率为 141 259.60。这样，我们可以将它与其他直线的斜率进行数量比较。斜率越大，变量就越重要。请注意，如果某个斜率为负数，那么可以运用 **ABS** 函数返回斜率的绝对值。将该函数加入公式使之变成 " =ABS(SLOPE(B39：H39, B38：H38))"。这样，在不考虑正负符号的情况下就可以比较数值大小。

显然，最重要的变量是产品销售量、每磅价格以及变动成本占销售额的百分比。在下节的情景分析中，我们就要用到以上三个变量。

13.3.2 情景分析

通过敏感度分析我们已识别出三个最重要的变量，但之前我们只是孤立地分析它们对净现值的影响。运用情景分析，我们就可以考察所有这些变量同时变动时的综合影响。假设在看完敏感度分析报告后要开会决定三种情景方案。表 13-3 中列出了最佳方案和最坏方案，以及基础方案，即初始的预期。表中同时也给出了每种方案的发生概率。

表 13-3 三种情景方案

变量	最坏方案 20%	基础方案 60%	最佳方案 20%
单位销售量	125 000	200 000	275 000
每磅价格（美元）	2.25	2.50	2.65
变动成本占销售额的百分比（%）	65	60	55

最坏方案是所有变量同为最差值的情况。同样，最佳方案为所有变量同为最佳值的情况。尽管这两种结果不太可能出现，但有助于我们确定预期净现值的上下限。通常，我们会增加若干更具有现实性的情景方案。

Excel 的方案管理器可帮助我们分析这几种方案。在第 4 章中我们曾用方案管理器来进行敏感度分析以便观察大额资本支出时间对借款总额的影响。在第 12 章中，我们通过情景分析来确定维修费用和废品损失成本变动对资产置换项目的盈利能力度量的综合影响。[5]

在本节中，我们将再次运用方案管理器，但这里的目标是为了更好地理解冷冻鲶鱼产品的风险性。具体而言，我们希望弄清楚预期净现值的概率分布，尤其是可能的结果范围。在使用方案管理器之前，有必要先定义可变单元格。根据表 13-3 中的数值来设置情景方案，然后创建包括结果单元格净现值的方案摘要报告。

图 13-10 给出的是方案摘要报告。其中的"当前值"一列已被删除。请注意，最坏方案的价格和销售量都较低，变动成本较高，所以净现值呈显著负值。另外，最佳方案的净现值很高。至此，情景分析显示存在负净现值的风险。不过，我们并未对这种风险进行量化。

	B	C	D	E	F
2	方案摘要				
3			最坏方案	基础方案	最佳方案
5	可变单元格：				
6	鲶鱼销售额（磅）		125,000	200,000	275,000
7	每磅价格		2.25	2.50	2.65
8	变动成本百分比		65%	60%	55%
9	结果单元格：				
10	净现值	$	(198,083.40)	$ 91,272.55	$ 455,772.01

图 13-10　方案摘要报告

假设要求确定这三种方案的专家给出每种方案的发生概率。这些专家知道极端方案几乎不可能发生，所以他们就最佳方案和最坏方案给出的发生概率均为 20%。这样，基础方案的发生概率为 60%。现在，在方案摘要工作表的单元格 C12 中输入"概率"，在单元格 D12 中输入"20%"，在单元格 E12 中输入"60%"，在单元格 F12 中输入"20%"。图 13-11 给出了净现值的概率分布直方图。

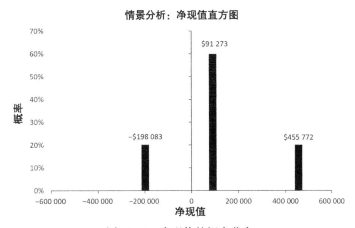

图 13-11　净现值的概率分布

13.3.3　利用方案管理器计算期望净现值

根据以上信息，我们现在就要计算项目的期望净现值。当然，我们首先会想到使用 **AVERAGE** 函数。根据第 1 章的介绍，**AVERAGE** 函数计算的是观测数据的算术（平均权重）平均数。但是，粗略看一下图 13-11 就会发现，该分布图稍稍向右倾斜，且各种可能结果的发生概率并非均等，所以平均数会高估期望值（与本章前面讨论的情况相同）。

计算期望值显然更为贴切。如前所述，期望值可通过将每个可能的结果乘以其对应的概率并加总而得。在方案摘要工作表的单元格 C13 中输入"期望净现值"。我们可以用若干不同的方法进行计算。例如，在单元格 D13 中输入"=D10*D12+E10*E12+F10*F12"，但这并不是最好方法。更好的方法就是运用数组公式"=SUM(D10:F10*D12:F12)"，但要记住在按确认键的同时必须按住 Shift 键和 Ctrl 键。最后，这里提供一个可用来计算概率分布期望值的用户自定义函数，即 **FAME_EXPVALUE** 函数。**FAME_EXPVALUE** 函数的定义为：

$$\text{FAME\_EXPVALUE}(\textit{VALUES}, \textit{PROBABILITIES})$$

其中，***VALUES*** 为可能结果值范围，***PROBABILITIES*** 为概率值范围。在使用 **FAME_EXPVALUE** 函数之前，先得确认是否安装和启用了 FameFncs.xlam 加载项。之后，在单元格 D13 中输入"=FAME_EXPVALUE(D10:F10, D12:F12)。作为选择，可以使用"插入函数"对话框，其中的"用户自定义"一栏会列示此函数。

不管选择哪一种计算方法，这个项目的期望净现值都为 106 301.25 美元。换言之，如果我们的假设是正确的，那么该项目可能是一项不错的投资。如果我们可以在相同的条件下，重复进行此项投资上千次，那么平均净现值将为 106 301.25 美元。不过，我们只有一次机会，所以多了解一些关于可能结果对期望值的分布情况是最好不过的。

13.3.4 方差和标准差的计算

情景方案摘要报告清楚表明，净现值有可能为负。那么接下来要问的是：这个项目的风险有多大？净现值为负的可能性有多大？回答这个问题时，首先要计算一个或多个度量分散程度的指标（方差、标准差或变异系数）。本章之前的部分对这些衡量指标已有提及。

Excel 提供了两种用于计算一组数值方差的函数：用于计算样本方差的 **VAR.S** 函数（或当使用旧函数时的 **VAR** 函数）和用于计算总体方差的 **VAR.P** 函数（或 **VARP** 函数）。[6] 这两个函数的定义为：

$$\text{VAR.S}(\textit{NUMBER1}, \textit{NUMBER2}, \cdots)$$

和

$$\text{VAR.P}(\textit{NUMBER1}, \textit{NUMBER2}, \cdots)$$

同样，我们可以将定义内的单个数值替换为数值区。为此，我们应该运用 **VAR.P** 函数，因为这里我们知道整个可能结果集。在单元格 C14 中输入"方差"，并在单元格 D14 中输入"=VAR.P(D10:F10)"。所得结果为一个很大的数字 71 568 179 048.23。

这个结果存在一个问题，那就是没有考虑所给出的各个情景方案的概率大小。为了正确计算方差，我们应该充分利用可获得的一切信息。这里，我们可以运用式（13-4）。同样，对于如何运用式（13-4），这里存在几个选择。其中之一就是运用数组公式"=SUM(D12:F12*(D10:F10−AVERAGE(D10:F10))^2)"。如果利用方差公式，那么就可得出正确答案 43 191 865 100.43。

运用 FameFncs.xlam 中的用户自定义函数 **FAME_VAR**，上述计算就可大大得到简化。**FAME_VAR** 函数需要用到概率，其定义为：

$$\text{FAME\_VAR}(\textit{VALUES}, \textit{PROBABILITIES})$$

其中，函数中的输入值与 **FAME_EXPVALUE** 函数的输入值相同。运用此函数时，我们在单元格 D14 中输入"=FAME_Var(D10:F10, D12:F12)"。无论是采用数组公式还是采用宏，都能得到正确答案 43 191 865 100.43。

当然，方差的问题在于难以进行解释，因为它将基本单位（美元）进行了平方。采用标准差就可纠正这个问题。与方差一样，Excel 提供了 **STDEV.P**（或 **STDEVP** 函数）和 **STDEV.S**（或 **STDEV** 函数）两个函数。它们的定义为：

STDEV.P(*NUMBER1*, *NUMBER2*, ⋯)

和

STDEV.S(*NUMBER1*, *NUMBER2*, ⋯)

但是，这些函数并没有考虑之前提供的概率。[7]因为已在单元格 D14 中计算了方差，所以计算标准差的最简单方法是在单元格 D15 中输入"=SQRT(D14)"。作为选择，我们也可以运用数组函数或 **FAME_STDEV** 函数：

FAME_STDEV(*VALUES*, *PROBABILITIES*)

其中的参数值与 **FAME_VAR** 函数中的参数值相同。运用该函数时，我们在单元格 D15 中输入"=Fame_StdDev(D10∶F10, D12∶F12)"。计算结果为"207 584.88"。

现在，我们对期望净现值的分布情况已有较多了解。例如，我们知道净现值 95.5% 的置信区间为 −309 352 ～ 521 954 美元（加上或减去两个标准差）。较宽的置信区间意味着出现负净现值的概率较大。

13.3.5 负净现值概率的计算

如果已知期望净现值及其标准差，那么我们可以运用检验统计量来计算发生负净现值的概率。具体而言，我们想要知道净现值小于 0 的概率，所以检验统计量为：

$$z = \frac{0 - E(NPV)}{\sigma_{NPV}} \tag{13-7}$$

式（13-7）告诉我们 0 相距均值有多少个标准差。运用期望净现值和情景分析所得的标准差，我们可得到：

$$z = \frac{0 - 106\,301.25}{207\,826.53} = -0.511\,5$$

这就表示，0 比期望值低 0.511 5 个标准差。我们可以在反映正态曲线之下区域大小的统计表中查找此数值，从而就能确定净现值低于或者等于 0 的概率。查找统计表，不难得到概率大概为 30.45%（因为标准没有 −0.511 5，所以用其近似值 −0.51 来查找）。

当然，我们可以使计算自动化。Excel 提供了 **NORM.S.DIST** 函数，用于计算标准正态曲线之下的面积。该函数的定义为：

NORM.S.DIST(*Z*, *CUMULATIVE*)

其中，***Z*** 的计算如上所示，它量度的是高于或者低于期望值的标准差为多少；***CUMULATIVE*** 告知函数是采用累积分布函数（cumulative distribution function）（条件成立）还是采用概率质量函数（probability mass function）（条件不成立）。在单元格 C16 中输入标记"Prob(NPV<=0)"，再在单元格 D16 中输入"=NORM.S.DIST((0−D13)/D15, TRUE)"。结果就是：净现值小于 0 的概率为 30.45%（见图 13-12）。

	B	C	D	E	F
2	方案摘要				
3			最坏方案	基础方案	最佳方案
5	可变单元格：				
6	鲇鱼销售额（磅）		125,000	200,000	275,000
7	每磅价格		2.25	2.50	2.65
8	变动成本百分比		65%	60%	55%
9	结果单元格：				
10	净现值	$	(198,083.40)	$ 91,272.55	$ 455,772.01
11					
12	概率		20%	60%	20%
13	期望净现值	$	106,301.25		
14	方差	$ 43,191,865,054.23			
15	标准差		207,826.53		
16	Prob(NPV <= 0)		30.45%		

图 13-12　完整的方案摘要报告

显然，我们对此项目的性质较之前已有了更多的了解。但是，我们应该怎样看待这 30% 的负净现值出现概率呢？我们是否应该因为项目的期望净现值是正值而接受它，或者因为项目的期望净现值为负值的概率较高而拒绝它？显然，要回答这个问题并非易事。然而，决策者必须做出决定。不管怎样，这个结果无疑表明，我们应该回过头去并花更多工夫去确定对不确定变量的估计，从而减少净现值估计的不确定性。

13.3.6　蒙特卡罗模拟

度量风险问题的另一种方法就是蒙特卡罗模拟。蒙特卡罗模拟与情景分析相似，但计算机可自动生成上千种方案。在蒙特卡罗模拟模型中，任何一项不确定变量都被看作概率分布已知的一项随机变量。所以，我们可以通过为每一个不确定变量从其各自的概率分布中随机抽取一个数值来创建一种情景方案，并且将这些数值代入模型。之后，重新计算模型，并将输出值（如净现值）进行收集和保存。重复此过程上千次，就可得到上千个可能的净现值。

从长长的净现值列表中，我们对项目的期望净现值及其不确定程度就会有更多的了解。正如在情景分析中所看到的，我们可以了解各种可能净现值的范围、净现值的标准差以及净现值实际出现负值（或正值）的概率。此外，相较之前我们只能看到不太可能发生的最佳和最坏两种情景方案，现在我们可以观察到所有介于这两种情景之间的各种方案。这样，较情景分析，我们能更好地了解项目的风险。相较情景方案分析，蒙特卡罗模拟的另一个优点是，不确定性（期望净现值的标准差）会下降，毕竟现在有了更多更现实的可能结果。

要从蒙特卡罗模拟中获得最佳答案，关键在于为变量选择正确的概率分布和相关性结构。不过，这比较困难，而且要求分析人员具有相当高的判断能力，尤其是在缺乏历史数据的情况下。有时，分析人员可以运用普遍性规律或理论知识来确定变量的正确分布。例如，任何由两个正态分布变量的乘积所形成的变量呈对数正态分布。假设我们要猜一下总收入的分布。由于总收入是销售量与单价的乘积，而且由于它的数值可能很大却永远不会低于 0，所以对数正态分布看上去是适当的。

虽然 Excel 没有任何内置的模拟工具，但它有随机数发生器，而且数据表可以进行简单的模拟分析。然而，我们在本书网站中包括了进行模拟的一个加载项。下载此加载项，并保存在电脑上。与之前安装 FameFncs.xlam 一样，通过 Excel 选项进行安装。我们将会运用此加载项对鲶鱼肉项目进行蒙特卡罗模拟。打开工作簿中鲶鱼肉这张工作表，之前你曾用它来做方案分析。之后打开 ExcelSim.xlam 文件。[8] 激活加载项后，数据选项卡中就会显示"ExcelSim 2017"按钮。

模拟开始前，首先要弄清楚问题。我们已经识别出模型中三个重要的不确定变量：第一年的销售量、单位价格以及变动成本占销售额的百分比。此外，我们假设管理层已经给每个变量设定了如表 13-4 所示的概率分布。

表 13-4　模拟所用的概率分布

变量	概率分布
销售量（磅）	均值为 200 000、标准差为 25 000 的正态分布
每磅价格	最低值为 2.25、最有可能值为 2.50、最高值为 2.65 的三角分布
变动成本占销售额的百分比	最小值为 55%、最大值为 65% 的均匀分布

选择这些分布主要是为了演示三种最常用的分布。当然，这样选择也有其合理性。假设第一年的销售量趋向于集中在 200 000 磅周围。销售量的分布会向右倾斜（可以很高，但不会低于 0），但一般认为偏斜度很小以至于可以忽略不计。因此，采用正态分布似乎是合适的。三角分布被选作代表单位价格，因为管理层确信能识别最低、最高以及最有可能的价格，但是不能确信选择任何具体的分布。最后，均匀分布被选作代表可变成本，因为管理层认为它可能处于 55% ～ 65% 的任何一点，但是并无把握任何一个值会比另一个值更有可能。图 13-13 用曲线图描述了这些分布。

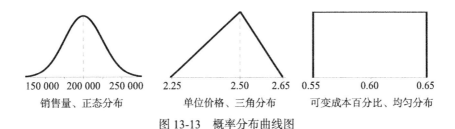

销售量、正态分布　　单位价格、三角分布　　可变成本百分比、均匀分布

图 13-13　概率分布曲线图

同样，先打开鲶鱼肉项目的工作表，然后点击"数据"标签中的"ExcelSim"按钮。此时，就会显示"ExcelSim 主对话框"。第一个编辑框是关于"可变单元格"的。这些单元格中应输入不确定变量（销售量等）。在编辑框中键入 B8、B9 和 B11，或者你也可以用鼠标选中单元格（点击每个单元格时应按住 Ctrl 键）。接下来，我们要选择"观察单元格"，这些单元格在每次试验后会被储存。在本例中，我们要记录每次试验所得的净现值，所以在编辑框中输入"B30"。对于"观察名字"编辑框，你可以选择填写。你可以用它来指定一个单元格，该单元格包含有关每个观察单元格的描述性标记，在此编辑框中输入"A30"。

至此，所剩下的就是告诉 ExcelSim 需要进行多少次试验以及如何给输出值工作表命名（这一步是可选的）。请记住，试验次数越多，模拟就会越准确。最大迭代次数为 30 000，但是这里只试验 500 次，以便于处理输出值。在"迭代次数"编辑框中键入 500。最后，在"工作表名称"中输入"冷冻鲶鱼肉模拟"。如果你选择不为输出值输入工作表名，那么它将以默认方式被命名为"模拟报告"。图 13-14 给出的是数据输入后的主对话框。

点击"确认"按钮后，就能看到第一个分布对话框。这些对话框用于描述不确定变量的概率分布。每个可变单元格都有一个对话框。请注意，如果用已定义的名称来命名可变单元格（正如在介绍情景分析之前所做的那样），那么名字将在标题栏中显示。第一个变量为销售量。由表 13-4 可知，这里的分布是均值为 200 000、标准差为 25 000 的正态分布。所以，应选择下拉菜单中的"正态分布"。至此，对话框将变动并提示你输入均值和分布的标准差。均值输入 200 000，标准差输入 25 000。图 13-15 显示了完整的对话框。

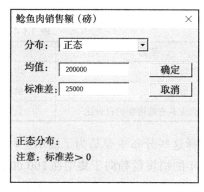

图 13-14　ExcelSim 的主对话框　　　　　图 13-15　销售额分布对话框

点击"确定"按钮，然后对其他两个可变单元格重复此过程。下一个对话框是单位价格。请注意，显示的对话框与我们之前输入的具有一模一样的设置。如果分布是一样的，那么这就很有帮助。不过，这里要选择一个不同的分布。从下拉菜单中选择三角分布。现在提示你的是输入此分布的最小值、众数以及最大值。如图 13-16 所示，在最小值一栏中输入 2.25，众数一栏中输入 2.50，最大值一栏中输入 2.65。最后，点击"确认"按钮。

最后，对可变成本选择均匀分布。此时，要求输入分布的上限和下限。由于可变成本预期介于销售额的 55%～65%，所以下限输入 0.55，上限输入 0.65（见图 13-17）。

 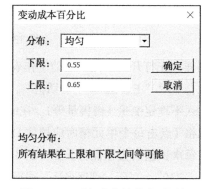

图 13-16　每磅价格的分布对话框　　　　　图 13-17　可变成本的分布对话框

点击"确认"按钮后，Excel 就开始模拟运行。你可以通过观察 Excel 窗口左下角的状态栏跟踪这一过程。（如果需要重复运行模拟，就不要选屏幕更新关闭框。这样，你就可以观察到工作表的变化。）几秒钟过后，所有的输出值就会显示在一张新的工作表中（见图 13-18）。

输出值包括模拟过程中产生的 500 个净现值以及工作表下方的若干描述性统计量。图 13-18 中显示了前三个和最后三个试验的结果（为了节省空间，其余的数值已被隐藏），以及统计量汇总数据。由于这些结果是基于概率分布随机抽取而得出的，因此所得结果多少有点不同。尽管如此，净现值的均值和标准差应该是相似的。

	A	B
1		ExcelSim 的模拟报告
2		试验结果
3	试验	净现值
4	1	($94,814.97)
5	2	($69,228.14)
6	3	$48,417.00
501	498	$184,211.27
502	499	$141,490.53
503	500	$282,756.64
504	最小值	($165,059.42)
505	最大值	$394,119.58
506	均值	$83,959.64
507	中值	$81,708.52
508	众数	#N/A
509	平均离差	66,294.66
510	标准差	83,764.83
511	变异系数	1.00
512	偏斜度	0.20
513	峰度	0.19

图 13-18　模拟输出值

正如我们之前处理情景分析的输出值那样，我们也可以从这些数据中得出一些重要结论。此外，对比模拟分析与情景分析的结果也很有用。首先，请注意净现值均值为 83 959 美元，而最低和最高净现值分别为 −165 059 美元和 394 119 美元。其次，净现值的最低值和最高值并没有像情景分析中最佳方案和最坏方案下的净现值那么极端。这就表明，模拟分析提供了更多的信息，从而也减少了运用模拟分析的不确定性。

净现值的标准差为 83 764 美元，远小于情景分析中的标准差。不确定性减少的原因在于我们运行了更多的方案，而且大部分也不像最佳方案或者最坏方案那么极端。不确定性的减少也反映在净现值小于或等于 0 的概率上。这里，我们也可以像在情景分析中所做的那样运用 **NORM.S.DIST** 函数来计算这个概率。为此，在单元格 D506 中输入标记" Prob(NPV<=0)"，同时在单元格 E506 中输入公式" =NORM.S.DIST((0−B506)/B510, TRUE)"。结果显示，出现负净现值的机会是 15.81%。（同样，结果大小要根据模拟分析的均值和标准差而定。）我们也可以通过清点小于 0 的净现值的数目来核实这一点。从单元格 D506 中复制标记，再粘贴到单元格 D507 中。Excel 有一个很有用的函数，即 **COUNTIF** 函数。该函数的定义为：

$$COUNTIF(RANGE, CRITERIA)$$

其中，**RANGE** 为数值的范围，而 **CRITERIA** 为所希望应用的具体计数方法。在此例中，我们要计数净现值小于或等于 0 的数目，所以将公式" =COUNTIF(B4：B503, "<=0")/500"输入单元格 E507 中。在此模拟中，总共 500 个测试中有 79 个为净现值，占 15.80%，与前面的结果相一致。[9] 所以，项目远没有情景分析所显示的那么高风险。

最后，我们可以运用 Excel 的内置直方图工具来直观分析概率分布。[10] 选定单元格区域 B4：B503 的净现值，转到"插入"标签，点击"插入统计量图"并选择直方图。图 13-19 描述了默认设置的直方图。用户可以通过右击 x 轴并选择"给轴加格式"选项来改变图像显示模式（宽度、图像个数等）。值得注意的是，截至目前，直方图并不像大多数图形那样易于改变。例如，用户无法改变图形区的大小或将隐藏的单元格绘出来。当然，这种情况未来会改变。

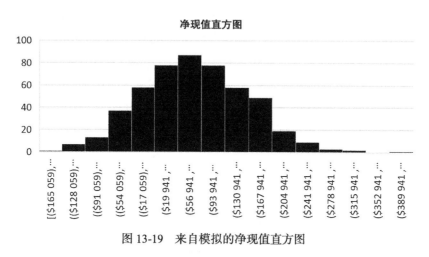

图 13-19　来自模拟的净现值直方图

13.3.7　风险调整折扣率法

将风险融入资本预算决策过程的另一种方法就是运用风险调整折扣率（RADR）。在第 9 章中讨论如何确定要求回报率时，我们提到过一个模型，即简单风险溢价模型。风险调整折扣率就是该模型的一个例子。回想一下，简单风险溢价模型的定义为：

$$要求回报率 = 基础利率 + 风险溢价$$

式中，基础利率和风险溢价都是由主观判断决定的。此模型隐含这样的思想，即投资者对被占用的资金有一个最低要求回报率，而且还需要加上某个溢价以补偿风险。项目的风险越高，所要求的风险溢价就越高。在运用风险调整折扣率方法时，我们需要对其进行修正使之成为：

$$风险调整折扣率 = WACC + 风险溢价$$

请注意，风险溢价依然是由主观判断决定的，但基本利率采用公司的加权平均资本成本。对于风险处于平均水平的项目而言，加权平均资本成本为合适的折扣率。但对于风险高于平均水平的项目而言，必须加上一个正的风险溢价。这个较高的折扣率意在减少对高风险项目的投资，使得投资的净现值降低甚至成为负值。如果项目仍然能产生一个正的净现值，而且还足以补偿股东所承担的额外风险，那么项目就应当被接受。对于风险低于平均水平的项目，风险溢价则为负值。

通常，风险溢价要根据公司高层所批准的某个计划表来决定。该计划表一般根据项目的类型来规定风险溢价。例如，如果公司正在分析置换现有机器的可能性，那么这一置换项目可能会被认为风险很低，其风险溢价可能为 −2%。另外，如果上一条新的生产线，正如我们在这一章中所要探讨的，那么就会被认为风险较高，且需要 3% 的风险溢价。对于扩建一个经营较为成功的现有项目，那么其风险就可能被认为处于平均水平，故采用不含风险溢价的加权平均资本成本为折扣率。最终，风险溢价还是要由管理层的判断来确定。这种判断可能是基于经验、风险统计度量、情景分析或蒙特卡罗模拟分析的结果。

在鲜冻鱼实例中，假设管理层已经确定需要 3% 的风险溢价。由于公司的加权平均资本成本为 10%，所以项目的要求回报率将为 13%。将这个比率代入冷冻鲶鱼肉工作表中，显示出的风险调整净现值为 17 379.29 美元。净现值仍然为正值的事实表明，这是一项不错的投资，能完全补偿股东所承担的额外风险。

我们也可以观察项目的内部回报率，这样就需要倒过来考虑问题。这时，我们不是要问必要的风险溢价是多少，而是要问预期的风险溢价是否足够。按照初始假设，计算出内部回报率为 13.77%。回想一下，内部回报率就是净现值等于 0 时的折现率。由于内部回报率比加权平均资本成本高 3.77%，所以这就是期望的风险溢价。只要风险溢价不超过 3.77%，项目显然就具有正的净现值。因此，接下来的问题是"作为风险溢价，每年额外的 3.77% 是否足以补偿股东所承担的额外风险？"如果答案为"是"，那么就应接受项目。

13.3.8　确定性等值法

用风险调整折扣率法来调整风险，其中所存在的问题在于它包含两个调整：一是调整风险，二是调整时间。风险调整折扣率法暗含着这样一个假设，即风险是时间的递增函数。在许多情况下，这是正确的。例如，预测从现在起未来 5 年的现金流通常要比预测下一年的现金流具有更大的不确定性。但是，也并非一定如此。例如，假设公司签了一份维修合同，要求在 3 年之内对机器进行一次大修。如果大修的成本在合同里已被指定，那么这就是一项非常低的风险成本，尽管它要在 3 年之后才发生。

确定性等值法（certainty-equivalent approach）对时间和风险进行单独调整。风险调整折扣率法是通过提高折扣率来调整风险，而确定性等值法则是通过降低现金流来调整风险。在用确定性等值法来调整风险时，我们需要将现金流乘以确定性等值系数。这样，所得的最后结果是一样的，即现金流因风险而降低。在用确定性等值法来调整时间时，我们按无风险利率来对现金流进行折现。确定性等值法具有理论优势的根据在于：确定性等值法对时间和风险进行单独调整，而不是像风险调整折扣率法那样将两个因素混合在一起调整。

在确定确定性等值系数时，决策者应清楚：自己愿意接受用多少确定的现金流来交换未来某个时点上有风险的现金流。这些现金流的比率就是确定性等值系数（α）：

$$\alpha = \frac{无风险现金流}{风险现金流} \qquad (13\text{-}8)$$

举例来说，假设你愿意接受确定的 95 美元来代替一年后具有风险的 100 美元，那么这笔现金流的确定性等值系数为：

$$\alpha = \frac{95}{100} = 0.95$$

风险较高的现金流会因为较低的确定性等值系数而变小。实际上，将有风险的现金流乘以（$1-\alpha$）就相当于你愿意通过购买保险来保证获得有风险的现金流而支付的金额（这里暂不考虑货币的时间价值）。请注意，确定性等值系数永远介于 0 和 1 之间。此外，因为风险会随着时间的增加而增加，所以确定性等值系数一般会随时间增加而减少。在运用确定性等值法时，需要将每笔现金流乘以适当的确定性等值系数 α_n，然后以无风险利率为折扣率来计算出净现值。之所以可用无风险利率来对现金流进行折现，是因为确定性等值法的调整已经消除了所有的风险。实际上，确定性等值法将有风险的现金流转化成了无风险的现金流。

下面，我们通过重做鲜冻鱼公司的工作表来观察确定性等值法的作用。先复制一份工作表。接着，在新的工作表中，将单元格 A14 中的标记更改为"无风险利率"，再将单元格 B14 改为"4%"。假设公司管理层给出的确定性等值系数如表 13-5 所示。

选定第 29 行和第 30 行，然后在年度现金流所在行下面插入两行。在单元格 A29 中输入"确定性等值系数"，并将表 13-5 中的确定性等值系数输入单元格区域 B28：G28 中。之后，在单元格 A30 中输入"风险调整后的现金流"。在单元格 B30 中输入公式"=B28*B29"，并将该公式复制到余下的单元格中。为计算风险调整后的净现值，在单元格 B32 中输入

表 13-5　鲜冻鱼公司的确定性等值系数

年数	确定性等值系数
0	1.00
1	0.95
2	0.90
3	0.85
4	0.80
5	0.75

公式"=NPV(B14,C30：G30)+B30"。这样，风险调整后的净现值为 89 737.37 美元，与我们之前的结果非常接近。这里，我们并不需要在单独的单元格区（B30：G30）计算风险调整后现金流。相反，我们可以用数组公式"=NPV(B14,C28：G28*C29：G29)+B28"来计算净现值。但要记住的是，输入公式时要同时按下 Shift、Ctrl 和 Enter 键。

我们也可以计算风险调整后现金流的内部回报率（IRR）和修正的内部回报率（MIRR）。单元格 B33 中输入 IRR 的计算公式"=IRR(B30：G30)"。同样，输入 MIRR 的计算公式"=MIRR(B30：G30,B14,B14)"。请记住，这些指标现在必须与无风险利率进行比较，而不是与公司的加权平均资本成本（WACC）进行比较。由于两者都比无风险利率高 4%，所以该项目可接受。图 13-20 给出了完整的工作表。

	A	B	C	D	E	F	G
16		冷冻鲶鱼肉项目的年度现金流					
17		第 0 年	第 1 年	第 2 年	第 3 年	第 4 年	第 5 年
18	初始投资	(650,000)					
19	销售额		500,000	540,000	583,200	629,856	680,244
20	变动成本		300,000	324,000	349,920	377,914	408,147
21	固定成本		80,000	80,000	80,000	80,000	80,000
22	折旧费用		15,000	28,875	26,709	24,706	22,853
23	应纳税现金流		105,000	107,125	126,571	147,236	169,245
24	税费		36,750	37,494	44,300	51,533	59,236
25	加：折旧		15,000	28,875	26,709	24,706	22,853
26	年度税后现金流		83,250	98,506	108,980	120,410	132,862
27	剩余现金流						543,650
28	年度总现金流	(650,000)	83,250	98,506	108,980	120,410	676,512
29	确定性等值系数	1.00	0.95	0.90	0.85	0.80	0.75
30	风险调整后现金流	(650,000)	79,088	88,656	92,633	96,328	507,384
31							
32	净现值	$ 89,737.37					
33	内部回报率	7.52%					
34	修正的内部回报率	6.73%					

图 13-20　基于确定性等值法的鲶鱼肉项目工作表

如果所确定的确定性等值与风险调整折扣率都正确，那么根据这两种方法所做出的决策通常是一样的。不过，由于确定性等值法需要了解决策者的效用函数，所以在实践中很难有

效实施。正如之前所描述的那样，最好是通过访问相关的决策者来获得确定性等值系数。遗憾的是，由于大部分现代企业为众多股东所有，所以我们要关注的是他们的风险偏好，而不是个别管理人员的风险偏好。鉴于这个原因，确定性等值法通常无法进行实际应用。

本章小结

本章首先介绍了风险概念，然后指出简单地讲风险就是发生损失的概率。发生损失的概率越高，风险就越高。此外，我们可以用若干方法来度量风险。不过，首选的方法当属标准差或变异系数。

我们可通过多种方法将风险因素融入资本投资分析。其中，敏感度分析是识别出那些对净现值影响最大的变量的重要方法。之后，我们就可以集中精力对这些变量做出最佳估计。接着，我们需要运用情景分析或蒙特卡罗模拟分析，以便能更好地了解期望净现值的不确定性。

虽然蒙特卡罗模拟方法开始得到越来越广泛的应用，但将风险因素融入资本预算的最主要方法仍然是风险调整折扣率法。为考虑投资的风险因素，这种方法需要在加权平均资本成本（WACC）的基础上再考虑风险溢价。本章也介绍了确定性等值法。在运用确定性等值法时，风险现金流需要按照决策者的效用函数来缩小。确定性等值法虽在理论上优于风险调整折扣率法，但在实践中往往很难运用。

本章介绍的函数列于表 13-6 中。

表 13-6　本章介绍的函数

用途	函数
计算 MACRS 下的折旧额	FAME_MACRS(*COST*, *MARCRSCLASS*, *YEAR*, *TABLE*)
计算回归线的斜率	SLOPE(*KNOWN_Y'S*, *KNOWN_X'S*)
计算期望值	FAME_EXPVALUE(*VALUES*, *PROBABILITIES*)
计算总体方差	VAR.P(*NUMBER1*, *NUMBER2*, …)
计算样本方差	VAR.S(*NUMBER1*, *NUMBER2*, …)
计算已知概率分布下的方差	FAME_VAR(*VALUES*, *PROBABILITIES*)
计算总体标准差	STDEV.P(*NUMBER1*, *NUMBER2*, …)
计算样本标准差	STDEV.S(*NUMBER1*, *NUMBER2*, …)
计算已知概率分布下的标准差	FAME_STDEV(*VALUES*, *PROBABILITIES*)
计算已知概率分布下的变异系数	FAME_CV(*VALUES*, *PROBABILITIES*)
计算标准正态曲线之下的面积	NORM.S.DIST(*Z*, *CUMULATIVE*)
对区域中满足具体条件的单元格计数	COUNTIF(*RANGE*, *CRITERIA*)

注：所有以 **FAME_** 开头的函数都来自 FamdFncs.xlam 加载项。该加载项可从官方网站下载。

练习题

1. Telluride Tours 公司目前正在评估两项互斥的投资。通过情景分析并赋予每种情景发生概率后，公司发现两项投资的期望净现值具有以下分布：

概率	项目 A 净现值（美元）	项目 B 净现值（美元）
10%	−39 780	−14 918
20%	−9 945	2 486
40%	19 890	19 890
20%	49 725	37 294
10%	79 560	54 698

管理团队中有几位成员建议，公司应选择项目 A，因为有更高的潜在净现值。但其他成员建议选择项目 B，因为项目 B 显得更稳健些。现在，公司请你来帮助解决这个问题。

（1）计算两个项目的期望净现值。能否仅仅根据此信息来解决问题？

（2）计算两个项目的净现值的方差和标准差。哪个项目看起来风险更高？

（3）计算两个项目的变异系数。这会改变你关于（2）的看法吗？

（4）计算两个项目发生负净现值的概率。

（5）应该接受哪个项目？

2. 撒利达盐业公司（Salida Salt Company）正考虑竞投向高速公路部门提供岩盐，以备冬天洒在乡间公路上用。合约中须承诺每年最低供应 50 000 吨。不过，如果条件许可，实际数量可能超过此数额。管理层相信，每年的实际数量应该为 80 000 吨。为此，公司需要 1 600 000 美元的初始投资，用于投资处理设备以启动该项目。合约为期 5 年，且预期不会续约。据会计部门估算，每年的固定成本为 500 000 美元，最终成品的可变成本大概为每吨 45 美元。新设备将采用 5 年类别的 MACRS 折旧。项目完成后，估计设备能以 150 000 美元售出。根据营销部门的估计，州政府将批准按每吨 60 美元的售价签约。当然，如果合约能公开竞标，那么售价可能会更低些。工程部门估算，项目初始时需要 115 000 美元的净营运资本投资。公司的加权平均资本成本为 10%，边际税率为 35%。

（1）创建一张包含此题中所有相关信息的工作表，并创建反映初始投资和年度税后现金流的现金流量表。

（2）计算项目的回收期、折现回收期、净现值、内部回报率以及修正的内部回报率。项目可接受吗？

（3）如果州政府决定将项目进行公开竞争性招标，那么在不减少股东财富的前提下，公司能出的最低投标价格是多少？解释为什么你的回答是正确的。

（4）执行 1 000 次蒙特卡罗模拟以确定期望净现值及其标准差。不确定变量及其概率分布在下表中给出。请注意，每年出售岩盐的数量在模拟中是一个单独变量。

变量	分布
每年出售岩盐的数量	三角分布：最低值为 50 000，最有可能值为 80 000，最高值为 95 000
每吨岩盐的可变成本	正态分布：均值为 45，标准差为 3
岩盐处理设备的残值	均匀分布：最低值为 70 000，最高值为 200 000

（5）创建一张关于净现值概率分布的直方图。

（6）根据模拟分析的输出值，净现值低于或者等于 0 的概率是多少？你会建议接受该项目吗？

3. Montrose 制造公司正在考虑两个潜在的投资项目。每个项目的成本都为 115 000 美元，预期寿命为 5 年。首席财务官估算了如下表所示的每个项目现金流的概率分布。

	潜在现金流	
概率（%）	项目 1（美元）	项目 2（美元）
30	18 000	15 000
40	40 500	45 000
30	54 000	69 000

公司认为上述概率分布适用于项目 5 年寿命期内的各年度。Montrose 制造公司采用风险调整折扣率法来评估这些项目。

作为确定风险溢价的参考，公司首席财务官根据变异系数整理出了下表中的资料。

变异系数	风险溢价（%）
0.00	−1.50
0.20	0.00
0.30	1.00
0.40	1.50
0.50	2.50

（1）计算每个项目的期望现金流、标准差以及变异系数。

（2）在平均风险水平下，如果公司对项目的加权平均资本成本为 10%，那么每个项目适当的风险调整折扣率为多少？用 **VLOOKUP** 函数计算加权平均资本成本。

（3）运用适当的风险调整折扣率，计算每个项目的回收期、折现回收期、净现值、盈利指数、内部回报率以及修正的内部回报率。

（4）如果两个项目互斥，那么该接受哪一个？如果它们是独立的，那么又该接受哪一个？

注释

1. 请注意，在初学统计课时，总体方差可能按下面的公式定义：

$$\sigma_X^2 = \frac{1}{N} \sum_{t=1}^{N} \left(X_t - \overline{X} \right)^2$$

只要假设所有的结果为等可能，我们的定义与上述公式就是一致的。

2. 当可能结果只有一个时，方差就为 0。

3. 这就是所谓的经验法则（empirical rule）。对于非正态分布，切比雪夫定理（Chebyshev's Theorem）会给出相似的（尽管不精确）结果。

4. 数据表可创建在该工作表内任何地方，但不能创建在另一张工作表中。只要细心构建公式，就可避免这个局限性。

5. 我们本可以用方案管理器来进行敏感度分析，但那样做需要 42 种不同的方案。虽然用数据表进行敏感度分析要方便很多，但因为数据表最多只允许两个变量同时变动，所以就情景分析而言并不适用。

6. 样本统计量与总体参数的区别在于样本统计量包含一个调整项，以解释因未处理全部总体而发生的离差。在本例中，对应的调整是除以（$N-1$）而非除以 N。

7. 这并不是说 **VAR.S**、**VAR.P**、**STDEV.S** 以及 **STDEV.P** 都是无用的函数。对于缺乏概率信息（如历史数据）的任何因素，或者对于有把握假设呈正态分布的任何因素，这些函数都会非常有用。

8. 更多关于安装和使用该加载项的信息，请参见网站上的"ExcelSim 2017 资料"文件。特别要注意的是，此加载项仅用作教学。它缺少若干特征，如缺乏指定变量间相关性的性能。所以，它并不适合于实际应用。

9. 数组公式"=SUM((B4:B503<=0*1)/500"会给出相同的结果。

10. 直方图是 Excel 2016 提供的新功能。之前版本采用的是分析工具加载项。

第 14 章

投资组合统计及分散投资

通过本章学习，应能：
- 解释分散投资的概念并能解释其降低风险的原因
- 计算包含任意数目证券的投资组合的预期收益和标准差
- 用两种不同的方法来创建方差 / 协方差矩阵
- 解释有效边界的概念并能找出绘制边界所需的边界上的投资组合
- 解释为什么将无风险资产加入用于创建有效边界的证券组合中就可得出资本市场线及资本资产定价模型
- 利用效用函数来确定投资者的最优投资组合

在第 13 章中，我们考察了单一投资的风险问题。然而，投资很少是单一的。相反，投资者（无论是个人、基金经理还是公司）通常都会同时持有多项投资项目。鉴于不确定性的客观存在，投资者自然会选择持有那些在持有期内带来最高收益的投资项目。不过，在充满不确定性的现实世界里，投资者可能无法弄清楚哪一投资会带来最高收益，甚至连该投资能否获利都不得而知。因此，投资者有理由选择将资金分散投资于多项资产，以期一些项目的盈利足以抵消另一些项目的亏损。其实，这就是所谓的分散投资（diversification），即本章的主题。

14.1 投资组合的分散投资效应

投资组合是若干项资产的集合。单个投资者的投资组合由其所拥有的全部资产构成。共同基金经理人的投资组合则由其管理范围内的所有股票、基金、不动产、其他资产类别及其构成的组合。对于股东而言，公司与共同基金并无二致。换言之，公司就是职业经理人团队管理下的投资（项目）的组合。

无论是个人投资者还是公司投资者，为什么常常都持有由多种资产组成的投资组合呢？原因在于持有由多项资产构成的投资组合通常比持有单一资产的风险要小。一般而言，投资组合的风险小于其包含的任一个别资产的风险。与持有最高收益率项目相比，持有投资组合的成本可能就是回报率的降低，但其总体风险收益的平衡关系得到了改善。这种风险的减小就是我们所知的分散投资效应（diversification effect）。

因此，考察风险资产引入对投资组合的影响就很有用。下面，我们要分析一个关于股票选择的实例。（当然，这里的思想也适用于资本投资项目。）

假设你手头有 10 000 美元资金可用于投资。你的股票经纪人建议你投资于股票 A 或者 B，但你正在考虑这些股票的风险情况。为此，你搜集到了如表 14-1 所示的这些股票的历史收益率数据。

表 14-1　股票 A 和股票 B 的历史收益率

年度	股票 A 的收益率（%）	股票 B 的收益率（%）
2013	10.30	10.71
2014	−0.10	25.00
2015	23.30	0.38
2016	2.20	26.20
2017	14.00	11.52

为了计算你所关注的股票 A 和股票 B 的风险程度，需要创建一张新的工作表并从单元格 A1 开始输入表 14-1 中的资料。

考虑到两家公司的业绩都会有波动，所以需要计算其过去 5 年的年均收益率。此外，为进一步了解它们的风险程度，还需要计算年均收益率的标准差。假定已将表 14-1 中的数据输入自单元格 A1 的电子表格中，那么你就可以在单元格 B7 中输入计算股票 A 的平均收益率的公式 "=AVERAGE(B2：B6)"。接着，将此公式复制到单元格 C7 中，就可得到股票 B 的平均收益率。计算结果表明，过去 5 年股票 A 的年均收益率为 9.94%，而股票 B 的年均收益率为 14.76%。[1] 值得注意的是，对于所用的历史数据，我们假定所有的收益率都是等可能发生的，所以可以用 Excel 内置的 **AVERAGE** 函数，而不必计算以概率为权重的平均值。

显然，如果历史平均收益率可以反映期望的未来平均收益率，那么股票 B 显然是更优的选择。然而，前面提到过高收益通常伴随着高风险。我们可以用标准差来度量股票收益率的风险大小。为此，在单元格 B8 中输入公式 "=STDEV.S(B2：B6)" 以计算股票 A 的收益率的标准差。接着，并将此公式复制到单元格 C8 中。在本例中，因为缺乏各年收益率的概率分布信息，故假定各年发生的概率相等，这样我们就可以直接利用 Excel 的内置函数。计算结果表明，股票 A 和股票 B 的收益率的标准差分别为 9.43% 和 10.83%（见图 14-1）。

这里就产生了一个问题。股票 B 的收益率更高而股票 A 的风险更低。对此，该选择哪只股票进行投资呢？答案取决于你的风险偏好。风险厌恶者会投资于股票 A，而风险偏好者会选择股票 B。幸运的是，我们还有第三种选择。

	A	B	C
1	年度	股票 A 的收益率	股票 B 的收益率
2	2013	10.30%	10.71%
3	2014	−0.10%	25.00%
4	2015	23.30%	0.38%
5	2016	2.20%	26.20%
6	2017	14.00%	11.52%
7	期望收益率	9.94%	14.76%
8	标准差	9.43%	10.83%

图 14-1　股票 A 和股票 B 的收益率与风险

假定你决定两只股票都买，而不是买其中之一。再假设你将资金按五五开分别投资于股票 A 和股票 B。这样，通过计算每只股票收益率的加权平均，我们就可以得出该投资组合所能获取的年均收益率。为此，在单元格 D1 中输入标记"投资组合"，在单元格 D2 中输入公式 "=0.5*B2+0.5*C2"。结果表明，如果存在这样的投资组合，那么在 2013 年就可获得 10.51% 的收益率。将此公式复制到单元格区域 D3：D6，再将期望收益率公式从单元格 C7 复制到单元格 D7。

请注意，投资组合的期望收益率为 12.35%，刚好是单一股票投资收益率的中间数（请记住我们对两只股票各投资了 50%）。接着，我们来分析标准差的变化情况。我们将公式从单元格 C8 复制到单元格 D8 中。此时，投资组合收益率的标准差竟然只有 1.35%——明显小于投资任何单一股票的收益率的标准差。这就说明了分散投资所带来的效益。图 14-2 描述了这些结果。

	A	B	C	D
1	年度	股票 A 的 收益率	股票 B 的 收益率	投资组合
2	2013	10.30%	10.71%	10.51%
3	2014	−0.10%	25.00%	12.45%
4	2015	23.30%	0.38%	11.84%
5	2016	2.20%	26.20%	14.20%
6	2017	14.00%	11.52%	12.76%
7	期望收益率	9.94%	14.76%	12.35%
8	标准差	9.43%	10.83%	1.35%

图 14-2　股票 A 和股票 B 组成的投资组合

与仅投资于股票 A 相比，投资组合具有较高的收益率和较低的风险。这样，投资者当然应该选择投资组合。然而，我们仍无法判断究竟该选择投资组合还是选择只投资股票 B。要决定如何选择，我们还需要有关投资者风险收益偏好方面的信息。这里，风险收益偏好可通过效用函数来说明。在本例中，大多数人可能会选择投资组合，毕竟与投资于股票 B 相比，两者的收益率相差很小，而风险差异则相当大。

14.2　投资组合风险和收益的确定

正如上例所介绍的，投资组合（可以由股票、设备或产品线组成）中增加资产可使投资组合的风险变得低于任意一个个人资产的风险。此外，我们也知道投资组合的期望收益率总是处于单项资产的最低收益率和最高收益率之间。通常，我们可以说投资组合的期望收益率等于构成组合的单项资产收益率的加权平均数。其中的权重由各单项资产占整个投资组合价值的比例而定。数学上可表示为：

$$E\left(R_p\right)=\sum_{t=1}^{N}W_t E\left(R_t\right) \tag{14-1}$$

式中，W_t 为权重；$E\left(R_t\right)$ 为第 t 项资产的期望收益率。无论投资组合包含多少数量的资产，式（14-1）均适用。沿用前例，由股票 A 和股票 B 组成的投资组合的期望收益率为：

$$E(R_P)=0.5 \times 0.099\ 4+0.5 \times 0.147\ 6=0.123\ 5=12.35\%$$

这一结果正是我们用另一种方法在单元格 D7 中所算得的数据。该方法与式（14-1）的区别在于：应用该等式时，我们不需要知道投资组合历年的收益率数据，只需要知道各项资产的历年收益率。

14.2.1　投资组合的标准差

投资组合的期望收益率等于各构成资产的期望收益率的加权平均数。不过，投资组合的标准差计算要复杂一些。如果我们计算股票 A 和股票 B 的标准差的加权平均数，可得到：

加权平均标准差 $\sigma=0.5 \times 0.094\ 3+0.5 \times 0.108\ 3=0.101\ 3=10.13\%$

然而，根据之前的计算可知投资组合的标准差是 1.35%。显然，这里面另有玄机。

玄机就在于我们忽略了投资组合内两只股票之间的相关关系。因为两只股票的收益率并非总是呈同方向变动，一只股票的变动往往被另一只股票的变动所抵消。相关性描述的就是两项资产的收益率间的共同变化程度。这里，我们可以用相关系数（r）来衡量这种效应。

$$r_{X,Y} = \frac{\sum_{t=1}^{N} \rho_t \left(X_t - \overline{X} \right) \left(Y_t - \overline{Y} \right)}{\sigma_X \sigma_Y} \tag{14-2}$$

相关系数处于 $-1 \sim 1$。若是完全负相关关系，那么投资组合构成资产的收益率总是呈相反的方向变动。而当收益率总是同方向变动时，投资组合构成资产就呈完全正相关关系。图 14-3 描述了相关系数可能呈现的极端状况。

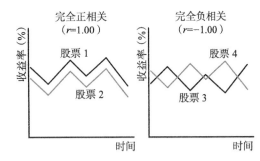

图 14-3　完全正相关和完全负相关

在现实生活中，如图 14-3 所示的完全正相关和完全负相关的极端关系非常罕见。任意两项投资间的相关关系往往处于这两种极端情况之间。[2] 事实上，大多数投资项目之间呈现大小不一的正相关关系。这一正相关关系归因于大多数投资项目在经济大势下呈同向变动。然而，个别行业和个别公司的因素往往会降低正相关程度。例如，假设某家具生产商正计划收购其他公司，若目标公司同在家具行业，那么与现有资产的相关度就会很高（接近于 1）。然而，若目标公司处于完全不相关的行业，那么相关度就可能会低很多（尽管仍然为正数）。

另一个衡量收益率同步变化程度的指标就是协方差（covariance）。协方差类似于方差，只是这里有两个收益率序列而非单一序列。协方差的计算方法如下：

$$\sigma_{X,Y} = \sum_{t=1}^{N} \rho_t \left(X_t - \overline{X} \right) \left(Y_t - \overline{Y} \right) \tag{14-3}$$

请注意，式（14-3）是式（14-2）的分子项。协方差是一个非常有用的统计量，但很难给出解释。相关系数与协方差的关系如下：

$$r_{X,Y} = \frac{\sigma_{X,Y}}{\sigma_X \sigma_Y} \tag{14-4}$$

相关系数和协方差的描述对象相同，通过转换不难发现相关系数的取值总在 $-1 \sim 1$ 的范围内，这样就易于解释了。然而，就计算投资组合的统计量而言，协方差更有其优势，毕竟必要的计算过程得到了简化。

假定要建立由股票 1 和股票 2 构成且各占 50% 的投资组合（沿用图 14-3 中的例子）。因为这两只股票属于完全正相关，所以该投资组合的收益率水平应该正好处于股票 1 和股票 2 的收益率水平的中间。此时，投资组合收益率的波动幅度与单独持有其中任一股票的收益率的波动幅度完全相同。换言之，当投资组合构成项目间呈完全正相关时，就不存在风险分散。

相反，对于由股票 3 和股票 4 各占 50% 组成的投资组合，其波动性就大为降低。显然，股票 3 和股票 4 之间收益率的变动正好相互抵消。这虽是一个极端的例子，但由此可以推断出的结论是：只要投资组合构成项目间的相关系数小于 +1，那么风险总能有所降低。

显然，相关系数对于计算投资组合的风险无疑是一个重要指标。对于由两个证券构成的投资组合，其方差计算公式如下：

$$\sigma_P^2 = w_1^2\sigma_1^2 + w_2^2\sigma_2^2 + 2w_1w_2r_{1,2}\sigma_1\sigma_2 \qquad （14\text{-}5）$$

式中，W 为各证券的权重；$r_{1,2}$ 为两证券之间的相关系数。将双证券投资组合的方差开根号就可得到标准差：

$$\sigma_P = \sqrt{w_1^2\sigma_1^2 + w_2^2\sigma_2^2 + 2w_1w_2r_{1,2}\sigma_1\sigma_2} = \sqrt{\sigma_P^2} \qquad （14\text{-}6）$$

假定其他所有变量保持不变，两证券之间的相关系数越小，该双证券投资组合的风险也就越低。换言之，相关度越低，分散投资的效果越好。

回到之前股票 A 和股票 B 的例子，我们可以用 Excel 内置的 **CORRLE** 函数来计算两者之间的相关系数。该函数的定义为：

CORRLE (ARRAY1, ARRAY2)

其中，**ARRAY1** 和 **ARRAY2** 分别为股票 A 和股票 B 收益率的序列。在使用 **CORRLE** 函数之前，可先创建一张收益率图以便了解能否猜测相关系数的大小。选中单元格区域 A1：C6，然后绘制收益率散点图。

分析散点图，不难发现：如果股票 A 的收益率高，那么股票 B 的收益率就低，反之亦然。两者显然呈负相关，且相关系数接近 −1。运用 **CORRLE** 函数可以进一步证实这一猜测。为此，我们在单元格 B9 中输入 "=CORRLE(B2：B6,C2：C6)"。不难发现，所得答案 "−0.974 1"证实了我们的猜测。这么低的相关系数正是该投资组合标准差很小的原因。

现在，我们选中图表，将单元格区域 D1：D6 复制并粘贴，从而创建投资组合收益率的新的数据序列。至此，所创建的工作表应如图 14-4 所示。

图 14-4　关于股票 A 和股票 B 间低相关度的工作表

我们也可以用协方差代替相关系数来计算投资组合的标准差：

$$\sigma_P = \sqrt{w_1^2\sigma_1^2 + w_2^2\sigma_2^2 + 2w_1w_2r_{1,2}\sigma_1\sigma_2} \qquad （14\text{-}7）$$

虽然计算结果与使用式（14-6）相同，但式（14-7）的计算过程要简单些。参照式（14-4），不难发现，为了得到相关系数，必须先计算协方差。这就意味着利用协方差来计算会更简便些。

就像 Excel 有内置相关度函数一样，Excel 同样有内置的用于计算协方差的函数：

COVARIANCE.S (ARRAY1, ARRAY2)

在单元格 B10 中输入等式"=COVARIANCE.S(B2：B6,C2：C6)"，我们就可以算出股票 A 和股票 B 的收益率之间的协方差。计算结果为 −0.009 95。运用式（14-7），投资组合的标准差为：

$$\sigma_P = \sqrt{0.5^2 \times 0.094\,3^2 + 0.5^2 \times 0.108\,3^2 + 2 \times 0.5 \times 0.5 \times (-0.009\,95)} = 0.013\,5 = 1.35\%$$

14.2.2　权重的调整

在前例中，我们均假设资金按五五开分别投资于股票 A 和股票 B。接下来，我们要分析当投资权重被调整时，投资组合的标准差会如何变动。在工作表中输入以下标记。在单元格 A13、单元格 B13 和单元格 C13 中分别输入"股票 A""股票 B"和"投资组合标准差"。在单元格区域 A14：A24 中输入 100% ～ 0% 且按 10% 幅度递减的数据序列，表示赋予股票 A 的权重。

因为权重的总和必须等于 1，所以我们可以在单元格 B14 中按公式"=1−A14"来计算股票 B 的权重。运用式（14-7）"=SQRT(A14^2*B8^2+B14^2*C8^2+2*A14*B14*$B$10)"，我们就可以在单元格 C14 中计算投资组合的标准差。现在，我们只需将单元格区域 B14：C14 中的公式复制到其他区域。如果用单元格区域 A13：A24 和 C13：C24 的数据绘制散点图，那么所创建的工作表应如图 14-5 所示。

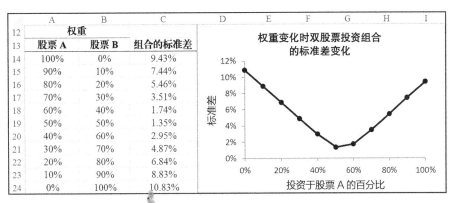

图 14-5　权重变化时投资组合的标准差变化

仔细观察图 14-5 中的极端值，应当给你带来不少启发。值得注意的是，当全部资金都投资于股票 A 时，投资组合的标准差大小与股票 A 的标准差相等。同样，若将 100% 的资金都投资于股票 B，则投资组合的标准差大小等于股票 B 的标准差。此外，当将资金对半分别投资于股票 A 和股票 B 时，投资组合的标准差达到最小值。[3]

很明显，个体投资者的投资组合具有分散投资的效应。只要选择那些并非完全正相关的证券（诸如来自不同行业、不同国家的证券等），那么风险就会显著降低而收益只是略微下降。在公司内部，分散投资的原理和作用并无二致。只要公司各投资项目不是完全正相关，那么公司收益的波动幅度就可降低。虽然分散投资对个人而言无疑很有用，但在许多人看来公司不应该这样做。原因在于股东完全可由自己来分散具体公司的风险，而且可采用合乎自身利益的方法。另外，公司的经理者、员工和其他利益相关者则可从公司的分散投资中获益，因为分散投资使得公司发生财务危机的概率下降。不过，分散投资的利弊之辩仍无定论。

14.3 两只以上证券构成的投资组合

显然, 我们完全可以建立由两只以上证券构成的投资组合。大多数拥有股票的个体投资者都会持有两只以上的股票。公司则往往拥有诸多运营项目以及多个品牌。此外, 许多共同基金往往持有数百只股票和 (或) 其他证券资产。

无论构成投资组合的证券数量是多是少, 其期望收益率总是各证券期望收益率的加权平均值之和。不过, 组合投资的标准差计算则要复杂得多。回想之前在计算双股票投资组合的标准差时, 我们必须求得两只股票间的协方差。同理, 为了计算三只股票投资组合的标准差, 我们也必须求出任意两只股票间的协方差。这样, 三只股票投资组合的标准差可按下式计算:

$$\sigma_P = \sqrt{w_1^2\sigma_1^2 + w_2^2\sigma_2^2 + w_3^2\sigma_3^2 + 2w_1w_2\sigma_{1,2} + 2w_1w_3\sigma_{1,3} + 2w_2w_3\sigma_{2,3}} \tag{14-8}$$

显然, 这个等式要比双股票投资组合的标准差计算式繁复得多。要是我们再在投资组合中加入第四只证券, 那么式 (14-8) 中将额外增加四项。因此, 当投资组合的构成证券超过两只时, 通用的标准差计算式如下:

$$\sigma_P = \sqrt{\sum_{i=1}^{N}\sum_{j=1}^{N} w_iw_j r_{i,j}\sigma_i\sigma_j} \tag{14-9}$$

若以协方差表达, 则等价于下式:

$$\sigma_P = \sqrt{\sum_{i=1}^{N}\sum_{j=1}^{N} w_iw_j\sigma_{i,j}} \tag{14-10}$$

虽然不够简明, 但式 (14-9) 和式 (14-10) 可用于计算由任意多只股票所构成的投资组合的标准差。

14.3.1 建立方差 / 协方差矩阵

如前所述, 为了计算投资组合的标准差 (或方差), 我们需要知道构成组合的各证券的权重、标准差 (或方差) 以及两两证券之间的协方差。我们也已交代了如何计算这些项目。不过, 借助于矩阵, 我们就能很方便地表示两两证券间的协方差。方差 / 协方差矩阵的应用也使得投资组合标准差的计算大大简化。

Excel 带有可用于创建方差 / 协方差矩阵的内置工具。在介绍其应用之前, 我们先来创建一张新的工作表, 然后输入如图 14-6 所示的 4 只股票的收益率数据, 同时将工作表重新命名为 "股票数据"。鉴于后续计算的需要, 这里请务必先计算出期望收益率和标准差。

	A	B	C	D	E
1	**年度**	**LOON**	**UFO**	**SOP**	**LOL**
2	2013	11.10%	17.38%	23.42%	1.48%
3	2014	−11.29%	−2.29%	−7.31%	9.73%
4	2015	21.72%	15.53%	8.26%	−1.08%
5	2016	16.38%	32.33%	14.28%	18.46%
6	2017	12.36%	−7.85%	9.47%	13.29%
7	期望收益率	10.05%	11.02%	9.62%	8.38%
8	标准差	12.63%	16.19%	11.19%	8.13%

图 14-6 方差 / 协方差矩阵的股票收益率数据

在创建方差/协方差矩阵时，先点击"数据"标签中的"数据分析"按钮，再选中下拉菜单中的"协方差"。此时，就会弹出如图 14-7 所示的对话框：

在"输入区域"编辑框中输入单元格区域 B1:E6。请注意，要在第一行中输入标记。虽然这并非必须，但可以使输出结果更易读懂。为避免出错，请勾选对话框"标志位于第一行"。输出结果位于单元格 H1 中。

图 14-7　协方差对话框

图 14-8 列出了协方差矩阵的计算结果。任意两只股票间的协方差都可以在对应的行与列相交的单元格中找到。例如，单元格 J4 中显示的 0.008 2 就是 UFO 和 SOP 公司股票之间的协方差。对角线上的数据则表示各构成股票收益率的方差。[4]

	H	I	J	K	L
		LOON	UFO	SOP	LOL
1					
2	LOON	0.0128			
3	UFO	0.0087	0.0210		
4	SOP	0.0078	0.0082	0.0100	
5	LOL	−0.0014	0.0004	−0.0012	0.0053

图 14-8　方差/协方差矩阵

不难发现，该矩阵的上半部分是空的。这是因为协方差矩阵是对称的，这些空格中的数据其实就是对角线下对应的数据。遗憾的是，Excel 的协方差工具计算的是总体协方差，而我们使用的是样本协方差。因此，协方差工具并不像我们希望的那样实用。下面我们要分析如何解决这一问题。这里，我们要用矩阵代数来计算方差/协方差矩阵。

Excel 的协方差工具有三个方面的不足：一是它只显示对角线及以下的一半；二是只计算了总体协方差；三是采用的是方差公式而不是协方差公式。最后一点表明，当收益率发生变化时，方差/协方差矩阵未必能正确地同步更新。为了解决这一问题，我们可以将矩阵进行编辑，使得所有单元格都运用公式（**COVARIANCE.S** 函数），或者利用矩阵代数。

Excel 带有内置的矩阵计算的函数。因此，我们可以用单数列公式来直接建立方差/协方差矩阵。这样不仅可以消除方差计算工具的弊端，并且更为方便快捷。按矩阵表达法，样本方差/协方差矩阵（V）的计算等式如下：

$$V = \frac{D'D}{n-1} \tag{14-11}$$

式中，D 为差异矩阵；D' 为 D 的转置矩阵；n 为每种证券收益率的个数。该差异矩阵由实际收益率减去期望值的差额构成。这里可以运用 **MMULT** 函数来计算矩阵乘法。该函数的定义为：

MMULT (*ARRAY1*, *ARRAY2*)

其中，两个变量表示工作表或内存中的数列。按照矩阵的代数运算规则，数列 1 中的列数必须与数列 2 中的行数相等。此外，我们还要计算差异矩阵的转置矩阵，所以需要使用转置函数 **TRANSPOSE** 函数，其定义为：

TRANSPOSE (*ARRAY*)

其中，数列是工作表或内存中的数列区。因为 **MMULT** 函数和 **TRANSPOSE** 函数一般都返回多个数据，属于数列函数。因此，你必须选取一个能放置全部输出结果的区域，而非一个单元格，此外，在公式栏输入时，应按 Shift+Ctrl+Enter 键。这也意味着为得到全部结果，只需要输入公式一次即可。

由于使用了数列公式，我们可以在内存中直接计算出差异数列而不必创建在工作表上。选中单元格区域 I2：L5 并输入"=MMULT（TRANSPOSE(B2：E6-B7：E7),(B2：E6-B7：E7))/4"，这样就可建立协方差矩阵。至此，所创建的输出结果应如图 14-9 所示。当然，如果出现"#VALUE"这一出错标志，那么就需要按下 Shift+Ctrl+Enter 键来输入该公式。[5]

协方差工具的输出结果完全相同，只是这里所生成的是完整的方差/协方差矩阵，而且一旦收益率发生变化，就会自动更新。此外，它也能使下节中投资组合标准差的计算变得方便。

在本例中，因为我们所用的是历史数据，所以我们假定所有可能结果具有同等的发生概率。当然，我们通常遇到的是非均等概率分布。假设概率分布位于单元格区域 A2：A6。这样，我们将前面的公式改为"=MMULT(TRANSPOSE(A2：A6*(B2：E6-B7：E7)),(B2：E6-B7：E7))"。为检验起见，不妨将单元格区域 A2：A6 的权重改为 0.2（20% 的可能性）。虽然所显示的总体协方差矩阵与图 14-8 中的相同，但现在调整权重就很方便了。在进行后续操作之前，一定要把格式调整成图 14-9 中的那样。

	H	I	J	K	L
1		LOON	UFO	SOP	LOL
2	LOON	0.0160	0.0109	0.0097	−0.0018
3	UFO	0.0109	0.0262	0.0102	0.0004
4	SOP	0.0097	0.0102	0.0125	−0.0015
5	LOL	−0.0018	0.0004	−0.0015	0.0066

图 14-9 完整的方差/协方差矩阵

14.3.2 计算投资组合的标准差

如前所述，我们可以用式（14-10）来计算投资组合的标准差。然而，随着投资组合中证券只数的增加，该等式的项式就会迅速增加。一旦投资组合中的证券数量超过两只或三只，那么该等式就很难实际应用。等式中所需的协方差（包括方差）数量通常可按下式计算：

$$协方差个数 = \frac{N(N+1)}{2} \qquad (14-12)$$

式（14-12）只计算了图 14-8 中协方差矩阵下半部数据的数量。如图 14-9 所示的完整协方差矩阵需要 N^2 个协方差来填满整个矩阵。

因此，就计算由多证券构成的投资组合的标准差而言，建立工作表公式的方式并不可行。不仅等式会非常冗长，而且出错概率也很大。因此，我们应选择矩阵代数的方法，或者借助自定义函数来解决。本小节将逐一介绍这两种方法。

我们已掌握除权重以外的计算投资组合标准差所需要的所有数据。这里，我们先假定投资组合包含四只股票，且权重相等（均为 25%）。自单元格 A10 开始，输入如图 14-10 所示的资料。

在所有的投资组合中，各构成证券的权重之和必须为 100%。为检验起见，不妨在单元格 B15 中输入"=SUM(B11：B14)"。为了计算投

	A	B
10	**股票**	**权重**
11	LOON	25.00%
12	UFO	25.00%
13	SOP	25.00%
14	LOL	25.00%
15	权重合计	
16	期望收益率	
17	标准差	

图 14-10 投资组合标准差的计算

资组合的期望收益率，在单元格 B16 中输入数列公式 "=SUM(TRANSPOSE(B11：B14)*$B$7：$E$7)"。请注意，由于数列方向相反，我们必须转置其中的一个数列。经计算，该具有平均权重的投资组合的期望收益率为 9.77%。

若以矩阵形式来计算投资组合的标准差，那么式（14-10）应改为：

$$\rho_P = \sqrt{W'VW} \tag{14-13}$$

式中，W 为权重的列向量；V 为方差 / 协方差矩阵；W' 则是权重列向量的转置向量。将公式 "=SQRT(MMULT(MMULT(TRANSPOSE(B11：B14),$I$2,$L$5),B11：B14))" 输入单元格 B17 中。因为该公式属于数列公式，所以输入时必须按下 Shift+Ctrl+Enter 键。不难发现，该投资组合的标准差为 8.56%。

除了运用矩阵函数之外，我们还可以运用 Excel 中 FameFncs.xlam 加载项的用户自定义函数 **FAME_PORTVAR1**。该函数可用于计算给定方差 / 协方差矩阵和权重情况下投资组合的标准差，其定义为：

FAME_PORTVAR1 (*VARCOVMAT*, *WEIGHTS*)

其中，*VARCOVMAT* 为方差 / 协方差矩阵，*WEIGHTS* 为投资组合的各构成证券的权重序列。在单元格 B17 中输入公式 "=SQRT(FAME_PORTWAR1($I$2：$L$5,B11：B14))" 以计算投资组合的标准差。所得结果应完全相同。

如要试验，不妨通过改变权重来观察投资组合的期望收益率和标准差的变化。只需通过改变权重，这几只股票就能生成无穷多个投资组合。

14.4 有效边界

如前所述，用任意数量的股票我们就能构建出无穷多个投资组合。无疑，这些投资组合必然有优劣之分。如果能绘制出反映各种可能投资组合的风险 – 收益组合，那么这些组合就构成了投资组合可行集（feasible set）。

图 14-11 描述了投资组合的可行集以及一些补充信息。如图 14-11 所示，A、B 和 C 投资组合均属于可行集，所以都是可行的投资组合。其中，B 投资组合位于可行集的边界上，它与 A 投资组合的期望收益率相等，但风险更小。因此，只要存在选择机会，任何投资者都会弃 A 选 B。同样，C 投资组合与 A 投资组合的风险相当，但收益率更高。这样，投资者必定会选择 C 投资组合。

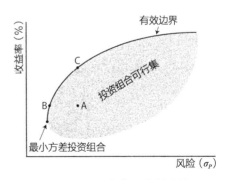

图 14-11 可行集和有效边界

B 和 C 投资组合均位于被称为有效边界（efficient frontier）的可行集的上端边界。处于有效边界上的投资组合总是优于可行集内的投资组合，因为或是风险一定时收益更高，或是收益一定时风险更小。因此，投资者总会选择位于有效边界上的投资组合。

不过，就处于有效边界上的投资组合而言，除非我们确实知道投资者的效用函数，否则就无法判断该投资者会选择其中的哪个组合。例如，如果我们不了解你的效用函数，我们就无法确定你将选择 B 投资组合还是 C 投资组合（或有效边界上的其他投资组合）。后面将介绍如何根据效用函数来选择最优投资组合。

最后，请注意标记为"最小方差投资组合"的投资组合。这一组合就是有效边界上风险最小的投资组合。

14.4.1　用 Excel 确定有效边界上的投资组合

找出位于有效边界上的投资组合是一个二次非线性最优问题。具体而言，我们要找出在两个（有时为三个）约束条件下能使各可行期望收益率的风险最小化的投资组合集。这里的约束条件包括：权重之和必须等于 1；计算所得的收益率必须等于目标收益率；有时要求的各项权重均应介于 0 ～ 1。其实，第三项约束条件是指不能卖空，是对个人与机构投资者的惯常要求。也请注意，公司一般不能卖空其投资项目，因此该条款也是合适的。出于理论研究之需，这里允许卖空，所以不考虑第三个约束条件。此外，我们假定卖空证券的收益可用于买进头寸。

在第 12 章中，我们用规划求解器工具来解决最优资本预算问题。规划求解器工具适用于任何类型的最优化问题。因此，我们将用规划求解器工具来找出有效边界上的投资组合样本。有效边界起始于最小方差投资组合，因此，我们先要确定在不考虑收益率情况下能使可能投资组合的标准差最小化的四只股票的权重。图 14-11 中就给出了这一方差最小的投资组合。

点击"数据"标签中的"规划求解"按钮，然后激活如图 14-12 所示的对话框。

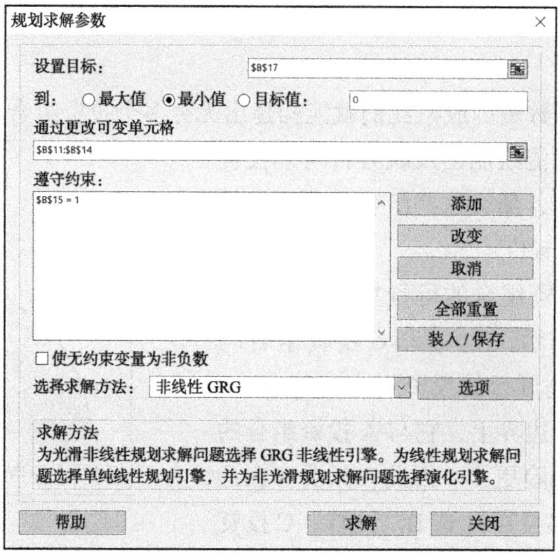

图 14-12　利用规划求解器找出最小方差投资组合

为了找到最小方差组合，我们将在单元格 B17 中计算投资组合的最小标准差。这样，单元格 B17 就是目标单元格。选中"最小值"按钮，规划求解器将求解函数的最小值。在"通过更改可变单元格"中输入单元格区域 B11：B14 中的权重。之后，点击"添加"按钮，以加入"B15=1"这一约束条件。这样，就可保证权重之和为 1（资金百分百地用于投资）。

因为所要求解的是非线性问题，所以不能选择第 12 章中采用的"单纯线性规划"求解方法。相反，必须选择 GRG 非线性求解法。这里默认的方法就是 GRG 非线性求解法，所以不必变动。不过，要确保选中"使无约束变量为非负数"选项。

确认对话框与图 14-12 中的完全一致后，再按下"求解"按钮。眨眼工夫，规划求解器就可帮你找到答案。选择保存结果。不难发现，最小方差组合的标准差为 5.87%，期望收益率为 8.84%。[6]

之后，按完全相同的方法在有效边界上再找出一个证券投资组合。只要一个证券投资组合的原因是，边界上的每一个证券投资组合都可以通过计算任意两个边界上的证券投资组合而直接得出。

不过，我们必须指定这个证券投资组合的目标收益率并加上另一个约束条件。首先，将单元格区域 B10:B17 复制到 C 列，以便为其他投资组合创建公式。在单元格 C10 中，将投资组合名称改为"最大收益率"。

设置好单元格后，我们就来运行规划求解器。将目标单元格设置为单元格 C17，变动单元格设置为 C11:C14，约束条件调整为"C15=1"。这里，我们需要增加一个新的约束条件以使"C17=C16"，从而确保所计算出的收益率（单元格 C16）与目标收益率（单元格 C7）相一致。这样，目标收益率将与具有最高收益率的股票（本例中的 UFO 公司）的目标收益率相同。[7]至此，规划求解器的主对话框应如图 14-13 所示。

图 14-13　利用规划求解器找出投资组合 2 的权重

点击"求解"按钮，就可得到最大收益率投资组合的标准差为 15.39%。此时，所创建的工作表应如图 14-14 所示。权重为负表示股票应当被卖空，所得收益用于购买其他股票。现在，不妨比较一下最大收益率投资组合与 UFO 公司的风险大小。虽然两者的期望收益率完全相等（11.02%），但我们新建的投资组合获得该收益所冒的风险更小。这再次证明了分散投资的效应。

	A	B	C
10	股票	最小方差的投资组合	最大收益率的投资组合
11	LOON	15.55%	48.75%
12	UFO	-4.78%	76.66%
13	SOP	26.70%	-16.09%
14	LOL	62.52%	-9.31%
15	权重合计	100.00%	100.00%
16	期望收益率	8.84%	11.02%
17	标准差	5.87%	15.39%

图 14-14　有效边界上的两个投资组合

14.4.2 绘制有效边界

至此，我们找出了有效边界上的两个投资组合。下面就可以绘制有效边界图了。不过，只有两个投资组合只能画出线条，无法画出光滑的曲线。因此，我们需要创建更多的投资组合以便画出边界。为此，先选中单元格区域 C10∶C17，再将其拖动到单元格区域 L10∶L17 中。这样，我们就有创建其他投资组合的空间了。

这里我们要运用有效边界上投资组合的特点，即有效边界上的每个投资组合都是有效边界上两个其他投资组合的组合。因此，该投资组合的权重等于其他两个投资组合权重的加权平均值：

$$W_P = xW_{\text{Min Var}} + (1-x)W_{\text{Max Return}} \tag{14-14}$$

这里，我们已经知道两个投资组合的权重，所以先来创建这样一个投资组合：90% 投资于方差最小的投资组合，10% 投资于收益率最大的投资组合。当然，我们可以利用任何权重已知的两个投资组合。这样创建的投资组合将位于有效边界的左边。

为此，在单元格 C9 中输入权重"90%"，在单元格 C11 中输入计算 LOON 公司股票权重的公式"=C\$9*\$B11+(1−C\$9)*\$L11"。不难发现，LOON 公司股票在该新的边界投资组合中的权重为 18.87%。将该公式向下一直复制到单元格 C14 以便得到其他股票所占的权重。在行 9 中的权重为投资于方差最小投资组合的比例，而 1 减去该比例表示投资于收益率最大投资组合的比例。

为了得出其他投资组合的权重、收益率和标准差，只要把单元格区域 C11∶C17 直接复制到单元格区域 D11∶K17 即可。至此，所创建的工作表应如图 14-15 所示。

	A	B	C	D	E	F	G	H	I	J	K	L
9			90%	80%	70%	60%	50%	40%	30%	20%	10%	
10	股票	方差最小组合	组合 2	组合 3	组合 4	组合 5	组合 6	组合 7	组合 8	组合 9	组合 10	收益最大组合
11	LOON	15.55%	18.87%	22.19%	25.51%	28.83%	32.15%	35.47%	38.79%	42.11%	45.43%	48.75%
12	UFO	−4.78%	3.36%	11.51%	19.65%	27.80%	35.94%	44.08%	52.23%	60.37%	68.52%	76.66%
13	SOP	26.70%	22.42%	18.15%	13.87%	9.59%	5.31%	1.03%	−3.25%	−7.53%	−11.81%	−16.09%
14	LOL	62.52%	55.34%	48.16%	40.97%	33.79%	26.60%	19.42%	12.24%	5.05%	−2.13%	−9.31%
15	权重合计	100.00%	100.00%	100.00%	100.00%	100.00%	100.00%	100.00%	100.00%	100.00%	100.00%	100.00%
16	期望收益率	8.84%	9.06%	9.28%	9.50%	9.71%	9.93%	10.15%	10.37%	10.58%	10.80%	11.02%
17	标准差	5.87%	6.04%	6.52%	7.26%	8.18%	9.22%	10.36%	11.56%	12.81%	14.09%	15.39%

图 14-15　有效边界上投资组合的权重

投资组合一旦确定，那么绘制有效边界图就与绘制散点图一样并不难。不妨回头再看一下图 14-11，我们希望图中 Y 轴表示期望收益率，X 轴表示标准差。为此，选中单元格区域 A16∶L17 并插入带直线和数据标记的散点图。起初，在你创建的图中，变量并不在你所希望的轴上。这样，我们必须编辑图表以解决这一问题。

右键点击该图表，从快捷菜单选中"选择数据"。在"选择数据源"对话框中，点击"编辑"按钮。然后，将 X 轴的取值改为 B17∶L17，将 Y 轴的取值改为 B16∶L16。这样，原图坐标轴就会发生翻转，指标都到了你所希望的轴上。加上合适的图标题和坐标轴名后，所创建的图应如图 14-16 所示。

请注意，图中的有效边界并非一条光滑曲线。原因在于这里只有区区 11 个投资组合。如果我们能找出 20 个投资组合，那么所绘制的曲线就会平滑得多。使曲线变得平滑的另一种方法就是将图形类型设定为"带平滑曲线和数据标记的散点图"。不过，我们通常不建议这样做，因为经人工平滑处理的图形往往不能很好地反映真实的数据。

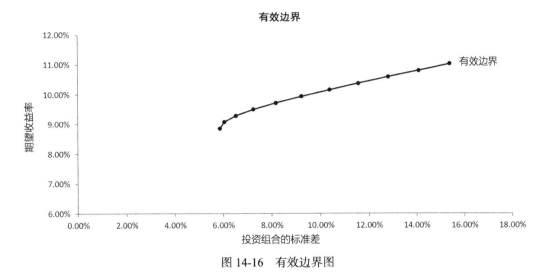

图 14-16　有效边界图

14.5　资本市场线

迄今为止，投资组合中只包含风险资产。现在，假设投资组合中也包括无风险资产。对于无风险资产而言，收益率标准差为 0，期望收益率等于无风险收益率。当然，这样的资产只是理论意义上的存在。在现实世界中，美国国库券因为基本没有违约风险而近似于无风险资产。这里，我们将引入一个理论上的无风险资产，且假定其期望收益率为 7%。我们重点关注在引入无风险资产后，投资组合的有效边界是如何变化的。

首先，复制创建图 14-14 所需的工作表。我们对该工作表进行略微的改动，在表中增加无风险资产。在单元格 F1 中输入该资产的名称"无风险资产"，并在各年度的收益率单元格中输入 7%。现在，将单元格区域 E7∶E8 中的公式复制到 F7∶F8 以计算无风险资产的期望收益率和标准差。至此，所创建的这部分工作表应如图 14-17 所示。

	A	B	C	D	E	F
1	年度	LOON	UFO	SOP	LOL	无风险资产
2	2013	11.10%	17.38%	23.42%	1.48%	7.00%
3	2014	−11.29%	−2.29%	−7.31%	9.73%	7.00%
4	2015	21.72%	15.53%	8.26%	−1.08%	7.00%
5	2016	16.38%	32.33%	12.33%	18.46%	7.00%
6	2017	12.36%	−7.85%	9.47%	13.29%	7.00%
7	期望收益率	10.05%	11.02%	9.62%	8.38%	7.00%
8	标准差	12.63%	16.19%	11.19%	8.13%	0.00%

图 14-17　包含无风险资产的数据

此外，我们需要将无风险资产加入方差 / 协方差矩阵。在单元格 M1 和单元格 H6 中均输入"无风险资产"标记。选中单元格区域 I2∶M6 并输入公式" =MMULT(TRANSPOSE (B2∶F6−B7∶F7),(B2∶F6−B7∶F7))/4"。该公式与之前用过的公式并无二致，只是取值区域有所扩大，新增了无风险资产。图 14-18 描述了所创建的方差 / 协方差矩阵。

请注意，无风险资产与其他任何资产之间的协方差（或相关系数）都是 0。既然无风险资产的收益率恒久不变，它们当然也不会与任何其他资产的收益率同步变化。正如下面很快就要介绍的，实际上正是这一点使得引入无风险资产能很好地分散风险。

	LOON	UFO	SOP	LOL	无风险资产
LOON	0.0160	0.0109	0.0097	−0.0018	0.0000
UFO	0.0109	0.0262	0.0102	0.0004	0.0000
SOP	0.0097	0.0102	0.0125	−0.0015	0.0000
LOL	−0.0018	0.0004	−0.0015	0.0066	0.0000
无风险资产	0.0000	0.0000	0.0000	0.0000	0.0000

图 14-18　包含无风险资产的方差 / 协方差矩阵

最后，我们将无风险资产加入工作表的投资组合区。选中第 15 行，再插入新的一行。在单元格 A15 中输入"无风险资产"，并重新编辑单元格 B16、B18 和 B19 中的公式以纳入新数据。对应的新公式为：

B16:　=SUM(B11∶B15)

B18:　=SUM(TRANSPOSE(B11∶B15)*$B$7∶$F$7)

B19:　=SQRT(MMULT(MMULT(TRANSPOSE(B11∶B15)*$I$2∶$M$6),B11∶B15))

切记，单元格 B17 和单元格 B18 中的公式为数列公式，所以输入时必须同时按下 Shift+Ctrl+Enter 键。

现在，我们又要像之前那样运用规划求解器。请记住，这里允许进行无限制卖空，因为这也是推导资本市场线（capital market line，CML）时所做的假定条件之一。此外，我们也假定卖空的所有收益都可用于购入其他资产。

不难发现，方差最小的投资组合就是将资金全部投资于无风险资产，因为投资组合的标准差绝不可能小于 0。这样，我们将单元格区域 B11∶B14 的权重均设为 0，而单元格 B15 中的权重设为 100%。此时，我们无须动用规划求解器，就可得到该投资组合的回报率为 7%，标准差为 0。

与之前一样，我们试图求出最小方差投资组合，所以将目标单元格设为 L18。"通过更改可变单元格"设置为单元格区域 L11∶L15 的权重。因为允许卖空，所以只要设定两个约束条件。第一个约束为权重之和为 1，于是点击"添加"按钮，并输入"L16=1"。第二个约束条件是使所计算出的投资组合的收益率等于目标收益率，因而输入约束条件"L17=C7"。

确保规划求解器对话框如图 14-19 所示，然后点击"求解"按钮。这样，所得到的最大收益率投资组合的期望收益率为 11.02%，标准差为 11.51%。其余

图 14-19　最大收益率投资组合的规划求解器设置

投资组合的资料会自动更新。至此，所创建的工作表应如图 14-20 所示。

	A	B	C	D	E	F	G	H	I	J	K	L
9			90%	80%	70%	60%	50%	40%	30%	20%	10%	
10	股票	方差最小组合	组合 2	组合 3	组合 4	组合 5	组合 6	组合 7	组合 8	组合 9	组合 10	收益最大组合
11	LOON	0.00%	3.92%	7.83%	11.75%	15.66%	19.58%	23.49%	27.41%	31.33%	35.24%	39.16%
12	UFO	0.00%	2.04%	4.08%	6.12%	8.16%	10.19%	12.23%	14.27%	16.31%	18.35%	20.39%
13	SOP	0.00%	3.19%	6.39%	9.58%	12.77%	15.96%	19.16%	22.35%	25.54%	28.74%	31.93%
14	LOL	0.00%	8.48%	16.96%	25.44%	33.92%	42.39%	50.87%	59.35%	67.83%	76.31%	84.79%
15	无风险资产	100.00%	82.37%	64.75%	47.12%	29.49%	11.87%	−5.76%	−23.39%	−41.01%	−58.64%	−76.26%
16	权重合计	100.00%	100.00%	100.00%	100.00%	100.00%	100.00%	100.00%	100.00%	100.00%	100.00%	100.00%
17	期望收益率	7.00%	7.40%	7.80%	8.21%	8.61%	9.01%	9.41%	9.81%	10.22%	10.62%	11.02%
18	标准差	0.00%	1.15%	2.30%	3.45%	4.60%	5.75%	6.90%	8.05%	9.20%	10.35%	11.51%

图 14-20　资本市场线上的投资组合

14.5.1　绘制资本市场线

现在我们可以着手绘制资本市场线（CML）。首先，返回有效边界工作表并将图 14-16 中的有效边界图，将其复制并粘贴到资本市场线工作表中。这样就可以保持与原始数据的链接，使得图表看上去相同。

这里，我们要在图中加上资本市场线，以便将其与有效边界直接进行比较。右击图表，再选中"选择数据"。然后，点击"添加"按钮以加入新系列。在"系列命名"编辑栏中，输入"="CML""。横坐标 X 取值选取单元格区域 B18∶F18，纵坐标 Y 则选取单元格区域 B17∶F17。至此，所创建的图应如图 14-21 所示。

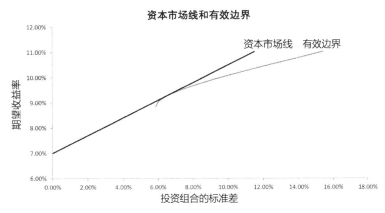

图 14-21　资本市场线和有效边界图

该图有若干要点需要关注。首先，资本市场线是一条直线。换言之，在证券组合中加入无风险资产后，就可形成线性的风险收益关系。

其次，资本市场线较之有效边界提供了更理想的风险收益比。比起任意一个位于有效边界上的投资组合，资本市场线上的投资组合更为理想。这一点很重要，因为它意味着，一旦在投资组合中引入无风险资产（诸如国库券等），投资者将不再从有效边界上选取投资组合，转而从资本市场线上选取。

最后，资本市场线和有效边界之间还存在一个共有点。资本市场线与有效边界会在某个投资组合处相切，该点被称作"市场组合"（market portfolio）。市场组合包含所有的风险资产，而且其比例按各自的市场价值分配。换言之，"市场组合"是以资本价值为权重的投资组合。

市场组合中没有无风险资产。资本市场线上的任何其他投资组合由部分无风险资产与市场组合构成。因此，所有投资者所投资的是由市场组合和无风险资产共同构成的投资组合（选择资本市场线上的某个组合）。

这就意味着所有投资者的投资决策是一致的：大家都投资于市场组合。唯一需要他们定夺的是，究竟该持有多少无风险资产。这一决策就是融资决策。买入无风险资产相当于按无风险收益率借出款项，而卖出无风险资产则相当于按无风险收益率借入款项，并将所得收益用于买入更多的市场组合。通过引入无风险资产，我们就可以将投资决策与融资决策区分开来。如图 14-22 所示，这就是所谓的托宾分离理论（Tobin's separation theorem）。

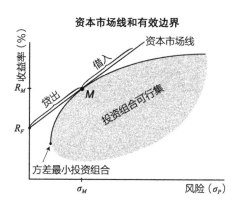

图 14-22　资本市场线和托宾分离理论

14.5.2　市场组合的确定

市场组合在现代投资组合理论中扮演着重要角色。如果能够在有效边界上找到确切的投资组合，显然非常有用。如图 14-22 所示，不难发现资本市场线的等式为：

$$E(R_P) = R_F + \frac{(R_M - R_F)}{\sigma_M} \sigma_P \qquad (14\text{-}15)$$

资本市场线的斜率就是风险的市场价值，其计算式为：

$$CML \text{ 的斜率} = \frac{(R_M - R_F)}{\sigma_M} \qquad (14\text{-}16)$$

风险的市场价值所度量的是市场上单位风险所能获得的超额收益。因为资本市场线是一条直线，所以资本市场线上任意一点的斜率都相等。因此，我们可以通过替换市场组合的收益率和标准差来推导出任意投资组合的斜率。这就是知名的衡量投资组合绩效的指标——夏普比率（Sharpe ratio）。夏普比率计算等式为：

$$夏普比率 = \frac{(R_P - R_F)}{\sigma_P} \qquad (14\text{-}17)$$

如图 14-21 所示，市场组合与有效边界上的第 7 号投资组合非常接近。我们可以通过规划求解器来找出能使夏普比率最大化的市场组合权重，并据此来确定市场组合在有效边界上的确切位置。

这里，无风险资产可以合并到有效边界上的任意组合中，所得到的直线就是资本配置线（capital allocation line）。投资者都愿意投资于最为陡峭的资产配置线上的组合，因为这一直线的夏普比率最大。换言之，夏普比率最大的直线是资本配置线。

这里，我们用单元格区域 M10:M19 来求解市场组合。为此，选定单元格区域 L10:L19 并复制到单元格区域 M10:M19。将单元格 M10 的标记改为"市场组合"，并在单元格 A19 中输入"夏普比率"。之后，在单元格 B19 中输入公式" =IFERROR((B17-$B$17)/B18,0)"，并将这一公式复制到单元格区域 C19:M19。我们采用 **IFERROR** 函数来避免最小方差投资组合出现错误值。

我们的目的是通过改变单元格区域 M11:M15 中的市场组合权重，在单元格 M19 中用规划求解器计算出夏普比率的最大值。这里的约束条件为"M16=1"和"M15=0"（市场组合中没有无风险资产）。运行规划求解器并设置对话框。设置完成后的对话框应如图 14-23 所示。

图 14-23 求解市场组合的规划求解器对话框

运行规划求解器后，就可得到市场组合的夏普比率为 0.349 4。这个数据与资本市场线的斜率相同。至此，所创建的输出结果应如图 14-24 所示。

股票	方差最小组合	组合 2	组合 3	组合 9	组合 10	收益最大组合	市场组合	效用最大组合
LOON	0.00%	3.92%	7.83%	31.33%	35.24%	39.16%	22.21%	47.57%
UFO	0.00%	2.04%	4.08%	16.31%	18.35%	20.39%	11.57%	24.77%
SOP	0.00%	3.19%	6.39%	25.54%	28.74%	31.93%	18.11%	38.79%
LOL	0.00%	8.48%	16.96%	67.83%	76.31%	84.79%	48.10%	103.00%
无风险资产	100.00%	82.37%	64.75%	–41.01%	–58.64%	–76.26%	0.00%	–114.13%
权重合计	100.00%	100.00%	100.00%	100.00%	100.00%	100.00%	100.00%	100.00%
期望收益率	7.00%	7.40%	7.80%	10.22%	10.62%	11.02%	9.28%	11.88%
标准差	0.00%	1.15%	2.30%	9.20%	10.35%	11.51%	6.53%	13.98%
夏普比率	–	0.349 4	0.349 4	0.349 4	0.349 4	0.349 4	0.349 4	0.349 4

图 14-24 有效边界上的市场组合及其他组合

市场组合位于资本市场线和有效边界的切点处，因为只有在这个点上，两者的斜率相等。至此，我们正确找到了市场组合。我们不仅清楚了其构成证券的比率，还明确了其收益率和标准差。

如前所述，市场组合确实紧邻有效边界上的第 7 号投资组合。我们可以把市场组合添加到资本市场线和有效边界图中（见图 14-21）。为此，右击图表，再选中"选择数据"。然后，点击"添加"按钮，将序列名称设置为"市场组合"，横坐标 X 的值设置为市场组合的标准差，纵坐标 Y 的值设置为市场组合的期望收益率。至此，所创建的图应如图 14-25 所示。

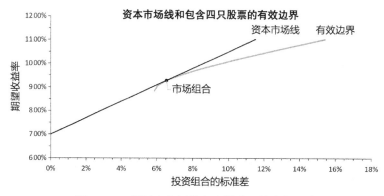

图 14-25 带资本市场线和有效边界的市场组合

14.6 效用函数与最优投资组合

不同的投资者偏好不同的投资组合，具体选择决定于投资者对风险和收益的偏好。正如第 9 章所介绍的，一些投资者较另一些投资者更能承受风险，因此会选择期望收益率更高、风险更大的投资组合。为了确定最优投资组合，我们需要了解投资者的效用函数以及他们对风险的厌恶程度。对此，这里采用如下效用函数（仅仅为众多可能的效用函数之一）：

$$E(U) = E(R) - \frac{1}{2}A\sigma^2 \qquad (14\text{-}18)$$

式中，$E(R)$ 为投资组合的期望收益率；σ^2 为方差；A 为相对风险厌恶系数（$-\infty \leqslant A \leqslant \infty$）。当 $A > 0$ 时，投资者为风险厌恶者，A 值越大，投资者越厌恶风险（风险承受能力越小）；当 $A=0$ 时，投资者属于风险中性。根据式（14-18），我们可以计算有效边界上某个投资组合的效用，并找出使任何给定投资者效用最大化的投资组合。

绘制无差异曲线

无差异曲线（indifference curve）描述的是能为给定投资者提供相同效用的各种可能的风险与收益组合。这里可以把式（14-18）移项得到：

$$E(R) = E(U) + \frac{1}{2}A\sigma^2 \qquad (14\text{-}19)$$

根据式（14-19），如果效用水平、风险厌恶程度和风险大小已知，我们就可以求出收益率，转而求出带来指定效用水平的投资组合。如果绘制出多条无差异曲线，那么我们称这些无差异曲线为无差异曲线图（indifference map）。

这里先来创建一个新的工作表，并将其命名为"无差异曲线"。在单元格 A1 中输入标记"风险厌恶"，在单元格 B1 中输入"2.5"。在单元格 A2 中输入标记"效用"，在单元格区域 B2：D2 中依次输入 7%、8% 和 9%。在单元格区域 A4：A19 中输入 0 ~ 15% 且按 1% 增加的序列。在单元格 B4 中输入计算收益率的公式" =B$2+0.5*$B$1*$A4^2"，再将公式复制到整个区域。接着，将为图 14-16 所创建的图复制到本工作表并添加各条无差异曲线。至此，所创建的工作表应如图 14-26 所示。

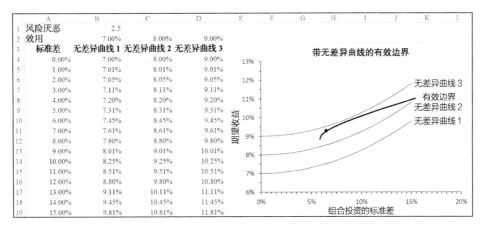

图 14-26　有效边界和 3 条无差异曲线

我们可以添加更多条无差异曲线，毕竟无差异曲线数是无限多的。不过，我们要确定的是能使投资者期望效用最大化的处于有效边界上的投资组合。显然，这一投资组合位于无差异曲线与有效边界相切的点上。虽然无差异曲线 3 与有效边界相近，但它位于投资组合可行集之外，所以投资者无法实现那样的效用水平。

为了找出最优组合投资，我们返回用于创建资本市场线的工作表。将单元格区域 M10：M19 复制到 N 列。在单元格 A20 中输入标记"效用"，再在单元格 B20 中输入公式" =B17−0.5*'Indifference Curves'!$B$1*B18^2"。之后，将该公式复制到单元格区域 C20：N20 以计算各个投资组合的效用。

最后，运行规划求解器，通过改变单元格区域 N11：N215 的约束条件为" N16=1"来最大化单元格 N20。不难发现，效用最大的投资组合的期望收益率为 11.88%，标准差为 13.98%。对于风险厌恶系数为 2.5 的投资者而言，这就是他的最优投资组合。通过改变风险厌恶系数，就可以确定其他投资者的最优投资组合。

图 14-27 描述了资本市场线、有效边界以及投资者可达到的最大效用水平（0.094 4）下的无差异曲线。除了相切的无差异曲线是经过计算所得的之外，图 14-27 的创建方式与图 14-26 一样。

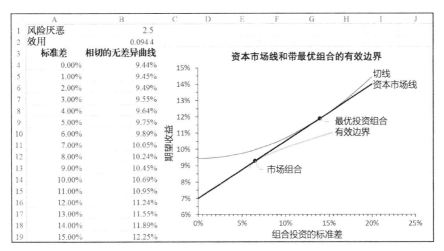

图 14-27　投资者的最优投资组合

请注意，最优投资组合位于有效边界的上方。这里的投资组合仅当添加了无风险资产后方可实现。如果没有无风险资产，那么最优投资组合的期望收益率为 9.78%，效用为 0.088 8。具体计算可作为练习用规划求解器来完成。

14.7 资本资产定价模型

资本资产定价模型（CAPM）是财务管理中最为知名的模型之一。这一节将介绍如何推导出资本资产定价模型及其常用的风险度量指标——β 值。回顾一下上节内容，我们知道市场组合位于资本市场线与有效边界的切点处。所以，资本市场线和有效边界在该点的斜率相同。这里，可按以下等式来计算有效边界上市场组合点的斜率：

$$边界上 M 点的斜率 = \frac{(R_P - R_M)\, \sigma_M}{(\sigma_{P,M} - \sigma_M^2)} \tag{14-20}$$

式中，R_P 为对某个投资组合的期望收益率；$\sigma_{P,M}$ 为该投资组合与市场组合的协方差。如果令式（14-20）等于式（14-16），那么：

$$\frac{(R_P - R_M)\, \sigma_M}{\sigma_{P,M} - \sigma_M^2} = \frac{(R_M - R_F)}{\sigma_M}$$

于是，通过对角相乘并化简可求得 R_P 为：

$$R_P = R_F + \frac{\sigma_{P,M}}{\sigma_M^2}\,(R_M - R_F) \tag{14-21}$$

因为 β 值的定义是：

$$\beta_P = \frac{\sigma_{P,M}}{\sigma_M^2} \tag{14-22}$$

最后，将式（14-22）代入式（14-21）就可得到以 β 值度量的常见的资本资产定价模型：

$$R_P = R_F + \beta_P (R_M - R_F) \tag{14-23}$$

根据现代资产组合理论，风险包含两类：①市场风险（系统性风险）；②公司个别风险（非系统性风险）。市场风险是与整个市场因素相关联的风险，诸如国民生产总值 GDP 或通货膨胀率的意外变动。市场风险对所有投资都有一定程度的影响。公司个别风险因素（比如竞争加剧或员工罢工）仅影响个别投资项目。我们可通过创建投资组合来分散风险。不过，这里所消除的风险是公司个别风险，即可分散风险。市场风险是无法分散的。

根据资本资产定价模型，投资组合的收益率等于无风险收益率加上风险溢价。其中，风险溢价取决于市场风险溢价和 β 值的乘积。β 值是市场风险的度量指标，反映的是投资组合对于市场风险因素的敏感程度。公司个别风险可以规避，因此，如果投资者未能持有风险完全分散的投资组合，那么就无法获得额外收益。

证券市场线

针对资本资产定价模型所创建的图被称为证券市场线（SML）。本节将计算前例中四只股票的 β 值并绘制证券市场线图。这里，先返回创建图 14-24 所用到的工作表。

之前，我们已经确定了市场组合中各构成股票的权重以及该组合的期望收益率和标准差。

现在，我们要返回去计算市场组合的历年收益率。为此，在单元格 F1 中输入标记"市场组合"。我们知道，投资组合的收益率是各构成证券个别收益率的加权平均数。因此，我们可在单元格 F2 中输入公式"=MMULT(B2:E2,$M$11:$M$14)"来计算出 2013 年市场组合的收益率。再复制此公式到单元格区 F3:F6 以完成计算。接下来，将单元格区域 E7:E8 复制到单元格区域 F7:F8，即可求得市场组合的期望收益率和标准差。至此，所得结果应与之前在单元格区域 M16:M17 中计算的数值一致。

运用式（14-22），可以计算出每只股票的 β 值。在单元格 A9 中输入标记" β 值"，再在单元格 B9 中输入公式"=COVARIANCE.S(B2:B6,$F$2:$F$6)/$F$8^2"以计算 LOON 公司的 β 值。这样，所得的 β 值应该为 1.339。之后，将单元格 B9 中的公式复制到单元格区域 C9:F9，从而可以计算出其他 β 值。至此，所创建的工作表应如图 14-28 所示。

	A	B	C	D	E	F
1	年度	LOON	UFO	SOP	LOL	市场组合
2	2013	11.10%	17.38%	23.42%	1.48%	9.43%
3	2014	−11.29%	−2.29%	−7.31%	9.73%	0.58%
4	2015	21.72%	15.53%	8.26%	−1.08%	7.60%
5	2016	16.38%	32.33%	14.28%	18.46%	18.85%
6	2017	12.36%	−7.85%	9.47%	13.29%	9.95%
7	期望收益率	10.05%	11.02%	9.62%	8.38%	9.28%
8	标准差	12.63%	16.19%	11.19%	8.13%	6.53%
9	β 值	1.339	1.763	1.151	0.603	1.000

图 14-28　股票和市场投资组合的 β 值

为了绘制证券市场线，这里需要添加无风险资产的数据。先在单元格 A21 和单元格 A22 中分别输入标记" β 值"和"期望收益率"。之后，在单元格 B20、单元格 B21 和单元格 B22 中依次输入"无风险资产""0.000"和"7.00%"。再将单元格区域 B1:F1 的标记复制并粘贴至单元格区域 C20:G20。在单元格 C21 中输入"=B9"，并在单元格 C22 中输入"=B7"。再将单元格区域 C21:C22 的公式复制并粘贴到单元格区域 D21:G22。

最后，选中单元格区域 A21:G22 并插入散点图。至此，所创建的工作表应如图 14-29 所示。

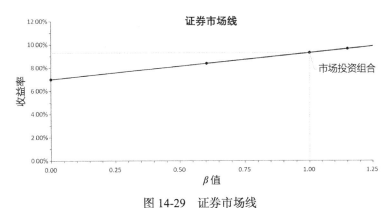

图 14-29　证券市场线

本章小结

分散投资就是将资本配置到多个投资项目的过程，其目的是降低投资组合的风险程度。

分散投资之所以能降低风险，是因为资产间并非完全正相关，所以一项资产的变动往往会被另一项资产的变动所抵消。因此，分散投资的关键在于遴选出相关度不高的资产。

根据本章的介绍，投资组合的期望收益率等于其构成资产的个别收益率的加权平均数。然而，投资组合的标准差计算则要复杂得多。在计算投资组合的标准差时，必须引入其构成资产间的两两协方差。在本章中，我们不仅介绍了计算方差 / 协方差矩阵的方法，还分析了如何运用方差 / 协方差矩阵来计算投资组合的标准差。

随后，本章还探讨了有效边界，同时分析了当只有风险资产时投资者仅从该边界上来选取投资组合的原因。我们通过规划求解器来确定位于有效边界上的投资组合样本，并据此来创建样本图。

接着，我们将无风险资产引入证券组合中，并说明了有效边界是如何转换为资本市场线的。处于资本市场线上的投资组合较之有效边界上的投资组合具有更为理想的风险收益比。只要存在无风险资产，投资者都会将其添加到市场组合中。投资组合的确切选择决定于投资者的效用函数。

最后，通过令资本市场线斜率与有效边界斜率相等推导出了资本资产定价模型。该模型不仅有助于我们更好地认识风险收益间的权衡关系，而且提供了 β 值这一新的风险度量指标。β 值是度量系统风险的指标，反映的是一项资产对市场风险因素的敏感程度。此外，我们也发现：如果资本资产定价模型成立，那么投资者只能获得来自市场风险的回报；如果投资者未能持有风险完全分散的投资组合，就毫无回报可言。

本章介绍的函数列于表 14-2 中。

表 14-2 本章介绍的函数

用途	函数
计算相关系数	**CORRLE (*ARRAY1, ARRAY2*)**
计算协方差	**COVARIANCE.S (*ARRAY1, ARRAY2*)**
矩阵相乘	**MMULT (*ARRAY1, ARRAY2*)**
矩阵转置	**TRANSPOSE (*ARRAY*)**
计算投资组合的方差	**FAME_PORTVAR1 (*VARCOVMAT, WEIGHTS*)**
计算投资组合的方差	**FAME_PORTVAR2 (*CORRMAT, WEIGHTS*)**
用概率计算协方差	**FAME_COVAR (*VALUES1, VALUES2, PROBABILITIES*)**
用概率计算相关系数	**FAME_CORR (*VALUES1, VALUES2, PROBABILITIES*)**

注：所有以 **FAME_** 开头的函数都是 FamdFncs.xlam 加载项所提供的自定义函数。该加载项可从官方网站下载。

练习题

1. 你有意投资股票市场，并遴选出了两只可能购买的股票（**XYZ** 和 **ABC**）。这两只股票过去 5 年的收益率情况如下：

年度	XYZ 收益率（%）	ABC 收益率（%）
2013	11.12	20.05
2014	15.31	7.88
2015	11.86	16.00
2016	7.66	17.69
2017	15.17	3.63

（1）计算每只股票过去 5 年的期望收益率和标准差。你会选择哪只股票？每个人都会做出同样的选择吗？

（2）计算两只股票间的协方差。如果由 XYZ 股票和 ABC 股票来创建投资组合，那么能否较好地分散风险？

（3）如果过去 5 年你按五五开持有 XYZ 股票和 ABC 股票的投资组合，请计算历年的收益率。

（4）计算上述投资组合的平均收益率和标准差。比较投资组合与构成股票的优劣。你会选择投资组合，还是选择其中一只股票？

（5）通过绘制图表来说明投资组合收益率的标准差是如何随 XYZ 股票权重变化而

变化的。

（6）如果用这些股票来创建投资组合，请用规划求解器来确定能使标准差最小的投资组合。这一标准差最小的投资组合中股票的确切权重是多少？

2. 为创建分散投资组合，你准备调查分析众多交易所交易基金（ETF）。在你看来，交通、消费品、能源、金融和健康行业是投资的首选。为此，你首先收集了上述几个行业的几只交易所交易基金（IYT、IYK、IYE、IYF和IYH）过去5年的月度收益率资料。要求：

（1）从本书官网 www.cengagebrain.com 下载这5只交易所交易的基金月度收益率文件。该文件包含本题以及后面两个练习题的资料。

（2）计算每只交易所交易基金的平均月度收益率和标准差。

（3）就风险收益比而言，样本期内哪只交易所交易基金的业绩最优？哪只最差？利用夏普比率且假定同期无风险月度收益率为0.10%。

（4）假设投资组合由上述所有交易所交易基金按平均权重创建。请计算该投资组合的期望收益率和标准差。

3. 沿用上例中的交易所交易基金的数据，完成下列要求。

（1）利用交易所交易基金的收益率数据建立样本方差/协方差矩阵。用矩阵代数函数或 COVARIANCE.S 函数（提示：采用矩阵可减少工作量）。

（2）用规划求解器找出最小方差投资组合的权重。

（3）用规划求解器找出月度收益率为2.0%的投资组合的最优权重。

（4）创建有效边界图，并添加反映单只交易所交易基金收益率和标准差的新的序列。对比分析两者的优劣。

（5）找出市场组合的权重并计算其收益率和标准差。

（6）将资本市场线添加到图中。

4. 重新回答上一练习题的问题。不过，这里假定可以进行卖空操作（权重可以为负）。需要利用规划求解器来求出有效边界上的各个投资组合。

（1）创建新图以说明本题和上一题中的有效边界。

（2）你愿意在哪个边界上选择投资组合？

5. 你正在考虑投资购买下列证券。这里给出了这些证券下一年度收益率的概率分布。

经济预期	概率	期望收益率（%）			
		OMG	BRB	NOOB	国债
衰退	0.10	−29	−9	16	3
缓慢增长	0.20	−14	3	11	3
平均增长	0.40	14	7	4	3
快速增长	0.20	23	11	−7	3
繁荣	0.10	34	14	−14	3

（1）计算每只证券的期望收益率和标准差。

（2）创建这4只证券的方差/协方差矩阵。创建时，不妨参考本章介绍的用概率而非历史数据（平均权重）来建立公式的例子。

（3）运用规划求解器来创建构成资本市场线的11个投资组合。根据这些结果，创建资本市场线图并添加原有证券的资料。

（4）通过最大化夏普比率来找出每只证券在市场组合中的权重。

（5）就风险收益比而言，原有构成股票与资本市场线上的可能组合相比，情况怎样？

在线练习

从不同行业选取两只你认为相关度比较低的股票。收集过去5年这两只股票每月的收盘价。为获取数据，可访问雅虎财经网站（finance.yahoo.com）。要求按照第9章在线练习中获取股利信息的方法来操作。不过，这里需要选择月度收盘价而非股利。将数据下载并导入 Excel。

（1）利用相对价格的对数来计算过去5年间每只股票的月度收益率。

（2）计算每只股票各自的平均月度收益率及

月度收益率的标准差。按照这一信息，你愿意投资哪只股票？

（3）利用 **CORREL** 函数计算两组月度收益率序列之间的相关系数。其是否比你所预期的要低？

（4）假设历史收益率、标准差和相关度都能充分代表未来，请计算由这两只股票五五开所创建的投资组合的期望收益率和标准差。就风险收益比而言，投资组合与单只股票相比优劣如何。

（5）利用规划求解器找出标准差最小的投资组合的权重。

注释

1. 由于给出的是"典型的"年度收益率，所以我们只计算算术平均数。这里，我们不用几何平均数。

2. 截至本书写作之时，根据过去 3 年的月度收益率，标准普尔 500 指数公司间的相关系数为 22.15%。

3. 股票 A 和股票 B 的实际权重分别为 53.50% 和 46.50%。如何用规划求解器找出这些权重就留给大家作为作业。

4. 变量与其自身的协方差等于该变量的方差。

5. 读者可通过官方网站 www.cengagebrain.com/ 下载 cov-matrix.xlam 加载项以便借助某些功能和选项来创建方差／协方差矩阵。一旦安装后，该工具就会出现在"数据"标签中。若要了解更多信息，请访问 www.tvmcalcs. com/blog/comments/update_to_variance_matrix_builder_for_excel_2010_and_2013。

6. 当就像此处一样容许卖空时，我们可以利用以下等式直接求出最小方差投资组合的权重：

$$最小方差权重 = \frac{V^{-1}e}{e^{1}V^{-1}e}$$

式中，V^{-1} 为方差 – 协方差矩阵的倒数；e 为它们的列向量。参见 Grinold, R.C. & Kahn, R.N. (1995), *Active Portfolio Management*. Chicago: Irwin Professional Publishing。

7. 为方便起见，我们也可以将此设为任意其他数据。事实上，因为允许卖空，所以理论上任何收益率水平都有可能实现。如果不允许卖空，那么最高收益率水平只能等于构成投资组合的个别股票的最大收益率。

第 15 章

用 VBA 编写用户自定义函数

通过本章学习，应能：
- 描述两类"宏"并能解释它们之间的差异
- 确定并解释 VB 编辑器的构成项
- 就任意给定的公式用 VBA 编写用户自定义函数
- 编写包含可选参数的用户自定义函数
- 应用 VB 编辑器中的调试工具
- 创建 Excel 加载程序

　　虽然 Excel 带有数百个内置函数，但并不一定总能满足你的需要。幸运的是，Excel 提供了一种工具，运用这一工具用户不仅可以在程序中加载自定义函数，而且可以在工作表中应用这些函数或者把这些函数发给其他用户使用。

　　在之前各章中，我们应用了若干来自 FameFncs.xlam 加载项的自定义函数，从而大大拓展了 Excel 的用途。那些用户自定义函数都是用 VBA 编程语言（可视化 BASIC 应用软件）写就的。微软的所有办公应用软件以及部分第三方软件都提供了 VBA 工具。

　　本章将简要介绍如何用 VBA 工具编辑符合用户需求的函数。如果你曾经做过任何计算机编程，就不难发现 VBA 工具简单易学。当然，即使从未接触过计算机编程，你也不必担心。只要能看懂数学公式，一旦学完本章你就能很容易地将数学公式转换为用户自定义函数。

　　VBA 工具功能强大且应用广泛，既可用于处理简单事项，如改变工作表中单元格的格式，也可用于处理复杂事项，如编写不属于 Excel 工作表的完整应用程序，当然也可用于处理难度介于上述两者之间的各种事项。

　　在介绍后续内容之前，请确保功能区的"开发工具"选项卡已经激活。为此，先点击"文件"标签，然后点击"选项"。之后，在"自定义功能区"中，选择对话框右边的"主选项卡"下拉列表的"主选项卡"，并打钩选中右边的"开发工具"这一选项。点击"确定"，此时的"开发工具"标签应如图 15-1 所示。

图 15-1 "开发工具"标签

15.1 宏的概念与两类宏

在计算机科学中，宏是用以替换一长串命令的单个字段或键击。Excel 带有很多此类内置宏。例如，可以通过按"Ctrl+B"键来定义单元格的字体、值域和加粗与否。这里，宏就是原本需要诸多步骤的快捷方式。按下"Ctrl+B"键后，Excel 就会在后台自动执行所有的这些步骤。这种类型的宏就是我们常说的键击宏（keystroke macro）。

虽然我们可以通过创建 VBA 程序来复制键击宏的功能，但从严格意义上说，VBA 并非宏语言。相反，宏是一种全功能的目标导向的编程语言。不过在日常运用中，VBA 程序通常被看作宏。

宏的两种类型

Excel 包含两种类型的宏。与键击宏的传统定义最为相近的是程序宏（procedure macro）。程序宏可以完成诸如转到其他工作表、打开文件、格式化单元格区等之类的任务。例如，我个人就编写了一个叫作"ConvertIS"的程序宏，并用它对来自特定数据库的利润表重新设置格式。该程序可执行以下几项任务，不仅速度快而且前后统一，从而节约了大量手工操作的时间：

（1）删除若干空白行。

（2）给每个单元格加粗字体、加框以及设置背景色。

（3）改变某些文本以便符合引用需要。

鉴于来自该特定数据库的利润表都相仿，所以"ConvertIS"这一程序宏可用于我所引用的任意利润表。

录制这类宏比白手起家式编写程序要容易多。Excel 带有一个宏录制器，在录制下你的每一步操作的同时还能将其转化为 VBA 语言。录制下的宏将以代码模式存储于 VB 编辑器中。一旦录制下来，你就可以很方便地通过设置键组合来运行该宏，而且还可以进行编辑优化，使之更符合你的要求。了解录制宏的编辑是掌握 VBA 语言的最佳途径。启动录制宏时，只要按下"开发工具"标签上的"录制宏"按钮或者点击（工作表标签下面）状态栏上的按钮即可。

程序宏的确非常有用，但并非本章的介绍重点。相反，我们更为关注的是编写函数。函数宏（更确切的名字应该是用户自定义函数）不能像程序宏那样修改 Excel 工作表。相反，函数宏的功用在于获取参数（自变量）、按某种运算法则进行处理并将结果反馈到电子表格。用户自定义函数（UDF）与 **SUM**、**PV**、**GEOMEAN** 等内置函数相同。两者的区别在于用户可创建自己的自定义函数，用于计算无内置函数可用的结果。

对于需要花费很长时间才能录入单元格的常用公式而言，用户自定义函数就非常有用。

最能说明这一点的一个例子就是 FameFncs.xlam 加载项中的 **FAME_TWOSTAGEVALUE** 函数。回顾一下第 9 章中的式（9-5），不难发现如果要将整个公式正确输入单元格中，就会耗时良多。运用用户自定义函数，不仅省时省力，而且能保证精确性。

有时，用户自定义函数可用于计算那些很难或无法用单个单元格公式计算出来的结果。例如，假设要写出计算任意组现金流回收期的公式。虽然写出特定现金流集的回收期计算公式并不难，但要写出适用于计算任意现金流回收期的万能公式非常困难。此时，运用用户自定义函数就能轻松破解这一难题。**FAME_PAYBACK** 函数的作用就在于此。

在下一节里，我们将介绍既能创建程序宏也能创建函数宏的 VB 编辑器。之后，我们将着重介绍如何编写自己的用户自定义函数。

15.2　VB 编辑器

VB 宏并不是在工作表而是在 VB 编辑器中写就的。VB 编辑器不仅提供了多种有用的代码编写工具，而且具有记录编写全程并进行调试的功能。VB 编辑器可以被看作一种专为编写宏而设计的 Word 处理程序。点击"开发工具"标签中的" Visual Basic"按钮或者按 Alt+F11 键（苹果电脑上为选项 +F11）就可以打开 VB 编辑器。请注意，按 Alt+F11 键可以让你在 Excel 和 VB 编辑器之间来回自由切换。

图 15-2 列示了 VB 编辑器的几个常用窗口。宏是在代码窗口写就的，因此用户的大部分工作都将在此展开。在资源管理器窗口，用户可以选择所要工作的项目和特定代码模块。在属性窗口，用户可以为代码模块和工作表设置名称、显示与否和方式等属性。监视窗口可供用户在对代码进行调试时，监视变量的数值变化，类似于图 4-15 所示 Excel 工作表中的监视窗口。最后，立即窗口可像便笺簿那样用于测试或评估所输入的代码。当屏幕上未显示上述任何窗口时，用户可通过选择 VB 编辑器菜单上的视图菜单来让其重新显示出来。

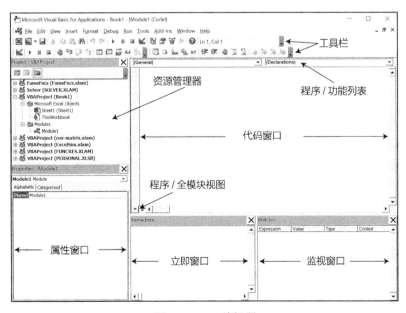

图 15-2　VB 编辑器

15.2.1 资源管理器

资源管理器列示了所有打开的 VBA 项目。VBA 项目就是普通的 Excel 工作簿，但它可能同时附有 VBA 代码模块。值得注意的是，你为项目所写的任何 VBA 代码都保存于工作簿，而非单独保存为一个文件。不过，你也可以很方便地将代码输出为文本文件以供备份或将其导入其他工作簿。

如图 15-3 所示，这里共有七个打开的项目。每个项目都有自己的名称，还有可用来显示或隐藏内容的可折叠缩略图。需要注意的是，每个打开的工作簿都有一个关联项目，每个工作表都有一个代码模块。例如，打开的工作簿 1 就带有一个工作表。

图 15-3 中的第一个项目为 FameFncs.xlam，包含一个工作表、一个名为 ThisWorkbook 的代码模块以及另一个名为 FAME_Functions 的代码模块。对于普通用户，所有这些内容都是隐藏的。因为 FameFncs.xlam 为加载项，所以其工作表在 VB 编辑器外不显示。不过，

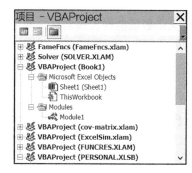

图 15-3　VBA 资源管理器

宏工具可将该加载项用于多个方面。（它可以为 **FAME_MACRS** 函数储存 MACRS 分类表。）ThisWorkbook 是一种特别的代码模块，可用于程序宏。程序宏会对工作簿层面的事项做出响应，如右击、工作簿激活不了、工作簿即将被关闭等。

FameFncs.Xlam 中的任务实际上是在 FAME_Functions 代码模块中完成的。其实，用户自定义函数就在该模块中。为了掌握该函数的形式，先要确保 FameFncs.xlam 加载项已被激活，之后打开 VB 编辑器，并双击 FAME_Functions。此时，双击 FAME_Functions 中的代码模块，就可以在代码窗口中浏览所有用户自定义函数的代码。

15.2.2 代码窗口

如前所述，代码窗口是一种专门的文字处理器。它有很多能简化宏语言编写的特征。例如，部分文本内容会着色从而显得醒目易读：将保留的关键字显示成蓝色，而具体内容则显示为绿色。当然，用户也可以根据自己的喜好自定义着色形式。

图 15-4 给出了代码窗口所显示的三个用户自定义函数。虽然这些函数是加载项中最为简单的用户自定义函数中的三个，但包含了计算并将结果返还给工作表所需的全部必要元素。即便毫无编程经验，你还是能大概领会每个函数的作用，因为这些函数在参数选取、计算运行和结果返回方面与 Excel 的内置函数相似。

请注意位于编辑器右上角的下拉程序列表。该列表包含了当前代码模块下所有程序和函数的名称。只要选中列表中的某个函数，其代码即刻就会自动显示。如果你习惯于在程序显示时用到代码窗口，那么该功能对你尤为重要。此时，该窗口每次只显示一个函数。图 15-4 列示了"全模块视图"下的编辑窗，显示了模块的全部内容。在此显示状况下，用户既可以直接进入某函数，也可以滚屏搜索整个代码模块，直到找到编辑对象为止。左下角的图标通常用于在不同显示模式间切换。

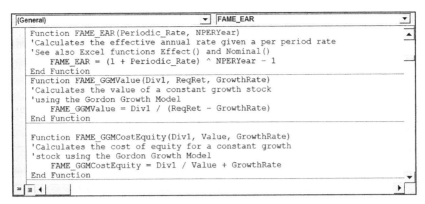

图 15-4　代码窗口

15.3　函数的构成

任何用户自定义函数至少应包含以下五个要素：

（1）关键词"Function"必须置于首行的开头。这样就可"告诉"VBA 当前正在开启一个新的函数。相反，如果开启的是程序，那么应将关键词"Sub"置于首行的开头。

（2）函数名。你几乎可以对函数任意命名，但在同一代码模块内这个名字必须独一无二。此外，函数名中不能包含空格，也不能是保留的关键字。因为从工作表中调用函数时会屡屡用到函数名，所以函数名必须便于理解。

（3）置于括号内的一系列函数参数。这些参数都是需要从你的工作表中调用的变量。即使你的函数无须任何参数，但仍然需要在函数名后加上完整的括号。

（4）指定计算结果返还某个函数。这部分内容是要"告诉"VBA 在工作表上某单元格调用函数后应将计算结果返还该单元格。

（5）最后部分是"End Function"，即函数结束的标识，标明此处已是函数的末尾。

以上几乎就是编写简单函数所需了解的全部内容。不过，正如我们在第 1 章中所提出的，必须将复杂的公式记录在电子表格中，对用户自定义函数也应做同样的处理。在 VBA 中，你可以添加备注用以说明函数的工作原理。备注通常以撇号开头，可包含你所需的任意文字信息。备注会被 VBA 自动忽略，但对于那些可能读到你的代码的人则非常有用。当然，你也不能添加太多备注，不然会增加查找的难度。这一简单操作对你今后重读代码很有帮助。

15.4　编写首个用户自定义函数

让我们从编写计算公司净利率这一很简单的函数入手。净利率函数是我们在第 1 章中讨论的首个工作表公式。因为通过创建工作表公式即可轻松完成任务，因此实际上并没有为此创建函数的需要。这里，就权当练手吧。

先打开一个新的工作簿，然后打开 VB 编辑器。此时，VB 工程资源管理器窗口就会显示打开的 VBA 项目列表，其中就包括一个名为"VBAProject（Book1）"之类的项目。括号中的名称部分正好与工作簿的名称相对应。当然，括号里是 Book2 还是 Book3 取决于此前打开了多少个工作簿。接下来，右键单击项目名称，并选择快捷菜单中的"插入模块"选项。此时，当前项目中就会插入一个名为"模块 1"的新代码模块。在显示的代码窗口中输入模块新代码。至此，VB 编辑器应与图 15-2 非常相近。值得注意的是，通过检查编辑器标题栏中的文字，你就可以轻松辨别哪个代码模块是当前的工作对象。

如前所述，净利率等于净收入除以销售额。这里，我们用"NetProfitMargin"来命名用户自定义函数。显然，该函数需要净收入和销售额两个参数。创建新函数的最简单方法就是从 VB 编辑器中插入模板。至于输入的内容，全由你自定。选择菜单中的"插入过程"，从而就可启动"添加过程"对话框。如图 15-5 所示，通过该对话框你就可以明确该函数的一些基本信息。

确保已输入了正确的函数名并选择程序类型为"函数"。按下确定键后，代码窗口中会显示如下文本：[1]

图 15-5　"添加过程"对话框图

```
Public Function NetProfitMargin()
End Function
```

余下的工作就是在函数名后的括号内键入参数，并加入计算结果所需的代码。在本例中，我们需要净收入和销售额两个参数。我们可以给这些参数任意命名，但最好能够启用描述性的名称。因此，在括号内输入"NetIncome,Sales"。请注意，就像函数名一样，参数名不能包含空格。不过，如果想提高可读性，不妨一试下划线字符（如 Net_Income）。此时，所创建的函数应该为：

```
Public Function NetProfitMargin(NetIncome,Sales)
End Function
```

至此，该函数实际上并没有起到作用，但现在我们可从工作簿中调用它了。为此，我们创建如图 15-6 所示的工作表，并将其保存为"Charpter 15 Worksheet.xlsm"。（该图其实就是图 1-11。）

	A	B	C	D	E	F	G
1			微软公司的盈利能力分析				
2			（百万美元）				
3			2011～2016年				
4		*2016*	*2015*	*2014*	*2013*	*2012*	*2011*
5	销售额	85,320	93,580	86,833	77,849	73,723	69,943
6	净利润	16,798	12,193	22,074	21,863	16,978	23,150
7	销售净利率	19.69%	13.03%	25.42%	28.08%	23.03%	33.10%

图 15-6　微软盈利能力分析工作表

现在，我们选中单元格 B7 并调入"插入函数"对话框。选择用户自定义类别，滚屏选中 NetProfitMargin。这样，我们就可以启动类似 Excel 内置函数的参数对话框（见图 15-7）。请注意，这里提示的参数名称就是你在给函数定义时所提供的名称。这下你该明白为什么需要一个便于理解的参数名了吧。

在"净收入"栏中输入"B6"，在"销售额"栏中输入"B5"。点击"确定"按钮，函数"=NetProfitMargin(B6,B5)"将被输入单元格 B7 中。不过，因为函数尚未开始计算，所以显示的答案为 0.00。

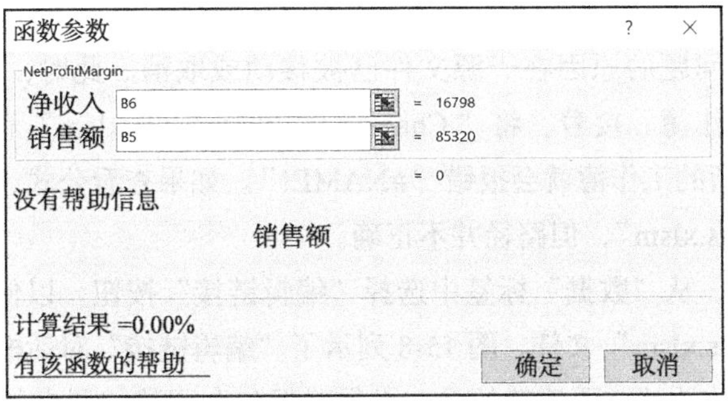

图 15-7 NetProfitMargin 函数参数对话框

我们知道每个函数都必须对函数名赋值，以便向工作表报告某个值。现在，我们就给函数加上计算：

```
Public Function NetProfitMargin(NetIncome,Sales)
    NetProfitMargin=NetIncome/Sales
End Function
```

在 VBA 中，"="为分配算子。[2] 也就是说，将右侧的值指派给左侧的变量。在本例中，我们将净收入除以销售额的得数赋予该函数名。这样，我们就可将计算结果导入工作表。

最后，我们需要加上一段描述函数目的的说明。这样，无论谁读到这段代码都会一目了然。需要牢记的是，说明的内容都要以撇号开头作为标记：

```
Public Function NetProfitMargin(NetIncome,Sales)
'Calculates Net Profit Margin given Net Income and Sales
    NetProfitMargin=NetIncome/Sales
End Function
```

回到你的工作表，不难发现结果仍然为 0.00。如果更改了函数，切记要在工作表中重新计算以显示新结果。为此，选中单元格 B7，再点击公式栏中公式的末尾，接着按下回车键。此时，所得的结果为 19.69%，与我们原先利用工作表内置公式计算所得的结果完全一致。然后，将公式复制到单元格区域 C7:G7。

只要包含 NetProfitMargin 函数代码的工作簿是打开的，那么该函数对任何工作簿而言都是可用的。例如，复制该工作表到一个新的工作簿。为此，右键点击表格状态栏，从快捷菜单中选择"移动或复制工作表"。在"将选定工作表移至工作簿："的下拉菜单中，选择"(新工作簿)"，同时，必须选定下方的"建立副本"复选框。

不难发现新工作簿中的 NetProfitMargin 函数会显示报错"#NAME!"。因为该函数并未包含在本工作簿中，所以 Excel 未能认出函数名来。为此，我们需要改变函数名的引用，使之包含带有该函数的文件名。具体路径有二：要么通过"插入函数"对话框来重置函数，要么输入完整的路径和文件名。通过"插入函数"对话框重置函数是最便捷的。完成后，不难发现此时公式就包含了文件名和函数名"='Chapter 15 Worksheets.xlsm'!NetProfitMargin(B6,B5)"。

但凡链接到外部工作表或者调用外部工作表中的函数时，必须让 Excel 了解链接对象的名称和路径。唯有如此，Excel 才能"找到"所需的函数或数据信息。一旦 Excel 找不到所需文件，所有包含断裂链接的单元格或者与之相关的单元格都将报错"#NAME!"。

通常，出现上述问题的原因在于源文件已被移动或取消。此时，应当先保存新的工作簿，然后关闭两个工作簿。接着，将"Chapter 15 Worksheets.xlsm"移动到其他文件目录。再次打开工作簿时，新的工作簿就会报错"#NAME!"。如果查看公式，不难发现虽然引用了"Chapter 15 Worksheets.xlsm"，但路径并不正确。

为修复这一问题，从"数据"标签中选择"编辑链接"按钮，以便通知 Excel 如何找到"Chapter 15 Worksheets.xlsm"文件。图 15-8 列示了"编辑链接"对话框。点击"更改源"按钮，然后找到该文件的地址。要清楚的是，必须确保包含函数的源文件是打开的，以便函数重新计算。

图 15-8 "编辑链接"对话框

正如稍后所要介绍的，解决本问题的一个简易方案就是在包含函数的工作簿中创建一个 Excel 加载项。如你所知，加载项可通过"加载宏"对话框来安装。这样，每次打开 Excel 时，加载项就会自动打开。这样，加载项所包含的函数也会随 Excel 文件的开启而自动生效。

15.5 编写更为复杂的函数

通常，如果利用工作表公式就能完成计算，那么就没有必要编写用户自定义函数。相反，如果某个比较长的公式需要重复引用，甚至需要在若干不同工作簿中重复引用，那么就需要编写用户自定义函数。在本节中，我们将讨论 VBA 工具的另外几个特征，这些特征往往有助于简化复杂函数的编写。

15.5.1 变量和数据类型

变量是可用于存储数值的临时储存区，以供再次调用函数。变量可以是多种不同类型的数据，也可以是单一的具体数据（如整数值或文本字符串），或是 VBA（变量）支持的任何数据类型。

鉴于编写函数的目的基本上都是进行数学计算，表 15-1 专门对数值类数据类型进行了汇总。此外，VBA 也支持许多其他常用的数据类型。例如，被称为布尔（Boolean）数据类型的变量就是 True 或 False 两个取值。我们可以用日期数据类型这种变量来处理日期。最后，若变量包含文本数值，那么可以将这种变量称为字符型。

表 15-1 VBA 的部分数值类数据类型

数据类型	数据范围
字节型（byte）	$0 \sim 255$
整数型（integer）	$-32\ 768 \sim 32\ 767$
长整数型（long integer）	$-2\ 147\ 483\ 648 \sim 2\ 147\ 483\ 647$
货币型（currency）	$-922\ 337\ 203\ 685\ 447.580\ 8 \sim 922\ 337\ 203\ 685\ 447.580\ 7$
单精度型（single）	负数：$-3.40 \times 10^{38} \sim -1.40 \times 10^{-45}$ 正数：$1.40 \times 10^{-45} \sim 3.40 \times 10^{38}$
双精度型（double）	负数：$-1.79 \times 10^{308} \sim -4.94 \times 10^{-324}$ 正数：$4.94 \times 10^{-324} \sim 1.79 \times 10^{308}$
变体型（variant）	可以为任意数据类型，包括双精度型的范围。这种数据类型自由度最大。如果变量未指定具体类型，则默认类型就是变体型

注：除此之外，也存在其他数字类数据类型，有些 Excel 2016 下的 64 位数据类型可以处理较大的数字。若要了解全部数据类型，请访问 msdn.microsoft.com/EN-US/library/office/gg251528.aspx。

编程的最好做法就是：在使用变量之前先设定变量的名称和数据类型，这样就可以预留足够的空间。这一过程就是定义变量，是通过 Dim 语句来完成的。例如：

```
Dim SmallNumber As Byte
Dim X As Integer, Y As Integer, Z As Integer
Dim BigNumber As Double
Dim UnknownType as Variant
```

对于上述定义，有几个地方值得注意。首先，字节型和整数型数据只能是全数字类型。换言之，我们可以将该类型数据赋值为某个数字，如 1 或 19，但不能将其赋值为 1.618 之类的实数。对于单精度型、双精度型或变体型数据，我们可以任意赋值为整数或者实数。如果不知道变量会是整数还是实数，那么最好还是将它定义为单精度型。其次，不难发现这里只需一个 Dim 语句就可以定义多种数据类型。这样，不仅可以节约代码的长度，还增强了代码的可读性。最后，这里并不需要在使用变量前先定义变量的数据类型。如果调用了未定义数据类型的变量，那么 VBA 会自动将其定义为变体型，这样它就能存储任意类型的数据。不过，当代码中暗含某种数据类型时，那么上述自动定义就会导致出错，因而不被采用。

对变量的数据类型进行定义具有两个好处：既能降低代码出错的可能，也能加快函数的运行速度。基于上述好处，VBA 工具在文件开头就对所有变量的数据类型进行定义，然后再用于强制显式声明变量（option explicit）语句中。不难发现，FameFncs.xlam 代码的开头就采用了这种语句。[3]

这里，有必要了解变量的寿命期（lifetime）和有效域（scope）。变量寿命期定义的是在函数退出后变量是否保持其数值。大多数时候，变量的寿命期仅限于使用该变量的函数的运行期。如果在定义变量时没有添加 "Static" 这一关键字，那么变量通常在函数完成运行后就丧失了数值。变量的有效域决定了变量的取值在函数范围之外是否可读。对于有效域被限定在函数范围内的变量，只有在本函数范围内可读。因此，这些变量被称为局部变量（local variable)。当然，在本函数范围之外可以采用全局变量（global variable）。这些全局变量可以被模块内所有的函数读取、更改。在通常情况下，运用局部变量好过全局变量，但有时用户需要某个可以被若干函数引用的全局变量。

15.5.2 If-Then-Else 语句

第 3 章介绍了 Excel 中的 **IF** 语句。**IF** 语句返回两者间的哪一个数值取决于逻辑测试的结果。VBA 中也有一个相类似的，甚至更为有效的语句结构。就像工作表函数一样，当某个函数依照具体情况是否存在而返回不同结果时，该语句结构就非常有用。If-Then-Else 语句有两种形式：单行语句和分行语句。单行语句的句式为：

```
If condition is true Then do this Else do this instead
```

对于简单的测试，单行语句应付自如。其不足在于，如果条件成立，你只能采取一种行为，反之若条件不成立，也只能采取一种行为。换言之，其作用与工作表中的单个 **IF** 语句相当。分行语句（block form）则可以采取多个行为并就各种情况进行连续评价。分行语句的句式为：

```
If condition is true Then
     do this first
     do this second
Else
     do this instead
End If
```

请注意，分行语句句式必须以 End If 语句结尾。这样，VBA 工具就可知道整个 If-Then-Else 语句已经结束。

下面，我们来创建用于计算一次付款额现值的函数（这里不考虑年金问题）。我们知道，一次付款额现值的计算公式为：

$$PV = \frac{FV}{(1+i)^N}$$

式中，FV 为终值；i 为每期利率；N 为期数。这里，我们将函数命名为 **MyPV**。显然，该函数需要用三个参数来代表公式中的变量。

这里，我们先回到之前为 NetProfitMargin 函数创建的"Charpter 15 Worksheets.xlsm"文件。打开 VB 编辑器，进入模块 1。接着，点击 NetProfitMargin 函数下方的代码窗口，然后输入如下内容：

```
Public Function MyPV(FV,Rate,NPer)
'Caculates the present value of a lump sum
     MyPV=FV/(1+Rate)^NPer
End Function
```

那么，该函数可能会有什么问题呢？我们必须时刻记住用户是不可预知的。因此，最好我们能事事考虑周全。接着，让我们回到 Excel 工作簿，并创建如图 15-9 所示的工作表。

选中单元格 B6 并输入公式"=MyPV(B2,B3,B4)"。根据显示，1 000 美元在 10% 利率水平下 5 年后可获得的现值为 620.92 美元。运用 Excel 内置的 PV 函数或手头的计算器很快就可以验证这一结果的正确性。

那么，这个 **MyPV** 函数还有什么问题呢？请注意，单元格 B3 中输入的利率采用了小数形式，也就是说 10% 被写成了 0.10。这里所创建的函数暗含这样的假定：所有用户都知道百分数应该以小数的形式输入。假定一些粗心的用户因不了解这

	A	B
1	现值函数测试	
2	终值	1.000
3	利率	0.10
4	期数	5.00

图 15-9　现值工作表

一点，在单元格 B3 中输入了 10 而不是 0.10。他们也许并不清楚，输入 10 就相当于告诉函数单期利率高达 1 000%。不妨自己演练一遍，不难得到结果为 0.006 2 美元，与用户的预期大相径庭。

借助于 If-Then-Else 函数，我们不仅可以预见这种错误，而且可以自动处理这种错误。对函数重新编辑，使之显示为：

```
Public Function MyPV(FV,Rate,NPer)
'Calculates the present value of a lump sum
'If Rate is great than or equal to 1, it will be divided by 100
    If Rate>=1 Then Rate=Rate/100
    MyPV=FV/(1+Rate)^NPer
End Function
```

此时，若有用户在单元格 B3 中输入了大于或等于 1 的数值，那么函数将自动假定该数值需要百分比化并自动做出调整。返回你的工作表，并令函数重新计算，就可得到与预期相一致的结果，即 620.92 美元。

值得注意的是，我们也可以在 Then 语句上做些文章。我们已通过调整利率参数自身大小的方法来给利率赋值。这其实也是防止引入并不真正需要的变量值的常见编程方法。相反，我们可以定义一个新的变量来表示利率。在本例中，所得的函数为：

```
Public Function MyPV(FV, Rate, NPer)
'Calculates the present value of a lump sum
'If Rate is great than or equal to 1, it will be divided by 100
Dim IntRate as Single
    If Rate>=1 Then IntRate=Rate/100 Else IntRate=Rate
    MyPV=FV/(1+IntRate)^NPer
End Function
```

请注意，因为 IntRate 变量是实数，所以我们将该变量的数据类型定义为单精度型。这里，我们无须将其定义为双精度型，因为所需的利率不可能如此之高。选择单精度型还能节约些许内存空间。此外，在定义变量类型时，我们应尽量遵循"就小不就大"和"够用就好"的好习惯。此外，一定要将函数末行中的 Rate 参数替换为 IntRate。如果忘了替换，那么当用户输入 10 而不是 0.10 时，就会得到错误答案。这正是那种很难在代码中剔除的错误。

为了减少函数的出错概率，对参数数据类型的定义应更为深入一些。这样就可以确保用户不是以一段文本而是以终值数字来调用函数，同时也能确保用户只以输入单个单元格的数据而不是单元格区域的数据作为参数。此时，函数的定义为：

```
Public Function MyPV(FV As Single, Rate As Single, NPer As Single)
```

现在，回到工作表并重启函数计算。函数仍可以给出正确答案。然而，如果将单元格 B4 的内容改为文本格式的 5（文本格式的数字），那么就会出现"#VALUE！"报错。事实上，无论参数的数据类型是否被定义，都会显示报错。然而，即便定义了各参数的数据类型，如果用户输入了错误的类型也会立即报错。当然，如果函数根本没有被执行，那么也可避免产生其他类型的错误。

15.5.3 循环语句

某些公式需要重复同类计算多次才能得出结果。任何带 $\sum$ 的公式都是循环计算，如期望值计算公式。各种可能结果的期望值计算公式为：

$$E(X) = \sum_{t=1}^{N} \rho_t X_t$$

式中，$E(X)$ 为 X 的期望值或者最可能值；X_t 为第 t 种可能值；ρ_t 为 X_t 的发生概率。显然，该等式就是第 13 章中的式（13-1）。为得出计算结果，我们必须依次计算每个 X 的取值与各自发生概率的乘积。与此同时，我们还必须同步进行一个加总。

VBA 工具带有若干与此类似的循环计算语句。我们采用 For…Next loop 句式。[4] 本语句需要一个计数器来帮助我们记录循环的进展。当循环次数已满，计数器将回到初始状态。若计次未满，则计算的循环继续。我们不妨来看下列代码片段：

```
X=0
For t = 1 to 10
     X = X + t
Next t
```

这里，变量 X 的初始赋值为 0（这个过程被称为变量的初始化），此后随着循环次数的增加而增加。第一个循环过后，X 将被设定等于 1，第二个循环结束（t=2），X 将被设定等于 3。直到 t 递增到 11 时，这一循环宣告结束，此时 X 等于 3。显然，用普通的工作表公式很难完成这一计算，虽然有时我们可通过数据组公式或 **SUMPRODUCT** 工作表函数来得到结果。

VBA 拥有两类"Do...Loops"循环执行。与"For...Next loops"循环执行在重复运行代码方面相似，但前者的终止执行条件并不确定。对于"Do...While loops"循环，只有当条件满足时，才进入循环。对于"Do...Until loops"循环，只有当条件不满足时（在条件满足之前），才进入循环。对于"Do...Loops"循环，完全有可能不执行。下面给出的是关于"Do...While loops"循环的例子：

```
X = 0
Do While X < 10
    X = X + 1
Loop
```

这里，只要 X 小于 10，那么每经过一次循环，变量 X 都会按 1 增加。如果把第一行改变为"$X = 15$"，那么循环就不会执行。同样，如果在原始代码中用"Until"替换"While"（同

时 $X = 0$ ），那么循环也不会执行，毕竟条件直接得到满足。请注意，"Do...Loops"循环有可能永恒执行下去（无限循环），所以我们必须十分谨慎。为了避免出现无限循环，可以在循环中采用 Exit Do 语句。一旦发现代码陷于无限循环，可以按下 ESC 键来停止循环。

	A	B
1	概率	变量值
2	0.25	100
3	0.50	150
4	0.25	220
5	期望值	155

图 15-10　期望值函数的工作表

这里，我们要用"For...Next loop"循环来创建一个函数，以便计算变量的期望值。不过，首先需要创建如图 15-10 所示的工作表。

回到 VB 编辑器中的模块 1 并输入下面的 **MyPV** 函数：

```
Public Function ExpValue(Values As Range,Weights As Range)
'Calculates the expected value of a probability distribution
Dim t as Integer, VarCount As Integer
Dim EV As Single
    VarCount = Values.Count 'Number of values in the range
    EV = 0                  'Initialize variable
    For t = 1 To VarCount
        EV = EV + Values(t)*Weights(t)
    Next t
    ExpValue = EV
End Function
```

除了"For...Next loop"循环语句之外，本函数中还出现了一些新事项。首先，我们注意到函数参数被设定为范围型数据。范围型数据表示的是一组工作表单元格，而非具体的数值型数据。范围型数据为一个数列，可能包含一个或者多个工作表单元格。尽管我们期望各单元格中的值和权重为单精度型数据，但不能将参数定义为单精度型数据，不然会使函数值仅限于一个值和一个权重数据。其次，我们注意到，我们在某些代码行次的末尾添加了说明。这不仅可节约空间，而且大大增强了代码的可读性。

现在，再来观察下面这行代码：

```
VarCount = Values.Count
```

之前我们曾说过，VBA 是一种对象导向的程序语言。这里，对象是指 VBA 代码和数据的组合，而且这些数据可按单个单元进行运算。在 VBA 中，Excel 工作簿就是一种对象（工作表、值域、单元格等也是对象），这种对象具有可按程序操作（读取或写入）的属性。我们可以用下列代码来读取工作簿对象的名称：

```
WbName = MyWorkbook.Name
```

假定 WbName 为字符串变量，且 MyWorkbook 为某个特定的工作簿对象，那么这行代码就是用工作簿名来给字符串变量命名。这里，我们通过"句点标注"（dot notation）来获取对象的属性。出现在 MyWorkbook 后面的".Name"是通知 VBA 我们试图获知该工作簿对象的名称属性。大多数工作簿都有一些可按照这种方式获取的属性。

在 **ExpValue** 函数中，我们将两项参数均定义为范围型数据。范围型数据也是 VBA 中的对象，因此我们也可以用"句点标注"来了解其属性。在本例中，Values.Count 的作用在于

"提醒" VBA 关注数据的取值范围，并"告诉"用户此范围内包含多少单元格。

此外，我们可以弄清楚范围型对象中各个单元格的属性。当然，每个单元格也是对象，因此也可以通过"句点标注"来找到单元格中的值。如果要知道范围型对象中第二个单元格中的值，可以使用以下代码：

```
X = Value(2).Value
```

假设变量 X 为正确的数据类型，那么这个代码就可将范围内第二个单元格中的值指派给 X。请注意，值的属性就是单元格的默认属性，因此利用下面的代码也可得到相同的结果：

```
X=Value(2)
```

换言之，我们不必通过".Value"句法来读取默认属性。现在，再来观察"For...Next loop"循环语句的代码行：

```
EV = EV + Values(t)*Weights(t)
```

请注意，这里引用的是值和权重。根据 t 时的值（计数变量），就可以读取值和权重数据范围的单元格中的值。在本例中，Value（2）等于 150，Weights（2）等于 0.5。随着代码在语句中的不断循环，就可读取对应的值和权重。两两相乘并与 EV 加总后，就得到结果的连续和。代码的最后一行将函数命名为 EV，从而可将所得值返还给工作表单元格。

15.5.4 在 VBA 中调用工作表函数

Excel 中包含上百个内置函数，因此在 VBA 函数中完全没有必要进行重复创建。相反，我们可以运用 WorksheetFunction 对象来调用 Excel 内置函数。例如，我们可以用这一对象来重新编写 **MyPV** 函数，而不用在代码中进行现值换算。复制之前输入的代码，再将函数指定给 **MyPV2** 函数：

```
Public Function MyPV2(FV,Rate,NPer)
'Calculates the present value of a lump sum
'If Rate is great than or equal to 1, it will be divided by 100
    If Rate >= 1 Then Rate = Rate/100
    MyPV2 = -Application.WorksheetFunction.PV(Rate,NPer,0,FV)
End Function
```

请注意，WorksheetFunction 对象就是 Application 对象的子对象。因此，我们可以按照前述的"句点标注"来加以调用。虽然这一点并非强制要求，但这样的规程能有效防止某些错误的发生。几乎所有的 Excel 内置函数都可以按这种方式调用。按这种方法来调用内置函数，不仅使函数代码易于编写，而且大大降低了出错的概率。

15.5.5 可选参数的调用

Excel 的许多内置函数带有可选参数。所谓可选参数是指那些对于函数正常工作并非必须提供的参数。例如，**PV** 函数要求必须给出参数 *RATE*、*NPER* 和 *PMT*，但其中的 *FV* 和

TYPE 属于可选参数。这些可选参数具有默认值。在函数被调用时，如果这些参数没有给出，那么函数就会采用默认值。

此外，VBA 允许函数通过在参数名之前加 " Optional " 这个关键词来包含可选参数。值得注意的是，可选参数必须位于参数列表的最后。换言之，一旦某个参数被明确为是可选的，那么其之后所有的参数都必须是可选参数。不难发现，虽然并不一定如此，但可选参数可以是默认值。

下面我们来创建一个计算净现值的函数，而且可以正确处理初始支出（不同于第 12 章所指出的内置 **NPV** 函数）。为此，在本章其他函数所在的同一模块中输入以下代码：

```
Public Function NetPresentValue(Rate As Single, IO As Double, CF1 As Double,
Optional CF2 As Double = 0, Optional CF3 As Double = 0)
    'Calculates the true net present value, unlike the built-in NPV function
        NetPresentValue = CF1/(1+Rate) + CF2/(1+Rate)^2 + CF3/(1+Rate)^3 + IO
    End Function
```

这一函数存在一些局限性，如能处理的现金流数最多三个。不过，它说明了如何运用可选参数问题。不难发现，现金流 *CF2* 和 *CF3* 都是可选参数，在没有给定的情况下都被默认为 0。为了了解函数的实际运行，这里创建如图 15-11 所示的带数据的新的工作表。

为了在单元格 B7 中调用用户自定义函数，输入 " =NetPresentValue(B1,B4,B5,B6) "。请注意，这里除了现金流 CF3 外其他参数全部给定，因此 CF3 自动采用默认值 0。利用内置的 **NPV** 函数可以验证这里的结论是正确的。

	A	B
1	贴现率	10%
2		
3	**期**	**现金流**
4	0	(1,000)
5	1	500
6	2	700
7	净现值	33.06

图 15-11　调用 **NETPRESENTVALUE** 函数

15.5.6　为不定数量的参数调用参数数组

上一节提到的 **NetPresentValue** 函数的现金流参数被限于三个。如要摆脱这个限制，不妨对最后一个参数调用参数数组（ParamArray）。请看 NetPresentValue2 的代码：

```
Public Function NetPresentValue2(Rate As Single, IO As Double, ParamArray
CashFlows() As Variant)
    'Calculates the true net present value, unlike the built-in NPV function
    'This version allows an unlimited number of cash flows
Dim NumCashFlows As Integer
Dim i as Integer
Dim PresentValue As Double
    If IO > 0 Then IO = -IO
    NumCashFlows = UBound(CashFlows) - LBound(CashFlows)VarCount + 'Count cash flows
    For i = 0 To (NumCashFlows - 1)
        PresentValue = PresentValue + CashFlows(i)/(1+Rate)^(i+1)
    Next i
    NetPresentValue2 = PresentValue + IO 'Return the NPV
End Function
```

虽然函数中有许多改变，但就这里的分析而言最为重要的是函数的声明。不难注意到，最后的参数是"ParamArray CashFlows() As Variant"。这表明我们要的是参数数组。从本质上讲，参数数组就是一组零或更多的值，可以通过其索引编号（从首项 0 开始）进行引用。在本例中，数组包含了用户输入的现金流。

函数一开头声明了三个变量，并确保初始支出（IO）为负数。之后，利用 **UBound** 函数和 **LBound** 函数声明了现金流数组中的现金流个数。**UBound** 函数给出了数组的上限（数组中最后一项的位置），**LBound** 函数给出了数组的下限（通常为 0，但也有可能为 1）。函数的其他部分构成了一个计算现金流净现值并返回该净现值的"For...Loop"循环。

利用图 15-11 所创建的工作表，用户可以用"=NetPresentValue2(B1,B4,B5,B6)"调用该函数。所得的结论当与之前所得到的相同。如果现金流个数超过两个，那么只要直接加到参数列表即可。请注意，这个函数不能处理来自工作表的单元格区域，不然只会使计算变得更为复杂。

值得提醒的是，这里没有考虑任何有关现金流核对方面的错误。事实上，用户完全有可能把无效的值传递给函数。例如，如果用"=NetPresentValue2(B1,B4,B5,B6,"string")"调用该函数，那么函数可能会返给出"#VALUE!"报错。虽然在函数内找出错误好一些，但错误处理方面的内容已经超出了本章的范围。

15.6 VBA 代码的调试

如果所编写的代码在各种情况下总能顺利运行，那当然是再好不过的。但在现实中，人无完人，程序出错总会发生。因此，有必要掌握几种可用于找出代码中错误的工具。

VB 编辑器提供了许多代码调试工具：断点测试、监视窗口、立即窗口等。本节将对这些工具逐一进行介绍。

15.6.1 断点测试及代码分级

通常，工作表中的用户自定义函数一经调用，其代码就会从头到尾不间断地运行一遍。然而，要是函数返回错误答案，我们就希望代码运行能暂停，以便检查其实时运行状态。这就是断点测试（breakpoint）的作用。在函数运行之前，我们可以进入 VB 编辑器，并用 F9 键或者"调试"菜单中的"切换断点"，在代码的某一行插入一个断点。当代码运行到断点所在行时，代码将中止运行并弹出 VB 编辑器。图 15-12 描述了断点出现时的代码窗口。

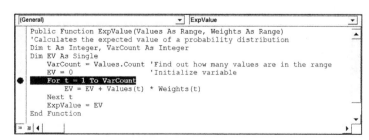

图 15-12　显示断点的代码窗口

进入 VB 编辑器，选中图 15-12 中断点所在行。接着，按下 F9 键以设定断点。此时，该行代码的背景就转为红色，表明断点设置成功。回到你在图 15-10 中创建的工作表并重新计算 **ExpValue** 函数。此时，就会显示如图 15-12 所示的代码窗口。

现在，我们可以很方便地检查变量的取值。移动鼠标至任意变量，并稍做停留，你就会看到一个列示了该变量当前取值的弹出窗口。请注意，如果变量尚未被初始化，则显示为"Empty"或错误值。若鼠标指向 VarCount 变量，窗口则显示为"VarCount=3"。然而，如果将鼠标停留在 Values(t) 上，那么它将显示"Values(t)="Value""，因为变量 t 现在被设定为 0（尚未被"For...Loop"循环所初始化）。

在第 4 章中，我们讨论了公式评估工具。借助于这一工具，我们可以通过分级计算来对工作表公式进行调试。VB 编辑器提供了类似的分级函数，可逐行执行代码。为应用此项功能，我们必须预先设定好代码暂停的断点。既然此前我们已经设定并激活了 **ExpValue** 函数的一个断点，剩下要做的是按下 F8 功能键。这样，当前的代码行就会重新执行。每按一次 F8 键，代码运行就推进一行。在这一过程中，你就可以检查变量的数值变化正确与否。一旦变量出错，你就可以找到错误的原因。可见，逐行跟踪代码运行功能对函数调试非常重要。

一旦确定了代码中的错误所在，你就可以选择"运行"菜单中的"重新设置"或按下工具栏中的"重新设置"按钮以停止代码运行。编辑代码后再重新运行以进一步检测。

15.6.2　监视窗口

在逐步执行代码过程中，如图 15-13 所示的监视窗口可帮助我们更清晰地实时监控变量的取值和代码表达式。要想将某变量或代码表达式表述添加到监视窗口，只需右键点击窗口以弹出"添加监视"对话框，再右键点击 VarCount，并选择"添加监视"选项。

图 15-13　"添加监视"对话框

图 15-13 列示了"添加监视"对话框。实际上，我们可以设定三种不同类型的监视对象。通常，我们会选择"监视表达式"，此时变量会被添加到监视窗口，而且其取值会随代码的逐步推进而实时更新。另外两类设置是当监视值为真或监视值改变时设置断点。

点击"确定"按钮，就可将 VarCount 添加到监视窗口。接下来，我们要添加其他几个监视项目，并运行代码。图 15-14 描述了就在函数退出前带有五个变量取值的监视窗口。此时，函数已经运行完毕，但尚未将结果导入工作表。EV 的取值是 155，无疑是个正确的数据。不难注意到，Values(t) 和 Weights(t) 为范围，用户可以点击"⊞"这个符号，通过展开监视窗口来了解其详细属性。

监视窗口			
表达式	值	类型	上下文
EV	155	单精度型	Module1.ExpValue
t	3	整数型	Module1.ExpValue
⊞ Values(t)	220	变体 / 对象 / 范围	Module1.ExpValue
VarCount	3	整数型	Module1.ExpValue
⊞ Weights(t)	0.25	变体 / 对象 / 范围	Module1.ExpValue

图 15-14　监视窗口

15.6.3 立即窗口

通过立即窗口，我们可以查询变量的当前值，可以将变量重新赋值或执行 VBA 命令。如要显示立即窗口，可从菜单中选择"显示立即窗口"选项或按下 Ctrl+G 键即可。

立即窗口主要用于因设定了断点而代码停止运行的状况。回到你的工作表并重新计算 **ExpValue** 函数。将"For…Next"循环语句逐步运行一个循环。现在，点击立即窗口，输入"?EV"并按回车。这样，就可在代码中查询 EV 变量的数值，查询结果为 25。因为此前我们已经设置了对此变量的监视，所以该数据会显示在监视窗口中。

图 15-15 描述了包含两项查询内容的立即窗口。第二项查询的内容是 Values(t) 的当前值。

如前所述，我们也可以执行 VBA 程序。例如，我们在立即窗口键入"EV=200"就可以改变 EV 的数值。请注意，在需要执行某个语句时，我们并不使用疑问号。在执行此命令时，函数计算的结果会因代码位置的不同而不同。例如，如果在 $t=2$ 时输入此命令，那么函数的最终结果将是 255。

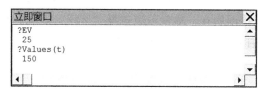

图 15-15　立即窗口

除了进行代码调试之外，立即窗口也有用。对于测试代码片断，立即窗口特别有用。例如，输入"?Application.Name"并按下回车键，就可以调用 Excel 程序。

其他调试工具还有很多，但上述这些对初学者已经足够了。当然，可在线寻求更多关于学习 VBA 代码的帮助。

15.7　创建 Excel 加载项

通常，我们创建的用户自定义函数或者程序主要是供单个工作簿使用的。如果你的函数不太可能用于本工作簿之外，那么将函数编写在与该工作簿相关联的代码模块中是合理的。这也是我们此前的做法。然而，如果想在多个工作簿中应用所编写的函数，或者可以为他人所用，那么最好的方法就是创建 Excel 加载项。随本书推出的 FameFncs.xlam 就是加载项。加载项与普通 Excel 工作簿的区别就在于 .xlam 这一文件名后缀。工作簿的文件名后缀为 .xlsm，而且带宏工具。

加载项是在普通的 Excel 工作簿中创建的，但具有若干优点：

（1）如果以加载项形式发布函数，那么用户一旦通过 Excel 选项安装加载项后，就再也不必劳心打开文件。只要在加载项对话框中的加载项名前打上钩，那么该函数就会随 Excel 打开而自动开启。换言之，用户可随时调用该函数。

（2）如果函数被包含在加载项中，那么引用函数就会变得更加简单。如果要从其他工作簿中引用前面例子中的那些函数，那么我们必须指定函数名称以及到达原工作簿的完整路径。例如，引用 **MyPV** 函数时，需要使用" ='Charpter 15 Worksheets.xlsm' ! MyPV(A1,A2,A3)"

语句。不过，如果该函数为一个活动加载项，那么只需用"=MyPV(A1,A2,A3)"语句就可从任意工作簿中将其引用。

（3）加载项中的工作表对于用户而言是隐藏的。这样，就会减少给用户产生的困惑，因为引用函数的用户不会感觉到必须借助你的工作表才能调用函数。

（4）更有利于防止代码被偷窥，并限制外人进入。因为工作表对用户隐藏，所以你还可以给代码设定一个密码。这样，未经允许用户就不能浏览或修改你的代码。

幸运的是，创建加载项非常简单。首先，按照之前所做的，打开一个新的工作簿并写入代码。然后，选择文件栏的"另存为"选项，再在"另存为"对话框中，选择"保存类型"下拉列表中的"Excel 加载宏"（*.xlam）类型。确保将加载项保存在你不会忘记的地址。

至此，加载项已创建完毕。使用时，请先关闭"Chapter 15 Worksheets.xlam"文件，然后进入 Excel 选项并选择"加载项"。按下"转到"按钮，再点击加载项对话框中的"浏览"按钮，就会导入到此前保存加载项的地址。最后，选中加载项文件，按下"确定"按钮，并确保加载项名前已经打上钩。至此，你就可在所创建的任意工作簿中应用该函数。

最后要注意的是，用户可以把加载项转回到普通工作簿：直接启动 VB 编辑器，为加载项选定"ThisWorkbook"模块。在属性窗口中将"IsAddin"属性设定为 False，然后用 .xlsm 格式保存工作簿。

15.8　编写 VBA 代码的良策

就像创建电子表一样，在编写 VBA 代码时，有不少良好方法值得遵循。本节对这些做法进行了简单列示。

（1）牢记用户自定义函数不会改变任何其他单元格的格式或内容，除了被调用该自定义函数的单元格以外。不然，就会发生"#VALUE!"报错。

（2）用户自定义函数的参数应当是所有需要进行计算的值。如果在工作表中阅读所要求的值，那么会发生再计算方面的问题，毕竟 Excel 并不清楚当所引用的单元格发生变化时需要进行再计算。

（3）在声明所有变量时，每个函数要以 Dim 语句开头。为了确保不出现闪失，可以在每个模块的顶部采用强制显式声明的 Option Explicit 语句。虽然用户可以在函数内的任何位置声明变量，但最佳做法是选择在顶部，这样更清楚在何处核对类型。

（4）在声明所有变量时，确保给出明确类型（如声明 X 为整数型）。如果没有指派类型，那么 VBA 就默认为变体型。这样做虽然有一定的灵活性，但代价是在速度和记忆效率方面有损失。

（5）赋予所有变量描述型名称，从而有助于调试代码。许多程序员甚至会更进一步，采用能同时反映变量类型的命名惯例。这方面的惯例很多，但最为知名的可能是匈牙利表示法（Hungarian notation）。该方法会在每个变量名称的开头用上一个或多个字母，如 iCounter（整数型）或 strName（字符串）。不论采用何种惯例，关键是要保持统一。

（6）为方便阅读，写代码时要采用缩进形式。如果代码的全部行的开头位置一样，那么程序很难清楚其逻辑思路。缩进形式也更便于区分各个代码模块。

（7）在整个代码中要多采用说明。理想的做法是，在描述目的以及界定参数的每个函数的前面加一条说明。许多程序员也会列出他们的名字和编写代码的日期。此外，对于每一行目的和方法并非一目了然的代码，都应当加一条说明。

（8）对自己常用的函数，不妨创建"函数库"，从而便于自己今后做项目时再次运用。这样的"函数库"既可以是包含所有有用函数的单个文本，也可以是更为复杂的系统。

（9）不要去创建可处理一切工作的大型函数。相反，创建单一用途的函数往往便于理解代码、确定发生错误的位置，也便于其在其他地方的应用。

（10）如果你的函数要把大量的数据写入工作表，那么不妨禁用屏幕更新功能，方法是采用"Application.ScreenUpdating=False"。在退出之前启用屏幕更新功能时，则要采用"Application.ScreenUpdating=True"。

（11）不做重复劳动。可以搜索"函数库"和互联网，查找可帮助你完成工作的代码。这样做不仅省时间，而且所找到的代码很有可能是最优化的代码。

（12）与利用电子表格时的做法一样，对 VBA 代码要先进行广泛试验，成功了再投入应用。

本章小结

本章简要介绍了如何用 VB 编辑器来编写并调试用户自定义函数。我们讨论了 VB 编辑器的构成，讨论了确保用户自定义函数向工作表返回数值的五大必要条件，还讨论了若干编程概念以及现有的代码调试工具。本章介绍了将代码转换为 Excel 加载项的必要步骤，以便所编写的函数能在各工作簿之间通用，甚至可以将它与众人分享。最后，分析了编写 VBA 代码的 12 条良策。

显然，本章的简要介绍不足以帮助用户完全掌握 VBA 编程工具。同时，限于篇幅，这里也没有时间讨论程序宏工具及其他复杂概念。所幸的是，本章所教内容对你必定有些用处，你不妨利用这些来尝试编写用户自定义函数。对于希望更为深入地了解 VBA 编程工具的读者，特推荐以下资料：

（1）我是 John Walkenbach 的忠实粉丝，故隆重推荐他的所有著作。特别要推荐他于 2013 年出版的 *Excel 2013 Power Programming with VBA* 一书。每当我遇到新问题或者不太熟悉的问题时，我通常会参考此书。

（2）皮尔森软件咨询公司（Pearson Software Consulting, LLC）的 Chip Pearson 创办了一个极好的关于 Excel 和 VBA 程序的网站，网址为：www.cpearson.com/excel.htm。

（3）微软公司创办了用户–用户的论坛，用户通过该论坛可进行咨询。请访问以下网站：social.msdn.microsoft.com/Forums/en-US/home?forum=isvvba。

如果上述资源还是不能解决你的疑问，你还可以上互联网。只要做些搜索，几乎总能找到答案，或者其他你感兴趣的内容。

练习题

1. 编写一个用于计算公司净资产收益率（按照杜邦法）的用户自定义函数。该函数需要包含净利率、总资产周转率和负债比率三个参数。接着，编写另一个用于计算拓展的杜邦净资产收益率的用户自定义函数。第二个函数需要包含经营净利率、利息负担、税收负担、总资产周转率和负债比率五个参数。

2. 编写一个衡量普通股价值（按照第 9 章介绍的盈利模型）的用户自定义函数。
   （1）如要完全应用式（9-13），那么函数中应引入哪些参数？
   （2）改编函数并要求用收益留存率取代预计

留存收益。

（3）用你编写的自定义函数来解答第 9 章练习题 1 中的（1）和（2）小题。

3. 股票的 β 系数可按下式计算：

$$\beta_i = \frac{\sigma_{i,m}}{\sigma_m^2}$$

（1）编写一个计算 β 系数的用户自定义函数。函数中的参数为个别股票和市场收益率之间的协方差以及市场收益率的方差。例如，**BETA**（*COVAR AS SINGLE*, *MARKETVAR AS SINGLE*）。

（2）改写上述函数，使之包含作为参数的收益率数列，并能根据收益率直接计算 β 系数。该函数的定义为：**BETA**（*STOCK RETURNS AS RANGE*, *MARKETRE*

TURNS AS RANGE）。你的函数需要利用 "Application.WorksheetFunction" 来计算协方差和方差（利用 Excel 的 **COVAR.S** 和 **VAR.S** 函数）。在代码中，务必检查股票的收益率大小是否与市场整体收益率相等。若不等，函数将报错。

4. 编写计算平均收款期的用户自定义函数。函数中的两个参数为应收账款和年赊销收入。另外，假定每年的天数为 360 天。

接着，编写包含可选第三个变量的函数，该可选变量关于每年采用的天数是 360 天还是 365 天。不过，该可选变量的默认值为每年 360 天。如果用户采用的既非 360 天也非 365 天，那么第二个函数应当返回一个错误值。

注释

1. 这里的关键词"公开的"表示该函数可以从当前模块之外调用。函数被默认为公开的，但这并非必需的。用户也可以使用关键词"私有的"。

2. 等号也可以用作比较两个变量数值大小的运算符号。例如，我们可以用这样的语句 "If X=Y Then Z=2*Y Else Z=2*X"（如果 X 等于 Y，则 Z 等于两倍的 Y，否则 Z 等于两倍的 X）。

3. VBA 编辑器可自动在每个新的模块中插入显式声明变量。若要启用，点击工具栏，再点击选择选项。在编辑栏，选择"要求进行变量声明"即可启用。

4. 打开 VBA 的帮助栏，搜索关键词 "looping through code" 以获得更多其他类型循环的相关案例。

第 16 章

用表格和数据透视表分析独立数据集

通过本章学习，应能：

- 运用经整理和筛选的 Excel 表格来专门显示所关注的信息
- 运用获取与转换工具把数据处理得更具可用性
- 创建透视表并用透视表来显示特定形式的数据
- 对透视表中的数据段进行添加、移动和重新排列
- 创建表格中的计算列和透视表中的计算段
- 运用透视图来反映透视表中数据的变化趋势

企业总会产生大量各种数据，而且需要有人将数据整理成某种便于分析与报告的格式。例如，销售经理的电子表格（或数据库）中总是包含每笔销售的详细资料，包括销售日期、客户名称、产品、价格等。再例如，金融理财师的数据集中多包含计划推荐给客户的各家共同基金的信息，包括基金名称、行情显示代号、若干业绩与风险指标及其他有用信息。

无论数据集包含的是什么，分析师必须对数据按有用类别进行快速分类，以多种方式进行汇总并做必要的计算，最后还要以报告形式来加以呈现。Excel 拥有很多有用工具，但本章中我们关注的是其中的 Excel 表格、获取与转换工具和透视表。

虽然工作表（worksheet）本身也许会被看成一种表格，但 Excel 工作表有特定的含义。表格（table）属于一种数据结构，且数据之间存在一定关系。用户可通过表格轻松管理数据，而且一旦产生新的信息，用户对数据很容易更新。例如，为了使显示的只是符合某些标准的项目，用户可以对数据集进行筛选。当然，用户也可以对数据集的任何区域进行整理。如果加入新的数据，表格会自动扩大；反之，如果有数据被删除，表格会自动缩小。此外，表格中的公式和格式也会自动沿用到新加入的数据中。

获取与转换工具（get & transform）就是以前的查询增强版（power query），[1]是导入并处理数据文件的强大工具。它可以从 Excel 工作簿、众多数据库、文本文件（包括 .csv、.txt. 和 .xml 文件）、网站等导入数据。一旦完成导入，它还能以多种方式对数据进行转换。此外，处理过程的每一步都能像宏处理那样被记录下来，以便随时更新。获取与转换工具几乎可以让数据分析师省去所有冗长乏味的事务。

透视表（pivot table）是一种更富有弹性的数据结构，分析人员借助透视表可快速地将数

据集切分为有用的报告。例如，前面提到的金融理财师或许需要对全部共同基金先按投资类型（股票、债券等）进行分类，接着列示每只基金的年回报率及日回报率，然后按投资类型计算平均回报率。运用数据透视表，这些工作不仅操作容易，而且可以很快完成，即便原始数据集并不是按这些方式整理过的。此外，透视表也易于重新排列，从而可以对同一数据按不同方式（如按基金家族而非投资类型）进行组织和呈现。

掌握了本章所分析的工具的运用，用户就可以大大提高工作效率，而且可以加深对数据的理解。鉴于本章所使用的是大型数据集，所以包含原始数据的工作簿可在本书的官方网站上获取。

16.1 Excel 表格的创建和运用

假设你是投资顾问，替客户从事交易所交易基金（ETF）和交易所交易票据（ETN）的投资。你要求助理替你收集你批准的 989 只交易所交易基金的资料，包括这些基金的名称、行情显示代码、法律安排、基金公司、顾问、类别、规模、过去五年各年的回报率、费用率、日均成交量以及一些业绩计量指标（如 α、β 值等）。你的目的是通过梳理这些数据来找出符合各种标准的基金。

图 16-1 显示了 ETF Data.xlsm 工作簿中的一小部分数据，该工作簿可在本书的官方网站下载。不难发现，其中的数据已经被整理。数据段（名称、行情显示代码等）按列列示，而历史数据（每只基金）则按行列示。整个数据集分为 31 个段，有 998 个历史数据，其中有些数据是重复的。虽然数据集很有用，但我们往往因太大而无法轻易理解这些数据。这里，我们假设希望通过筛选数据来找出全部债券基金或先锋集团（Vanguard Group）发行的基金。

	A	B	V	W	X
1	ETF/ETN 名称	行情代码	费用率	2016 年度总回报率	2015 年度总回报率
2	AdvisorShares Dorsey Wright ADR ETF	AADR	125	1.4256	−0.1273334
3	iShares MSCI All Country Asia ex Japan ETF	AAXJ	69	−11.20401	2.124405
4	iShares MSCI ACWI ETF	ACWI	33	−2.9355228	0.6660819
5	iShares MSCI ACWI ex U.S. ETF	ACWX	33	−9.490919	−5.6009054
6	BLDRS Asia 50 ADR Index Fund	ADRA	30	−14.006435	3.4685016
7	BLDRS Developed Markets 100 ADR Index Fund	ADRD	30	−12.80272	−5.1648498
8	BLDRS Emerging Markets 50 ADR Index Fund	ADRE	30	−8.436144	−8.251339
9	BLDRS Europe Select ADR Index Fund	ADRU	30	−13.054699	−7.334238
10	DB Agriculture Short ETN	ADZ	75	−3.2067537	13.418829
11	VanEck Vectors Africa Index ETF	AFK	79	−15.844369	−23.912632
12	DB Agriculture Double Short ETN	AGA	75	−14.496696	35.563755

图 16-1 部分 ETF 数据集

如前所述，这些数据转换为 Excel 表格后，用户就可轻松管理数据集了。为创建该表格，可选定数据区的任一单元格，如单元格 D9，然后从"插入"标签中选择"表格"。Excel 对用户希望应用的单元格区域以及是否存在标题会进行猜测。通常猜测得很正确，但若猜测错误，那么也可以轻松选定正确的单元格区域。图 16-2 给出的是针对该数据

图 16-2 创建表对话框

集的表格创建对话框。

点击"确定"按钮后, 不难发现, Excel 会应用某些格式, 而且每个段名有一个下拉列表。此外, 功能区出现了一个新的标记为"设计"的关联标签。只有当表格中出现活动单元格时, 才会出现"设计"标签。如果对默认选择不满意, 那么用户可选择不同形式的表格。这里用户只要简单地将鼠标指针放在"表格样式"下的样式选项上, 直到找到满意的表格样式。

"设计"标签中有少量内容与表格的样式无关。例如, 用户可以对表格重命名, 可以将表格转回为普通的单元格区域, 也可以创建透视表, 甚至可以增加切片器。本章后面将讨论这些透视表。

这里, Excel 表格的另一个有用特征就是在滚动工作表时, 其列标题可以替换常见的 A、B、C 等标题。如图 16-3 所示, 这一特征使得用户可以轻松跟踪大型表格中自己所关注的段。

	ETF/ETN 名称	行情代码	发行人	基金公司	ETF 结构 (否 = ETF, 是 = ETN)
76	iPath Pure Beta Cocoa ETN	CHOC	Barclays Capital	iPath	是
77	iShares Intermediate Credit Bond ETF	CIU	BlackRock	iShares	否
78	iShares 10+ Year Credit Bond ETF	CLY	BlackRock	iShares	否
79	iShares California Muni Bond ETF	CMF	BlackRock	iShares	否
80	IQ Canada Small Cap ETF	CNDA	IndexIQ	IndexIQ	否
81	Market Vectors Chinese Renminbi/USD ETN	CNY	Morgan Stanley	Market Vectors	是
82	Global X Copper Miners ETF	COPX	Global X	Global X	否
83	Teucrium Corn Fund	CORN	Teucrium	Teucrium	否
84	PIMCO Investment Grade Corporate Bond Index ETF	CORP	PIMCO	PIMCO	否
85	iPath Bloomberg Livestock Subindex Total Return ETN	COW	Barclays Capital	iPath	是
86	IQ Real Return ETF	CPI	IndexIQ	IndexIQ	否

图 16-3　部分 ETF 表格

16.1.1　删除表格中重复的记录

虽然并不明显, 但我们的数据集中的确包含 9 项重复的记录。针对这种经常发生的情况, "设计"标签提供有删除这些重复记录的工具。如果滚动表格至第 40 行, 不难发现来自 First Trust 的两只交易所交易基金。如果观察得更为仔细一些, 那么不难发现每只基金的记录列示了两次。当然, 表格中还存在其他的重复情况, 而且可能出现在表格的任何地方。因此, 手工删除这些重复记录并不容易。

若要永久删除表格中的全部重复记录, 可点击"设计"标签中的"删除重复项"按钮。鉴于我们只准备删除各段内完全重复的记录, 所以必须确保对话框中选定了所有的列, 之后方可点击"确定"。此时, 提示信息会告知用户: 删除了 9 项重复记录, 保留了 988 项。

如果要保留这些重复的记录, 但希望不要显示, 那么用户可以应用"数据"标签中的"高级筛选"选项。此时, 一定要检查对话框底部的"选择不重复的记录"选项。值得注意的是, 本章选择的是永久删除重复记录。

16.1.2　表格的筛选

创建好表格后, Excel 会对每一列的标头自动加载、自动筛选下拉列表。只要点击任意一列的箭头, 就可以对表格进行种种整理或筛选操作。图 16-4 给出的是 ETF/ETN 名称段的下拉列表。

如果选定了"排序"选项, 那么整个表格将按照应用筛选功能所在列的数据自动进行筛

选。此外，要注意的是用户可以对搜索段的任何基金进行选定或取消选定。例如，如果要隐

藏某些基金，那么只要去掉名称旁框中的钩。这样，这些
基金虽然仍留在表格内，但所在行会被隐藏起来。如果要
显示这些隐藏的内容，用户只要点击从"ETF/ETN 名称"
中消除筛选选项即可。

　　如果选择"文本筛选"选项，那么就可以应用更为先
进的筛选方法。例如，假设用户只想显示名称中包含"债
券"的基金，那么只要选定"文本筛选"，接着选择"包
含……"筛选选项，然后在对话框中输入"债券"。不难
发现，符合这一标准的只有 73 只基金。

　　如果用户希望增加第二条筛选标准，那么只要再次选
定"文本筛选"选项，并在对话框中输入对应标准即可。
例如，假设要在"债券"基础上增加另一个标准"长期"，
那么不难发现只有 6 只基金符合这些标准。当然，在进行
后续操作之前一定要清除这一步筛选操作。

　　值得注意的是，基金名称并不总能反映投资的风格。
因此，如果要对全部长期债券基金做筛选，那么最好是对
类别段进行筛选。如图 16-5 所示，点击类别段的箭头，去
掉"（全选）"中的钩从而取消对所有基金的选定。接着，
向下滚动列表，选择长期类债券。

　　筛选结果表明，表格中共有 21 只长期债券基金。不
难发现，因为没有满足规定的标准之故，所以有些长期债
券基金没有被选入。例如，名为"Floating Rate"的 Niche
基金本应该加入其中，但实际上并没有。如果回到"筛选

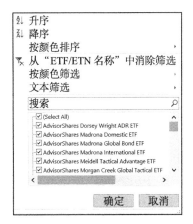

图 16-4　针对名称段的自动筛选

图 16-5　对长期债券基金的筛选

选项"并选定该类别，那么又可以筛选出 4 只长期债券基金。当然，可能还有一些基金因其
类别中没有"长期"一词而没有被选入。对此，用户需要做进一步的搜索。

16.1.3　数字段的整理与筛选

　　数字段的下拉列表与文本段的下拉列表相似，区别只是数字筛选集的不同。这里，我们
可以扩展前面的筛选操作，办法就是根据 2016 年的总回报率段选择按降序进行整理。[2] 不难
发现，2016 年的回报率是众多长期债券基金回报率较好的年份。

　　除了排序之外，我们也可以对 2016 年的总回报率段进行筛选。完成了按总回报率的排序
之后，不难发现一些基金的业绩要远远好过其他基金。当然，用户或许只想显示 2016 年度回
报率超过 10% 的基金。对此，先选定"数字筛选"选项，然后点击"大于……"选项，再在
对话框中输入 10。结果，有 16 只长期债券基金符合这些标准。

　　不难发现，这一筛选操作似乎只适用于经过筛选的数据，但事实上可以筛选整个表格。
通过对类别段的筛选，我们仍然可以做到仅仅显示长期债券基金。图 16-6 给出的是筛选的结

果。不过，在进行后续操作之前，必须清除所做的筛选。

	A	B	I	O	W
1	ETF/ETN 名称	行情代码	资产分类	类别	2016 年回报率
45	Direxion Daily 20+ Year Treasury Bull 3X Shares	TMF	固定收益	长期	65.74883000
47	ProShares Ultra 20+ Year Treasury	UBT	固定收益	长期	42.28798300
76	PIMCO 25+ Year Zero Coupon US Treasury Index ETF	ZROZ	固定收益	长期	31.44977200
137	Vanguard Extended Duration Treasury Index Fund	EDV	固定收益	长期	30.56813400
138	iShares 20+ Year Treasury Bond ETF	TLT	固定收益	长期	21.23985300
180	SPDR Bloomberg Barclays Long Term Treasury ETF	TLO	固定收益	长期	19.80106700
286	Vanguard Long-Term Government Bond Index Fund	VGLT	固定收益	长期	19.64563200
287	iShares Core 10+ Year USD Bond ETF	ILTB	固定收益	长期	17.66638800
423	iPath US Treasury Long Bond Bull ETN	DLBL	固定收益	长期	17.03734400
535	Vanguard Long Term Bond Index Fund	BLV	固定收益	长期	16.57335700
537	Vanguard Long-Term Corporate Bond Index Fund	VCLT	固定收益	长期	15.96175400
553	SPDR Bloomberg Barclays Long Term Corporate Bond E	LWC	固定收益	长期	15.40127900
651	iShares 10+ Year Credit Bond ETF	CLY	固定收益	长期	14.56049700
817	VanEck Vectors AMT-Free Long Municipal Index ETF	MLN	固定收益	长期	13.51631900
818	iShares 10-20 Year Treasury Bond ETF	TLH	固定收益	长期	12.55154600
828	PIMCO 15+ Year US TIPS Index ETF	LTPZ	固定收益	长期	10.94964800

图 16-6 按回报率整理和筛选出的长期债券交易所交易基金 [3]

不难发现，对于应用了筛选或整理的段，下拉按钮会发生改变。图 16-7 给出了各种按钮以及所表示的情形。

其他筛选形式还很多。不过，用户必须清楚的是，如果对多个段进行筛选，那么所得结果可能会与期望不一致。例如，用户或许希望根据 2016 年的总回报率按降序来排序并显示业绩出众的交易所交易基金，而且希望仅仅列示 ProShares Advisors 的基金。

▼	无筛选或排序
↓⏎	应用筛选
▼	应用排序
↓▼	应用筛选和排序

图 16-7 可能的列标头按钮

首先，根据 2016 年的总回报率按从降序来整理表格。现在，仅仅选择基金公司列表中的 ProShares Advisors，以便对基金公司段进行筛选。接着，点击 2016 年的总回报率段的箭头按钮并选择"数字筛选"选项下的"筛选前 10"（Top 10）。（虽然默认值为 10，但也可以选择其他不同的数字。）如图 16-8 所示，这样操作所显示的基金只有 1 只。未能显示前 10 只 ProShares 基金的原因在于多重筛选并非互为基础。正如后面将要介绍的，透视表可解决这一问题。

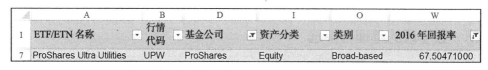

	A	B	D	I	O	W
1	ETF/ETN 名称	行情代码	基金公司	资产分类	类别	2016 年回报率
7	ProShares Ultra Utilities	UPW	ProShares	Equity	Broad-based	67.50471000

图 16-8 ProShares Advisors 基金公司进入 2016 年总回报率排序前 10 的交易所交易基金

16.1.4 针对表格中公式的结构化引用

与普通单元格区域不同，在往表格中的单元格添加公式时，公式会自动扩展到所在列的全部单元格。这样，不仅能节省大量时间，而且有助于确保一致性并避免出错。在很多情况下，默认状态可能就是需要的，但必要时仍然可以修改默认状态。

与通常的 A1 样式相比，表格公式采用不同的单元格引用方式。一般地，表格公式采用所谓的结构化引用（structured reference）。当然，用户仍然可以通过逐个输入单元格地址来强制采用 A1 样式。结构化引用的好处主要在于用户借此可以很方便地引用数据的整列、列标头之类的特定项目或合计行。此外，表格公式也更易于理解，毕竟它们所采用的列标头名称与定义名称相仿。

虽然创建结构化引用的操作有些复杂，但 Excel 可帮助用户进行自动创建，方法就是点击表格中的单元格并输入公式。例如，假设需要计算的是全部基金费用率的平均值。对此，先选定表格外的空白单元格，然后输入" =AVERAGE (Table[Exp Ratio])"。显然，这里通常使用 **AVERAGE** 平均函数，但通过应用结构化引用来明确单元格区域。上述公式中的第一部分（Table 1）规定的是获取数据所在表格的名称。[4] 第二部分（[Exp Ratio]）规定了所使用的列。方括号表明这里采用的是结构化引用而不是标准化引用。借助结构化引用，公式就易于理解了。此外，一旦表格底部增加了数据，引用就会自动延伸。

下面，我们要在表格中创建计算列（calculated column）。虽然计算列作为数据段并不包含在原始数据中，但计算列的计算要用到来自表格（或来自其他地方）的数据。假设公式要计算的是同一类别（如当前行所指的类别）下全部基金 2016 年的平均回报率。为此，需要创建一个可以计算能满足这些标准的基金回报率平均值的函数。**AVERAGEIF** 函数就可以做这方面的计算，其定义为：

$$AVERAGEIF（RANGE，CRITERIA，AVERAGE\_RANGE）$$

其中，**RANGE** 为待按照 **CRITERIA** 进行查找的单元格区域，*AVERAGE_RANGE* 为计算中所要采用的单元格区域。如果省略 *AVERAGE_RANGE*，那么计算的就是 **RANGE** 中单元格的平均值。因此，**RANGE** 要引用的是基金类别的整列，**CRITERIA** 要引用的是当前行的基金类别，而 *AVERAGE_RANGE* 要引用的是 2016 年的总回报率。如果采用传统的 A1 引用样式，那么公式当为" =AVERAGEIF($M$2∶$M$989,M2,$W$2∶$W$989)"。因为采用的是绝对引用方式，所以上述公式仅适用于表格底部加入新数据之前。不过，如果采用结构化引用，那么在加入新的数据后公式应用范围会自动延伸。

为了创建使用结构化引用的公式，首先在 W 列的左边插入新的一列。在单元格 W1 中将默认的列标头改写为"计算 2016 年回报率"（Cat Return 2016）。在单元格 W2 中输入" =AVERAGEIF([Category],[@Category],[Total Return 2016])"。同样，这里不需要实际输入方括号中的内容，而只需要选定单元格区域或点击单元格，Excel 就会自动输入列的名称。

在公式中，[Category] 提示 Excel 所要使用的整个类别区域（M 列），而 [@Category] 提示 Excel 的是仅使用当前行中的单一数值。符号 @ 意为"该行"。同样，[Total Return 2016] 因没有带符号 @ 而引用的是整个列。值得注意的是，引用中不需要使用表格名称，原因在于公式和引用被假设为在同一表格内。如果是从其他表格引用数据，那么就得像之前第一个公式中那样，需要明确指定引用的表格名称。

结构化引用工具非常有用，而这里仅仅做了些初步的介绍。此外，用户可以用它来引用特定的项目，如列标头、总计等。如要了解更多这方面的信息，可查阅 Excel 的帮助内容。

16.2　获取与转换工具的运用

获取与转换工具可以用来查询数据源，随后还能把所获取的结果转换成表格，从而为用户提供所需要的数据。就数据的查询和提炼过程而言，每一步都会保存下来（类似于宏运算），从而便于随时更新（或编辑）。例如，在本书第 10 章中，为了创建国债收益曲线，我们在美国国债网站查询了最新的国债收益情况。借助获取与转换工具，我们就可以对查询设限，从而使所得的结果仅限于最新的数据。此外，我们本来也可以将收益率除以 100，从而就不需要按照公式来查询了。最后，更新查询时，查询过程会自动执行所有的步骤，这样显示的总是最新的收益曲线。本节所讨论的是如何利用获取与转换工具来完善 ETF/ETN 数据。

为此，第一步要做的就是创建与数据源的链接。在本例中，我们要链接的是一直在使用的 ETF/ETN 表。当然，用户也可以链接其他的数据源，如数据库、文本文件、网站等。为了创建与工作表数据的链接，这里的数据必须输入 Excel 表中。因此，如果尚未完成这一步，那么首先就要创建 Excel 表。

点击表上的任何位置，选定"数据"标签中"获取外部数据"组中的"从表格"选项。此时，显示的是如图 16-9 所示的"查询编辑器"。

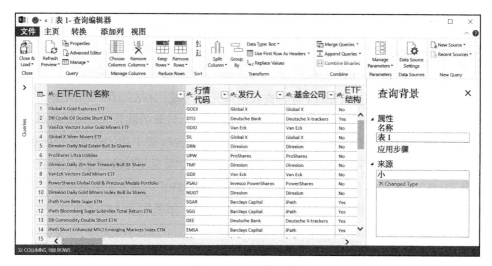

图 16-9　查询编辑器

请注意，"查询编辑器"的功能界面包含五个标签（文档、主页、转换、添加列和视图）。此外，查询编辑器还可以进行数据预览，意味着并不一定要将整个数据集导入。最后，界面的右边设有查询背景面板，借此用户可以变更查询名称，同时可以显示已经应用的步骤。"应用步骤"功能可用于对步骤的删除或编辑，可作为计量"撤销能力"（undo capability）的指标。

完成数据转换后，点击"关闭并上传"按钮（Close & Load）以保存所得的结果。用户也可以把结果保存到工作表新建的表中，还可以创建与结果的链接。创建链接时，所得结果会被保存在内存数据库中，以后在调查使用时不用创建表格。

16.2.1　数据库的整理

与通常处理数据库的情形一样，首先需要对导入的数据进行整理。这里以" ETF 结构"这一列为例来进行说明。正如列标题的含义所指，这里的" No"表示该基金为交易所交易基金，而" Yes"表示该基金为交易所交易票据。点击列标题以选定该列，然后点击"转换"标签上的"值替换"按钮，此时就可启动对话框，借此就可以用 ETF 来替换"No"，用 ETN 来替换"Yes"。然后，双击列标题，将列标题改为"法律架构"。

接着，需要处理"杠杆系数"列。该列用来反映该基金所使用的杠杆系数大小。不过，要注意的是该列中存在许多错误。因为这些错误代表的是杠杆基金，所以需要把"Error"这个词替换为 1。选定该列，点击"转换"标签中的"错误替换"按钮，再在所弹出的对话框中输入值"1"以替换"Error"。

最后，在包含有百分比的那些列中，有些列采用的是百分比形式，而没有采用小数形式。换言之，这些列应该除以 100。为此，点击"1 年期总回报"列的列标题，再点击"转换"标签中"数字列组"中的"标准化"按钮。选择"除法"并说明这些数字当被除以 100。对 2012 年回报列前的所有列进行同样的操作，包括 5 年 Alpha 列和 5 年标准差列。[5]

用户必须保持检查，以便发现查询编辑器是否对每一列的数据进行了正确的识别。选定 ETF/ETN 名称列，然后观察"数据类型"按钮或"主页"标签。不难发现，类型为文本。如果不正确，可以通过选择下拉列单中的正确类型进行调整。这里，所有的列都得到正确识别，所以用户不需要进行任何调整。

最后，对查询进行命名并在新的工作表中保存为表格。在"查询背景"区的"命名"选项下，将"表 1"替换为"ETF/ETN 数据表"。至此，点击"关闭并上传"按钮，用户就可在新的工作表中创建新的表格。在下面的举例中，我们把这个新表格作为数据源。

16.2.2　数据库查询举例

作为数据库查询的一个举例，不妨回忆一下之前我们试图按 2016 年的总回报率来显示排序最前的 10 只 ProShares ETF 基金。当时我们的目的没有达成，只显示了 1 只基金（见图 16-8）。现在，借助于"获取与转换工具"，我们可以轻松地达成该目的。首先，点击我们之前所创建的 ETF/ETN 数据表，再通过点击"数据"标签中的"从表"按钮来启动查询编辑器。

因为之前已经对该数据进行了整理，所以现在需要做的是选定该目标数据，同时清除其他的数据。因为这样做不会对原始数据产生任何不利影响，所以之后我们仍然可以创建其他的查询方法。点击"ETF/ETN 名称列"的列标题，再按住 CTRL 键后点击"行情代码""基金公司"和"2016 年总回报率"所在列的列标题。右击列标题之一，再选定"清除其他列"选项。这样就可以把原来的 32 列减少到只有 4 列。

现在，我们要筛选"基金公司"列，从而使显示的为 ProShares 公司的基金。为此，点击位于列顶附近的筛选箭头，不选"全部选定"项。之后，向下滚动列表，在 ProShares 边上的框中进行勾选。点击"确定"按钮，不难发现只剩下了 99 行。点击"2016 年总回报率"所在列的筛选按钮，再选定"按降序排列"选项。

不同于表格，查询编辑器并不拥有"前 10"筛选功能，所以需要另想他法。这里，我们可以将目前所得到的结果输出为表格并加以筛选。不过，我们可以采用其他方法。点击"添加列"标签，然后在"添加指数列"下拉按钮中选择"从 1 到 99"。这样，在所选定列的右边就可以添加数字为 1～99 的一列。现在，我们可以通过应用"少于或等于"筛选功能来筛选指数列，并将指数设定为 10。一旦完成列的筛选，那么剩下的只是排序前 10 的 ProShares

基金了。因为不再需要指数列，所以右键点击该列的列标题，再选定"清除"选项。因为也不再需要基金公司列，故可采用相同方法进行清除。

既然得到了想要的资料，所以我们把查询结果表格重新命名为"排序前 10 的 ProShares 基金"，再点击"关闭并上传"按钮，用户就可以创建如图 16-10 所示的新表格。

	A	B	C
1	**ETF/ETN 基金名称** ▾	**行情代码** ▾	**2016 年总回报率** ▾
2	ProShares Ultra Utilities	UPW	67.50%
3	ProShares UltraShort Nasdaq Biotechnology	BIS	44.88%
4	ProShares UltraShort Bloomberg Crude Oil	SCO	42.89%
5	ProShares Ultra 20+ Year Treasury	UBT	42.29%
6	ProShares Ultra Real Estate	URE	39.54%
7	ProShares Ultra Yen	YCL	35.63%
8	ProShares Ultra Silver	AGQ	30.14%
9	ProShares Ultra Telecommunications	LTL	26.46%
10	ProShares UltraShort FTSE China 50	FXP	25.46%
11	ProShares Ultra Gold	UGL	21.57%

图 16-10　按 2016 年总回报率排序的前 10 只 ProShares 基金

这里我们用最后一个例子来说明"获取与转换工具"的作用。为此，假设你的老板告诉你她实际需要的是排序前 10 的 Vanguard 基金，而不是 ProShares 基金。幸运的是，你并不需要重复整个分析过程，要做的只是编辑查询结果。

在工作簿查询面板（面板没有显示出来时，可以点击"数据"选项上的"显示查询结果"），右键点击"排序前 10 的 ProShares 基金"的查询结果，再选择"编辑"选项。此时，就可启动带有最近信息的查询编辑器。在"应用步骤"下，右键点击"过滤列"步骤，再选定"编辑背景"选项。在现在被称为"ProShares 基金"的下拉列单中，输入"Vanguard"并点击"确定"按钮。[6] 现在，把查询结果重新命名为"排序前 10 的 Vanguard 基金"，再点击"关闭并上传"按钮。此时，查询结果的表格就会被刷新，显示出来的就是最新的信息。

如果 ETF/ETN 数据发生任何变化，那么用户只需要右键点击该表格，再选择"刷新"选项就可以对查询结果进行更新了。

16.3　透视表的运用

上一节介绍了如何运用表格和"获取与转换"工具来更方便地管理、清除、分类和筛选数据集。虽然很有用，但这一方法几乎无助于我们如何对数据进行更为深入的理解。不过，透视表可以便于我们按照需要对数据集进行汇总、筛选和重新排列，同时可以加深我们对数据的理解。例如，我们可能想知道的是按基金家族分类的平均费用率，或者是按类别给出的基金的平均回报率，就像我们前面对计算列刚刚进行的处理那样。无论怎样，利用透视表工具的确更为方便了。

透视表中的数据可以取自表格或工作表的单元格区域，也可以取自外部渠道，如数据库中的表格或查询数据，甚至可以取自文本文件。不过，必须注意的是透视表将这些临时数据储存在透视表缓存中。一旦创建完成，缓存就独立于原始数据。因此，一旦基础数据出现变动，那么用户必须对透视表进行更新。不然，所用的就会是过期数据。

16.3.1　透视表的创建

在创建第一个透视表之前，我们必须确保选项得到关闭以免出现可能的问题。为此，点击"文件"标签，选定"选项"，接着选定左边的"高级"标签，向下滚动至"数据区"。确保在创建透视表时勾选了"优先考虑 Excel 数据模型"选项，并确保关闭了查询表和数据连接。

举例需要，这里将数据工作表中的 ETF/ETN 数据作为透视表的数据来源。这些数据表是我们利用"获取与转换"工具所创建的。使用时，要确保活动单元格在表格内。然后，点击"插入"标签，再点击"数据透视表"按钮。此时，会弹出如图 16-11 所示的对话框。通常，我们接受默认状态并点击"确认"按钮。

图 16-11　创建透视表对话框

这样，就可以创建出如图 16-12 所示的新的工作表。对于之前未曾创建过透视表的用户，这些操作似乎显得十分费解。事实上，表格右边提供了段列表。段列表的下方提供了"拖放区"（drop zone），用户可以通过拖动而在透视表中添加这些段。

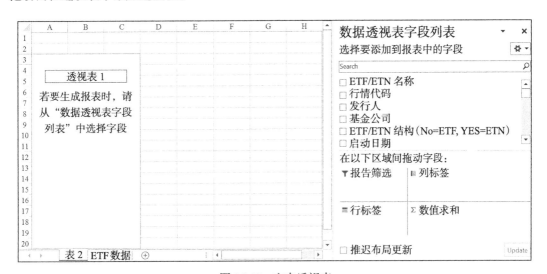

图 16-12　空白透视表

有时，用户可能要按照透视表的需要而利用拖放区的不同功能区。这些功能区的特征简述如下：

（1）报告筛选区（filter）——显示在该区的有关透视表的任何段，可用来筛选报告。例如，如果希望按基金家族来进行筛选，那么可以把"发行者"段拖入该区。

（2）列标签区（column）——将段拖入该区以便将每一段的值创建为透视表中的列。例如，将"结构"段拖入该区，就可以创建以下两列：ETF 与 ETN。通常，该区为空白。

（3）行标签区（row）——如果希望将段当作标记，那么就要在该区操作。例如，通过该区可以把行情显示代码设计为每行的标记。通过把多个段拖入该区，就可以创建多个行标签。

此外，只要直接在该区进行重排，就可以改变标签的顺序。

（4）数值区（value）——可以通过该区来保留希望汇总的段。对段的汇总可以通过许多函数来实现，这些函数包括 **SUM**、**COUNT**、**AVERAGE** 等。在默认状态下，按照数字段进行汇总，而且文本段也可以进行计数。

不难发现，可以按照需要将多个段拖入任何区。事实上，也可以把任何段拖入多个区中，乃至将某个段多次拖入同一区，这样该段就会出现多次。如果要将某个段从透视表中删除，只要把该段拖回到透视表的段列表即可。这种对段进行移动并将报告更新的能力就是所谓的"透视化"，而透视表的名称就来源于此。

在图 16-8 中，我们试图显示按照年累计回报率排序的前 10 只 ProShares 基金。不过，由于表格筛选并非互为基础，所以操作并不成功，结果只显示出 1 只 ProShares 基金（如图 16-10 所示，我们利用"获取与转换"工具达成了该操作）。事实上，利用透视表，我们很容易显示这些基金。

首先，将"基金公司"段拖入报告筛选区，这样就可以在透视表中一次性显示一个基金家族。接着，将 ETF/ETN 名称及代码段都拖入行标记区。最后，将 2016 年总回报率段拖入数值区。此时，创建的透视表如图 16-13 所示。

图 16-13　显示每只 ETF 基金 2016 年回报率的未加格式的透视表

16.3.2　给透视表加格式

现在，我们虽然创建了透视表的基本结构，但出于实用目的必须对透视表进行适度简化。不难注意到，每只基金的行情显示代码显示在基金名称所在行的下一行。这种布局被称为"紧凑格式"。如果每只基金的名称有多个代码，那么这样的格式就很有用，但实际情况并非如此。这里，我们可以做些变化，通过设置为"表格形式"，就可以让代码紧跟在名称之后了。点击"设计"标签中的"报表布面"按钮，再选择"以表格形式显示"即可。

这样，每只基金的回报率就出现了两次。第一次出现在按行情代码排序时，第二次则出现在按 ETF/ETN 名称段的小计排序时。同样，因为每个名称只对应一只基金，所以这样操作毫无意义，而且容易引起混淆。若要消除分类汇总，可点击"设计"标签中的"分类汇总"

按钮并选择"不显示分类汇总"选项。

在对透视表进行格式处理时，第二步就是将 2016 年总回报率显示为百分比形式。右击 2016 年总回报率段中的任意一行，选择"数字格式"选项，再从百分比类别中选定带两位小数的数字格式。

现在，我们来改变汇总 2016 年总回报率的方式。如前所述，默认状态为数字段的总和。因为每只基金只有一个年累计回报率，所以具体选择哪个函数并不重要。不过，汇总函数会对所有的分类汇总和总计数产生影响。将各基金的回报率加总意义并不大，因此这里将汇总回报率的函数改为平均函数。为此，右击段中的任意单元格，选择"值汇总依据"选项，接着选择"平均值"选项。滚动至透视表的底部，不难发现全部 989 只基金 2016 年回报率的平均值为 −3.75%。

现在，我们来改变位于列上部的文本。为此，在单元格 C3 中输入"2016 年回报率"。只要与现有段名不重复，我们就可以改变任何文本的标记。通过替代文本，我们就可以从名称中去掉汇总方法。对列标签也可以应用其他格式。这里，将文本居中，并将列宽设为合适的值。

至此，我们创建的透视表报告显示了全部基金（按名称整理）及其行情显示代码与 2016 年回报率。不过，正如之前提到的，我们只想显示业绩排前的 ProShares 发行的基金。为此，选择"报告筛选"下的"ProShares"以便所报告的基金仅限于业绩排前的。

如果只准备显示业绩前 10 的 ProShares 基金，那么我们需要对 2016 年回报率段进行筛选。点击 ETF/ETN 名称的下拉列表，选择"值筛选"选项。按 2016 年回报率选定"筛选前 10"并点击"确定"。最后，我们对回报率按降序进行排序。再次点击 ETF/ETN 名称的下拉列表，选择"更多排序项"选项。接着，选定弹出对话框中的"降序"与"按 2016 年回报率"选项。此时，所创建的透视表如图 16-14 所示。

	A	B	C
1	基金公司	ProShares ▼	
2			
3	**ETF/ETN 基金名称** ▼	**行情代码** ▼	**2016 年回报率**
4	⊟ ProShares Ultra Utilities	UPW	67.50%
5	⊟ ProShares UltraShort Nasdaq Biotechnology	BIS	44.88%
6	⊟ ProShares UltraShort Bloomberg Crude Oil	SCO	42.89%
7	⊟ ProShares Ultra 20+ Year Treasury	UBT	42.29%
8	⊟ ProShares Ultra Real Estate	URE	39.54%
9	⊟ ProShares Ultra Yen	YCL	35.63%
10	⊟ ProShares Ultra Silver	AGQ	30.14%
11	⊟ ProShares Ultra Telecommunications	LTL	26.46%
12	⊟ ProShares UltraShort FTSE China 50	FXP	25.46%
13	⊟ ProShares Ultra Gold	UGL	21.57%
14	累计		37.64%

图 16-14　按 2016 年回报率排序的前 10 只 ProShares 发行的 ETF 基金

不难发现，这些基金在 2016 年的业绩非常优秀，平均回报率达 37.64%。不过，我们要退回到基金名称下的前 10 的值筛选区。这里，我们把筛选前 10 改为筛选后 10 名的基金。不难发现，ProShares 发行的业绩最差的 10 只 ETF 基金 2016 年的平均回报率达 −43.94%。其中的原因在于这两组基金中仅有一只基金为非杠杆基金。若要验证这一点，只要从杠杆因子段转到行标签区即可。

创建完成的透视表报告可以被复制到新的工作表或 Word 文件以便向客户演示。值得注意的是，如果只复制部分透视表，如单元格区域 A3：C14，并粘贴到另一个工作表中，那么得到的是正常的数据区。不过，如果选择的是整个透视表（A1：C14），那么就可以创建出利用了相同透视缓存的透视表。有时，很有必要根据相同数据创建多张透视表。另外，如果用户需要的是报告的复件，那么只需要复制透视表并利用"粘贴特殊值"功能即可。

16.3.3 透视表的重新排列与段的增加

现在，假设用户希望显示按基金公司排列的 2016 年平均回报率。因为我们现在关注的只是基金公司而非具体基金，所以将 ETF/ETN 名称段、行情代码段和杠杆系数段拖回到"透视表段列表"即可去掉。接着，将基金公司段从报告筛选区拖入行标签区。最后，点击基金公司段旁边的下拉列表，选择"其他排序选项"并根据 2016 年回报率段的降序进行整理。

不难发现，Cohen & Steers 是全部发行者中基金业绩最好的。不过，考虑到发行的基金数目以及类别多少的不同，这一判断或许存在误导性。因此，在调查之前，先要弄清楚各家发行的 ETF 基金数目。为了计算这一数目，将行情显示代码段拖入数值区，就可发现 Cohen & Steers 只发行了一只 ETF 基金，而这也许就解释了为什么其平均回报率最高。

如果要做进一步的调查，可将数值区的行情显示代码段拖入列标签区，很快就会显示如图 16-15 所示的各基金家族每只基金的业绩情况。值得注意的是，如果基金公司名称段被折叠，那么新的代码列中就不会显示任何代码。如果要浏览某一家基金公司的基金，只要点击发行者名称左边的"分级显示"按钮来增加列表内容即可。如果要浏览全部基金，右击发行者列中的任一单元格，选择"展开 / 折叠"选项，再选定"展开整个字段"选项。最后，点击"设计"标签下的"分类汇总"按钮，从而每组底部就会出现分类汇总。

图 16-15　按基金公司排序的带小计数基金的 2016 年回报率

因为某些基金公司发行的 ETF 基金多于其他公司，所以现在看到的基金发行者的平均回报率具有误导性。为简化问题，假设只想了解发行基金数目至少为 30 只的基金公司。为了按照这一标准筛选透视表，我们需要弄清楚每家发行者发行了多少基金。将行情显示代码段从

"数据透视表字段列表"拖入数值区。值得注意的是，行情显示代码段现在出现在透视表的两个不同区内。因为代码属于文本段，所以可以按计数多少来汇总。现在，点击基金公司段旁边的下拉列表并选择"值筛选"。选择"大于或等于"筛选选项，再选择"计数项：行情代码"为段，值为 30。最后，折叠透视表至基金公司层，就可得到如图 16-16 所示的结果。

	A	B	C	D
3	基金公司	行情代码	2016 年回报率	代码计数
4	⊞Vanguard		2.62%	64
5	⊞Van Eck		−0.64%	30
6	⊞iShares		−1.01%	186
7	⊞PowerShares		−1.19%	94
8	⊞SPDR		−1.40%	92
9	⊞WisdomTree		−2.82%	39
10	⊞Guggenheim		−5.12%	44
11	⊞First Trust		−5.33%	59
12	⊞iPath		−7.31%	67
13	⊞ProShares		−7.45%	99
14	⊞Direxion		−19.19%	38
15	累计		−3.56%	812

图 16-16　发行基金数为 30 或以上基金公司的平均 2016 年回报率

16.3.4　数据段报告的转换

假设用户感兴趣的并不是每个基金家族的基金数量，而是列表中每家发行者所发行基金数的占比。首先，清除之前章节所应用了的筛选，这样全部发行者就被显示了出来。接着，右击 D 列中的任一值并选择"值显示方式"选项。这样，列中的数据可以通过多种方式进行转换。

例如，为了显示发行者所发基金数占总基金数的百分比，只要直接选择"占总数的百分比"选项即可。看一下这些百分比就可发现，列表中 Cohen & Steers 发行的基金数目最少（0.10%），而 iShares 发行的基金数目最多（18.81%）。

做到这一点的另一种方式就是按基金数目对发行者进行排序。同理，右击 D 列并选择"值显示方式"选项。接着，以基金公司为基准段选择"降序"选项。不难发现，iShares 排序第一，而有若干家发行者排序第 24。值得注意的是，排序结果完全相同。

现在，根据 2016 年回报率段来进行相同的排序操作。不难发现，与之前的结果相同，Cohen & Steers 也是业绩最好的发行者。对排序进行改变，按基金水平进行排序，选择"降序"选项。不过，这里选择行情显示代码为基准段。现在，右击任一基金公司名称，选择"展开 / 折叠"选项，再选择"展开整个字段"选项。

在继续后面的操作之前，将 2016 年回报率段重新设置为无计算，再将数值区的行情显示代码段拖回到"数据透视表字段列表"。

16.3.5　透视表中的计算

这里，我们可以创建利用现有段计算的全新的段。这种段被称为计算段，类似于我们在原始表中创建的计算列。

在之前的操作中，我们在原始表格中加入了计算列，即计算 2016 年回报率。因为可在透视表中获取该段，所以这里将它作为计算段的一部分。具体而言，这里创建的段所要计算的是每只基金的 2016 年回报率与该类基金的 2016 年回报率之间的差异。所得结果清楚表明，哪些基金的业绩更好或更差。

创建计算段时，先点击"选项"标签中的"段、项目和集"按钮，然后选择"计算字段"选项，此时就会弹出如图 16-17 所示的对话框。在名称框中输入段名称"关于计算"。定义公式时，选择段列表中的 2016 年总回报率，再点击"插入字段"按钮。现在，输入负号，接着选择并插入"计算 2016 年回报率段"。点击"确认"按钮从而将计算段添加到透视表段列表的底部。现在，用户就可以像使用其他段那样运用计算段了。

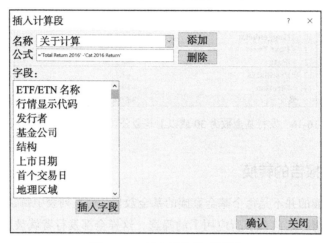

图 16-17　插入计算段对话框

将"计算 2016 年回报率"段与"关于计算"段拖入数值区，并按平均值对两者进行汇总，然后将它们加上带两位小数的百分比格式。接着，用 ETF/ETN 名称段来替代列标签区的基金公司段。现在，透视表就会显示每只基金的名称、行情代码、2016 年回报率、类别回报率和相对于类别的回报率。

如前所述，我们想了解的是那些业绩远优于同类其他基金。你可能以为只要对透视表按"大于"选项进行筛选即可，而该选项意指"2016 年回报率段大于计算的年累计回报率"。不过，这一筛选仅适用于明确某个数字，而非另一个段。这也是需要计算段的原因。因此，点击 ETF/ETN 名称旁边的下拉列表并选择"大于"筛选选项。接着，选择列表中"相对计算段的平均值"，并在对应的编辑框中输入"0"。现在，创建的透视表如图 16-18 所示。

	A	B	C	D	E
3	**ETF/ETN 名称**	**代码**	**2016 年回报率**	**计算 2016 年回报率平均值**	**相对计算段平均值**
4	⊟**Global X Gold Explorers ETF**	GOEX	114.31%	−3.55%	117.86%
5	⊟**DB Crude Oil Double Short ETN**	DTO	78.95%	−22.04%	100.99%
6	⊟**VanEck Vectors Junior Gold Miners ETF**	GDXJ	77.66%	−3.55%	81.21%
7	⊟**Global X Silver Miners ETF**	SIL	69.52%	−3.55%	73.07%
8	⊟**Direxion Daily Real Estate Bull 3x Shares**	DRN	68.46%	−3.55%	72.01%
9	⊟**ProShares Ultra Utilities**	UPW	67.50%	−3.55%	71.05%
10	⊟**Direxion Daily 20+ Year Treasury Bull 3X Shares**	TMF	65.75%	1.88%	63.86%
11	⊟**VanEck Vectors Gold Miners ETF**	GDX	57.34%	−3.55%	60.89%
12	⊟**PowerShares Global Gold & Precious Metals Portfolio**	PSAU	56.67%	−3.55%	60.22%
13	⊟**Direxion Daily Gold Miners Index Bull 3x Shares**	NUGT	55.51%	−3.55%	59.06%

图 16-18　业绩优于同类其他基金的基金

另一种分析相同数据的有用方法就是按类别筛选。将 ETF/ETN 名称段拖回到透视表的字段列表并用类别段来进行替代。这样，就很容易发现每个类别中哪些基金的回报率更好。此外，用户也可以在类别内对基金进行排序，方法就是右击"关于计算"段，选择"值显示方式"选项，然后选择"降序排列"。

16.4　关于财务报表的透视表

透视表也可以用来分析公司历年的财务报表。本节主要采用可从本书官方网站下载的文件名为 Alphabet Financials.xlsx 的工作簿。该工作簿给出了 Alphabet 公司 2011 年 3 月～ 2016 年 9 月的季度财务报表。本章只考虑其中的利润表，但章末的练习题会用到其中的资产负债表。

正如之前各章所介绍的，财务报表的第一行通常给出的为时间期，第一列给出的是各项内容。不过，因为透视表中需要的段为各项数据（如销售收入、销货成本等），所以这里需要对报表进行转置。图 16-19 给出了我们需要的表格。

	A	B	C	D	E	F	G
1	Alphabet 公司						
2	利润表（工业企业）						
3	除每股收益外的全部数字的单位为百万美元						
4		16/09	16/06	16/03	15/12	15/09	15/06
5	销售收入	22,346	21,422	20,088	21,329	18,389	17,256
6	销货成本	8,699	8,130	7,648	8,188	7,037	6,583
7	毛利润	13,647	13,292	12,440	13,141	11,352	10,673
8	销售、管理及行政费用	7,985	7,402	7,267	7,761	6,930	6,319
9	息税前利润	5,662	5,890	5,173	5,380	4,422	4,354
10	非经营息收入	318	307	270	274	259	240
11	联营公司股权收益	(61)	(43)	(105)	–	–	–
12	其他所得（费用）	321	128	129	(428)	297	452
13	利息费用	29	32	30	26	26	26
14	非经常性净损益	166	131	308	–	61	64
15	税前利润	6,045	6,119	5,129	5,200	4,891	4,956
16	税收支出	984	1,242	922	277	912	1,025
17	其他税后调整	–	–	–	–	–	(522)
18	净利润	5,061	4,877	4,207	4,923	3,979	3,409
19	每股收益	7.41	7.13	6.33	7.06	5.79	5.00
20	稀释后每股收益	7.25	7.00	6.02	7.06	5.73	4.93
21	稀释后发行在外的股票数	698.44	696.85	699.31	697.03	694.32	690.88
22	发行在外的股票总数	689.14	686.78	686.79	687.35	687.69	685.49

	A	B	C	D	E	F	G
1	Alphabet 公司						
2	利润表（工业企业）						
3	除每股收益外的全部数字的单位为百万美元						
24	日期	销售收入	销货成本	毛利润	销售、管理及行政费用	息税前利润	非经营利息收入
25	16/09	22,346	8,699	13,647	7,985	5,662	318
26	16/06	21,422	8,130	13,292	7,402	5,890	307
27	16/03	20,088	7,648	12,440	7,267	5,173	270
28	15/12	21,329	8,188	13,141	7,761	5,380	274
29	15/09	18,389	7,037	11,352	6,930	4,422	259
30	15/06	17,256	6,583	10,673	6,319	4,354	240
31 →	15/03	16,947	6,356	10,591	6,455	4,136	226
32	14/12	18,103	6,921	11,182	6,783	4,399	222
33	14/09	16,513	6,317	10,196	6,104	4,092	187
34	14/06	15,949	6,114	9,835	5,583	4,252	169
35	14/03	15,412	5,961	9,451	5,344	4,107	168
36	13/12	16,855	7,443	9,412	5,522	3,890	215
37	13/09	14,871	6,413	8,458	5,025	3,433	201
38	13/06	14,070	6,032	8,038	4,868	3,170	186
39	13/03	13,934	5,936	7,998	4,497	3,501	183
40	12/12	14,382	6,149	8,233	4,754	3,479	179
41	12/09	14,039	6,498	7,541	4,570	2,971	172
42	12/06	12,133	5,013	7,120	3,879	3,241	180

图 16-19　利润表的转置

我们利用"获取与转换"工具来转置利润表并创建新表。[7]首先，在单元格 A4 中输入日期，然后在单元格区域 A4:U22 创建一张新表。点击表内任何地方，在"数据"标签中的"获取与转换"工具组中选择"从表格"选项。此时，会弹出查询编辑器，行标头就会显示日期。为了正确转置日期，这里需要对标头进行降级以确保日期为第一列。

在"转换"标签中，点击"把标题作第一列"选项来对标题进行降级。这样，利润表就被转置了，而且日期位于第一列，各项科目位于第一行。

最后一步要做的是一些整理工作。右击日期所在列，选择"转换"选项，接着选择"月份"，再选择"月末"。确保其余各列的日期类型均为"小数型数字"。现在，将查询文件重新命名为"转置后利润表"。最后，点击"关闭并上传"按钮以保存所创建的表格。

为了创建透视表，点击新创建的"转置后利润表"的任何位置，然后点击"插入"标签中的"数据透视"按钮。将透视表工作表重新命名为"利润表透视表"。

16.4.1　按日期的数据分类

借助透视表，用户可以对数据进行分类，方法就是选择行标记区域的某些值（这些值不必处于连续区域）并点击"分析"标签中的"分类选择"按钮。这一功能很有用，借此用户可以按照所确定的任何分类来进行分类汇总。

对于透视表中与日期有关的数据，如财务报表中的日期，用户可以很方便地根据日期来创建分类。这里的分类既可以按照时间长短（如小时、分钟和秒）也可以按照日期（如年、季、月和日）进行。运用这一功能时，Excel 需要能识别出日期，但情况并不总是如此。通常，当用户从网上或数据库中取得财务报表时，其中的日期会因格式异常而可能被 Excel 识别为文本或数字，而不被当作日期。例如，如果从美国证券交易委员会的 Edgar 网站下载资产负债表，其日期可能显示为"2017 年 3 月 31 日"，而 Excel 将此识别为文本。为此，用户需要重新输入能为 Excel 识别为日期的格式，如 3/31/2017，或是运用各种文本函数来将文本处理为日期，如 **LEFT**、**RIGHT**、**MID** 等函数。Alphabet Financials.xlsx 的工作簿已经做了这样的处理。值得注意的是，"获取与转换"工具能识别许多 Excel 无法识别的日期格式，也包括上述举例。

Excel 2016 可对行区的日期段进行自动分组，但之前的版本无该功能。为了进行某些操作，用户可能需要先将日期进行组取消，以后再进行分组。为此，先将日期段拖入行标签区，再将销售收入拖入数值区。我们对日期进行组取消，再来看一看如何对日期分组。选择行标签列的任何单元格，再点击"分析"标签中的"组取消"按钮。此时，就会显示我们已经有数据的季节的清单。

图 16-20 关于日期分组的对话框

为了对日期进行再次分组，点击"分类"选择按钮。此时，就会弹出如图 16-20 所示的对话框，选定其中的年、季度和月份。将销售收入段数据格式设置为不带小数位。

透视表中另增了两个段：季度和年。这些段可用于任何透视表区，但常用于报告筛选区或列标签区。改变"表格形式"下的"显示报告页面"选项，清除行区的日期段。这样就可显示按年分类的季度（或其他期间的）销售额。通过点击"分类汇总"按钮来进行分类汇总，并选择"在分组底部显示所有分类汇总"选项。通过加总各小计额，我们就可得到如图 16-21 所示的全年销售额。

通常，分析师更感兴趣的是增长率而非实际销售收入。因此，我们有必要了解公司按年分类的同比季度销售增长率。为此，就要对透视表做些改变以便显示这些增长率：右击单元格 C4，并选择"值显示方式"选项，再选择"相差 %"选项。在弹出的对话框中，选择年为基段，上一年为比较的基准。此时，所创建的透视表如图 16-22 所示。

不难发现，2016 年第一季度的销售收入较 2015 年第一季度的销售收入增长了 18.53%。每年的销售收入小计栏反映的是较上年的销售收入增长情况。因此，2015 年的全年销售收入较 2014 年增长了 12.04%。因为无法获得 2010 年的数据，所以也无法给出 2011 年的增长率数据。值得注意的是，2016 年总计行的数据并不精确，因为我们没有 2016 年第四季度的数据。

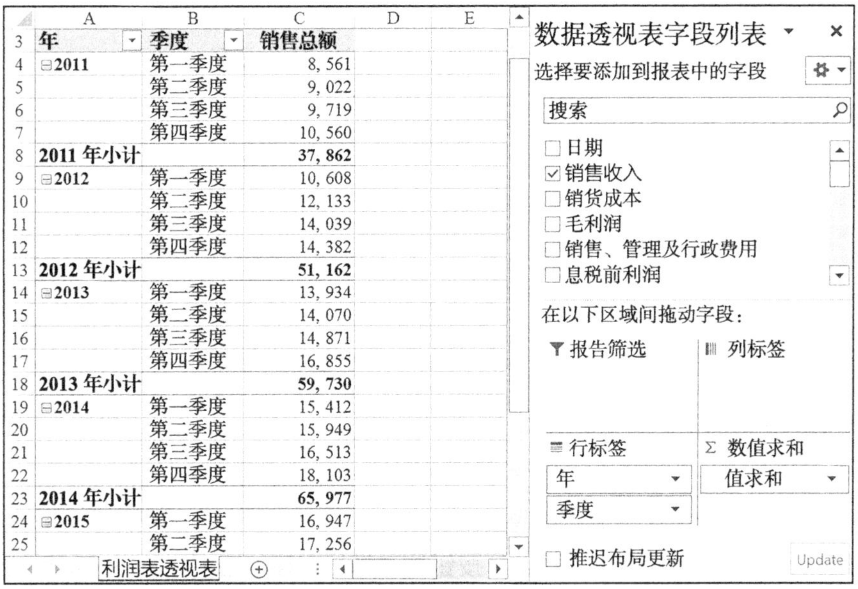

年	季度	销售总额
2011	第一季度	8, 561
	第二季度	9, 022
	第三季度	9, 719
	第四季度	10, 560
2011 年小计		**37, 862**
2012	第一季度	10, 608
	第二季度	12, 133
	第三季度	14, 039
	第四季度	14, 382
2012 年小计		**51, 162**
2013	第一季度	13, 934
	第二季度	14, 070
	第三季度	14, 871
	第四季度	16, 855
2013 年小计		**59, 730**
2014	第一季度	15, 412
	第二季度	15, 949
	第三季度	16, 513
	第四季度	18, 103
2014 年小计		**65, 977**
2015	第一季度	16, 947
	第二季度	17, 256

图 16-21　Alphabet 公司按年分组的季度销售收入

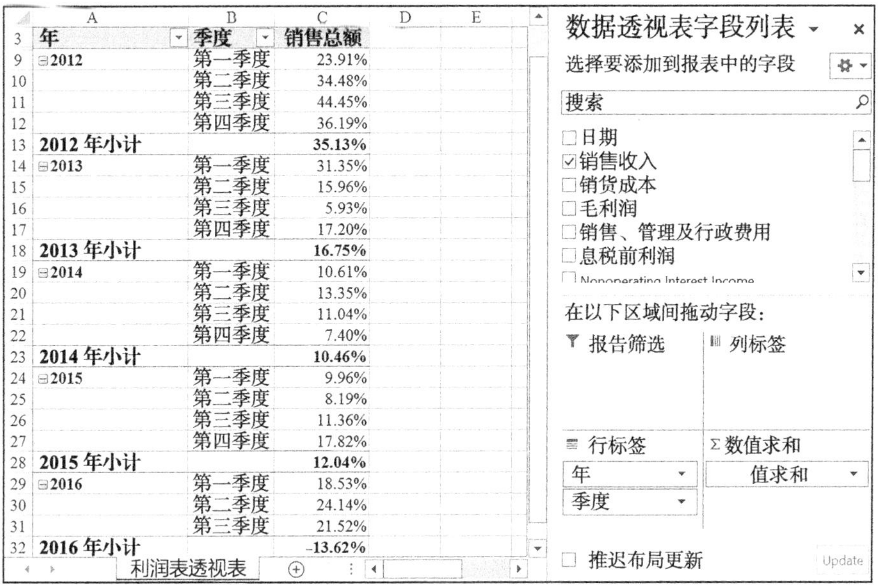

年	季度	销售总额
2012	第一季度	23.91%
	第二季度	34.48%
	第三季度	44.45%
	第四季度	36.19%
2012 年小计		**35.13%**
2013	第一季度	31.35%
	第二季度	15.96%
	第三季度	5.93%
	第四季度	17.20%
2013 年小计		**16.75%**
2014	第一季度	10.61%
	第二季度	13.35%
	第三季度	11.04%
	第四季度	7.40%
2014 年小计		**10.46%**
2015	第一季度	9.96%
	第二季度	8.19%
	第三季度	11.36%
	第四季度	17.82%
2015 年小计		**12.04%**
2016	第一季度	18.53%
	第二季度	24.14%
	第三季度	21.52%
2016 年小计		**-13.62%**

图 16-22　Alphabet 公司按年分组的同比季度销售增长率

16.4.2　用透视图来显示变化趋势

上一节创建了显示销售收入增长趋势的透视表。不难发现，虽然 Alphabet 公司的销售收入一直增长迅速，但增长率似乎正在减慢。这里，我们可以用透视图来显示这一趋势。其实，透视图就是根据透视表数据所创建的图形。

透视图包含了数值区的各个段，因此透视图最适合于只有少数段时的情形。不然，透视图就会变得复杂而难懂。创建透视图时，选择“分析”标签中的“数据透视图”按钮，此时就会弹出"插入图"对话框，接着选择线型图。图 16-23 给出了稍做格式处理的透视图。不难发现，该公司的销售额增长情况波动较大，但近年来一直在增长。

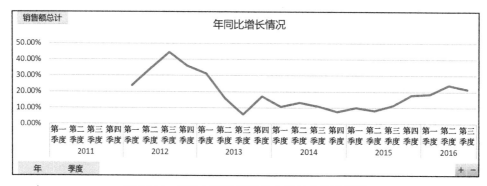

图 16-23　反映年同比销售收入增长率的透视图

请注意透视图中的按钮。利用这些按钮，用户可以筛选或整理透视图中的数据，也可以对图进行重新排列。例如，右击"季度"按钮并选择"上移"选项，就可显示反映四个季度增长率的四个图。不难发现，如果对透视图进行任何改变，那么透视表也会相应改变。同样地，如果对透视表进行任何改变，那么透视图也会相应改变。利用"分析"标签中的"段"按钮选项，用户可以打开或关闭段按钮。

16.4.3　显示多重分类汇总

至今所创建的透视表不能显示种种分类汇总，即使可显示也只能显示一个。例如，图 16-21 中的透视表只能显示每年的销售收入分类汇总。假设用户也想了解每年季度销售额的平均水平，那么该如何操作呢？

首先，右击销售收入段，选择"值显示方式"选项及"无计算"选项。这样，销售收入段就会返回每年的实际销售收入。接着，右击 A 列中的任何分类汇总（如单元格 A10），并选择菜单中的"字段设置"选项。然后，如图 16-24 所示，点击"自定义"按钮，再选择"求和"与"平均值"函数。

不难发现，2012 年公司的销售总收入为 511.62 亿美元，而季度平均值为 127.91 亿美元。请注意，用户可以借助相同方法来改变分类汇总的计算。例如，将销售收入段的值加总。当然，默认对分类汇总求和。按以上步骤，用户可以改为求平均值。在进行后续操作之前，务必将销售收入段拖回数据透视表字段列表。因为后面会用到，这里保留行标签中的年和季度段。

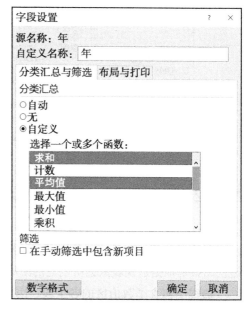

图 16-24　计算分类汇总的字段设置对话框

16.4.4　财务比率的计算

如第 3 章所述，财务比率可为财务分析提供重要信息。之前我们用透视表创建了利润表，现在我们希望深入分析其中一些比率的变化趋势。这里，我们通过计算段将财务比率加入透视表中。如果透视表中需要全部财务比率，那么操作就比较简单，可直接使用原表中的计算列。此时，我们可以使用计算段，因为我们只需要考察一个比率。

假设我们想知道的是 Alphabet 公司的净经营利润率是否存在明显的季节性特征。我们知道有些公司的大部分利润可能集中来自一年中的某些季节，但我们不清楚 Alphabet 公司是否也存在这样的情况。因为公司的销售额一直在增长，所以很难判断公司的销售收入或净经营利润是否存在季节性（即便的确存在）。

为了消除因利用美元金额而存在的内在问题，这里创建一个用于计算经营利润率的计算段。为此，点击"分析"标签中的"域、项目与设置"按钮并选择"计算字段"。赋予段的名称为"经营利润率"，并设定公式"＝息税前利润／销售收入"。这样，透视表的数值区会立即增加显示经营利润率段。

对数字进行格式处理，以使百分比包含两位小数。在行标签区，将季度段拖至年份段之上。如果没有显示出分类汇总，就得点击"分类汇总"按钮并选择"在组的底部显示所有分类汇总"选项。

图 16-25 显示了所创建的带有数据透视图的透视表。值得注意的是，虽然年同比增长率存在一些差异，但 Alphabet 公司的季度同比增长率显然不存在明显的季节性特征。

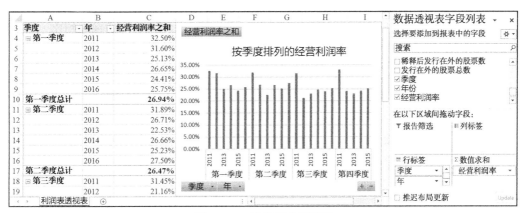

图 16-25　季度经营利润率

这里，必须清楚如何计算小计数，毕竟它们具有一定的误导性。虽然单元格 C10 中第一季度的总计为 26.94%，但该数值既不是各个第一季度的经营利润率之和，也不是它们的平均数。相反，Excel 计算时是将全部第一季度的经营利润之和除以全部第一季度的销售额。事实上，这样计算出的是经营利润率的加权平均值，要小于经营利润率的平均值。对此，只要将销售额段和经营利润段拖至数值区就可以进行计算和验证。

为了对数据有一个更为深入的理解，我们需要创建透视表。为此，先将年份段从行标记区拖至列标记区。接着，为了计算总和数，点击"设计"标签中的"总计"按钮并选择"对行和列启用"选项。通过比较 H 列（列数值的总和）的值，不难发现：无论哪个年份的哪个季度，经营利润率非常接近。图 16-26 显示了创建出的透视表。

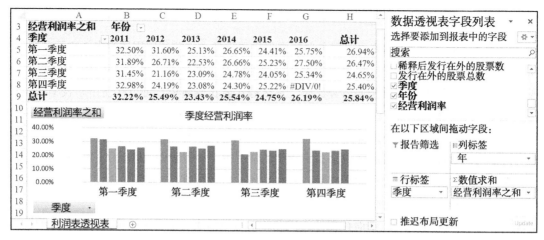

图 16-26　按年分组的季度经营利润率

16.4.5　用切片器和时间线筛选数据

在如图 16-14 所示的最初的 ETF 透视表中，我们是通过把某个段拖至报告筛选区来筛选透视表中的数据的。虽然在大多数情况下这一方法很有用，但仍然有一些不足之处。首先，如果选择了多重项目，报告筛选下拉窗口会显示 "（多重项目）"。这样，就很难轻易弄清楚筛选时用的是哪些项目。其次，报告筛选每次只能处理一个透视表。

事实上，Excel 2010 版中的切片器（slicer）就是解决这些问题的一种方法。切片器是一种可视控件，用户借此可对一个或多个透视表轻松进行筛选。另外，与透视表相比，切片器可以同时用于其他工作表，从而更容易创建互动性控制面板。

加载切片器时，直接点击 "分析" 标签中的 "插入切片器" 按钮，然后选择一个或多个段。这样，针对每个选中的段都会创建一个独立的切片器，而且会自动地连接到活动的透视表。这里，我们选择的是季度段。

在按照季度来筛选透视表时，直接选定切片器中一个或多个项目。选择时，既可以点击其中一个项目，也可以通过同时按下 Ctrl 键和鼠标来选中多个项目，甚至可以通过点击鼠标并拖动来选中项目区域。如图 16-27 所示，这里同时选中的是第一季度和第四季度。

图 16-27　带切片器与透视图的透视表

若要清除切片器中的筛选功能，直接点击右上角的"消除筛选器"图标，选中该图标并按下键盘上的 Delete 按钮即可删除，也可以通过右击切片器并选中弹出菜单中的"删除季度"选项即可删除。值得注意的是，删除切片器并不意味着删除了筛选功能。用户可以通过右击并选择切片器设置来改变切片器的某些设置。例如，用户可能因为数据原因而希望隐藏最后两项。为此，需要返回设置对话框，勾选不带数据的"隐藏"项。此外，用户也可以通过选定切片器后所显示的"选项"标签来改变切片器的设置。

Excel 2013 提供了叫"时间线"（timeline）的另一种筛选工具。利用时间线工具，用户可以按日期进行筛选，对于显示板制作非常有用。为了插入时间线，点击"插入时间线"按钮即可。所得的结果如图 16-28 所示。

图 16-28 针对 2014 年和 2015 年数据的时间线筛选

如要运用时间线，直接点击时间线，再通过拖动来选定关注的时间段。若要改变细节的具体程度，可以点击下拉列表（如图 16-28 中的季度）并选择年数、季度数、月数或天数。此外，用户也可以通过选定时间线后所显示的"选项"标签来改变时间线的设置。如要删除时间线，右击并从菜单中选择"删除时间线"选项。

16.5 从透视表中导出数据

通常，非透视表内的公式可从透视表中获取数据。换言之，用户创建的公式可引用来自透视表的数据。操作方法之一就是直接按平常方式输入某个引用的单元格。例如，以如图 16-26 所示的透视表为例，选中单元格 I5 并输入"=F5"，这样所得的结果就是公司 2015 年的经营利润率（34.41%）。现在，对透视表进行重新排列：把年份段拖至行标签区。不难发现，单元格 I5 中的公式现在得到的结果为 0，原因在于单元格 F5 为空白而且不在透视表内。如果将年份段拖回到列标签区，又可得到前面的值。

只要知道透视表不会出现变化，那么直接引用透视表中的单元格就十分有效。不过，很多时候情况并非如此。因此，我们需要采用某种方法以便总是引用透视表中的数据，即便透视表出现了变化。运用 Excel 提供的 **GETPIVOTDATA** 函数就可做到这一点。该函数的定义为：

GETPIVOTDATA(*DATA_FIELD*, *PIVOT_TABLE*, *FIELD1*, *ITEM1*, …)

其中，**DATA_FIELD** 为段的名称（必须加括号），**PIVOT_TABLE** 为透视表中任意单元格的地址，*FIELD1* 与 *ITEM1* 为段／项目组合，最多可规定 126 对。上述函数可用于任何工作表，并非只能用于包含透视表的工作表。

不过，**GETPIVOTDATA** 函数也存在不足。例如，如果透视表中删除了段，那么该函数就会报错（#REF!error）。不过，较直接通过单元格地址来引用单元格相比，利用这一函数要好得多。此外，虽然输入 **GETPIVOTDATA** 函数不容易，但 Excel 可帮助用户生成该函数。具体方法就是：点击透视表，进入分析标签，其左边远处就会出现下拉选项菜单，选中"生成透视表数据"选项。

作为应用该函数的例子，删除单元格 I5 中的公式并输入 "="，然后点击单元格 F5。此时，Excel 就会生成公式 "=GETPIVOTDATA("NOPM",$A$3,"Quarters",1,"Years",2015)"。接着，将年份段拖至行标签区以便改变透视表。不难发现，I5 中的值并未变化，原因就在于 **GetPivotData** 函数所引用的并非某个特定单元格。相反，**GetPivotData** 函数引用的恰恰是某个特定的值。这里，该特定值就是公司 2015 年的经营利润率。

复制和粘贴是从透视表获取数据的另一种方法。在采用这种方法时，Excel 只粘贴来自所显示的单元格的数据。除非复制并粘贴整张透视表，否则结果不会出现在透视表中。

本章小结

本章介绍了如何运用 Excel 表格、获取与转换工具和透视表来整理、筛选、转置并分析大型数据库。就 Excel 表格而言，用户可以通过对数据的增加、删除、整理或筛选来轻松管理数据库，以便只是显示那些满足一定标准的数据。作为功能强大的新工具，获取与转换工具使得用户有多种方式来处理大型数据集。透视表较 Excel 表格的功能更为强大，用户可以借此以实用的方式来对数据进行汇总和重新排列。此外，借助透视表，用户可以自定义原始数据库中并不存在的段，也可以创建透视图以便用图形来反映数据内容，甚至可以以不同方式来显示数据段（如占总计数的百分比或分类排列）。

本章介绍的函数列于表 16-1 中。

表 16-1 本章介绍的函数

用途	函数
计算符合一定标准的数据的平均值	**AVERAGEIF**（*RANGE, CRITERIA, AVERAGE_RANGE*）
来自透视表的返回值	**GETPIVOTDATA**（*DATA_FIELD, PIVOT_TABLE, FIELD1, ITEM1,…*）

练习题

1. 要求利用本章所采用的工作簿文件 Alphabet Financials.xlsm 中的数据完成：

   （1）用获取与转换工具对数据进行转置，使得资产负债表的格式适合于透视表的要求。要求在日期之上不输入"日期"。

   （2）根据有关数据创建透视表并按季度来显示总资产。此外，添加反映该期间总资产增长情况的透视图。

   （3）创建可显示透视表中流动比率的计算段。同时，将数字格式设置为带两位小数。

   （4）创建可显示流动比率变化趋势的透视图。就该期间而言，Alphabet 公司的流动性状况是恶化了，还是改善了？

   （5）现在，利用时间线工具来筛选透视表，使之仅显示 2015 年和 2016 年的数据。在这两个时间段内，流动比率的变化趋势有何差异？

2. 利用上题中的工作簿，将两个数据集复制到一个工作表中以便在一个透视表内加以使用。利用选择性粘贴转置功能来对它们进行转置。要求：

   （1）创建一个透视表，以便显示销售额以及总资产的季度同比变化趋势。

   （2）创建一个透视线型图，以便显示销售额以及总资产的季度同比变化趋势。两个数据序列之间是否存在强相关性？现在，把销售收入数据置于 *Y* 轴，这样具有可比性。这样做的话，原先的答案会有变化吗？

（3）创建一个计算段，以便显示 Alphabet 公司各个季度的权益报酬率。

（4）创建一个线型透视图，以便显示 Alphabet 公司权益报酬率的变化趋势。权益报酬率是否存在变化趋势？如果存在，是上升还是下降的趋势？

（5）把（4）中所得到的线型透视图添加到透视图并在图中显示等式。这一变动是改变还是证实了之前所得的结论？

3. 利用本章的工作簿文件 ETF Data.xlsm，完成以下任务：

（1）利用获取与转换工具来整理本章所描述的数据，要求只保留基金名称、资产类别、2016 年总回报率、2015 年总回报率、2014 年总回报率等段。

（2）在计算 2014 年、2015 年和 2016 年总回报率段的数据中，针对每一 ETF 基金和每一资产类别创建计算列。确保对复合回报率进行正确的解释。

（3）创建一个透视表以便显示各个资产类别三年期间的平均总回报率，同时就各个类别回报率按降序对透视表进行排序。

（4）创建一个柱状透视图，以便显示过去三年间业绩最好的前三个类别基金的回报率。

（5）根据该数据集创建另一个透视表，同时创建一个计算列以显示 ETF 基金的三年期回报率减去该资产类别三年期回报率的结果。哪个业绩最差？

4. 财务研究者发现了众多有违市场效率的情形，这些情形被称为"日历效应"（calendar effect）。利用可从官方网站下载的标准普尔 500 指数在 1950～2015 年的文件 Daily. xlsx，完成以下任务：

（1）就整个期间按星期一到星期五创建反映每日平均百分比变化的透视表以及透视图。每天的平均回报率不同吗？如果不同，每周哪一天的回报率最好，哪一天又最为糟糕？

（2）现在，在所创建的透视表的行标签区添加 10 年期段。是否有些 10 年期段的周一的平均回报率为正？

（3）调整透视表以便能按月反映整个期间的平均日回报率。哪个月份的平均值最大？哪个月份最小？这种情况是否按 10 年期段变化？

（4）按照平均日回报率衡量，在哪个 10 年期进行投资最佳？哪个 10 年期的日回报率总和最大（不考虑回报率的复利问题）？

5. 利用可从官方网站下载的标准普尔 500 指数的格式数据文件 Data.xlsx，完成以下任务：

（1）创建计算列以计算过去三年的总回报率。将文件命名为"三年期总回报率"。利用获取与转换工具来清除计算列中的报错值。创建能按全球行业分类系统（GICS）的行业部门来显示三年期总回报率平均值的透视表。

（2）在透视表中添加全球行业分类系统段。在过去三年期间，哪个行业的业绩最好？对透视表中的段加以整理，使得该行业或部门显示在透视表的顶部。

（3）根据原始数据创建一个新的透视表。这里的原始数据显示了按市值总和排序的前 20 家全球行业分类系统下的分行业。同时，要求包含反映各个分行业所有公司数量的数集。

（4）利用 **GETPIVOTDATA** 函数计算不在（3）中所创建的透视表的列中的各个分行业的平均市值。

（5）利用获取与转换工具来清除净利润率所在列中的错误。然后，创建按全球行业分类系统下行业显示的平均净利润率。哪个行业的净利润率最大？哪个行业的净利润率最小？

（6）创建能显示各家公司 *β* 值和三年期总回报率的一个透视表。接着，将数据复制并粘贴到工作表的其他地方。对数据创建常规的 *XY* 散点图。*β* 值与三年期回报率历史值之间是否存在某种关系？

6. 第4章的注释 2 就塔吉特公司第四季度的平

均销售收入水平给出了一些判断（塔吉特公司报告的 2006～2016 年第四季度的销售收入平均占全年度的 30.52%，而可比的第一季度的销售收入平均仅占全年度的 22.80%）。利用可从官方网站下载的塔吉特公司季度销售收入的文件 Target Quarterly Sales.xlsx，完成以下任务：

（1）针对塔吉特公司的季度销售收入和净利润创建线型图，并以净利润为 Y 轴。其季度销售收入是否存在季节性？其净利润是否存在季节性？

（2）以财政年度和财政季度为行标记段，以销售收入为数值标记段，创建一个透视表。确保将各个年度的分类汇总显示在各个分组的底部。

（3）再次将销售收入添加到数值标记段。利用"显示值为占总数的百分比"选项，以显示其季度销售收入占全年销售收入的百分比。第四季度平均占多少？第一季度平均占多少？

（4）第三次将销售收入添加到数值标记段。利用"显示值为差额百分比"选项，以显示其季度销售收入的年度变化差异。

（5）用净利润来重复（3）中的计算。

在线练习

1. 访问网站 www.microsoft.com/en-us/Investor/ earnings/trended/yearly-income-statements. aspx 并下载微软公司自 1995 年以来的全部年度利润表。可直接链接到该 Excel 文件。

（1）重新设置工作表的格式以便适合于透视表操作。这里需要将年份标头改变为实际日期，需要删除任何空白行或列，而且也需要对数据进行转置。

（2）创建一个透视表，以显示各年度的净利润率，同时进行适当的格式处理。这里需要创建计算段。

（3）在透视表中添加透视图以显示上题中净利润率的变化趋势。

（4）对日期进行筛选，使得透视表和透视图中只显示最近五个年度的情况。这里要求利用"之后或等于"（is after or equal to）选项来自定义筛选。

注释

1. 用户可以通过 www.microsoft.com/en-us/download/ details.aspx?id=39379 免费获取查询增强版加载项。

2. 文件中所有的回报率的截止时间为所规定时期的 6 月 30 日。该数据段给出的回报率介于 2015 年 6 月 30 日～2016 年 6 月 30 日。

3. 为便于解释，这里隐藏了若干列。考虑到数据集的规模，其他图中如果有需要仍将隐藏行与列。

4. 表格会自动命名为 Table1、Table2 等。在"设计"标签中，用户可以对表格重新命名。需要注意的是，表格名称在工作簿内必须是唯一的。

5. 这里不可以一次分拆多列。当然，这一点在后面可能会变化。

6. 因为该列表不会显示所有可能的基金公司，所有这里必须输入公司名称 Vanguard。

7. 用户也可以复制数据，然后运用"选择性转置粘贴"选项。

FameFncs.xlam 中用户自定义函数目录

作为 Excel 2007 ~ 2016 的加载项，FameFncs.xlam 包含用户自定义函数，这些函数很有用但并非 Excel 内置。该加载项可从本书师生用网站（www.cengagebrain.com）下载。一经安装并激活该加载项，每次启动后 Excel 将自动打开加载项。通过插入函数对话框中的自定义选项，用户就可以调用这些函数了。

下载以后，安装非常简单。点击"文件"标签，然后选择"选项"按钮。选择"加载项"，然后点击"转到"按钮。通过加载对话框来浏览储存加载件的文件目录。点击文件名，然后点击"确定"按钮。现在，"财务分析函数"就会出现在加载列表中。至此，加载项安装完毕且已激活，可供使用了。如果想禁止加载项，只要删除加载对话框里的符号"√"就可以了。

FameFncs.xlam 加载件中包含以下函数：

FAME_ACCRUEDINTEREST (*SETTLEMENT*, *MATURITY*, *RATE*,
**   *REDEMPTION*, *FREQUENCY*, *BASIS*)**

本函数用于计算债券的应计利息，虽然复制的是 **ACCRINT** 内置函数，但运算起来显得更为直观。

FAME_APPROXCONVEXITY(*SETTLEMENT*, *MATURITY*,
***RATE*, *YLD*, *REDEMPTION*, *FREQUENCY*, *BASIS*, *YLDCHANGE*)**

本函数用于计算债券凸度的近似值，采用中央差分近似法，对二次导数除以债券完全价格。需要注意的是，后面的 **FAME_CONVEXITY** 函数是债券凸度的精确值。

FAME_CAGR (*SALES*)

本函数用于计算一组美元收入所产生的复合年均增长率。需要注意的是，Excel 的 **GEOMEAN** 函数并非一定计算的是几何平均增长率（除非输入的是一组增长率）。相反，它计算的是原始数据之类单位值的几何平均值。本函数仅适用于本书第 1 章中所提到的数据。

FAME_CAPM (*RISKFREERATE*, *MARKETRETURN*, *BETA*)

本函数用于计算资本资产定价模型下证券或投资组合的预期收益率。

FAME_CONVEXITY (*SETTLEMENT*, *MATURITY*, *COUPON*, *YLD*, *FREQUENCY*, *BASIS*)

本函数用于计算债券在任意日的精确凸度（是对之前仅能计算付息日凸度版本的完善）。之所以创建这一函数，是因为 Excel 只有存续期或者修正存续期的函数，而没有关于债券凸度的函数。**FAME_APPROXCONVEXITY** 函数计算的是债券凸度的近似值，通常与债券精确价值十分接近。

FAME_CORR (*VALUES1*, *VALUES2*, *PROBABILITIES*)

本函数利用每个变量值的发生概率来计算两个变量间的相关系数。Excel 内置的 **CORREL** 相关函数无法处理此类发生概率问题。

FAME_COVAR (*VALUES1*, *VALUES2*, *PROBABILITIES*)

本函数利用每个变量值的发生概率来计算两个变量间的协方差。Excel 内置的 **COVAR** 协方差函数不能处理此类发生概率问题。

FAME_CV (*VALUES*, *PROBABILITIES*)

本函数利用发生概率来计算差异系数。Excel 没有类似的内置函数。差异系数衡量的是每单位收益率所承担的风险，可用标准离差除以预期收益率计算得到。

FAME_EAR (*PERIODIC_RATE*, *NPERYEAR*)

本函数用于计算定期利率的实际年利率。例如，已知季度利率为 2%，那么利用此函数可得出年化利率为 8.24%。该函数的作用与 Excel 的 **EFFECT** 函数的作用相同。

FAME_EXPVALUE (*VALUES*, *PROBABILITIES*)

本函数利用各可能变量值的发生概率来计算随机变量的期望值。

FAME_FVGA (*RATE*, *GROWTHRATE*, *NPER*, *PMT*, *PV*, *BEGEND*)

本函数用于计算分段（增长）年金的现值。*BEGEND* 为可选参数，用于通知函数首笔现金流是发生在每期末（0）还是发生在每期初（1）。如果没有提供 *BEGEND* 参数，那么函数默认的可选参数为每期末（0）。

FAME_GGMCOSTEQUITY (*DIV1*, *VALUE*, *GROWTHRATE*)

本函数利用股利恒定增长贴现模型（也称戈登增长模型）来计算股票的权益成本或要求报酬率。

FAME_GGMVALUE (*DIV1*, *REQRET*, *GROWTHRATE*)

本函数利用股利恒定增长贴现模型（也称戈登增长模型）来计算股票的内在价值。

FAME_HMODELVALUE (*DIV1*, *REQRATE*, *GROWTHRATE1*, *GROWTHRATE2*, *G1PERIODS*, *TRANSPERIODS*)

本函数利用 H 模型来计算股票的内在价值。需要注意的是，*G1PERIODS* 表示第一个增长期的时长，*TRANSPERIODS* 表示快速增长与恒定增长之间的转换期时长。

FAME_MACRS (*COST*, *MACRSCLASS*, *YEAR*, *TABLE*)

本函数用来计算 3 年、5 年、7 年、10 年、15 年或 20 年类别资产的折旧率。这一函数可计算出指定年度的折旧费用。其中，*TABLE* 为可选参数（对或错），规定了函数是使用查表法还是进行具体计算。如果 *MACRSCLASS* 或者 *YAER* 不正确，那么就会显示报错符号 "#VALUE！"。

FAME_MIRR (*CASHFLOWS*, *REINVESTRATE*)

本函数用来计算一系列现金流的修正内部收益率。与 Excel 内置函数的区别在于该函数可处理 0 时段后的负现金流。本函数可以利用特定的再投资报酬率来计算 0 时段后所有现金流的总终值。Excel 的 **MIRR** 函数首先计算全部负现金流的现值，然后计算所有正现金流的终值。通常，两个函数得出的答案相同。不过，如果出现 0 时段后的负现金流，结果就会有差异，有时大相径庭。

FAME_PAYBACK (*CASHFLOWS*, *RATE*)

本函数用来计算在假设首次现金流（0时段）为负的情况下，一系列现金流的回收期。请注意，*RATE* 是可选参数。如果包含贴现率，那么函数将会计算贴现回收期。对于普通回收期，要么没有利率，要么使利率为 0。

FAME_PMTGA (*RATE*, *GROWTHRATE*, *NPER*, *PV*, *FV*, *BEGEND*)

本函数用来计算分段年金的首次支付金额。*BEGEND* 为可选参数，用于通知函数该笔现金流是发生在每期末（0）还是发生在每期初（1）。如果没有提供 *BEGEND* 参数，那么函数默认的可选参数为每期末（0）。

FAME_PORTRET (*VALUES*, *WEIGHTS*)

本函数用于计算当各证券的期望收益率及其在组合中所占的权重已知时证券投资组合的期望收益率。

FAME_PORTVAR1 (*VARCOVMAT*, *WEIGHTS*)

本函数用于计算当方差/协方差矩阵和各证券在组合中所占的权重已知时，证券投资组合的方差。请注意，方差/协方差矩阵必须是完整的，而不能只有位于对角线上方或下方的部分。

FAME_PORTVAR2 (*CORRMAT*, *STDDEVS*, *WEIGHTS*)

本函数用于计算当相关系数矩阵、标准偏差和各证券在组合中所占的权重已知时证券投资组合的方差。请注意，方差/协方差矩阵必须是完整的，而不能只有位于对角线上方或下方的部分。

FAME_PVGA (*RATE*, *GROWTHRATE*, *NPER*, *PMT*, *FV*, *BEGEND*)

本函数用于计算分段（增长）年金的现值。*BEGEND* 为可选参数，用于通知函数首笔现金流是发生在每期末（0）还是发生在每期初（1）。如果没有提供 *BEGEND* 参数，那么函数默认的可选参数为每期末（0）。

FAME_STDDEV (*VALUES*, *PROBABILITIES*)

本函数用于计算当各项可能结果的发生概率已知随机变量的标准离差（属于总体标准离差）。请注意，本函数与 Excel 内置的 **STDEV.P** 函数不同，本函数允许概率不同，而 Excel 内置函数则假设所有概率相同。

FAME_THREESTAGEVALUE (*DIV1*, *REQRATE*, *GROWTHRATE1*, *GROWTHRATE2*, *G1PERIODS*, *TRANSPERIODS*)

本函数利用三段股利贴现模型来计算股票的内在价值。请注意，***G1PERIODS*** 表示第一个增长期的时长，***TRANSPERIODS*** 表示快速增长与恒定增长之间的转换期时长。

FAME_TWOSTAGEVALUE (*DIV1*, *REQRATE*, *GROWTHRATE1*, *GROWTHRATE2*, *G1PERIODS*)

本函数利用二段股利贴现模型来计算股票的内在价值。请注意，***G1PERIODS*** 是第一增长期的时长。

FAME_VAR(*VALUES*, *PROBABILITIES*)

本函数用于计算当各项可能结果的发生概率已知时随机变量的方差。请注意，本函数与 Excel 内置的 **VAR** 函数和 **VAR.P** 函数不同，本函数允许概率不同，而 Excel 内置函数则假设所有概率相同。

推荐阅读

中文书名	原作者	中文书号	定价
货币金融学(美国商学院版，原书第5版)	弗雷德里克 S. 米什金 哥伦比亚大学	978-7-111-65608-1	119.00
货币金融学(英文版·美国商学院版，原书第5版)	弗雷德里克 S. 米什金 哥伦比亚大学	978-7-111-69244-7	119.00
《货币金融学》学习指导及习题集	弗雷德里克 S. 米什金 哥伦比亚大学	978-7-111-44311-7	45.00
投资学（原书第10版）	滋维·博迪 波士顿大学	978-7-111-56823-0	129.00
投资学（英文版·原书第10版）	滋维·博迪 波士顿大学	978-7-111-58160-4	149.00
投资学（原书第10版）习题集	滋维·博迪 波士顿大学	978-7-111-60620-8	69.00
公司理财（原书第11版）	斯蒂芬 A.罗斯 MIT斯隆管理学院	978-7-111-57415-6	119.00
期权、期货及其他衍生产品（原书第10版）	约翰·赫尔 多伦多大学	978-7-111-60276-7	169.00
期权、期货及其他衍生产品（英文版·原书第10版）	约翰·赫尔 多伦多大学	978-7-111-70875-9	169.00
债券市场：分析与策略（原书第8版）	弗兰克·法博齐 耶鲁大学	978-7-111-55502-5	129.00
金融市场与金融机构（原书第9版）	弗雷德里克 S. 米什金 哥伦比亚大学	978-7-111-66713-1	119.00
现代投资组合理论与投资分析（原书第9版）	埃德温 J. 埃尔顿 纽约大学	978-7-111-56612-0	129.00
投资银行、对冲基金和私募股权投资（原书第3版）	戴维·斯托厄尔 西北大学凯洛格商学院	978-7-111-62106-5	129.00
收购、兼并和重组：过程、工具、案例与解决方案（原书第7版）	唐纳德·德帕姆菲利斯 洛杉矶洛约拉马蒙特大学	978-7-111-50771-0	99.00
风险管理与金融机构（原书第5版）	约翰·赫尔 多伦多大学	978-7-111-67127-5	99.00
金融市场与机构(原书第6版)	安东尼·桑德斯 纽约大学	978-7-111-57420-0	119.00
金融市场与机构(原书第6版·英文版)	安东尼·桑德斯 纽约大学	978-7-111-59409-3	119.00
货币联盟经济学（原书第12版）	保罗·德·格劳威 伦敦政治经济学院	978-7-111-61472-2	79.00

推荐阅读

中文书名	原作者	中文书号	定价
公司金融(原书第12版·基础篇)	理查德 A. 布雷利 伦敦商学院	978-7-111-57059-2	79.00
公司金融(原书第12版·基础篇·英文版)	理查德 A. 布雷利 伦敦商学院	978-7-111-58124-6	79.00
公司金融(原书第12版·进阶篇)	理查德 A. 布雷利 伦敦商学院	978-7-111-57058-5	79.00
公司金融(原书第12版·进阶篇·英文版)	理查德 A. 布雷利 伦敦商学院	978-7-111-58053-9	79.00
《公司金融（原书第12版）》学习指导及习题解析	理查德 A. 布雷利 伦敦商学院	978-7-111-62558-2	79.00
投资学（原书第9版·精要版）	滋维·博迪 波士顿大学	978-7-111-48772-2	55.00
投资学（原书第9版·精要版·英文版）	滋维·博迪 波士顿大学	978-7-111-48760-9	75.00
财务报表分析与证券估值（原书第5版）	斯蒂芬 H.佩因曼 哥伦比亚大学	978-7-111-55288-8	129.00
期权与期货市场基本原理（原书第8版）	约翰·赫尔 多伦多大学	978-7-111-53102-9	75.00
国际金融（原书第5版）	迈克尔 H.莫菲特 雷鸟国际管理商学院	978-7-111-66424-6	89.00
财务分析:以Excel为分析工具(原书第8版)	蒂莫西 R. 梅斯 丹佛大都会州立学院	978-7-111-62754-8	79.00
个人理财(原书第6版)	杰夫·马杜拉 佛罗里达亚特兰大大学	978-7-111-59328-7	79.00
固定收益证券	彼得罗·韦罗内西 芝加哥大学	978-7-111-62508-7	159.00